La réalité virtuelle

HOWARD RHEINGOLD

La réalité virtuelle

Traduit de l'anglais
par Lionel Lumbroso et Annick Morel

DUNOD

L'édition originale de cet ouvrage a été publiée aux États-Unis par Summit Books/Simon & Schuster, New York, sous le titre *Virtual Reality*.

Un ouvrage de culture scientifique présenté par
Isabelle Souriau

ISBN 2 10 001407 2

À Mamie Rheingold.
Fleur de mon cœur.
Mon espoir pour l'avenir.

Sommaire

Quatrième partie
La réalité virtuelle et le futur

PRÉFACE À L'ÉDITION FRANÇAISE

Après le pari excitant et réussi de l'homme sur la Lune, en 1969, le réveil fut difficile : en des temps de crise économique, il n'était plus raisonnable de consacrer des ressources importantes à la conquête de l'espace. Le futur proche n'aurait décidément pas de nouvelle frontière à offrir à notre soif d'exploration, notre besoin de défis ; l'an 2000, pouvait-on penser, ne serait pas ce qu'il promettait d'être. Pause. Au début des années quatre-vingt-dix, l'avénement de la réalité virtuelle marque un revirement spectaculaire des perspectives que nous pouvons entrevoir à dix ou vingt ans d'aujourd'hui : à elle seule, cette discipline qui en englobe plusieurs autres semble garantir qu'au début du XXIe siècle, la réalité dépassera largement la science-fiction d'il y a seulement cinq ans.

Réalité virtuelle : cette contradiction dans les termes est voulue et vise à signifier combien est proche le moment où l'homme sera à même de fabriquer de la réalité totalement convaincante. Des réalités virtuelles partielles nous sont déjà familières depuis quelque temps, comme le cinéma, les jeux vidéo, ou les modes de présentation symbolique des ordinateurs. Il s'agit aujourd'hui de supprimer les écrans, de « passer à travers le miroir », et d'ajouter aux stimuli visuels et auditifs des sollicitations du sens tactile, voire olfactif. Des *visiocasques* pourvus de mini-écrans en relief et de son stéréo permettent de s'*immerger* entièrement dans un monde créé ou reproduit par l'ordinateur. Des *gants* bien particuliers (voire des combinaisons entières), équipés de capteurs, donnent à notre main (ou à tout notre corps) la possibilité de *manipuler* les objets de ces mondes virtuels.

Les applications pratiques sont nombreuses dans plusieurs domaines. Le jeu et le loisir, bien sûr, mais aussi la médecine (répétition d'opération en réalité virtuelle, « voyage fantastisque » par l'intermédiaire de micro-robots), la conception architecturale (visite de bâtiments avant qu'ils soient construits), la simulation (souffleries virtuelles sans maquette à construire), l'enseignement (visualisation de phénomènes scientifiques normalement imperceptibles), etc.

Mais bien entendu, cette nouvelle technologie en passe de nous donner le pouvoir de démiurges pourrait amener des développements inquiétants à plusieurs titres. Comment serai-je sûr de la réalité d'une chose quand je saurai qu'elle est reproduisible à l'identique pour mes sens ? Et si l'appel des mondes virtuels est suffisamment séduisant, combien choisiront d'y passer le plus clair de leur temps et de ne plus réapparaître qu'épisodiquement dans le monde réel ?

Howard Rheingold est à quarante-quatre ans le double héritier de la contre-culture décapante des années soixante et du journalisme américain d'investigation scientifique et culturel pertinent, qu'il pratique depuis quinze ans. Après avoir été fasciné dès le début des années quatre-vingt par les ordinateurs, il s'est attaché à enquêter pendant deux ans sur l'état actuel de la réalité virtuelle, sur ses origines, sur ses principaux acteurs, et à opérer une réflexion salutaire sur l'avenir qu'elle pourrait nous préparer. Son livre, *Réalité Virtuelle,* est le tour d'horizon le plus complet qui soit sur le sujet.

LIONEL LUMBROSO

Mars 1993

Première partie

Un microscope pour l'esprit

CHAPITRE 1

« De l'illusion comme mode d'appréhension de la réalité »

Le principal instrument de recherche, dans le domaine des sciences complexes, c'est l'ordinateur. Ce dernier est en train de modifier la structure même des sciences et l'image que nous avons de la réalité matérielle. Depuis l'avènement de la science moderne, il y a trois cents ans, les instruments d'investigation tels les télescopes ou les microscopes ont toujours eu un caractère analytique et ont favorisé une vision réductrice de la science. La physique, parce qu'elle porte sur les entités les plus petites, était la plus fondamentale des sciences. C'est à partir des lois de la physique que l'on pouvait déduire les lois de la chimie, puis de la vie, et ainsi de suite en remontant l'échelle. Cette façon de voir la nature n'est pas fausse ; mais elle a été favorisée de manière importante par la technologie et l'instrumentation disponibles. L'ordinateur, doté de la capacité de traiter d'énormes volumes de données et de simuler la réalité, permet d'ouvrir une fenêtre nouvelle sur cette vision de la nature. Il est possible que nous voyions dorénavant la réalité de façon différente simplement parce que l'ordinateur apporte la connaissance d'une autre manière que les instruments d'analyse traditionnels. Il permet de voir la réalité sous un autre angle.

Heinz Pagels,
Les Rêves de la raison, 1990

Nous vivons dans un monde physique dont nous avons appris les propriétés par une connaissance maintenant ancienne. Nous nous sentons partie prenante de ce monde physique, ce qui nous donne la capacité de prédire… à quel endroit tel objet tombera, à quoi ressemble telle forme connue vue d'un autre angle ou quelle force doit être appliquée pour pousser tel objet en tenant compte des frottements. Nous manquons de la connaissance correspondante des forces mises en jeu dans une particule atomique chargée, des forces propres à des champs non uniformes, des effets de transformation en géométrie non projective et des mouvements en milieu à haute inertie et à faibles frottements. Un écran relié à un ordinateur, c'est pour nous une chance d'assimiler des concepts dont on ne peut prendre connaissance dans le monde physique. Il s'agit d'un miroir derrière lequel se trouve un pays des merveilles mathématique.

Si en effet la vocation de l'écran est de servir de fenêtre sur un tel pays des merveilles échafaudé au sein de la mémoire de l'ordinateur, il doit en appeler au plus grand nombre de sens possible. Pour autant que je sache, personne jusqu'ici n'a été jusqu'à proposer des « écrans » d'ordinateur sollicitant l'odorat ou le goût. Des moniteurs vidéo existent qui comportent d'excellentes parties audio, mais nous n'avons malheureusement pas vraiment la possibilité de faire produire par l'ordinateur des sons très « parlants ». Je voudrais pour ma part vous décrire une interface kinesthésique.

La force nécessaire pour déplacer un manche de commande pourrait être réglée par ordinateur, de la même manière que, sur un simulateur de vol, la force permettant d'actionner les commandes varie pour donner l'impression d'un avion en vol. Grâce à une telle interface, une modélisation sur ordinateur de particules dans un champ électrique pourrait permettre la commande manuelle de la position de la particule, avec perception des forces mises en œuvre, et visualisation de la particule... En utilisant un périphérique d'entrée/sortie de ce type, nous pouvons ajouter la dimension « force physique » à celle de la vue et de l'ouïe que nous exploitons déjà.

IVAN SUTHERLAND,
« The Ultimate Display », 1965

À l'Université de Caroline du nord, j'ai vécu une expérience analogue à celle qui avait rapproché les pionniers de la micro-informatique dans les années soixante et soixante-dix ; de celles qui font entrevoir l'avenir de manière spectaculaire. Mais ce jour-là, la révélation se doubla d'un sentiment de stupéfaction incrédule.

J'étais à la fois debout dans une pièce, la main agrippée à une poignée, et face à une reproduction de l'infiniment petit, en train de manipuler deux molécules. D'autres, peut-être, ont éprouvé les mêmes sensations au cours des siècles passés en regardant à travers le premier microscope de Leeuwenhoek ou le télescope de Galilée. J'avais quant à moi l'impression d'un microscope qui n'était pas simplement destiné à l'œil, mais plutôt à l'esprit.

Je n'avais aucune idée des règles propres à « l'amarrage moléculaire » — cette discipline à laquelle font appel les chimistes pour déterminer les molécules adaptées à telle ou telle protéine — mais il me semblait les assimiler au fur et à mesure, *physiquement*, par l'intermédiaire de ma main, et grâce à l'effet de retour du mécanisme de l'ARM (*Argonne Remote Manipulator*, ou « télémanipulateur Argonne »). Cette poignée de métal me faisait l'effet d'être le guidon d'une énorme Harley-Davidson impeccablement graissée. Autour de moi se dressait pour un million de dollars de mécanismes articulés, autour desquels se lovaient toutes sortes de câbles électriques. La totalité de l'appareillage était suspendue au plafond face à moi, à quelques dizaines de centimètres. Je portais également des lunettes intégrales légères reliées par un câble à un ordinateur.

Tout en regardant l'écran de l'ordinateur, j'explorai l'espace circonscrit par les six degrés de liberté de l'ARM en utilisant mon épaule, mon poignet et mes doigts. En poussant, en tirant, en effectuant des rotations puis des mouvements de petite amplitude, j'arrivai progressivement à bien appréhender cet espace, qui consistait en une sphère dont mon bras aurait pu constituer le diamètre. L'affichage sur l'écran de l'ordinateur et les lunettes que je portais fonctionnaient de façon synchronisée, de sorte que chacun de mes yeux était masqué à tour de rôle tous les soixantièmes de seconde. Comme une version légèrement différente de la même image était projetée sur l'écran à cette même fréquence, chaque œil droit ou gauche ne voyait que les images correspondant à son côté d'une vision en relief. Ce procédé de « stéréoscopie » — montrer à chaque œil une vue distincte pour donner l'illusion du relief — n'est pas nouveau ; ce qui l'était plus, c'est que les représentations moléculaires n'étaient pas issues d'images fixes ou de dessins, proposés par paires, mais étaient engendrées par ordinateur. De plus, le télémanipulateur Argonne m'offrait la possibilité de manipuler ces objets virtuels en trois dimensions, et simulait, de leur part, une résistance à mes interventions.

De fait, les forces moléculaires simulées étaient converties en forces physiques qui, s'opposant à mes efforts, me donnaient l'impression que c'étaient les molécules elles-mêmes qui me communiquaient leur résistance à travers l'ARM et qui répondaient ainsi aux mouvements de mes propres bras. L'impression était très proche de celle qu'on éprouve lorsqu'on manipule des aimants, avec cet effet de répulsion lorsqu'on approche des pôles identiques, et cet effet d'attraction quand on confronte des pôles opposés. Les combinaisons d'assemblage des molécules sont nombreuses, mais seules quelques-unes donnent lieu à une attraction suffisante pour les apparier. On conçoit donc la difficulté d'explorer l'univers de ces possibilités ; elle est à la mesure de l'intérêt d'un succès en la matière : l'une de ces combinaisons improbables représentera peut-être l'amorce d'un remède contre tel ou tel cancer.

Je m'étais rendu en Caroline du nord parce que j'avais entendu parler de gens qui étaient d'ores et déjà à l'œuvre sur ce type de projet, et qui se servaient de leurs yeux, de leurs oreilles et de leurs muscles — en plus de leur cerveau — pour mettre au point des composés chimiques nouveaux. Je venais donc de faire l'expérience directe, par l'intermédiaire de l'ARM, de ces opérations d'amarrage moléculaire auxquelles ils se livraient ici-même. Ce type d'expérience participe de ce qu'on appelle la « réalité virtuelle », ou RV. Je n'avais pas de compétence particulière en chimie moléculaire, mais j'avais pu, par apprentissage, disons « perceptif », me mettre en situation de traiter un problème de cet ordre. L'appareillage utilisé m'avait en effet permis de percevoir directement la problématique de l'amarrage moléculaire par l'intermédiaire de mes yeux, de mes oreilles et de ma main ; j'avais donc pu exploiter mon expérience pragmatique de la gravité et des forces régissant le monde que je connais pour traiter un problème qui m'était étranger et arriver à un résultat probablement plus avancé que celui auquel serait parvenu un spécialiste sans le concours de cette simulation par ordinateur. Un chimiste moléculaire de haut vol trouverait sans doute là un formidable outil multiplicateur d'intellect. Je commençai à comprendre pourquoi tant de chercheurs en RV parlaient du potentiel de la discipline avec autant de ferveur. Et la chimie moléculaire est loin d'être le seul secteur pour lequel cette technologie naissante crée un type nouveau de présentation de la réalité.

Mon premier contact avec la réalité virtuelle eut lieu en décembre 1988, à l'Ames Research Center de la NASA, à Moutain View, en Califonie. Au programme : un certain nombre de choses à revêtir, desquelles partaient du câblage électrique, et un ordinateur qu'on me présentait comme un « moteur de réalité ». J'avais mis un masque qui ressemblait un peu à un masque de plongée, et un affichage vidéo binoculaire en relief, sur lequel s'agitaient des mirages électroniques, remplissait mon champ de vision, quel que soit le côté vers lequel je faisais porter mon regard. Mon corps ne faisait pas entièrement partie de ce monde informatique qui s'offrait à mes yeux, mais l'une de mes mains avait rejoint ce vaste champ électronique qui semblait m'entourer et qui remplaçait le laboratoire surpeuplé que j'avais quitté et dans lequel mon corps tâtonnait. Un cube lumineux quelque peu fantomatique flottait devant moi. J'approchai la main et m'en saisis. Le gant équipé de capteurs que je portais à la main droite faisait en sorte de synchroniser les mouvements de celle-ci avec une main synthétisée, proche de celle d'un personnage de dessin animé, qui apparaissait dans ce monde engendré par l'ordinateur, monde que j'avais entendu désigner du terme de « cyberespace ». Effectivement, il s'agit là d'un espace, mais de quel type… Telle est la question.

Le terme *cyberespace* a été créé par le romancier de science-fiction William Gibson, dans son livre *Neuromancien*, écrit en 1984 : « Cyberespace : hallucination consensuelle vécue quotidiennement par des milliards d'opérateurs, en toute légalité et dans tous les pays, par des enfants à qui des concepts mathématiques sont ainsi enseigné… Représentation graphique des données issues de toutes les banques de tous les ordinateurs gérés par l'homme. Complexité inimaginable. Rais de lumière lancés dans le non-espace de l'esprit, amas et constellations de données. À perte de vue, comme les lumières des mégalopoles de la planète. » Une nouvelle espèce de cow-boys hante le cyberespace de Gibson et explore cette immensité de données en « branchant » directement leur système nerveux à la « matrice », nom donné par Gibson à l'infrastructure globale de calcul et de communication donnant naissance à ce nouveau royaume. Quant aux termes de « réalité virtuelle », de « moteur de réalité » et au sigle RV, je les ai entendus pour la première fois dans la bouche d'un informaticien nommé Jaron Lanier, dont nous reparlerons souvent dans cet ouvrage.

Imaginez une télévision qui n'aurait pas de bords, sur laquelle passerait des émissions en relief, offrant un son en trois dimensions et présentant des objets que l'on pourrait saisir, manipuler et même sentir du bout des doigts, de la main. Imaginez que l'on puisse s'immerger dans un monde artificiel et l'explorer vraiment, plutôt que de le regarder selon une perspective donnée, sur l'écran plat d'un cinéma, d'une télévision ou d'un ordinateur. Imaginez que l'on puisse être tout autant le créateur que le « consommateur » de cette expérience, et que l'on ait le pouvoir, par un geste ou par un mot, de remodeler ce monde entièrement artificiel. Il ne s'agit pourtant pas là d'une fiction. Les éléments constitutifs d'un système de RV — visiocasques (*head-mounted displays*), images synthétiques en relief, périphériques d'entrée/sortie, simulations par ordinateur — permettent aujourd'hui de s'immerger dans ce monde artificiel et de le modifier à sa guise.

S'il fallait emprunter un mot au vocabulaire classique pour désigner la catégorie à laquelle appartient cette nouvelle technologie, je choisirais « simulateur ». La technologie de la RV est apparentée à celle des simulateurs de vol que les armées de l'air et les compagnies aériennes utilisent pour former leurs pilotes, et elle en est partiellement dérivée. Grâce aux simulateurs de vol classiques, les pilotes apprennent les rudiments du pilotage sans quitter le sol, en s'entraînant sur des répliques des commandes de vol ; le « pare-brise » utilisé dans ces simulateurs est un écran d'ordinateur sur lequel le paysage présenté change en fonction de la route virtuelle prise par le pilote. Le cockpit est monté sur une plate-forme dynamique qui reproduit fidèlement les mouvements de l'avion simulé. La réalité virtuelle est également une sorte de simulateur, mais au lieu d'être face à un écran présentant des images en deux dimensions, la main sur le manche, celui qui fait l'expérience de la RV est immergé dans une représentation en trois dimensions fabriquée par ordinateur ; il peut se déplacer dans ce monde virtuel, le contempler sous différents angles, attraper des objets qui s'y trouvent, et le remodeler.

À l'heure actuelle, il est nécessaire de mettre un casque électronique ou une paire de lunettes à obturateurs — comme je l'ai fait — pour visualiser un tel monde, d'enfiler un gant d'un genre particulier ou de saisir un périphérique d'entrée de type « poignée » pour manipuler les objets que l'on y voit. Dans le casque fourni par la NASA, un ensemble de lentilles et deux minuscules écrans vidéo, reliés à un appareil qui suivait la position de ma tête, permettaient de créer l'illusion que l'écran m'entourait complètement. Le moteur de réalité modifiait automatiquement ce qui m'était présenté lorsque je tournais la tête. Je pouvais aller voir derrière des objets créés par l'ordinateur, les soulever, les examiner, me déplacer et voir les choses sous un autre angle. Cette modélisation visuelle complexe d'un monde virtuel qui changeait à chaque fois que je bougeais était produite par un programme de simulation fonctionnant sur un puissant ordinateur auquel le casque et le gant étaient reliés eux aussi. Demain, des technologies moins « lourdes » seront exploitées pour proposer le même type d'expérience, et les ordinateurs utilisés seront à la fois plus puissants et moins onéreux ; ce qui signifie que les mondes virtuels offerts seront plus réalistes, et qu'un plus grand nombre d'entre nous pourront y avoir accès.

Mon exploration du cyberespace n'avait duré que quelques minutes mais ce court « baptême » dans un univers engendré par la machine fut le point de départ d'une longue enquête aux avant-postes de la science d'aujourd'hui. Ce livre en constitue le compte-rendu, et vous permettra d'avoir un aperçu d'un certain monde de demain dans lequel la réalité elle-même pourrait bien devenir un produit manufacturé et tarifé. Si cela vous semble du domaine de la science-fiction — et il est vrai que le terme « cyberespace » en est issu —, sachez que la réalité virtuelle est déjà une science, une technologie et un secteur d'affaires financé assez largement par des entreprises d'informatique, de communication, de design et de loisir à travers le monde.

Ma brève expérience de ce potentiel, du côté de la Silicon Valley, m'a amené à faire le tour de la planète, à la recherche de mondes artificiels plus vastes, plus réalistes, mieux conçus, et dotés d'un meilleur temps de réponse. J'ai emprunté Boeing 747 et voitures de location, trains à grande vitesse, autoroutes, métros, taxis, limousines et autobus pour sauter d'un laboratoire de recherche à un autre, de Chapel Hill, dans la Caroline du nord, à la banlieue de Kyoto, au Japon, des plaines du Texas au Sud de la France. Ce « complexe réalito-industriel » est encore trop jeune pour être visible par le grand public mais il a désormais effectué sa percée à travers le monde et dans bien des disciplines ; si peu de gens encore en ont connaissance, il a néanmoins déjà pris son élan.

- À l'Université de Caroline du nord, je me suis promené dans un bâtiment qui existait dans le cyberespace avant même d'être construit.
- À la Cité des Sciences de Kansai, dans les faubourgs de Kyoto, j'ai pris place dans un prototype d'« environnement réactif », qui suivait la direction de mon regard et la nature de mes mouvements, et j'ai parlé à des chercheurs japonais qui font appel à la RV pour bâtir les systèmes de communication du XXIe siècle.
- À la NASA, j'ai pris les commandes de robots réparateurs dans un espace extra-atmosphérique virtuel.
- À Cambridge, dans le Massachusetts, j'ai fait courir mes doigts sur du « papier de verre virtuel » par l'intermédiaire d'un manche de simulation de textures et j'ai observé des chercheurs qui mettaient au point les créatures animées qui habiteront les mondes virtuels semi-intelligents de demain.
- À Vancouver, en Colombie britannique, j'ai joué avec mon premier « téléopérateur », c'est-à-dire avec un robot situé en bout de « chaîne » d'un système de téléprésence. Imaginez qu'une simple paire de lunettes intégrales et un gant vous emmènent — par l'intermédiaire des yeux

et des mains d'un robot – au fond de l'océan ou à l'intérieur de vos propres vaisseaux sanguins.

- À Tsukuba, l'une des premières « cités des sciences » du Japon, j'ai fait l'étrange expérience de me voir à travers les yeux d'un télérobot ; une séance extracorporelle assistée par ordinateur, en quelque sorte.
- À Honolulu, j'ai vu une mitraillette à roulettes télécommandée dans un centre de recherches sous haute sécurité de la Marine américaine.
- À Santa Monica, j'ai testé un simulateur de réalité vieux de quarante ans, le « Sensorama », dans sa remise actuelle : la cour de la maison de son inventeur.
- À une heure de route de Hartford, dans le Connecticut, tout au fond d'un muséum d'histoire naturelle, j'ai retrouvé l'homme qui a forgé l'expression « réalité artificielle » il y a de cela des dizaines d'années, et qui a le premier expérimenté des techniques perfectionnées aujourd'hui dans les laboratoires de recherche du monde entier.
- À Santa Barbara, j'ai vu une science nouvelle précipiter comme un cristal dans une solution sursaturée, lorsque des spécialistes de l'image de synthèse, des experts en robotique, des grands pontes des sciences cognitives et des informaticiens du monde entier se réunirent pour la première fois pour discuter de leurs centres d'intérêt communs. À la fin de ce colloque, ils décidèrent d'apporter une contribution majeure à l'apparition d'une nouvelle science, au carrefour de leurs spécialités, en fondant un journal publié par MIT Press et consacré à l'étude des mondes virtuels.
- À Londres, j'ai rencontré un roboticien dans une usine de fabrication de marionnettes satiriques, un inventeur qui annonce qu'il est en train de créer un gant capable de transmettre le sens du toucher à distance.
- Dans la Silicon Valley, j'ai visité une entreprise d'un genre un peu particulier où sont fabriqués les visiocasques et les gants que j'avais utilisés dans la plupart des autres sites où j'étais allé, et j'ai dansé avec une femme qui avait pris la forme d'un homard pourpre de quatre mètres de haut.
- À Grenoble, j'ai visité un laboratoire informatique à l'intérieur d'un laboratoire informatique, et j'ai posé les mains sur une machine qui y avait été fabriquée. Bien que cet appareil ait été fait de métal et de circuits intégrés, sa manipulation donnait à ma main et à mon oreille l'impression d'appliquer un archet sur une corde de violon.
- J'ai voyagé dans le passé, jusqu'aux temps préhistoriques des grottes de Lascaux, j'ai exploré la caverne de Platon, et j'ai eu plus qu'un aperçu d'un futur technologique auquel nous devons consacrer notre attention dès maintenant. Car la réalité virtuelle balbutiante d'aujourd'hui va mûrir en quelques années seulement ; et, promesse et menace à la fois, elle a le potentiel de modifier ce qu'être homme ou femme veut dire.

Une manière d'appréhender la RV, c'est de la voir comme une fenêtre magique ouverte sur d'autres mondes, depuis celui des molécules jusqu'à celui de l'esprit. Une autre façon de la considérer, c'est de dire qu'en cette dernière décennie du XXᵉ siècle, la réalité s'apprête à disparaître derrière un écran. La perspective d'une commercialisation en masse d'expériences de réalité artificielle correspond-elle à celle d'un monde dans lequel nous aimerions imaginer nos petits-enfants ? Quels sont les aspects potentiels les plus forts, les plus troublants, les moins prévisibles de la RV ? Si nous avions une vision claire des promesses et des dangers de la RV, comment nous y prendrions-nous pour favoriser les premières et éviter les seconds ? Le djinn s'est échappé de sa lampe, et il n'est plus temps de renverser le cours de la recherche en RV ; mais il s'agit encore d'un jeune « génie », dont la conduite peut être partiellement dirigée. La RV ne peut plus être arrêtée, même si nous décidons, tout bien considéré, que ce serait la meilleure chose à faire. Mais nous pourrons peut-être la maîtriser si nous entamons cette réflexion dès aujourd'hui.

Les aspects les plus spectaculaires des applications potentielles de la RV ont déjà été lourdement commentés dans les médias, au moins aux États-Unis, qu'il s'agisse de « télésexe » (sexe simulé à distance) ou de « LSD électronique » (des simulations si irrésistibles qu'elles finissent par remplacer la réalité chez les « accros »). Et dans bien des articles, on a voulu donner l'impression qu'il s'agissait du dernier gadget en vogue en provenance de Californie. En réalité, dans des laboratoires comme celui de l'Université de Caroline du nord, on conduit depuis plus de vingt ans des recherches scientifiques sérieuses et on développe des applications qui peuvent sauver des vies humaines : des médicaments contre le cancer, découverts à l'aide du système d'amarrage moléculaire que j'ai eu l'occasion d'essayer, ou des programmes de traitement par rayons X conçus à l'aide de RV pour réduire les souffrances des patients d'aujourd'hui.

Ma propre aventure au royaume de la recherche et du développement en réalité virtuelle a débuté en fait il y a plusieurs années, lorsque je commençai à m'intéresser à la mutation des ordinateurs qui passaient du statut de supercalculateurs à celui d'outils d'extension des capacités intellectuelles de l'homme (je les appelai alors « amplificateurs mentaux »). À l'occasion d'un travail de recherche effectué pour un de mes précédents ouvrages, il y a quelques années, j'avais rencontré un certain nombre de personnes qui utilisaient leur micro-ordinateur pour réaliser des outils capables d'amplifier les processus de pensée, de communication et d'imagination de l'homme. Ces « infonautes », que je décrivai dans mon livre *Tools for Thought* (*Des Outils pour l'Esprit*), avaient compris comment tirer parti des ordinateurs dans le but d'amplifier leur capacité à analyser, à réfléchir, plutôt que de les cantonner au traitement élémentaire des données et au calcul numérique.

Les micro-ordinateurs d'aujourd'hui commencent seulement à approcher le niveau leur permettant d'être utilisés comme les amplificateurs mentaux imaginés il y a des dizaines d'années. Mais le micro-ordinateur tel que nous le connaissons n'est pas la seule actualisation possible de ces amplificateurs mentaux. Dès les débuts de la révolution micro-informatique, à la charnière des années soixante-dix et quatre-vingt, quelques pionniers de cette industrie nouvelle souhaitaient pousser le développement de cette technologie vers un objectif autrement intéressant — au moins en théorie — que les boîtiers en plastique que nous sommes de plus en plus nombreux à placer sur nos bureaux aujourd'hui : cet objectif, ils l'appelaient « simulateur personnel » (ou « micro-simulateur »).

Au début des années quatre-vingt, alors que je m'entretenais avec de jeunes « petits génies » de l'informatique, et qu'ils me faisaient part de leur rêve d'immersion dans une réalité simulée, je ne pensais pas qu'ils seraient les hérauts d'une révolution technologique et culturelle, une décennie plus tard. Des années plus tard, quand j'appris que les mêmes personnes avaient uni leurs efforts pour réaliser une machine génératrice de réalité pour la NASA, je me dus de l'essayer. Je savais que l'un d'eux rêvait de lunettes de vision en relief depuis son passage au MIT, qu'un autre s'était attaché à perfectionner un périphérique d'entrée d'ordinateur en forme de gant, et qu'un troisième, programmeur reconnu de logiciels éducatifs et de jeux d'aventure, avait été embauché pour mettre au point le logiciel de modélisation de monde virtuel pour ce projet de la NASA. Ils avaient tous la vingtaine ou la trentaine lorsque je les avais rencontrés pour la première fois : ils constituaient la génération d'informaticiens « post-Apple », celle qui avait grandi au contact des micro-ordinateurs créés par ses aînés. Leur dernière aventure en date paraissait quelque peu folle mais piquait la curiosité.

Après avoir bénéficié de ma première démonstration en 1988, à la NASA, je m'installai pour quelque temps à la bibliothèque. Une de mes premières découvertes, surprenante, fut de me rendre compte que le centre intellectuel du monde de la recherche en RV n'était situé ni en Californie, ni à Tokyo, ni à Cambridge, ni même à Salt Lake City. Un rapide survol me fut suffisant pour comprendre que les travaux les plus significatifs en RV — en tant qu'outil de visualisation scientifique, d'apport aux technologies d'imagerie médicale ou d'outil d'aide à l'architecture — émanaient tous du même endroit. En l'espace de vingt ans, ce laboratoire de recherche avait d'ailleurs non seulement réalisé ce type d'applications pratiques, mais on y avait également travaillé sur les technologies de base touchant les visiocasques, les architectures informatiques des « moteurs de réalité », l'imagerie de synthèse en relief et les capteurs de position. (On appelle également ces technologies de base qui conditionnent le développement d'autres technologies des technologies

« catalyses ».) Chapel Hill, où se situe le Département Informatique de l'Université de Caroline du nord (UNC), s'avéra donc être un de ces endroits que je ne m'attendais pas à visiter mais pourtant première étape de mon tour du monde de la réalité virtuelle.

Il y a, à Chapel Hill, un petit noyau de gens qui se sont consacrés à la recherche en réalité virtuelle dès la fin des années soixante, et qui n'ont cessé d'accroître leur nombre, leur prestige et leur financement au cours des deux dernières décennies. Des projets d'imagerie médicale et d'imagerie en chimie pharmaceutique sont ainsi conduits dans l'un des centres de recherche en RV les plus avancés du monde, et en tout cas le plus ancien. Notons qu'il s'agit également d'un laboratoire dont la finalité est la création d'outils scientifiques et médicaux et non la commercialisation de produits d'électronique grand public. Ayant fait une première expérience du résultat somme toute assez primitif que pouvait donner les prototypes de RV actuels, j'avais décidé d'aller voir à Chapel Hill si une équipe déterminée, ayant d'importantes ressources informatiques à sa disposition, pouvait arriver à créer une réalité synthétique plus convaincante.

Frederick Brooks était déjà devenu une figure quasi mythique du monde informatique lorsqu'il quitta IBM pour l'UNC. J'avais lu plusieurs années auparavant son livre consacré à l'ingénierie logicielle. Je ne connaissais pas grand-chose aux principes de management des projets logiciels d'envergure, mais j'étais attiré par *The Mythical Man-Month* (*Le Mythe du mois-homme*) simplement parce qu'un nombre considérable de programmeurs semblaient lui vouer un culte quasi métaphysique. Brooks avait été le responsable, chez IBM, de l'équipe qui avait travaillé sur ce qui était alors le projet informatique le plus ambitieux jamais entrepris : le système d'exploitation de la série d'ordinateurs IBM 360, qui allait marquer la première révolution informatique en entraînant l'informatisation des mondes scientifique et de l'entreprise. Le fameux *mois-homme* auquel il faisait allusion est une unité de mesure administrative de la productivité des informaticiens qui représentait une façon de voir contre laquelle Brooks a lutté pendant des années : la notion selon laquelle la difficile démarche intellectuelle nécessaire pour produire un logiciel de qualité, faite de réussites et d'échecs successifs, pouvait être rationalisée par des moyens technocratiques. Il démontra que le chef d'un projet en retard de trois mois sur son planning qui se mettrait en tête de doubler le nombre de *mois-hommes* alloués à celui-ci en engageant deux fois plus de programmeurs était assuré de faire prendre au moins six mois de retard audit projet. Il me sembla significatif que le doyen de la RV, un domaine dans lequel la mise en œuvre d'un fort potentiel technologique dépend de la mise au point d'un volume considérable de logiciels, fût également fort sceptique sur la possibilité d'en faire beaucoup en un temps limité en matière de logiciel complexe.

Brooks est un homme modeste qui estime que l'intérêt soulevé par les aspects les plus spectaculaires de la RV peut le détourner de sa tâche consistant à créer des outils « mentaux » à l'intention des scientifiques, des médecins et des architectes. Il est le premier à mettre l'accent sur le mérite de ses collègues en ce qui concerne les réalisations faites à Chapel Hill depuis la fin des années soixante. Lorsque je m'entretins avec lesdits collègues, je m'aperçus qu'il avait raison, mais que ceux-ci ne manquaient pas de souligner l'importance de la direction de Brooks dans les efforts de recherche de l'UNC. Le groupe est composée de personnalités fortes et diverses : Henry Fuchs, figure légendaire du monde des images de synthèse, a été l'élève d'Alan Kay à l'Université de Utah au moment où le premier visiocasque du pionnier de la RV Ivan Sutherland fonctionnait encore ; Fuchs et d'autres ont conçu une nouvelle « architecture » pour la RV à l'UNC en produisant leurs propres « puces » et en réalisant un réseau de 250 000 processeurs. Stephen Pizer est à l'avant-garde de l'imagerie médicale interactive en relief ; avec le Dr Julian Rosenman et d'autres spécialistes en médecine, il a été le pionnier de techniques d'imagerie en RV, notamment les « lunettes à rayons X » que les praticiens ont secrètement appelé de leurs vœux depuis Hippocrate et que les chercheurs de l'UNC pourraient bien leur livrer avant dix ans. Parmi le reste des chercheurs faisant partie du corps professoral de l'UNC, on trouve des experts en matériel, en logiciel, en capteurs, en systèmes réactifs, en architecture d'ordinateurs, en programmation d'applications graphiques, en d'autres termes, toutes les bases constitutives des systèmes de RV. Lorsque j'appris que Warren Robinett, un des « infonautes » que j'avais rencontrés il y avait un siècle à l'échelle de la Silicon Valley — sept ans à l'aune du monde réel —, et également homme clef de l'équipe de RV de la NASA, avait rejoint l'équipe de l'UNC, je décidai de cesser de remettre à plus tard ce qui pouvait être fait rapidement, et me préparai à faire une petite visite à Chapel Hill.

Comme toutes les plaques minéralogiques américaines, celle de la voiture que j'avais louée à l'aéroport de Raleigh-Durham portait la devise de l'État, en l'occurrence celle de la Caroline du nord : First in Flight (« Premier vol en avion »). Et il est aisé de comparer l'état de la technologie actuelle en RV au Kitty Hawk (la plage où les frères Wright effectuèrent leur premier vol) du cyberespace. Je dois avouer que mes vols d'essai des « cybermachines » d'aujourd'hui n'étaient pas aussi excitants que la perspective qu'ils ouvraient, celle d'une version « Boeing 747 » de cette technologie, promise dans quelques années. Cela dit, le rythme d'avancement de la RV sera probablement deux fois plus rapide que ne l'a été celui de l'aéronautique. Nous sommes tout de même à une époque où « avion à réaction » fait quelque peu archaïque. Je me souviens de pages de publicité pour l'« ordinateur personnel » Altair que je voyais dans les magazines scientifiques de 1974 ; le périphérique d'entrée de l'Altair était un tableau d'interrupteurs, et le périphérique de sortie, une rangée d'ampoules. Je ne voyais pas vraiment à quoi pouvait me servir un Altair mais j'y pressentais vaguement un certain intérêt. Quelques années plus tard, deux sociétaires du club informatique *Homebrew Computer Club*, qui savaient ce qu'ils voulaient, fondaient Apple Computer. Dix ans après l'Altair sortit le premier Macintosh. La RV d'aujourd'hui n'est pas tout à fait au niveau « Altair » et l'Apple Computer de la RV n'existe sans doute pas encore. Mais les recherches conduites par Brooks, Fuchs, Pizer, Robinett et les autres en Caroline du nord aujourd'hui contribuent à créer la « base de connaissances » sur laquelle ces sociétés seront fondées. Et de même que l'Université de Stanford joua un rôle majeur dans la réussite de la Silicon Valley, l'UNC et le « Triangle de la recherche » dont elle est proche seront peut-être largement gagnants si un véritable *boom* industriel de la RV a lieu. J'appelle cet éventuel scénario « l'ascension du complexe réalito-industriel ».

Les feuilles des arbres commençaient à peine à jaunir lorsque je fis le trajet me conduisant de l'aéroport à Chapel Hill, à travers un paysage de forêts plutôt plat et par un temps humide invitant à porter des manches longues. Senteur du chèvrefeuille à la nuit tombante, typique des États du Sud. Je passai là-bas pratiquement une semaine, dans un Chapel Hill qui s'avéra être une ville universitaire agréable et bucolique, offrant de bonnes librairies et du bon café, deux caractéristiques majeures de tout centre intellectuel. Après avoir garé ma voiture et alors que je me dirigeai vers le Sitterson Hall, j'eus ma première impression de déjà-vu virtuel : au SIGGRAPH 1989 (le salon américain annuel des images de synthèse organisé par l'ACM), au début de l'été, Margaret Minsky avait présenté une cassette vidéo d'une « visite simulée » à l'UNC. Une reproduction en relief très réaliste de l'intérieur d'un bâtiment avait été convertie en un monde virtuel que l'on pouvait explorer en mettant un visiocasque et en marchant sur un tapis roulant fixe relié à un ordinateur. Cette fois-ci, j'effectuais ma première visite réelle dans ce bâtiment, et j'avais l'impression de pénétrer le monde virtuel que j'avais vu sur cassette ce jour-là. Vertige de la découverte de l'univers de la RV : je me dirigeai vers une pièce du monde physique où l'on me coifferait d'un visiocasque et où l'on me permettrait de visiter une modélisation en relief du bâtiment dans lequel je me trouvais déjà.

Je repérai le bureau de Warren Robinett, son bureau du monde réel, pour être tout à fait précis. Cela faisait des années que je ne l'avais pas vu. Il parle toujours d'une voix posée, avec une confiance inébranlable dans ce qu'il entreprend, et n'a pas cessé de s'émerveiller du plaisir qu'il retire de modeler un univers à partir de lignes de programmes. Depuis que je le connais, Robinett cherche à construire un monde que les gens puissent pénétrer, dans lequel ils puissent avoir des aventures et dans lequel ils puissent apprendre. *Rocky's Boots*, le jeu informatique qu'il avait réalisé et qui enseignait l'algèbre de Boole à des enfants de dix ans avait attiré mon attention en 1983, alors que j'écrivais un article sur les logiciels éducatifs. J'avais entendu parler de lui pour la première fois dans le contexte d'une des grandes « légendes » de l'industrie du jeu vidéo. Robinett avait en effet été programmeur de jeux chez Atari au cours de leur grande époque. C'était aussi un fan du jeu uniquement textuel *Adventure* grâce auquel se délassaient les informaticiens sur leurs grands ordinateurs à ce moment-là. Au plan du concept, *Adventure* était un monde virtuel : le jeu se joue dans un monde souterrain imaginaire fait de tunnels et de cavernes, et le joueur doit parcourir ce monde, en dresser la cartographie, amasser armes et richesses, surmonter des obstacles, triompher de dragons, tout cela à l'aide de commandes textuelles du type *go north* (« aller au nord ») ou *pick up sword* (« ramasser épée »). L'espace dans lequel se déroule le jeu n'est pas montré, mais décrit ; la seule dimension visuelle est celle qu'élabore le joueur par son imagination. L'ordinateur, lui, assure le suivi des déplacements du joueur.

Robinett pensait qu'*Adventure* pouvait être un excellent thème de jeu vidéo graphique, dans lequel un monde à l'origine conceptuel et textuel pourrait prendre une dimension visuelle. Il y avait cependant un problème technique : les consoles de jeu commercialisées alors par Atari étaient dotées d'une capacité mémoire très faible. Les programmes qui mettaient les jeux en œuvre devaient être très concis, ou « compacts », pour reprendre un terme propre aux programmeurs. La version originale du produit proposé par Robinett occupait plusieurs centaines de kilo-octets (Ko) de mémoire RAM d'un ordinateur central du laboratoire de recherche en intelligence artificielle de Stanford. La cartouche de jeu d'Atari, quant à elle, ne pouvait contenir plus de 4 Ko. Le patron de Warren était persuadé qu'il serait impossible de convertir la version « ordinateur central » d'*Adventure* en un programme suffisamment compact pour la console Atari et ordonna l'abandon de ce projet. Mais Robinett l'entreprit malgré ses directives, et le jeu s'avéra l'un des plus grands succès d'Atari.

L'accent du Missouri de Robinett paraissait plus prononcé en Caroline du nord que lorsque je l'avais rencontré dans la Silicon Valley. Il me dit d'abord qu'il avait participé au *boom* de la programmation de jeux vidéo de la fin des années soixante-dix pour la même raison qui poussait les adolescents à engloutir des fortunes en monnaie dans les *Pac Man* de l'époque et autres *Space Invaders*. Il estime en effet que le cyberespace possède le même type d'effet d'attraction, et pour les mêmes raisons, que les jeux vidéo bien pensés.

« Les garçons de onze, douze, treize ans ont adopté les jeux vidéo instinctivement et immédiatement », explique Robinett. « Je crois que leur instinct ne les trompait pas. Il y a quelque chose, dans les logiciels graphiques et interactifs, qui interpelle avec force. Je pense que le processus d'apprentissage doit s'appuyer sur des exemples concrets et que des modélisations graphiques détaillées mettant en œuvre l'interaction de manière fine peuvent être réalisées sur ordinateur. Cela ne fait d'ailleurs pas longtemps – depuis que les jeux vidéo et les logiciels éducatifs ont effectué leur percée – que les gens de la communauté scientifique ont accepté l'idée que les images de synthèse peuvent les aider à mieux comprendre leurs séries de nombres. On appelle désormais ce domaine la "visualisation scientifique". Il a donc fallu une décennie pour que les scientifiques admettent ce qui paraissait évident à tout enfant essayant son premier jeu vidéo : le pouvoir des images de synthèse interactives. »

Les responsables de l'UNC comprirent l'intérêt qu'il y avait à posséder un vétéran des jeux vidéo et du projet Ames/NASA dans leur équipe de recherche en RV. Brooks appartient à la vieille école de l'informatique et des ordinateurs centraux. Henry Fuchs avait également suivi la voie de la recherche universitaire. Mais Warren Robinett participait d'une culture de jeunes génies de l'informatique qui programmaient « au *feeling* », et s'amusaient à réaliser des prouesses logicielles que d'autres considéraient comme impossibles. Quelques-uns des meilleurs d'entre eux ont gagné des fortunes pendant quelques années. Robinett avait travaillé pour Atari à la fin des années soixante-dix, gagné de l'argent, quitté son emploi, traversé l'Europe sac au dos, et réfléchi longuement, au début des années quatre-vingt, sur ce qu'il allait faire ensuite pour tirer parti du pouvoir des simulations graphiques interactives.

Ce qui l'intéressait, c'était de créer des logiciels excitants qui *démontreraient* la raison de son enthousiasme, et non pas de faire seulement des théories sur le potentiel exceptionnel de l'informatique. L'idée que cette création puisse à la fois satisfaire son désir ludique, posséder une valeur éducative et apporter quelque chose aux gens, et lui faire aussi gagner de l'argent, cette idée était très gratifiante. Je lui rappelai que lorsque je l'avais interviewé pour la première fois, sept ans plus tôt, une des premières choses qu'il m'ait dite était la suivante : « Ce à quoi je m'emploie, en fait, c'est à réaliser des *simulations graphiques* interactives, et notez bien l'expression, car chacun des trois mots qui la composent est important ». Je me souviens qu'il m'avait expliqué qu'un jeu vidéo vraiment réussi devait être en fait une simulation d'un monde ou d'un autre, qu'il devait proposer des représentations imagées des concepts sous-tendant ce monde, et que le joueur devait avoir la possibilité d'interagir avec les images affichées et le monde simulé.

Rocky's Boots, par exemple, peut être considéré comme un jeu d'aventure graphique. Dans ce cas particulier, cependant, il ne s'agit pas de retrouver son chemin dans des tunnels sombres, ni de chasser les serpents, ni d'amasser les trésors. Warren avait conçu un système qui permettait (sur ordinateur Apple II) d'utiliser un curseur pour sélectionner différents objets graphiques et les déplacer de manière à les combiner, pour produire des « machines » pouvant effectuer des tâches simples. Grâce à *Rocky's Boots,* des enfants s'apercevaient qu'ils pouvaient acquérir une compétence dans la construction de ces « machines », de la même manière qu'ils développaient l'efficacité de leur tir ou de leur déplacement dans *Space Invaders* ou *Pac Man.* Les symboles utilisés dans *Rocky's Boots,* que Robinett avait conçu avec les éducateurs Ann Piestrup, Teri Perl et Leslie Grimm pour un éditeur de logiciels éducatifs, *The Learning Company,* n'avaient pas été choisis arbitrairement. Au contraire, il s'agissait des symboles de l'algèbre (ou logique) de Boole, qui correspondaient aux mêmes fonctions symboliques. Les « machines » qu'élaboraient nos jeunes joueurs étaient en fait des circuits logiques pleinement fonctionnels. Cet ensemble de mathématiques et de logique est enseigné normalement au lycée ou à l'université, et constitue une des bases théoriques de la conception d'ordinateurs et de la programmation.

Après *Adventure* et *Rocky's Boots*, il parut naturel à Robinett de passer à la programmation de logiciels de mise en œuvre de mondes virtuels. En 1986, le projet d'une plateforme de recherche en RV élaboré par Scott Fischer attira Robinett à la NASA. Deux ans plus tard, lorsque ce projet atteignit une envergure telle qu'il n'avait plus la main sur la création logicielle, lorsqu'on aboutit à un contexte où il s'agissait d'aller de réunion en réunion en essayant de vendre son point de vue sur la manière de faire les choses — au lieu de simplement les faire, comme il en avait le désir —, Robinett quitta la NASA et partit faire du bateau dans le Pacifique sud. Lorsqu'il en revint, il parcourut les États-Unis et eut envie d'aller voir ce qui se faisait à l'UNC. Après avoir rencontré Frederick Brooks, Henry Fuchs et Stephen Pizer, il décida de s'installer à Chapel Hill et de se joindre au laboratoire de recherche en RV. Si cette perspective le séduisait, c'était en partie à cause de sa défiance des patrons et de la paperasserie. S'il y avait en effet une figure du monde de la RV qui savait comment mettre un programmeur à l'aise, c'était bien Frederick Brooks.

« Lorsque vous rencontrerez Fred Brooks, me dit Robinett, ne manquez pas de l'interroger sur l'AI, l'amplification de l'intelligence. C'est la raison de ma venue ici. Cela complète parfaitement mon expérience des jeux vidéo : je veux me servir des ordinateurs pour étendre les perceptions de l'homme. Nous possédons un certain nombre de sens, comme la vision, l'ouïe, l'odorat, mais il existe de nombreux phénomènes qui nous sont tout à fait imperceptibles. On peut citer par exemple les rayons X, la radioactivité, l'électricité ou l'intérieur d'objets opaques. D'une certaine manière, on peut dire que nous manquons des sens nécessaires pour percevoir ce genre de choses. Mais à l'aide de capteurs électroniques et d'affichages vidéo, nous pouvons rendre visibles ces phénomènes imperceptibles. Ou les rendre audibles ou touchables. J'appelle l'appareillage permettant d'aboutir à ce résultat un convertisseur sensoriel.

Un des projets sur lequel nous travaillons à l'UNC consiste à relier un scanner à ultra-sons à un visiocasque, de façon à ce qu'au lieu de visualiser l'image échographique sur un écran, le médecin puisse mettre le visiocasque et voir directement à l'intérieur du corps du patient. Il s'agirait véritablement d'apporter un sens artificiel comparable à la vision « X » de Superman. Je me suis rendu compte *a posteriori* que ce que j'avais réalisé, avec *Rocky's Boots*, c'était de rendre l'électricité *visible* dans des circuits simulés, et ce travail antérieur revenait donc aussi à exploiter l'ordinateur pour étendre les perceptions humaines ».

Robinett me fit rencontrer Ming Ouh-Young, l'étudiant en maîtrise affecté au projet, dans un coin du laboratoire d'imagerie de synthèse où était monté l'ARM. Le département Informatique se compose de plusieurs étages de salles de classe, de bureaux, d'amphithéâtres, et d'ateliers de matériels et logiciels. Le laboratoire d'imagerie de synthèse, quant à lui, comprend une vaste salle commune dans laquelle étudiants et chercheurs utilisent des micro-ordinateurs de pointe arrangés les uns à côté des autres sur les bureaux, et adoptent ce regard lointain, noyé dans l'écran, qu'il est habituel d'observer dans ce type d'endroit. Comme de juste, quelques-uns étaient en train de jouer à *SpaceWar*, ce passe-temps classique et obligé des programmeurs en imagerie de synthèse. Dans une antichambre ouvrant sur cet espace paysager se trouvait l'ARM et quelques autres écrans présentant des mondes virtuels.

Robinett et Ouh-Young me proposèrent d'abord un exercice « d'échauffement » : avant de passer aux représentations visuelles, je devais tâtonner en aveugle dans un monde virtuel, en me servant uniquement de la main, du poignet, du bras et de l'épaule. « L'ARM est relié à une canne à pêche virtuelle », m'expliqua Robinett. « Si vous sortez le poisson trop rapidement, il s'échappera. Si vous ne le tenez pas assez bien, il se sauvera également », ajouta Ouh-Young.

L'ARM se mit en marche avec un soubresaut. J'eus la sensation dérangeante de quelque chose de *vivant* à l'autre bout de la ligne, comme une truite qui s'agitait. Après avoir fait passer mon poisson virtuel dans un bac virtuel et l'y avoir laissé pour retourner à ma rivière virtuelle, je me sentis prêt à un bras de fer avec les forces moléculaires.

En avant de l'écran et au niveau de mon regard, une simulation visuelle engendrée par ordinateur du site récepteur de la protéine humaine dihydrofolate reductase flottait dans l'espace. La protéine faisait penser à une sculpture à la fois éthérée et bosselée, faite de nuages de points bleus et rouges regroupés en ballons ou en balles plus petites, eux-mêmes agrégés. J'avais l'impression d'une structure d'une soixantaine de centimètres de long, située à environ cinquante centimètres de moi, et qui semblait flotter.

Les nuages sphériques de couleur agglomérés se « pliaient » pour former une poche à la géométrie complexe : le site d'amarrage. On peut comparer ce principe à celui des « énigmes » à trois dimensions des serrures : la bonne clef permet d'ouvrir la porte en « résolvant » l'énigme.

Entre le modèle de protéine et ma main flottait une molécule plus petite composée de fines lignes jaunes qui faisaient penser à des tiges fluorescentes et qui représentaient les écarts angulaires des atomes d'une molécule synthétique, la méthotrexate. Il s'agissait là de la « clef » potentielle à tester. Je n'avais pas affaire seulement à des représentations imagées de ces molécules, mais à des simulations multidimensionnelles, qui prenaient en compte tous les paramètres utilisés par les chimistes pour décrire leur comportement : les liens entre atomes ne pouvaient dépasser une certaine distance, et lorsque deux molécules étaient rapprochées, leurs atomes respectifs s'attiraient ou se repoussaient en obéissant aux règles physiques régissant les forces électromagnétiques au niveau moléculaire. Les nuages sphériques et les tiges ne constituaient que deux possibilités parmi les représentations possibles des entités modélisées. Certaines de ces représentations étaient invisibles mais très palpables. Lorsque je tentai de rapprocher les modèles en exerçant une poussée sur l'ARM, la force réactive que je ressentis était une simulation fidèle de la façon dont les molécules physiques se seraient comportées si je les avais rapprochées.

Grâce à la poignée, je pouvais effectuer des mouvements du bras et de la main pour manipuler les modèles. Plus je m'en servais pour faire pivoter les modèles dans l'espace, plus la sensation de relief, de volume était forte. Ma tâche consistait à utiliser la poignée de l'ARM pour rapprocher les pièces de ce puzzle en trois dimensions, dans un arrangement spatial bien précis, de manière à les faire fusionner, en d'autres termes à parvenir à l'amarrage. Si l'on identifie de cette façon un composé de synthèse qu'on arrive à amarrer à la ou aux protéines propres à une cellule tumorale ou à une bactérie pathogène, on peut être assuré qu'il s'agit là d'un produit potentiellement utile en thérapie.

Bien que je ne fusse pas chimiste ou biochimiste, je pus rapidement déterminer grossièrement les positions dans lesquelles les forces moléculaires des deux molécules étaient dans la configuration permettant l'amarrage. Je jouais à un jeu d'assemblage moléculaire qui possédait ses propres règles ; ces règles étaient traduites en modifications visibles sur les représentations, par changement de couleur ou de forme, audibles par des « ping » lorsque deux molécules virtuelles s'entrechoquaient, et perceptibles au plan *haptique* grâce à une modélisation des forces électromagnétiques que mes mains ressentaient. La perception haptique correspond à cet ensemble de sens que nous regroupons sous l'appelation « toucher », mais il ne s'agit pas strictement du sens que nous mettons en œuvre lorsque du bout des doigts, nous assimilons des informations tactiles sur le monde qui nous entoure. En pêchant un poisson ou en rapprochant des molécules, nous faisons appel à un sens propre à notre corps, que l'on appelle *proprioceptif*, et qui nous informe de la position de nos membres l'un par rapport à l'autre et vis-à-vis de l'espace environnant.

La proprioception humaine comprend un système de capteurs internes au niveau des articulations et des muscles, qui détectent les changements de pression et de position. Un système de traitement de niveau supérieur se charge d'identifier les messages « signifiants » parmi ceux qui sont envoyés par les propriocepteurs du corps (par exemple, tel message émanant de tel ensemble de capteurs signifie que l'on est sur le point de basculer en avant si aucune mesure n'est prise ; tel autre signifie que l'on est en train de pousser quelque chose de lourd et de lisse sur une surface à faible frottement). Le troisième système composant la proprioception est constitué d'« effecteurs » chargés de transmettre les commandes des deux autres systèmes aux muscles ; en d'autres termes, il assure les microajustements qui nous permettent de garder notre équilibre et qui guident nos mouvements. Une bonne partie de notre vie quotidienne, si habituelle que nous y prêtons à peine attention, consiste en cette activité rapide, silencieuse, de traitement d'information et de coordination musculaire qui nous permet par exemple de saisir un verre d'eau. Un danseur classique est à ce titre un virtuose de la proprioception. La perception haptique recouvre à la fois les sens proprioceptif et tactile, ainsi que d'autres sens.

L'ARM et le système de manipulation moléculaire exploitent les capacités très développées du système haptique de l'homme, qui permettent d'avoir prise sur un monde virtuel possédant ses propres règles. C'est là que peut intervenir une amplification de l'intellect, là que la simulation proposée peut stimuler la compréhension d'un novice en la matière et amener un spécialiste au seuil de l'intuition décisive. L'intérêt de traduire des modélisations informatiques en simulations haptiques est bien celui-ci : tirer parti du fait que le système de perception haptique de l'homme est d'une grande efficacité pour lui permettre de décoder les règles mises en jeu par son environnement d'un moment à un autre. Dans un système haptique mixte homme-machine, l'homme prend le rôle du sous-ensemble qui identifie les messages signifiants ; le sous-ensemble strictement haptique convertit des forces imperceptibles en une forme perceptible par l'homme. À partir de là, le plus important consiste à sélectionner les problèmes « spatiaux » susceptibles d'être résolus à l'aide d'un système haptique assisté par ordinateur ; cela peut paraître abstrait au départ, jusqu'à ce qu'on évoque des applications comme les médicaments contre le cancer, l'imagerie médicale, ou des aides à la conception aéronautique. D'ailleurs, la valeur au plan scientifique ou industriel des systèmes haptiques en RV découle essentiellement de cette capacité à résoudre des problèmes réels que nous sommes attachés à surmonter. Frederick Brooks désigne ces applications particulières qui stimulent le progrès des sciences et des techniques du terme de « problèmes pilotes ».

L'ARM développait une force suffisante pour me fatiguer le bras après seulement quelques minutes d'utilisation forcenée. J'essayai de le faire pivoter, de le faire tourner, de le bloquer pour l'amener en position tout en surveillant l'espèce de puzzle en relief qui me faisait face. Je ne savais pratiquement rien de la chimie symbolisée par les nuages colorés et les bâtons à la « Tinker Toys* » qui représentaient les liens atomiques, mais je la ressentais par l'intermédiaire de mon bras, ce qui me permit de repérer une position dans laquelle la résistance de l'ARM était à son minimum pour tous ses degrés de liberté. Franchement, cela n'avait pas grand-chose à voir avec la chimie qu'on m'avait enseignée au lycée, et j'avais plutôt l'impression de jouer à un jeu vidéo, ou du trombone. Il me sembla avoir atteint une poche de calme après la « tempête » de forces éprouvée précédemment : les « ping » qui avaient jusque là trahi ma maladresse s'interrompirent, et mon bras n'eut plus besoin de travailler autant.

Quand j'eus amené la molécule dans une zone satisfaisante au double plan haptico-visuel, de petits vecteurs blancs fusèrent des coins du « squelette » de la molécule de méthotrexate. Ming Ouh-Young me désigna une série de potentiomètres en métal situés sur le bras. Tout en maintenant la molécule en place à l'aide du bras droit, je pouvais ajuster la molécule « médicament » de manière à faire disparaître les lignes blanches. Lorsque ces manipulations entraînaient le dépassement d'un certain seuil, le « ping » se faisait de nouveau entendre. Cette combinaison d'un message sonore et de la résistance physique de l'ARM, qui donnait vraiment l'impression d'un choc dans cet espace virtuel aurait sans doute eu encore plus de sens si j'avais été tant soit peu spécialiste en biochimie.

Une fois la démonstration de l'ARM terminée, j'échangeai les lunettes à obturateur de ce système contre un visiocasque, lâchai l'ARM, et montai sur un tapis roulant à point fixe. C'était en effet le moment d'entamer ma visite « cyberspatiale » de Sitterson Hall, comme j'en avais eu la prémonition plus tôt, en entrant dans les lieux réels.

Cette version virtuelle de Sitterson Hall constituait une autre des applications qui m'avait attirées à Chapel Hill. Il est en effet logique que ces visites architecturales simulées constituent l'un des « problèmes pilotes » du développement de la RV, car l'une des activités principales

* *N.d.t.* : Jeu de construction très populaire aux États-Unis.

d'un architecte consiste à visualiser mentalement des structures à trois dimensions. Il s'agit là d'une tâche de type perceptuel et cognitif complexe, soit le genre même de problème que les humains résolvent mieux que les ordinateurs. Les architectes élaborent des modèles mentaux des projets sur lesquels ils travaillent, mais ces modèles n'existent que dans leur cerveau, ce qui explique la quantité de dessins et de plans nécessaires pour les communiquer à leurs clients. Lorsqu'ils en arrivent au point où ils doivent donner leurs instructions aux entrepreneurs, ils formalisent ces modèles, mais uniquement en deux dimensions, sur papier ou sur écran. Étant donné qu'ils pensent souvent en trois dimensions, ces architectes sont plutôt plus doués que les autres pour visualiser des volumes tridimensionnels à partir de représentations bidimensionnelles. Mais bien d'autres aspects de la conception de bâtiments, comme l'effet de différents types d'éclairages sur des volumes complexes, ou comme l'acoustique ou les contraintes sismiques dépassent les capacités du plus doué des « visualisateurs mentaux ». Un modèle tridimensionnel qui serait suffisamment grand pour être visité amplifierait la capacité de l'architecte à concevoir des volumes et aiderait ses clients à mieux comprendre ce qu'il prévoit.

Une des grandes forces des objets virtuels, c'est la malléabilité de leurs dimensions. Une fois un immeuble codé dans un ordinateur, il est possible de le rapetisser suffisamment pour en avoir une vue aérienne, ou bien de l'agrandir de manière à pouvoir le visiter. À l'aide d'un ordinateur suffisamment puissant, il serait possible de réduire l'immeuble que l'on occupe dans le cyberespace, de le mettre dans sa poche virtuelle, puis un peu plus loin, de l'en sortir et de le ramener à sa taille « normale » par une commande vocale. Si l'on est prêt à sacrifier un certain niveau de détail, on peut modéliser ainsi une ville entière. Alors que Sitterson Hall était encore en cours de conception, les chercheurs en RV à qui ce bâtiment de plusieurs millions de dollars était destiné en convertirent les plans en un modèle tridimensionnel à l'échelle réelle qu'ils mirent en œuvre dans le cyberespace. Lorsque ces gens, qui allaient passer une bonne partie de leur vie dans cet immeuble, « visitèrent » le modèle, ils furent nombreux à estimer qu'une certaine cloison, au niveau de l'entrée, donnait une impression d'exiguïté, pour peu que le hall fût un peu animé. Les architectes refusèrent de se rallier à cet avis, jusqu'à ce que les futurs occupants du bâtiment le leur fassent « visiter ». La cloison fut alors retirée du projet et l'immeuble construit sans elle.

Plusieurs mois après avoir vu l'immeuble virtuel en vidéo, j'étais entré dans le vrai bâtiment, j'étais allé dans une salle où j'avais enfilé un visiocasque ; je pénétrai maintenant dans cet immeuble virtuel, parcourai son hall d'entrée et vis la cloison en cause, dans sa position d'origine. J'eus effectivement la sensation d'une plus grande exiguïté que dans la configuration qu'ils avaient finalement adoptée. Je traversai les salles et les couloirs de tout le bâtiment sans pour autant quitter la même petite pièce, et ce grâce à ce tapis roulant sur lequel je marchais et à l'espèce de guidon que je tenais. Lorsque je voulais tourner à droite pour explorer un autre couloir que je voyais partir dans cette direction, il me suffisait de tourner le guidon et de continuer à marcher droit. Une minute me suffit pour m'habituer à ce système. La recherche d'un moyen aussi naturel que possible de parcourir un monde virtuel de grande taille est d'ailleurs l'un des défis technologiques de ce domaine particulier. À l'UNC, le tapis roulant était la solution choisie. Six mois plus tard, au Japon, je devais rencontrer un homme qui faisait appel à un harnais stationnaire, un système d'articulations universel et des patins à roulettes pour résoudre le même problème.

Avec l'arrivée dans le secteur de la RV, en 1989, d'Autodesk et de VPL, éditeurs californiens de logiciels, de grande taille pour le premier et de plus petite envergure pour le second, le principe des visites architecturales simulées passa du domaine de la recherche à celui du développement commercial. S'il faut en croire la stupeur générale que provoqua cette application à une conférence organisée à Anaheim consacrée à la conception assistée par ordinateur, ou l'intérêt manifesté pour elle à Kawasaki, auprès des plus hautes instances de recherche chez Fujitsu, la révolution promise par la RV dans cette spécialité devrait prendre de l'ampleur dans les cinq prochaines années, et pourrait avoir des conséquences majeures pour les autres secteurs dans les dix ans à venir. La prochaine phase de son développement sera conduite par les sociétés qui tirent parti de la RV pour leur conception assistée par ordinateur, domaine lui-même en plein essor, qui contribue à améliorer la productivité d'autres types d'entreprises. La conséquence économique de l'apport d'un amplificateur d'intellect dès les premières étapes d'un travail de conception peut se répercuter à tous les secteurs qui ont à traiter des objets tridimensionnels. (Le secteur du design et l'utilisation de visites architecturales simulées en RV feront l'objet d'un autre chapitre.)

Lorsque je repassai par le laboratoire d'imagerie de synthèse, après mon essai du visiocasque, je vis une image fugitive sur un écran, à l'autre bout de la pièce, qui me fit penser à un extrait de film d'horreur : on aurait dit que l'on avait dépecé le quart environ, d'un crâne humain. Je m'approchai pour mieux voir. Marc Levoy était en train de faire une démonstration de la technique d'imagerie médicale appelée « rendu volumétrique ». En examinant l'image en couleur qui était affichée, je distinguai les différentes couches de tissus durs et mous qui constituaient le crâne, rendues à différents degrés de transparence. Levoy tapait des commandes au clavier et selon la commande, des couches de cartilage ou des parois osseuses apparaissaient, disparaissaient, devenaient opaques ou transparentes. L'objectif, ici, ne consistait pas tant à présenter en trois dimensions, mais à résoudre le problème de « visualisation » posé par la superposition de différentes couches : quelles couleurs, quelles ombres, quels niveaux de transparence sont à utiliser pour mieux rendre visibles les structures anatomiques ?

Un grand nombre de sous-disciplines, de l'obstétrique à la chirurgie orthopédique, ont bénéficié de l'extraordinaire progrès des techniques d'imagerie médicale permis par l'ordinateur et sa capacité à traiter les images numériquement. Les rayons X permettent aux médecins de voir à travers des tissus, mais ils se limitent à donner accès à une seule « couche » anatomique du patient. Les scanners, eux, font appel à l'ordinateur pour assembler un « éventail » d'images de couches successives. C'est ensuite dans le cerveau des praticiens, à partir de cet éventail, qu'est reconstituée en relief l'anatomie du patient. Les ultrasons peuvent être utilisés en temps réel, mais il s'agit également d'une reproduction bidimensionnelle d'une réalité en trois dimensions. L'imagerie médicale est donc une application particulière de la visualisation scientifique, et semble pouvoir bénéficier des mêmes progrès en matière d'imagerie de synthèse que la visualisation en sciences physiques. Le travail de Levoy s'inscrivait dans une collaboration de plusieurs spécialistes venus d'horizons différents pour élaborer des outils d'imagerie médicale en RV. Je traversai à nouveau le hall d'entrée – je ne pus m'empêcher de remarquer combien l'éclairage était réaliste dans le monde réel ! – et je passai le reste de mon premier après-midi à Chapel Hill à discuter avec Stephen Pizer, responsable d'une équipe comprenant des informaticiens, des radiologues, des oncologistes, des chirurgiens et des psychologues spécialistes de la perception.

« Nous cherchons à savoir comment produire de meilleures images médicales », me confia Pizer, dans son bureau. « Et je ne parle pas seulement de présentation d'images médicales en relief, mais également de leur exploitation pour la planification de séances de rayons, pour la préparation d'opérations chirurgicales et pour le diagnostic. »

On saisit assez facilement l'intérêt pour un chirurgien de visualiser en relief tel organe de son patient avant de l'opérer. En revanche, je ne voyais pas bien l'application de cette technique aux séances d'irradiation et l'interrogeai à ce sujet.

« L'intérêt de cette application consiste à produire un programme d'irradiation qui concentre les rayons sur la tumeur et réduise l'impact de ceux-ci sur les autres régions », expliqua Pizer. « Les rayons traversent les tissus sains du patient avant d'arriver à leur cible, mais si l'on concentre des rayons venant de directions différentes sur la tumeur, celle-ci est naturellement beaucoup plus exposée que les tissus environnants. Chaque patient, chaque tumeur a ses spécificités, ce qui rend chaque programme d'irradiation particulier. Comme l'amarrage moléculaire et les visites architecturales simulées, la planification d'irradiation pose essentiellement un problème de type tridimensionnel.

Un des objectifs poursuivis », continua Pizer, « est la recherche de toutes les manières possibles d'irradier une tumeur sans passer à travers les tissus les plus sensibles aux radiations. Il faut donc pouvoir visualiser les rayons par rapport aux tissus sains du patient et par rapport à la tumeur, et pouvoir également bénéficier, sur cette anatomie, d'une représentation du dosage de ces rayons. »

James Chung, l'un des étudiants travaillant dans l'équipe de Pizer, me montra par la suite un système prototype de planification de traitement par rayons. Grâce à lui, la personne s'occupant de la planification des séances fait appel à un visiocasque ou à un autre type d'affichage en trois dimensions pour visualiser le chemin envisagé pour les rayons. Il peut ainsi, de la meilleure manière possible, et grâce aux techniques de rendu tridimensionnel des images avec transparence réglable, bien apprécier l'impact des rayons sur les tissus.

Pizer mit l'accent sur l'importance de la recherche d'un moyen, pour les praticiens et les gens chargés de programmer les traitements, non seulement de visualiser les tissus d'un patient, mais aussi de pouvoir les observer selon différents angles : « Le déplacement de la tête et des yeux, le parcours libre du regard représentent une dimension importante de la vision », fit-il remarquer. « Les informations de profondeur tirées du déplacement naturel ont un très grand poids, et la création d'un monde virtuel dans lequel on puisse se déplacer et changer de point de vue comme on peut le faire dans le monde réel est importante non seulement pour stimuler l'imagination et rendre le monde virtuel crédible, mais aussi pour offrir la gamme de perceptions la plus complète. Nous avons dans notre équipe un psychologue spécialisé dans les phénomènes perceptifs, qui nous aide à déterminer les aspects d'un objet qu'un expert comme un médecin ou un chirurgien doit pouvoir percevoir. Nous travaillons aussi avec des chirurgiens qui nous indiquent les informations visuelles et autres dont ils ont besoin pour effectuer des incisions, fraiser, introduire des sondes de biopsie, etc. »

Dans un avenir plus ou moins proche, il sera possible de simuler et de répéter à l'avance des opérations difficiles, en utilisant les représentations externes et internes réelles de chaque patient, grâce à des systèmes qui ne simuleront pas seulement l'emplacement de chaque organe, mais qui reproduiront également la résistance au scalpel de chaque tissu. De telles simulations, qui en sont déjà au stade de la recherche initiale à l'UNC mais aussi à Stanford, demanderont des années, voire des décennies, pour être mises au point. Si les travaux sur les simulations chirurgicales n'en sont qu'à leur début, Pizer fait remarquer que « les membres de l'équipe qui travaille sur la planification de traitement aux rayons se servent de leur système pour traiter réellement des patients. » Il est encore trop tôt pour juger du résultat définitif, mais les premières remontées des gens qui s'occupent de ce type de planification sont enthousiastes.

Les systèmes d'imagerie médicale se composent de deux sous-systèmes. Le « transducteur » capte des informations portant sur des structures normalement cachées sous la peau. Les rayons X sont des rayons à haute énergie qui traversent le corps et impressionnent une plaque photographique située de l'autre côté. Les scanners à ultrasons font appel à des ondes sonores à haute fréquence pour mettre en œuvre une sorte de « sonar » interne, ces ondes inaudibles étant renvoyées dans de plus ou moins grandes proportions par les tissus rencontrés à l'intérieur du corps, ce qui fournit des données qui sont ensuite converties en images vidéo. Comme les rayons X ne sont pas bons pour la santé des fœtus, ce sont les ultrasons — l'échographie — que l'on utilise normalement en obstétrique. Bien que les images fournies soient souvent floues, il est assez excitant pour les parents en puissance (et leurs médecins) de voir le fœtus bouger grâce à cette technique. Si les transducteurs à ultrasons pouvaient renvoyer des informations de structure en trois dimensions bien focalisées, la RV pourrait peut-être améliorer l'autre sous-système d'imagerie médicale : celui chargé d'offrir une représentation visuelle des données transmises par le premier.

À propos de développements futurs, Pizer indiqua : « Un de nos collègues travaille actuellement sur un capteur à ultrasons qui pourra fournir des données tridimensionnelles au rythme de quelques dizaines d'images par seconde. On peut comparer l'image ultrasonique d'un cœur humain en train de battre à une sorte de monde virtuel. De notre point de vue, le défi consiste à détecter des données tridimensionnelles et à les convertir en une image visible suffisamment rapidement, ce qui n'est pas évident lorsque le transducteur renvoie les données au rythme d'environ deux milliards d'octets par seconde. Le problème de la représentation des divers tissus qui bougent à l'intérieur du cœur est ardu. Le problème de la charge de traitement induite par cet énorme volume de données arrivant à haut débit est ardu. Le temps de réponse et les irrégularités perceptuelles des visiocasques sont aussi des problèmes ardus. Aucun de ces problèmes n'est en principe insoluble, mais leur existence signifie que nous n'aurons pas nos lunettes à vision X dans l'immédiat », prévint Pizer.

« Les lunettes à vision X participent de la vision d'Henry Fuchs sur l'avenir de cette technologie plutôt que de la mienne, même si je trouve la sienne séduisante », dit Pizer. « À partir du moment où on présente des mondes virtuels en relief à des chirurgiens ou à des médecins, pourquoi ne pas les mettre à leur place naturelle, c'est-à-dire sur le patient, superposés à son corps au niveau des organes qu'ils représentent ? On peut ainsi imaginer un contexte dans lequel le chirurgien verrait ses instruments, les tissus du patient qu'il opère, et en même temps une image supplémentaire qui lui permettrait de voir « derrière » le sang et les surfaces opaques. » Combien de temps faudra-t-il pour que cette vision passe de l'état de projet pilote à celui de prototype, pour enfin aboutir à une instrumentation médicale de série ? « Je serais satisfait si nous arrivions à un stade opérationnel avant dix ans, et je vois mal comment nous pourrions y arriver avant cinq ans », répondit-il.

Le lendemain matin, dans le bâtiment restauré datant d'avant l'indépendance et qui abrite aujourd'hui l'une des cafétérias de l'UNC, je rencontrai Henry Fuchs, un garçon rouquin, portant moustache et plein d'énergie, qui n'aime ni perdre son temps, ni mâcher ses mots. Il me dit d'emblée qu'il ne pensait pas beaucoup de bien de cet intérêt des médias grand public pour la RV. Non pas que les promesses attachées à cette technologie ne fussent en effet spectaculaires, comme le sont les prévisions de lunettes à vision X ou d'aides à la visualisation scientifiques. Mais de nombreux problèmes restent à résoudre avant que ces éventualités puissent se matérialiser. Les spéculations excitées des grands médias, semblait estimer Fuchs, laissaient penser que des réalisations pratiques étaient imminentes, alors que cette technologie mettrait des années, voire même des décennies à mûrir.

Et Fuchs sait de quoi il parle. C'est depuis le début des années soixante-dix qu'il travaille à la réalisation de systèmes de RV opérationnels et qu'il a dû affronter tous les problèmes qui y sont liés. Sa quête des mondes virtuels débuta au sein du laboratoire où le pionnier de la RV Ivan Sutherland et d'autres avaient produit le premier visiocasque fonctionnel, peu avant son arrivée.

« Le problème du temps de réponse, par exemple, expliqua Fuchs, est décrit dans les magazines grand public comme lié aux systèmes actuels, et comme devant probablement être résolu très prochainement par l'utilisation de microprocesseurs plus puissants. Les choses ne sont pas aussi simples. »

Fuchs faisait allusion au léger retard avec lequel les mondes virtuels réagissent lorsqu'on tourne la tête ou lorsqu'on avance dans un paysage artificiel. Ce temps de réponse perceptible est la somme du temps de réaction de l'appareillage de détection des mouvements, du temps de traitement des signaux provenant du DataGlove de VPL et du mécanisme de suivi de la tête, et du temps de traitement nécessaire pour faire évoluer le monde virtuel en conséquence. Si en plus on souhaite que la représentation de ce monde soit plus réaliste et plus détaillée, on ajoute à ce temps de réponse ; et si l'on désire que ce monde, ou les objets qu'il contient, soit animé, on augmente encore ce temps de réponse. À l'UNC, la stratégie adoptée a été de renoncer temporairement à la finesse des détails au profit du mouvement, de rechercher le naturel dans les déplacements lorsque l'opérateur change de point de vue, et d'augmenter les détails lorsque le point de vue de l'opérateur se stabilise.

« Il nous semblait évident, à moi et à tous ceux qui travaillaient avec le visiocasque de Sutherland, que le suivi des mouvements posait le problème le plus aigu. Passez plusieurs années à essayer de réduire ce temps de réponse, et vous comprendrez combien est importante la différence entre 100 et 200 millisecondes », ajouta-t-il. Dans le cadre d'un projet particulier à l'UNC, on développe en ce moment un nouveau type de mécanisme de suivi de position, qui réduira encore ce retard : un banc de lumières situé au plafond est suivi à l'aide de capteurs opto-électriques. Et un autre des projets dont est responsable Fuchs, du nom de *Pixel-planes* (« Plans de pixels »), s'attache à résoudre le problème au niveau du calcul. Ce qu'il essaya de faire valoir, à plusieurs reprises dans son discours, c'est que si en effet la RV représentait une percée par rapport à l'époque de l'écran, le développement de systèmes 3D (tridimensionnels) réellement opérationnels se ferait de manière progressive et non soudaine. Lorsqu'on a vu passer quatre générations de microprocesseurs en dix ans, dans l'attente du « moteur » approprié, comme ce fut le cas d'Henry Fuchs, je suppose en effet qu'on a tendance à se défier de ceux qui se présentent soudainement dans la presse grand public comme les « promoteurs » de la RV et qui annoncent celle-ci comme « la dernière technologie issue de la Silicon Valley » et destinée à changer le monde avant la fin de l'année.

Tout en maintenant ces remarques, Fuchs convint que l'idée de « lunettes à vision X » n'était pas seulement réalisable mais représentait un objectif pour lequel il valait la peine de travailler : « Je pense que dans vingt ou trente ans, peut-être cinquante, la technique majeure d'imagerie médicale pourrait bien être constituée d'un visiocasque doté d'une résolution suffisante, qui permettrait de voir les données superposées au patient : on verrait par exemple les côtes, la position d'un fœtus et l'on pourrait déplacer le transducteur comme une lampe de poche, pour visualiser d'autres organes importants, en l'occurrence le cordon ombilical par exemple », me dit-il.

Fuchs, John Poulton et d'autres ont également travaillé au niveau de la « chambre des machines » des systèmes de RV, car il s'agit d'obtenir la très grande puissance de calcul nécessaire pour mettre en œuvre toutes ces applications utiles et excitantes que nous pouvons imaginer. Quiconque traite des images de synthèse en relief doit se soucier de la puissance brute qu'il peut obtenir de l'ordinateur. Et s'il est vrai que tous ceux qui travaillent dans l'informatique ont maintenant compris que les micro-ordinateurs d'aujourd'hui seront remplacés dans quelques années par des machines dix, voire cent fois plus puissantes, il semble bien que la réalité, si tant est qu'on veuille la faire entrer dans l'ordinateur, recouvre toujours plus que ce que l'on croyait. C'est pourquoi il est nécessaire d'envisager de manière radicalement nouvelle le pilotage de la RV. Ce sur quoi Fuchs, Poulton et leurs collègues ont passé les dix dernières années, c'est la production de microprocesseurs spécialisés reliés en un réseau qui fonctionne comme un seul ordinateur. Cette « communauté » énorme de processeurs développée par l'UNC (ou, pour utiliser l'expression officielle, cette « architecture d'ordinateur à parallélisme massif ») s'appelle *Pixel-planes*. Lorsque j'ai effectué ma visite à l'UNC, en 1990, *Pixel-planes* 4 était composé de 250 000 processeurs. Ce qui signifie que chaque pixel – c'est-à-dire chaque point de l'image des mondes virtuels – possède son propre ordinateur.

Mêmes les ordinateurs les plus rapides accomplissent leurs tâches une par une. Les premiers ordinateurs pouvaient effectuer quelques centaines d'opérations à la seconde. Aujourd'hui, on mesure la vitesse de traitement en MIPS (millions d'instructions par seconde), et on évoque de nouvelles unités, comme le « gigaflops » (milliards d'opérations à virgule flottante par seconde) pour les plus rapides des ordinateurs de demain. Mais les systèmes de RV dévorent du MIPS à grosses bouchées. Et comme le savent maintenant tous ceux qui se sont aventurés dans le domaine des simulations en relief et en temps réel, la RV exige une combinaison de processeurs normaux et de processeurs spéciaux pour parvenir ne serait-ce qu'à une approximation grossière de la réalité. Une des principales voies de recherche, pour arriver à des vitesses de calcul très élevées, c'est l'architecture d'ordinateur appelée « parallélisme massif », dans laquelle plusieurs « ordinateurs » sont affectés à une même tâche qu'on s'applique, d'une manière ou d'une autre, à diviser en sous-tâches logiques. La conjugaison de la chute du prix des circuits intégrés et de leur puissance toujours accrue rend possible la combinaison de centaines, voire de milliers de microprocesseurs en un seul système. Le nom « Pixel-planes » a désigné plusieurs générations de moteurs de RV qui ont été entièrement conçus à l'UNC, du microprocesseur à l'architecture parallèle. *Pixel-planes* 4 m'a permis de parcourir un bâtiment virtuel dans lequel je pouvais distinguer la texture du plafond et la lumière diffuse qui émanait d'une pièce dont la porte était restée ouverte. *Pixel-planes* 5, qui est en phase de test final au moment où j'écris ces lignes, est prévu pour être vingt fois plus rapide que *Pixel-planes* 4.

J'avais rencontré Frederick Brooks dans le vestibule de l'Université, dès le jour de mon arrivée. Nous avions échangé quelques plaisanteries. Le lendemain soir, je le vis de nouveau à une soirée organisée par Warren Robinett à l'intention de toute l'équipe de RV. Nous parlâmes alors de Douglas Engelbart, que nous connaissions tous deux, un homme dont les recherches sur l'accroissement de l'intellect étaient étrangement parallèles à celles de Brooks sur « l'amplification de l'intelligence » (AI). Avant de m'entretenir plus longuement avec lui de réalité virtuelle, je passai quelques heures à relire les études scientifiques parfaitement ciselées que Brooks avait publiées pour rendre compte de ses travaux au cours des décennies passées. La prose scientifique peut être soporifique, mais Brooks a la patte d'un littéraire et sait allier logique, rhétorique et un soupçon de métaphore poétique : « Les spécialistes de l'image de synthèse sont des chorégraphes qui font danser des points colorés sur une scène de verre pour faire croire à l'œil et au cerveau qu'ils voient des icônes, des fusées, des molécules et des mondes qui n'existent pas et n'existeront jamais », écrit-il dans son livre au titre parlant : *De l'illusion comme mode d'appréhension de la réalité : l'image de synthèse interactive au service de la science.* Comparant le rôle des informaticiens à celui de fabricants d'outils, il poursuivait : « À condition d'être conscients de notre vrai rôle, les critères de succès nous apparaissent plus clairement : un outilleur ne peut s'estimer satisfait que si les *utilisateurs* de ses outils réussissent eux-mêmes grâce à lui. Aussi étincelante soit sa lame, aussi richement ornée de pierreries soit sa poignée, aussi bien équilibrée soit-elle, une épée se juge à sa capacité à trancher. Le forgeron qui a réussi est celui dont les clients meurent de vieillesse. »

Frederick Brooks est un gentleman à la voix douce. On croirait parfois entendre le président d'un pays qui s'appellerait « Réalité virtuelle ». Quand il est en présence de certains « allumés » modernes de la RV, comme Jaron Lanier, on peut compter sur lui pour garder les pieds sur terre et j'ai peine à l'imaginer débattre avec Timothy Leary, par exemple. Si certains pourraient être tentés de considérer la recherche en réalité virtuelle comme une discipline peu orthodoxe voire ésotérique, le C.V. de Brooks viendra à point pour dissiper cette impression. Cet homme sait ce qu'il fait, pourquoi il le fait et ce depuis longtemps. Je suivai la recommandation de Warren Robinett et demandai à Brooks de m'en dire plus sur l'« AI ». Il fut aussi éloquent, assis à son bureau de Sitterson Hall, enfoncé dans son fauteuil, les mains derrière la nuque, que m'avait semblé l'être la « voix » formelle qui transparaissait dans ses écrits scientifiques. Il sourit. Il savait qu'on m'avait poussé à lui poser cette question et ne s'en formalisa pas.

« Je pense que l'utilisation des ordinateurs est bien plus efficace aujourd'hui appliquée à l'amplification de l'intelligence qu'à la création d'intelligence artificielle (IA), et j'estime que ce sera toujours vrai à l'avenir », déclara-t-il. « Dans le secteur de l'IA, on cherche à remplacer le cerveau humain par la machine, ses programmes, ses bases de données. Dans le secteur de l'AI, en revanche, on cherche à élaborer des systèmes qui amplifient l'esprit humain en dotant ce dernier d'auxiliaires informatiques pouvant remplir des fonctions pour lesquelles le cerveau n'est pas doué. »

Brooks distingue trois domaines dans lesquels le cerveau humain est plus puissant que tout algorithme informatique connu. « Le premier d'entre eux est celui de la *reconnaissance de formes*, visuelles ou auditives », dit-il. « Les logiciels actuels ne sont même pas capables d'approcher la capacité à reconnaître les formes qu'un nouveau-né d'une semaine met en pratique pour reconnaître le visage de sa mère d'un angle et sous un éclairage nouveaux pour lui. » Brooks estime qu'il est possible d'amplifier cette capacité en faisant appel à l'ordinateur pour montrer des formes à l'homme sous des aspects qu'il n'est pas normalement capable de percevoir, et en laissant la partie « homme » du système décider de ceux qui ont un sens.

Le deuxième domaine majeur de supériorité de l'homme sur la machine est celui des *évaluations*, indique Brooks : « À chaque fois que l'on va faire ses courses au supermarché, on se livre à toutes sortes d'évaluations que les algorithmes informatiques d'aujourd'hui ne peuvent qu'approcher grossièrement. » Le troisième domaine où le cerveau humain est supérieur est « ce sens de l'*association contextuelle* qui nous permet de nous rappeler, au moment approprié, de quelque chose que l'on a lu dans un magazine spécialisé vingt ans auparavant sur un tout autre sujet, mais qui nous apparaît brusquement comme signifiant. »

Selon Brooks, les trois domaines dans lesquels l'ordinateur est plus capable que le cerveau humain sont « les calculs, le stockage d'énormes volumes de données, et la mémorisation sans faille (sans oubli) des informations. »

Je lui demandai comment il verrait un système coopératif homme-ordinateur, et il me répondit : « Je crois que dans le système idéal destiné à résoudre un problème très compliqué, la machine se charge des calculs, de la mémorisation, et des recherches de bases de données — et quand je dis "calculs", cela peut recouvrir l'évaluation de fonctions très complexes —, tandis que l'homme s'occupe de la stratégie, de l'évaluation, de la reconnaissance de formes, de la planification et du rappel d'informations contextuelles. » Si l'on souhaite ensuite s'attaquer à la définition de l'interface homme-machine d'un tel système, on en arrive au seuil de la RV. Brooks présente cette démarche comme inéluctable, du même ordre que celle suivie en 1965 par Ivan Sutherland lorsqu'il réalisa le premier visiocasque et dressa l'inventaire des tâches que tous ceux qui lui succéderaient à vouloir placer l'utilisateur dans un monde créé par la machine devraient accomplir.

« C'est bien entendu la grande question : comment coupler l'homme à la machine pour faire un seul système ? » poursuivit Brooks. « Je me souviens d'une publicité dans un magazine, il y a de cela quelques années, qui montrait une tête en gros plan vue du dessus. La légende disait "Le plus compliqué, dans la communication, ce sont les dix derniers centimètres." C'est un bon résumé de notre problème : comment faire passer les informations de la machine au cerveau et vice versa ? Ce qui conduit inévitablement aux images de synthèse, car l'œil est un canal de perception à très large "bande passante" — pour user d'une métaphore électronique — et qu'il est déjà conçu pour absorber toutes sortes d'informations comme pour la reconnaissance de formes en temps réel. D'emblée, ceux qui ont voulu élaborer des systèmes d'amplification de l'intelligence se sont appuyés sur l'informatique graphique comme interface entre la machine et le cerveau. (On appelle "informatique graphique" l'informatique qui présente à l'écran des images, des "icônes", et qui s'oppose à l'informatique classique ne présentant que des lignes de texte.)

Dès 1965, Ivan Sutherland, dans son célèbre discours du congrès de l'IFIP [Fédération Internationale de l'Informatique], a établi un programme précis de développement de l'informatique graphique, défini la notion de monde virtuel et dit que le but poursuivi n'était pas seulement d'entrer dans ce monde par le biais de la vision, mais également par ceux de l'ouïe et du toucher. Nous voulons exploiter tous les canaux de communication que le cerveau sait déjà interpréter. Sutherland a dit aussi que l'on créait d'abord le modèle mathématique du monde virtuel sur l'ordinateur et qu'il s'agissait ensuite de fournir autant que possible l'aspect visuel, auditif, tactile d'un monde réel au cerveau humain auquel il était couplé.

Dans l'autre sens, il faut rechercher le même résultat : exploiter les modes de manipulation naturels des objets par l'homme, qui consistent à pousser, à tirer, à utiliser la main. C'est pourquoi dès les débuts de la recherche en réalité virtuelle ici, nous avons privilégié les interfaces manuelles "riches", en faisant appel à des manches, des tirettes, des boutons, des bras articulés, des boules de commande et des appareillages grâce auxquels on peut manipuler directement des objets *virtuels* en trois dimensions comme on le ferait d'objets *réels*.

Dans le même ordre d'idées, la reconnaissance de la parole par la machine est importante ; l'utilisation des pieds comme des mains est importante ; le déplacement de la tête et des yeux sont importants. C'est par ces biais que nous sommes "accouplés" au monde réel, et ce sont donc les bonnes approches pour nous accoupler au monde virtuel. »

Comme quelques autres chercheurs suffisamment en avance sur leur temps pour s'attaquer au problème de l'amplification de l'intelligence avant que les machines soient très puissantes, Brooks avait commencé ses travaux avec le matériel qu'il avait pu trouver, et qui en l'espèce n'était pas trop mauvais. En 1969, IBM lui confia un ordinateur spécialisé dans l'imagerie, qui était la version commercialisée d'une machine puissante qu'IBM avait conçue pour automatiser l'atelier de conception de voitures de General Motors. À côté de ce qu'on peut trouver aujourd'hui sur le bureau d'un lycéen, ce n'était pas très évolué, mais tout de même amplement suffisant pour débuter. Par ailleurs, Brooks avait un étudiant qui semblait à même de répondre au défi lancé par Sutherland.

« J'avais en effet un étudiant en maîtrise très capable avec une expérience importante de l'informatique », indiqua Brooks. « Je suis allé trouver le doyen de l'UNC et je lui ai dit "Je suis prêt à produire un système d'amplification de l'intelligence et je dispose déjà des deux choses dont j'ai besoin, un ordinateur adéquat et un étudiant brillant. Qui, parmi vos professeurs, mérite le plus qu'on amplifie son intelli-gence ?" » Brooks sourit. L'histoire était savoureuse, il l'avait déjà raconté maintes fois, mais ça n'était pas grave. Il poursuivit. À certains moments, Brooks appuyait ses mots par le ton de sa voix, à d'autres, il les soulignait d'un mouvement de sourcils.

« Je m'expliquai sur ce que j'entendais par là : je cherchais un collaborateur qui serait en quête de la solution à un problème à dominante géométrique, car j'estimais que s'il s'agissait d'explorer un espace à trois dimensions, il valait mieux commencer par travailler sur un problème d'origine directement tridimensionnel plutôt que de s'atteler à représenter un problème abstrait en trois dimensions. Je pensais à un problème qui serait trop complexe pour être résolu par programme uniquement, réclamerait l'intervention de l'intelligence humaine, et à l'inverse ne saurait être résolu par l'homme seul car il réclamerait beaucoup de calculs. Je crois fermement que l'informatique ne peut progresser que si elle s'emploie à développer des prototypes d'outils répondant à des demandes *réelles*, qui sont à satisfaire intégralement, et non si elle s'applique à travailler uniquement sur des problèmes simples et amusants. C'est le sens de cette philosophie des "problèmes pilotes" dont je vous parlais. On fait progresser la technique au mieux lorsqu'on sélectionne *avec discernement* un ou des problèmes pilotes, et de bons collaborateurs. Il s'agit ensuite de faire plus que de son mieux ! Nous savions que le travail sur les mondes virtuels nécessiterait de l'animation de synthèse en trois dimensions, en temps réel, et dans un mode interactif, ce qui était difficilement faisable en 1969, et il nous semblait que ce type de problèmes pousserait mieux que tout autre l'informatique de l'époque dans ses retranchements.

Le doyen me répondit : "C'est une question qu'on ne m'a jamais posée. Donnez-moi le temps de la réflexion." Il revint me voir le jour suivant , avec une liste étonnamment longue de candidats possibles, des astronomes qui étudiaient la structure de la galaxie, des géologues qui travaillaient sur les cavités souterraines pétrolifères, des chimistes moléculaires, des architectes qui dessinaient des pavillons à prix modérés et qui recherchaient des outils d'estimation de coût en temps réel, car à chaque fois qu'ils rajoutent une brique, l'impact financier est multiplié par 100, si tel est le nombre de maisons à construire. Des gens de la sécurité routière étaient intéressés par des simulateurs de conduite. Des géographes s'inquiétaient pour des responsables de planification urbaine qui eux-mêmes s'inquiétaient du devenir des eaux de pluie au fur et à mesure du terrassement de la ville de Greensboro. Il y a avait là un groupe de gens fort intéressant. »

Brooks et ses étudiants connaissaient bien l'un des chimistes protéinistes pour avoir travaillé avec lui sur un projet de programmation scientifique. De son côté, Jan Hermans, du département de biochimie, était intéressé par une collaboration de ce genre ; c'est pourquoi Brooks et son équipe initiale choisirent pour premier problème pilote la structure moléculaire des acides nucléiques. Une simulation haptique intégrale nécessitait une approche par étapes. À la fin des années soixante, le système prototype en deux dimensions de J. J. Batter, l'un des étudiants de Brooks, mettait en œuvre un petit bouton que l'on pouvait déplacer sur une surface de cinq centimètres carrés et qui offrait une résistance par l'intermédiaire de servo-moteurs, modélisant ainsi un champ de force élémentaire. En 1971, W. V. Wright, un autre étudiant de Brooks, travailla avec Hermans, le biochimiste, sur un système d'affichage et d'étude des protéines, le GRIP-71.

« Maintenant, il faut dire que nous ne sommes pas "mariés" à ce problème de structure moléculaire ; ce qui nous intéresse, ce sont les systèmes mixtes homme-machine de résolution de problèmes », prévint Brooks à ce moment de son histoire. « C'est pourquoi tous les cinq ans environ, nous nous posons la question suivante : "Avons-nous épuisé l'intérêt de ce problème pilote et devrions-nous plutôt en trouver un autre ?" Et la réponse est toujours la même : "Non, celui-ci a toujours beaucoup de potentiel." C'est pourquoi, vingt ans après, nous continuons à développer des outils d'aide aux biochimistes pour leur travail sur les structures des protéines et des acides nucléiques. Et comme prévu, cette tâche nous a largement permis de développer notre informatique. »

Le choix de l'amarrage moléculaire comme problème pilote opéra en convergence avec une autre technologie de plus en plus employée : l'utilisation de la modélisation par ordinateur en recherche en chimie structurale, plus particulièrement pour l'étude des structures géométriques complexes des molécules biologiques les plus importantes. La première application d'informatique graphique en deux dimensions (en 2D) pour l'aide à l'amarrage moléculaire fut réalisée et présentée en 1966 par C. Levinthal au MIT. Par ailleurs, une douzaine d'équipes dans le monde travaillent aujourd'hui à marier images de synthèse et amarrage moléculaire. Mais une certaine foi dans la vision de Sutherland a amené l'équipe de l'UNC un peu plus loin, à l'ARM et au concept de visualisation haptique.

« L'interaction par la force physique était une des idées avancées par Ivan Sutherland dans son discours de 1965 et il m'a toujours semblé qu'elle était trop bonne pour être délaissée », raconte Brooks. « Si le fait de regarder des objets imaginaires se déplacer et se modifier suite à nos manipulations les dote d'une manière d'existence réelle, et si ce processus permet de mieux comprendre et de mieux réaliser de tels objets imaginaires, ne pouvons-nous créer des outils encore plus efficaces en sollicitant d'autres sens humains ? » écrivait Brooks en 1977.

Brooks et ses étudiants commencèrent à combiner un mécanisme à force réactive et des animations de synthèse interactives en 1972. Ayant décidé de s'inspirer des expériences de Batter et de Wright sur un système à six dimensions (trois de force et trois de couple), l'équipe de Brooks rencontra « de manière providentielle » Raymond Goertz, qui avait conçu le bras de manipulation télécommandé au sein des laboratoires Argonne National. Il s'agissait d'un système d'asservissement qui permettait à quelqu'un placé derrière un blindage en plomb de manipuler des substances radioactives grâce à des machines télécommandées qui reproduisaient les mouvements de ses mains. Goertz fit en sorte que l'UNC puisse obtenir deux télémanipulateurs Argonne (ARM) inutilisés. L'équipe de l'UNC remplaça le mécanisme d'asservissement du bras par son ordinateur et le modèle de structures protéiniques qu'il contenait et convertit la poignée d'origine de l'ARM en transducteur haptique. Le seul problème, c'était la puissance de calcul : ils venaient de définir une tâche qui n'était tout simplement pas à la portée des ordinateurs de l'époque.

« Le monde physique le plus évolué que notre système pouvait gérer était composé de sept cubes de jeux pour enfants. C'est là tout ce que nous pouvions faire en temps réel. Un autre étudiant, P. J. Kilpatrick, fit une thèse sur le sujet, et dans le même temps, nous nous sommes rendus compte que nous tenions à travailler sur l'amarrage moléculaire mais que la puissance de calcul devait être multipliée par 100 pour pouvoir poursuivre dans cette voie ; alors, nous avons mis le projet au placard. Et puis en 1986, nous l'en avons ressorti en nous disant, ça y est, la puissance des ordinateurs a été multipliée par 100, allons-y ! Aujourd'hui, Ming en a fait son sujet de recherche et les choses avancent bien. Voilà une belle illustration, en tout cas, de l'efficacité d'un problème pilote. »

Le travail de Ming Ouh-Young, comme j'avais pu le constater, était centré sur la mesure de l'utilité des aides à l'amarrage en RV pour la réalisation d'amarrages réels. Ses résultats, publiés un an après ma visite, confirmèrent ce que les biochimistes qui avaient travaillé avec les différentes équipes de Brooks depuis deux décennies avaient proclamé avec enthousiasme : selon des mesures objectives, la RV haptique est à peu près deux fois plus efficace que la meilleure méthode « traditionnelle ». Mais Brooks prévient que même après amélioration du système, il ne faut pas en attendre non plus une efficacité décuplée ; il rappelle également à ses confrères que « l'objet de l'informatique, ce n'est pas le calcul, mais l'aide à la réflexion. » Si l'on peut diviser par deux le temps nécessaire pour résoudre un problème complexe, on peut également parvenir à résoudre des problèmes trop complexes pour l'avoir été jusque là. Le système GROPE-III (c'est le nom donné par l'UNC à la dernière version de son mécanisme d'amarrage de molécules) a fait la preuve de son utilité pour les biochimistes qui s'en sont servi dans un contexte de recherches faisant appel à l'informatique. L'objectif suivant de l'UNC, c'est de développer le système VIEW, un outil de visualisation en trois dimensions (en 3D) à destination des biochimistes comme des autres scientifiques, qui leur permettra de faire appel alternativement à plusieurs types de visualisation.

Année après année, Brooks et le nombre grandissant de professeurs en informatique qui sont venus participer au programme de recherche en RV de l'UNC ont sélectionné d'autres problèmes pilotes. L'imagerie médicale est devenue un champ extrêmement fertile qui devrait continuer à ensemencer la recherche en RV pendant de nombreuses années. Sur les visites simulées, Brooks nota : « Nous avons estimé qu'il s'agissait d'un bon problème pilote par rapport à l'amarrage moléculaire et à l'imagerie médicale. Elles ont en effet un avantage considérable : tôt ou tard, le bâtiment « visité » est construit et il est possible alors de comparer le réel et le virtuel pour analyser l'écart qui sépare encore le second du premier. Ce n'est pas le cas des molécules, qui sont trop petites pour qu'on les visualise réellement. Dans cette application, il s'agit d'aider des gens à découvrir l'inconnu, à comprendre une structure. Dans les visites simulées, il s'agit d'aider l'architecte et son client à voir les conséquences pratiques d'un plan à un moment où justement, le bâtiment n'existe qu'à l'état de plan. »

Je demandai à Brooks si son expérience de chef de grand projet informatique avait influencé sa manière de conduire la recherche en RV ; il se servit des visites simulées comme exemple du type d'outils qu'il cherchait à produire : « Ce que je retire de mon expérience de conception d'ordinateurs et de logiciels, c'est que le plus difficile, dans tout travail de conception, c'est de déterminer exactement ce que l'on cherche à faire et de le traduire en objectifs et en spécifications précises. Je suis fermement convaincu que l'on ne peut y parvenir d'un seul coup, à l'avance. Il est indispensable de faire appel à un processus itératif, répétitif. C'est de cette manière que les gens prêts à y consacrer du temps exploitent les visites simulées : ils passent une journée dans leur bâtiment virtuel, parcourent toutes ses pièces, ses couloirs et notent les problèmes qu'ils rencontrent, vérifient que les espaces de rangement semblent suffisants, repèrent les endroits où la circulation est difficile, etc. Ils simulent également les conditions "exceptionnelles", grande réception annuelle et ce genre de choses. Les architectes nous disent que cela ne leur pose aucun problème de visualiser une structure en trois dimensions à partir des plans, mais ça en pose certainement un à leur clients ! Et si ensemble, le client et l'architecte peuvent "déboguer" le bâtiment (comme on dit "déboguer un programme informatique") lorsqu'ils en sont encore à la phase de sa conception, c'est-à-dire que tout n'existe que sur papier et que les plans d'exécution n'ont pas encore été faits, ils font de sérieuses économies en problèmes ultérieurs. Je ne crois pas qu'il y ait là le même potentiel à "changer la vie" que dans le cas de l'application d'amarrage moléculaire, mais il s'agit tout de même pour nous d'un bon problème pilote, en raison de cette possibilité de vérification *a posteriori.* »

Après l'amarrage moléculaire, les visites architecturales simulées et l'imagerie médicale, le quatrième et dernier problème pilote répond au souhait de Michael Mc Greevy, de la NASA, d'utiliser la RV pour « survoler » une planète à partir des données d'imagerie de celle-ci dont on dispose. Le travail de James Coggins, à l'UNC, a porté en l'occurrence sur notre propre planète. Landsat et d'autres satellites fournissent en effet un volume de données extrêmement riche, 24 heures sur 24, et portant sur le monde entier. La discipline du « télérepérage » (*remote sensing*) s'applique à extraire les informations météorologiques, géologiques, écologiques et relatives aux sources d'énergie pertinentes parmi cette masse de données graphiques. Là encore, le survol d'images en 3D de la Terre telle qu'elle apparaît vue d'un satellite n'a d'intérêt que pour *stimuler la réflexion.* Si cette dernière conduit à savoir où frappera tel ouragan, ou bien à quel endroit se trouve une nappe de pétrole, cet intérêt peut se mesurer en vies sauvées et en dollars gagnés. De plus, les phénomènes macroscopiques liés à la vie sur Terre nous occuperont immanquablement dans les décennies à venir. Toute découverte portant sur des problèmes de cet ordre de grandeur et de complexité pourrait valoir bien plus que le prix du matériel nécessaire pour la favoriser.

La visualisation scientifique est également un des dadas de Frederick Brooks. Si l'amplification intellectuelle est le but poursuivi par le laboratoire de l'UNC, la visualisation scientifique représente la « boîte à outils » que Brooks et ses collègues offrent aux scientifiques qui cherchent à accroître leurs capacités. Après avoir attendu des années la puissance informatique nécessaire, Brooks est désormais convaincu que les ordinateurs d'aujourd'hui « nous donnent le pouvoir d'élaborer des modèles aboutis de phénomènes naturels complexes, et de les explorer pour stimuler notre réflexion à la fois sur les modèles et sur les phénomènes. » Notant que les révolutions scientifiques de l'époque de Newton ont été possibles grâce au pouvoir que conférait les nouveaux outils mathématiques de calcul et d'équations analytiques, Brooks estime que la capacité des ordinateurs modernes à représenter sous forme compréhensible des modèles mathématiques complexes en temps réel peut aider à de nouvelles avancées dans les découvertes scientifiques. En mettant côte à côte les types de modélisations dans lesquelles excellent les ordinateurs et les types de phénomènes naturels complexes qui intéressent les scientifiques, on distingue bien l'intérêt des applications haptiques interactives. L'étude de la dynamique des espèces est un exemple de modèle mathématique à grande échelle. La structure protéinique est un modèle mathématique détaillé. Une simulation magnétohydrodynamique est une modélisation en 3D.

La tectonique des plaques est un exemple géophysique de modèle non linéaire ; la propagation des ondes de choc est un modèle discontinu ; les quasars, les pulsars et les trous noirs sont également des modèles discrets ; les particules et les quarks sont indéterminés. Parmi les autres phénomènes naturels cités par Brooks comme adaptés à une modélisation mathématique avancée, notons enfin la géologie pétrolière et le flux sanguin corporel. La clef de la synergie entre les points forts de la machine et les compétences propres à son partenaire humain, c'est l'imagerie de synthèse interactive, et comme le dit Brooks : « Si, comme on le dit, la mathématique est la science reine, l'imagerie de synthèse, c'est l'interprète royal. »

Il est certain que, pour les non-scientifiques, l'imagerie de synthèse, ou informatique graphique, s'est déjà avérée un amplificateur intellectuel par rapport à l'époque des machines à écrire en ce qui concerne la communication d'informations complexes. Brooks voit dans l'affirmation des micro-ordinateurs comme outils intellectuels une des bases sur laquelle peut s'appuyer le développement naissant d'applications de visualisation scientifique. « La visualisation scientifique dans son ensemble a été catalysée technologiquement par le succès d'applications commercialisées d'informatique graphique, c'est-à-dire les traitements de texte, les tableurs, les logiciels de PAO, de CAO, les simulateurs de vols et autres jeux fonctionnant selon ce mode. On peut remonter plus loin encore et dire que l'informatique graphique dans son ensemble a été catalysée technologiquement par l'avènement commercial de la télévision », déclara Brooks dans un discours fait au SIGGRAPH 1990, et il ajouta : « Nous comptons sur le même type de processus pour accélérer le développement et abaisser le coût des matériels d'interaction haptique. Ce sont les secteurs de la robotique, du jeu vidéo, et de la simulation de conduite qui développeront les technologies nécessaires et ces dernières seront adaptées à la télécommande d'engins et à la visualisation scientifique. » En d'autres termes, les progrès en création pharmaceutique et en imagerie médicale seront favorisés indirectement par la réussite des géants industriels du futur secteur de la RV, qui seront plus vraisemblablement les entreprises de jeu vidéo que celles proposant des outils scientifiques.

Brooks donne plusieurs exemples de domaines probablement prioritaires pour la mise en œuvre de l'interaction haptique comme composante de la visualisation scientifique. La création moléculaire apparaît en première ligne : « Nous pensons que l'industrie pharmaceutique devrait trouver un bénéfice important à l'utilisation des interactions haptiques, mais que ces applications seront développées relativement lentement dans les dix ans à venir. En plus de l'amarrage médicament-enzyme, on peut imaginer des applications de ce procédé sur les *intercalateurs* d'ADN [il s'agit de l'apport de l'informatique dans la cartographie des gènes humains], dans la création de protéines et dans les études sur le *pliage* et l'*empaquetage* des protéines. La transmission de ces forces subtiles pourrait bien apporter beaucoup à un chercheur en quête d'idées et d'hypothèses nouvelles », prédit-il à Dallas en août 1990. À titre d'exemples, il cita l'attraction Star Tours, réalisée par Lucasfilm pour Disney [du cinéma dynamique, visible à Euro-Disney] et le jeu vidéo à force réactive *Hard Drivin'* d'Atari, qui représentent les premiers succès de l'interaction haptique en matière de loisirs. Brooks estime que cette application aux jeux et aux loisirs sera la plus rapide à se développer dans les années quatre-vingt dix.

Malgré la passion qu'il éprouve en pensant à l'utilisation future de l'interaction haptique dans l'investigation scientifique, Brooks n'hésite pas à faire part de deux causes d'inquiétude majeures. Tout d'abord, et bien que la valeur de la simulation pour l'enseignement soit grande, car on « apprend par le concret », nombreux sont les phénomènes pour lesquels une expérience directe est nécessaire, qui permette de distinguer la théorie de la pratique. Brooks s'inquiète également du fait que plus les simulations en RV deviennent réalistes, plus grande est la possibilité qu'elles induisent en erreur. Un modèle n'est jamais aussi complexe que le phénomène qu'il modélise ; une carte n'est jamais aussi détaillée que le territoire qu'elle décrit, et plus important encore, comme l'a noté le sémanticien Korzybski, « la carte n'est pas le territoire. »

Face à ces limites de la RV en tant outil d'apprentissage, Brooks me dit : « Il ne m'est pas difficile d'imaginer un mécanicien portant des sortes de lunettes "à double foyer"sur lesquelles, dans la partie supérieure, serait présenté un "manuel" composé d'animations 3D montrant comment tester, démonter ou réparer un organe, alors que la partie inférieure serait transparente et neutre, lui permettant de voir l'organe lui-même et d'appliquer directement les instructions fournies. Le "manuel" se compose probablement d'images, d'animations, et d'une partie audio, et le tout se commande à la voix sans interrompre son travail ; ainsi, n'importe qui pourrait travailler sur une voiture, même sans avoir jamais vu le modèle en question. Cela ne peut toutefois remplacer complètement et de manière efficace une expérience de plusieurs années en mécanique automobile, qui permet de distinguer théorie et pratique de manière pratiquement inconsciente. »

Certains types de simulations hyperréalistes peuvent induire en erreur de manière dangereuse. Un des exemples cités par Brooks est l'utilisation de modèles mathématiques fractaux pour simuler les irrégularités naturelles des montagnes. Les représentations informatiques anciennes de ce type de terrain étaient trop régulières pour paraître naturelles. Mais l'on sait maintenant que les montagnes, comme les côtes maritimes ou les flocons de neige, ont des formes qui peuvent être décrites par des modèles mathématiques appelés « fractaux ». On peut prendre par exemple un modèle informatique traditionnel des Montagnes Rocheuses (à l'ouest des États-Unis) et lui ajouter beaucoup de réalisme en le dotant d'une composante fractale. Le fractal ne sera pas une représentation directe des irrégularités des Rocheuses mais sera mathématiquement caractéristique de celles-ci, au moins pour l'œil humain. Cependant, comme le fait remarquer Brooks, il serait hasardeux de lancer une armée en campagne sur un tel terrain si sa seule expérience de celui-ci n'est que sa modélisation fractale.

« Le caractère trompeur des simulations est amplifié dans des cas comme celui-là », fit valoir Brooks à la fin de notre entretien, « et les montagnes fractales sont une bonne représentation visuelle de la distinction importante entre *réalisme* et *véracité*. Le danger d'un réalisme toujours croissant, c'est si la véracité correspondante n'est pas là. Cela revient à enseigner quelque chose qui n'existe pas. Dans les simulations d'entreprises ou guerrières, et dans la mesure où les modèles utilisés ne sont pas réels, on peut commettre l'erreur d'enseigner à des gens, d'excellente manière, des tactiques ou des stratégies qui ne fonctionnent pas dans le monde réel. »

Les espoirs de Brooks d'aboutir à de nouveaux outils d'investigation scientifique et ses avertissements sur les limites des simulations sont le reflet de la nature très diverse de la RV. L'homme du XXIIe siècle aura peut-être du mal à comprendre comment la race humaine a pu se débrouiller un jour pour vivre sans systèmes de réalité virtuelle, de la même manière que nous tenons pour acquis aujourd'hui l'utilité des antibiotiques ou des réfrigérateurs électriques. De meilleurs médicaments, de nouveaux outils d'aide à la réflexion, des robots plus intelligents, des bâtiments mieux construits, des systèmes de communication améliorés, des supports d'enseignement merveilleusement efficaces et une richesse sans précédent, voilà quels pourraient être les résultats d'une utilisation intelligente de la réalité virtuelle. Ces mêmes technologies pourraient également avoir un certain nombre de conséquences sociales moins positives, en tout cas à nos yeux d'hommes et de femmes du XXe siècle.

Nos traits personnels les plus intimes et donc les plus stables — le sens de notre position dans l'espace, l'idée que nous nous faisons de nous-mêmes, les caractéristiques qui nous semblent définir notre « humanité » — seront bientôt redéfinissables. Cette technologie capable de reproduire un des procédés les plus complexes de l'esprit humain — convertir des flux de signaux en une modélisation fine, en couleur, en trois dimensions et assez cohérente de ce que nous appelons « la réalité » — est aujourd'hui encore balbutiante. Mais les technologies évoluent ces temps-ci plus rapidement qu'elles ne l'ont jamais fait. Quel regard porterons-nous sur nous-mêmes et sur les autres lorsque nous vivrons dans des mondes artificiels plusieurs heures par jour ?

Les premiers moments de toute révolution technologique sont remplis d'incertitude. Pendant une courte période, avant que les industries, les infrastructures et les mentalités ne soient remodelées par une technologie, le cours de celle-ci est indéterminé. La RV représente à ce titre une occasion unique dans l'histoire. *A posteriori,* nous comprenons quelque peu aujourd'hui comment le téléphone, la télévision et les ordinateurs ont connu une expansion dépassant de loin l'attente de leurs inventeurs respectifs et ont changé notre vie. Au vu des conséquences sociales de ces nouvelles technologies, nous commençons à distinguer en quoi nous aurions pu, il y a vingt ou cinquante ans, mieux gérer leur développement. Les dix ou vingt ans qui nous séparent du plein impact sur nos vies de la réalité virtuelle nous laissent une chance de faire preuve de prévoyance, seule ressource efficace de maîtrise d'une technologie en pleine croissance.

Au cœur de la RV, on retrouve le concept d'*expérience* – l'expérience d'être au sein d'un monde virtuel ou dans un lieu distant sans y être physiquement – et les problèmes propres à la création d'expériences, de sensations artificielles ne datent pas de l'ère des ordinateurs. Si le MIT et le ministère de la Défense américain sont fort capables de contribuer de manière décisive au développement de nouvelles technologies basées sur l'informatique, le centre du monde de l'illusion se situe plutôt du côté d'Hollywood. Sans les vicissitudes de financements défaillants, c'est peut-être Morton Heilig, plutôt qu'Ivan Sutherland, qu'on considérerait comme le fondateur de la RV. Bien qu'il ait rêvé d'un *théâtre de l'expérience* et de simulateurs remplaçant les flippers dans les salles de jeu il y a trente ans, Heilig cherchait à faire entrer Hollywood dans le monde des illusions en relief que les informaticiens explorent aujourd'hui. Comme par un clin d'œil de l'histoire, le secteur des jeux et des loisirs pourrait bien devenir le principal moteur des développements à venir de la RV, une génération après qu'Heilig eut indiqué cette voie.

Deuxième partie

À travers le miroir de la réalité

CHAPITRE 2

LE THÉÂTRE DE L'EXPÉRIENCE ET L'ART DE L'ILLUSION BINOCULAIRE

Cette invention concerne d'une manière générale les dispositifs de simulation et, plus particulièrement ceux destinés à la stimulation des sens humains propres à simuler de manière réaliste une expérience réelle.

Aujourd'hui les besoins en matière de nouveaux modes d'apprentissage et de formation qui n'exposent pas les individus aux dangers de simulations réelles sont de plus en plus pressants...

L'industrie, quant à elle, est confrontée au même problème en raison de l'évolution actuelle rapide des nouvelles machines automatiques...

L'enseignement se heurte également à ce même problème : enseignement de matières de plus en plus complexes, nombre croissant d'étudiants inscrits à un même cours et manque d'enseignants en sont les causes. D'où un besoin croissant de supports d'enseignement qui permettraient de soulager, voire même de remplacer les lourdes tâches des enseignants.

Par conséquent, cette invention a pour objet de fournir un dispositif propre à simuler une expérience donnée à l'aide de sensations reproduisant la palette des sens humains.

Cette invention veut également fournir un dispositif propre à simuler des expériences prédéterminées et véhiculées par les sens d'un individu.

Autre objectif : proposer un dispositif qui pourrait être utilisé par une ou plusieurs personnes qui pourront expérimenter une situation simulée seuls ou de concert.

Cette invention a également pour objet d'offrir un dispositif de nouvelle génération propre à améliorer le réalisme d'une situation simulée.

MORTON HEILIG,
« Sensorama Simulator »
Brevet américain n° 3 050 870, 1962

Ça ressemblait plus à l'ancêtre du flipper qu'à un prototype remontant à la préhistoire de la RV, mais ça marchait encore, après toutes ces années. Cette machine, l'un des derniers vestiges du « Sensorama » d'origine, était encore en remarquable état de marche et se détériorait lentement dans une cabane à côté de la piscine de Morton Heilig dans l'ouest de Los Angeles. En raison de sa longévité, on aurait pu la prendre pour une machine à remonter le temps. Je m'assis, positionnai les mains, les yeux et les oreilles aux endroits indiqués, et me retrouvai, assis sur une moto, en train de voir défiler devant mes yeux les rues d'une ville telles qu'elles étaient il y a plusieurs dizaines d'années. Pendant trente secondes, en Caroline du sud, cette première semaine de mars 1990, je conduisis une moto dans le Brooklyn des années cinquante. J'entendis le moteur démarrer. Je sentis les vibrations du guidon s'amplifier et la photo 3D qui remplissait presque tout mon champ de vision s'anima et se transforma en un film en trois dimensions jauni et rayé, mais d'un effet toujours saisissant. Je me promenais dans les rues d'une ville qui avait cessé de ressembler à ça depuis une génération. Cela ne me fit ni pousser des cris ni sauter au plafond ; le Sensorama n'était pas fait pour ça. Il avait été conçu pour présenter un concept, comme point de départ, comme outil de démonstration. Replacé dans la perspective historique de la RV, mettre les mains et la tête dans le Sensorama, c'était pour moi comme si j'étais allé voir les frères Wright et que j'aie emprunté leur prototype d'origine pour aller faire un tour.

Le Sensorama aurait pu marquer le tournant vers une fin de siècle différente de celle que nous connaissons, un scénario dans lequel l'industrie du divertissement, et non pas l'industrie informatique, aurait réussi à briser les barrières de la réalité grâce à la technologie pré-numérique. Au début des années soixante, tandis que le reste de l'Amérique s'engluait dans le rayonnement cathodique des réseaux de télévision, Heilig conçut, breveta et réalisa une version ludique de la réalité virtuelle. Il publia également les plans détaillés d'un « Théâtre de l'expérience » en 1955 et breveta un casque stéréophonique muni de moniteurs de télévision en 1960. S'il n'avait pas été obligé de concevoir un dispositif assez solide pour résister aux traitements infligés dans les salles de jeux de Times Square, si les personnes qui finançaient son expérience ne s'étaient pas constamment trompé sur l'avenir, et s'il avait pu réprimer ses propres tendances iconoclastes et éviter une cascade de mauvaises affaires, Heilig aurait pu nous faire entrer dans l'âge du cyberespace il y a trente ans.

Heilig inventa « la réalité à cinq sous » il y a si longtemps que ses brevets ont tous expiré dans les années soixante-dix, mais il est aujourd'hui en train de réaliser une nouvelle version numérique de ce qu'il avait imaginé dans sa jeunesse. Son fils, étudiant en informatique, l'aide à accélérer le processus. Dans les années cinquante, quand il a commencé à dessiner ses plans, présenter un cinéma multisensoriel en 3D sous forme de jeu de salle (dit aussi « jeu d'arcades ») ne pouvait être reçu autrement que comme une idée folle ayant germé dans le cerveau d'un petit inventeur bricolant dans son garage.

C'est en 1988 que j'entendis pour la première fois parler du Sensorama, au cours de l'après-midi même où j'effectuai mon premier vol d'essai dans le cyberespace. Dans le bureau de Scott Fisher à la NASA, au fond du couloir donnant sur le laboratoire de RV où je m'étais aventuré dans un monde virtuel le matin même, je remarquai la présence d'une vieille publicité pour le Sensorama punaisée bien en évidence sur le tableau d'affichage. On aurait dit un extrait de film de science-fiction portant sur les voyages dans le temps : un homme était assis à l'intérieur d'une cabine en bois semi-circulaire assez spacieuse. Il était penché en avant selon un angle de 45°, le visage enfoui dans une visionneuse de cinéma de pacotille. Ses mains tenaient fermement les deux poignées d'un guidon. Il portait des vêtements en vogue dans les années soixante, mais l'image inspirait une sorte de réalité virtuelle antérieure à l'informatique. Un peu plus d'un an plus tard, je me retrouvai assis dans la cabine que j'avais vue sur la vieille affiche et j'essayai en personne ce Sensorama vieillissant mais néanmoins toujours très fonctionnel.

Je me retrouvai chez Morton Heilig par une série de hasards bienveillants où le cyberespace avait certainement tenu un rôle. Au début de l'année 1990, je savais que je devais assister à une conférence sur la réalité virtuelle à Santa Barbara, et l'agence de voyage m'informa que cela me coûterait moins cher de prendre un vol direct pour Los Angeles et d'y passer la nuit. Une semaine avant mon départ, Eric Gullichsen, programmeur en RV et chef d'entreprise que j'avais rencontré à Autodesk, une société créant des applicatifs destinés à la RV, m'apporta des copies de deux brevets déposés par Morton Heilig. Un seul coup d'œil aux descriptions de ses inventions, aux schémas détaillés et aux dates suffit à me convaincre que Morton Heilig était bien le véritable pionnier que Scott Fisher soupçonnait. Bien que le brevet le plus récent à son nom remontât à près de trente ans, j'essayai de le contacter à partir de cette adresse pour découvrir qu'il était toujours là. Sa maison était très bien située entre l'aéroport de Los Angeles et Beverly Hills, et il était toujours prêt à parler du Sensorama. Il me promit même de le démarrer à la manivelle pour moi.

En m'arrêtant au coin de la maison confortable mais sans luxe excessif de Heilig, la banlieue classes moyennes de Phoenix dans laquelle j'avais grandi, – dans une maison « style ranch », deux ou trois chambres, avec pelouse, allée, garage –, me revint à l'esprit. La piscine et la cabane à l'arrière de la maison, là où se trouve le Sensorama prototype, ne correspondent pas tout à fait à l'idée que l'on se fait d'un « au bord de la piscine ». La soixantaine, maigre et nerveux, portant un bouc grisonnant et la langue bien pendue, Heilig m'accueillit à la porte. C'est un homme qui aime discuter. Nous avons bavardé dans son salon presque tout l'après-midi. Il voulait que je lui dise tout ce que savais pour se remettre au courant et connaître le « nouveau » monde de la réalité virtuelle qui semblait émerger. S'il fallait qualifier Morton Heilig, je choisirais sans hésiter l'adjectif « enthousiaste ». Il est enthousiaste quand il se souvient de ses rêves, acerbe quand il rappelle les raisons qui ont empêché leur réalisation selon ses désirs, et à nouveau enthousiaste quand il explique pourquoi le « Théâtre de l'expérience » qu'il a commencé à imaginer le jour où il a vu le Cinérama peut encore aujourd'hui être réalisé à l'aide des technologies les plus récentes.

Heilig n'a jamais été ni programmeur en informatique ni ingénieur en électricité. Il a été directeur de la photo, photographe, inventeur d'appareils de projection et de caméras ; bref, un visionnaire californien d'Hollywood plutôt qu'un informaticien ou un artiste-technologiste universitaire de Cambridge, Massachusetts. Plus je l'écoutais, plus je parcourais les publications qu'il avait mises de côté et qui remontaient jusqu'à 1955, et plus je testais les prototypes qu'il avait lui-même réalisés, plus il devint évident pour moi qu'Hollywood aurait pu être la force initiatrice du développement de la RV, plutôt que le ministère de la Défense et la NASA. Aujourd'hui, j'ai discuté avec d'autres personnes dont les idées auraient pu conduire au cyberespace. Certaines ont réussi à réaliser leurs rêves, d'autres pas. Il semble qu'il ne suffise pas simplement que le progrès soit inévitable pour que les révolutions technologiques se produisent. Les vraies mutations technologiques ne se font pas sans un ou deux visionnaires du calibre de Heilig, sans l'accès à une ou deux technologies catalyses permettant de réaliser les dispositifs du visionnaire, et, ce qui est primordial, sans la personne qui aura assez de pouvoir pour promouvoir et faire accepter la nouvelle idée auprès des décideurs conservateurs qui pourront en financer la réalisation. Il faut que la bonne personne poursuive la bonne idée au bon moment, et sache convaincre les personnes clefs d'apporter le soutien financier adéquat.

Les brevets et les rares articles publiés par Heilig sont fort loin de dévoiler toute l'affaire. Quelles ont été les idées de départ qui l'ont conduit au Sensorama et qu'est-ce qui les a amenées ? Qu'avait-il essayé d'en faire ? Pourquoi n'ont-elles pas réussi à révolutionner le monde des loisirs et de l'éducation? Que ferait-il aujourd'hui, avec un apport financier suffisant ? Oui, il existe des réponses à ces questions, et le destin y est souvent pour quelque chose. Avant de commencer à discuter de son histoire et à étancher ma curiosité, je lui demandai s'il était possible de jeter un coup d'œil au Sensorama. Nous sommes sortis dans le jardin ensoleillé par la porte arrière de la cuisine. La vieille machine, plutôt pimpante vu son âge et son lieu de résidence, était sous une bâche dans un coin abrité d'une petite cabane recouverte de vigne vierge, ouverte sur trois côtés, à deux pas de la piscine. Heilig remonta un panneau latéral, regarda à l'intérieur, me montra le mécanisme de projection du film, et me dit, en s'excusant, que le système permettant d'amener des odeurs jusqu'à mon nez et de les faire se dissiper nécessitait une fois encore des réparations mineures. Il fallait que je me contente de la version audiovisuelle-tactile de l'expérience du Sensorama et que j'en oublie la dimension olfactive.

Je mis les mains sur le guidon et posai ma tête contre une visionneuse ressemblant à une paires de jumelles à bords plats et rembourrés. Juste en dessous de l'oculaire, il y avait une petite grille tout près de mon nez, d'où les odeurs sélectionnées parmi la gamme proposée auraient dû se dégager puis se dissiper. D'autres grilles de chaque côté de mon visage émettaient des brises inodores aux moments opportuns. De petits hauts-parleurs se trouvaient de chaque côté de ma tête. La machine démarra. J'entendis un moteur de voiture, apparemment sans pot d'échappement, une étendue de dunes apparut et je sentis mon siège bondir en avant. J'étais au volant d'un buggy qui participait à une course dans les sables, le tout en vision stéréoscopique. C'était comme si j'avais été assis sur le siège avant, les mains sur le volant mais sans pouvoir manœuvrer aucun des véhicules dans lesquels je me retrouvai. J'étais au sens strict du mot un passager. Je passai quelques fortes minutes à serpenter dans les dunes puis me retrouvai en train de faire une ballade à moto dans les rues d'un Brooklyn d'il y a trente ans.

Après Brooklyn et un vol en hélicoptère au-dessus de la Californie, je me retrouvai dans une voiture décapotable avec une jeune fille blonde et qui me souriait au son d'une chanson pop parlant d'une « ballade avec Sabina » que je ne pourrais pas jurer n'avoir jamais entendu. Puis, promenade à bicyclette avec Sabina et ébats sur la plage. Arriva alors le bouquet final, une danseuse aguichante faisait la danse du ventre. Heilig me dit que l'odeur d'un parfum bon marché était programmée pour sortir du dispositif nasal chaque fois que la danseuse se rapprochait. « Les hommes d'affaires qui ont assisté aux démonstrations en tant que financiers potentiels ont toujours apprécié la danseuse », me cria-t-il par dessus la musique stéréo et à pleine puissance d'un groupe du Moyen Orient enregistrée il y a des dizaines d'années, tandis que la danseuse faisait cliqueter les cymbales qu'elle tenait dans ses mains de mon oreille droite à mon oreille gauche. L'effet de stéréoscopie n'avait bien sûr rien à voir avec la présentation des films de Lucas que j'avais pu voir quelques mois plus tôt à Disneyland et qui devaient coûter quelques millions de dollars, mais il y avait réellement un sens de la profondeur, le buggy faisait réellement des embardées dans les dunes, le guidon de la moto vibrait vraiment, et je sentais une vraie brise rafraîchir mes tempes. Le conducteur de la moto était casse-cou, ce qui me mettait un peu mal à l'aise, mais c'en était d'autant plus excitant.

Comparé à l'imagerie un peu niaise qui constituait l'état de l'art en matière de jeux d'arcades dans les années soixante, les promesses de l'affiche du Sensorama étaient tenues. Ce n'était pas la très réaliste « Sensation stéréoscopique en couleurs avec chants et voix synthétiques » qu'avait prédite Aldous Huxley dans *Le meilleur des mondes*, mais je ne pouvais m'empêcher de me demander vers quoi le Sensorama aurait pu évoluer aujourd'hui si la tentative ne s'était pas figée trente ans plus tôt. Il s'était passé quelque chose, ou, plutôt, quelque chose ne s'était pas passé, depuis le jour où Heilig avait filmé à moto les rues de Brooklyn avec sa caméra stéréoscopique maison. Après cette brève démonstration, il referma le Sensorama, le débrancha, et replaça la bâche. Nous retournâmes dans l'obscurité rafraîchissante de son salon pour parler de ce qui aurait pu se produire, et comment il espérait encore matérialiser son vieux rêve grâce à cette nouvelle technologie du cyberespace dont il avait entendu parler.

« Je me suis passionné pour la réalisation de films quand j'étais très jeune, et j'ai commencé à rêver aux possibilités d'expériences multisensorielles très peu de temps après ». Appelé sous les drapeaux la veille d'Hiroshima, il fut envoyé dans l'Europe de l'après-guerre. Une fois son service terminé, il rassembla sa solde de soldat et les bourses qu'il avait obtenues pour aller étudier la réalisation de films à Rome, puis se lança dans une carrière de réalisateur de documentaires en indépendant. Au début des années cinquante, il commença à lire dans la presse américaine des articles sur un nouveau système de films appelé « Cinérama » et fut immédiatement séduit par l'idée, non pas tant pour ce qu'elle permettait de réaliser mais pour ce qu'elle laissait augurer.

« C'est Fred Waller qui inventa le Cinérama » expliqua-t-il. « Waller voulait élargir le champ de vision plutôt restreint des écrans rectangulaires, même pour les plus grands de l'époque. Un être humain perçoit 155 degrés de vision verticalement et 185 horizontalement. Un écran de cinéma n'en couvre qu'une petite partie. À la fin des années trente, Waller expérimenta des systèmes à plusieurs projecteurs et plusieurs écrans pour tenter d'élargir le champ de vision présenté dans les films.

Il finit par signer un contrat avec l'Air Force», continua Heilig, « et il construisit un dispositif pour les premiers simulateurs de vol combinant cinq caméras et cinq projecteurs, trois en bas et deux en haut. Son intention était de remplir les zones périphériques du champ de vision humain avec autant d'images que possible. Comme les caméras grand format et les lentilles très grand angle n'existaient pas, il utilisa plusieurs caméras. » Après la guerre, Waller abandonna les deux caméras du haut et présenta à Hollywood son système à trois caméras et trois projecteurs. Chaque scène d'un film en cinérama était photographiée par les trois caméras synchronisées selon des angles légèrement différents, puis projetée synchrone sur trois écrans incurvés vers l'intérieur de manière à envelopper le champ de vision périphérique des spectateurs. Waller réussit à traîner le producteur Mike Todd sur un court de tennis vétuste de Long Island pour une démonstration. Todd rassembla 10 millions de dollars, Waller créa avec lui la société Cinérama, et leur premier film, *Voici le Cinérama* eut un succès foudroyant dans la première salle de cinéma en cinérama de Broadway. Cet écran enveloppant améliorait vraiment de façon significative la sensation de présence. Il impressionna certainement beaucoup Heilig, qui, assis dans la salle en question au début des années cinquante, vécut là une expérience inoubliable.

« Le cinérama était une véritable révolution dans la mesure où il permettait d'agrandir réellement la visualisation d'un film, et on en avait bien besoin au moment où la télévision commençait à être à la mode », poursuivit Heilig. « J'en avais entendu parler en Italie, et ça m'a tellement intéressé que je suis rentré à New York exprès pour aller voir. Je me suis rendu compte que j'étais le témoin de quelque chose d'extrêmement important. J'ai commencé à lire tout ce que je pouvais trouver sur le sujet. » À cette époque, Hollywood était en effervescence parce que la télévision menaçait l'industrie du film ; on commençait à se demander ce que l'on pourrait bien faire qui soit irréalisable à la télévision. L'engouement pour les films en 3D, pour le son en stéréo, les grands écrans, et toutes les autres innovations techniques qui avaient été boudées pendant des années suscitèrent soudain un regain d'intérêt chez ceux qui tenaient les cordons de la bourse en matière de recherche et développement. C'est la distribution qui avait été le moteur de Hollywood, pas la recherche et le développement, mais le film était en soi une innovation technique ; l'industrie cinématographique a d'ailleurs déjà été sauvée d'un marasme irrémédiable par l'apparition d'une nouvelle technologie, le « parlant ».

« J'ai tout de suite compris pourquoi le cinérama et le relief étaient importants » poursuivit Heilig. « Quand on regarde la télévision ou un film au cinéma, on est assis dans une réalité, en même temps que l'on est en train de regarder une autre réalité à travers une fenêtre imaginaire transparente. Cependant, si l'on élargit suffisamment cette fenêtre, on obtient une sensation viscérale d'implication personnelle. Non seulement on voit la scène, mais on la *ressent*. J'avais l'impression d'avoir enjambé cette fenêtre et d'être moi-même en train de faire un tour de montagnes russes au lieu de simplement regarder quelqu'un d'autre sur le manège. J'eus une sensation de vertige. Ceci, pour moi, fut vraiment significatif. Je me mis à penser aux évolutions possibles de cette technologie, et je fus convaincu sur-le-champ, dans ce Cinérama de Broadway, que l'avenir du cinéma résidait dans des films capables de créer une illusion totale de la réalité, que l'on peut comparer à notre situation présente (telle que nous la vivons actuellement ici-même), vous assis en face de moi sans qu'aucun écran ne nous sépare. »

Heilig se demanda alors comment il pourrait recréer une scène artificielle qui ferait croire aux spectateurs qu'ils étaient en fait sur le plateau en train de la vivre. « Comment est-ce que je sais que je suis dans un environnement particulier ? » C'est la question que se posa Heilig en

1954. Il reproduisit schématiquement un cerveau, avec ses canaux sensitifs, son réseau moteur, en bref les principaux stimuli perceptifs permettant de donner le sens de la réalité. Il pensa qu'il suffisait de demander à des ingénieurs de dupliquer ces stimuli sensoriels de façon mécanique, électrique ou optique, de trouver un moyen de les enregistrer et de les diffuser dans des salles spécialement équipées à cet effet. Heilig me dit qu'il considérait cette première approche comme la « table périodique d'éléments » du processus qu'il appela plus tard « théâtre de l'expérience ». La métaphore était fascinante : en effet, à l'origine la table périodique des éléments remontait au dix-neuvième siècle. C'est un tableau regroupant de manière cohérente les formes fondamentales connues de la matière et leurs propriétés. Elle mettait en évidence des manques et annonçait en même temps que d'autres éléments possédant certaines propriétés allaient bientôt venir combler ces lacunes. Cette table servait non seulement à organiser les connaissances que l'on avait de la matière mais également d'outil de référence pour la recherche de ces autres éléments.

Heilig compara le niveau de la RV en 1955, – comme en 1990 d'ailleurs – avec celui de la chimie au XIXe siècle. « Jusqu'à aujourd'hui, nous n'avons réussi à reproduire qu'une très petite partie des éléments perceptifs qui nous donnent le sens de la réalité. Il existe des éléments en ce qui concerne le son en stéréophonie et les stimuli visuels en stéréoscopie, mais l'odorat et le toucher n'ont pratiquement pas encore été explorés. J'ai pensé "Pourquoi perdre son temps ? Préparons notre coup et fonçons". » Il écrivit donc un manifeste dans lequel il demandait aux studios d'Hollywood ou au gouvernement de subventionner une vaste opération de recherche et développement en matière de son, de vision périphérique, de vibration, d'odorat et de vent. Il était parfaitement inconnu. Naturellement, personne ne lui prêta attention. Ce qui ne l'empêcha pas de décrire noir sur blanc le projet qu'il avait envisagé.

N'ayant pas réussi à trouver un éditeur pour son manifeste, Heilig, alors âgé de vingt-six ans, se rendit au Mexique où il commença à tourner des documentaires. C'est là qu'il rencontra le grand peintre de fresques murales Siqueros qui lui présenta un groupe composé d'intellectuels, d'ingénieurs, de peintres et d'architectes. Le jeune Heilig commença à diffuser ses idées au cours de soirées mondaines données par Siqueros. Après une série de conférences, le groupe lui demanda de rédiger ses propos sur l'avenir, qu'ils publièrent en janvier 1955 dans le journal mexicain bilingue *Espacios*. Dans son article, Heilig décrit de façon détaillée, avec force croquis et dessins, une vision du « cinéma du futur » reconnaissable en son essence par tout cybernaute actuel :

> Le film en celluloïd est un moyen très primitif et rudimentaire d'enregistrement de la lumière et se voit progressivement remplacé par une combinaison à base de caméra de télévision et de magnétophone à bandes magnétiques. Il en

est de même pour l'enregistrement du son sur film ou disques progressivement remplacé par un support magnétique... À l'avenir, les films seront composés de bobines de bande magnétique comportant une piste séparée pour l'enregistrement de chacun des sens. Une fois ces problèmes résolus, rien de plus facile que d'imaginer le cinéma du futur. Ouvrez les yeux, écoutez, sentez, et touchez, ressentez le monde dans tout ce qu'il peut vous offrir avec ses couleurs magnifiques, son relief, ses sonorités, ses odeurs et ses textures ; c'est ça, le cinéma du futur !

L'écran ne se limitera pas aux infimes 5 % de votre champ de vision que vous offre votre cinéma de quartier, ni aux maigres 7,5% des grands écrans, ni même aux 18 % du « miroir magique » du cinémascope, non plus qu'aux 25 % du cinérama – mais en couvrira les 100 %. L'écran enveloppera les deux oreilles du spectateur et dépassera son champ de vision vertical. On a beaucoup glosé sur les merveilles de la « vision périphérique », mais personne n'a pris la peine de préciser que l'œil humain possède un champ vertical de 150 degrés et un champ horizontal de 180 degrés. Le champ vertical est difficile à reproduire, mais la tâche n'est en aucun cas impossible. Cet ovale de 150 par 180 degrés sera réellement en relief et ne se contentera pas seulement d'en donner l'illusion. Pourquoi ? Parce que, comme nous venons de le voir, il s'agit ici d'un autre élément essentiel de la conscience humaine. Les lunettes ne seront toutefois pas nécessaires. Des moyens électroniques et optiques seront combinés de manière à créer une illusion de relief sans que l'on soit obligé d'y faire appel.

Heilig précisa également dans ce même article que la vision humaine a tendance à être très nette au centre et beaucoup plus floue à la périphérie. Je me souvins de ce propos plusieurs semaines après, alors que je me trouvais dans un institut de recherches de la banlieue de Kyoto, au Japon, devant un nouveau système de projection à 1 million de dollars dont la particularité était de suivre le regard humain et de projeter une image nette au milieu de la zone de vision et une image plus floue à la périphérie.

Il aura fallu des années de recherche et de développement en technologies des composants avant qu'une version grandeur nature puisse être construite, mais l'article de Heilig eut assez de retentissement au Mexique pour convaincre le ministre de l'Éducation de financer son projet de recherche.

« Nous avons mis au point un immense écran hémisphérique et j'ai appris les principes de l'optique, puis j'ai conçu et construit une des premières lentilles à verre fortement convexe ; j'ai fait quelques prises de vue test et les ai projetées sur l'écran », poursuivit Heilig, son petit sourire amer au coin des lèvres laissant présager la fin de l'histoire. « Il se produisit alors quelque chose qui s'est répété par la suite plusieurs fois », poursuivit-il, avec l'air de quelqu'un qui recommence une histoire maintes fois racontée tout en se demandant à chaque fois ce qui avait bien pu se passer. « Le ministre de l'Éducation qui m'avait soutenu, moi et mon projet, et qui semblait bien parti pour briguer la présidence du Mexique se tua dans un accident d'avion. Et très bizarrement, des années plus tard, alors que j'essayais de lancer mon projet de Théâtre de l'expérience aux États-Unis, le PDG d'une grosse entreprise de projecteurs se tua lui aussi dans un accident d'avion peu après avoir décidé de financer mon projet. Puis ce fut le tour de Mike Todd, celui qui permit au cinérama d'exister, de disparaître dans un accident d'avion. » Son soutien mexicain s'étant volatilisé, il mit le cap sur New York, loua une chambre d'hôtel, et invita des investisseurs potentiels à voir les images qu'il avait réalisées jusque là avec son grand écran et ses projecteurs.

« Les créateurs du cinérama sont venus me voir », dit-il, comme à regret. « Ils envoyèrent d'abord une poignée d'ingénieurs en éclaireurs, puis ils vinrent tous. Je leur expliquai mes idées. Cela n'a jamais débouché sur quoi que ce soit. Ce n'est pas que j'aie jamais voulu tirer à moi toute la couverture. Je n'ai jamais couru après la gloire. Tout ce qui m'intéressait, c'était de réaliser concrètement mon projet. Et tout ce qui me restait, c'était mes photos et mon baratin. Et chaque fois que j'essayais de les montrer à un organisme quelconque, c'était la même histoire. Je me retrouvais en face d'une personne ayant le pouvoir de décision. S'il n'avait pas assez d'imagination pour comprendre de quoi je parlais avec mes images, mon article, mes dessins et mes explications, c'était peine perdue ; jamais il ne donnerait l'argent nécessaire à la réalisation de mon théâtre. Il fallait que je construise une version individualisée de mon projet, et ceci pour espérer convaincre le décideur quant à mon but ultime, la version théâtre. Il fallait construire une cabine genre jeu d'arcades. C'était pour moi tout à fait évident qu'elle devait être en 3D et comporter en outre le son, des odeurs et de la brise. Je décidai donc de construire cet ensemble moi-même, morceau par morceau. »

À la fin des années cinquante, Heilig se mit à enseigner la critique de films. Il acheta deux caméras et deux projecteurs et les connecta pour en faire un système de stéréoscopie-maison. Il trouva finalement un associé prêt à investir l'argent nécessaire à l'exécution finale du prototype. Ils créèrent une société qu'ils appelèrent *Sensorama,* construisirent le premier modèle, et le transportèrent dans l'appartement de Greenwich Village de Heilig. À cette époque, le Village était à l'apogée de l'effervescence bohémienne caractéristique de l'ère beatnik, et le cinéaste barbu Heilig était en plein dedans. Son associé édita une brochure qu'il envoya aux plus grosses entreprises, notamment Ford et International Harvester. Ils positionnèrent leur prototype comme outil d'aide à la vente. Ils pouvaient offrir à leurs prospects un tour en moissonneuse-batteuse, tout en humant le foin et en sentant la brise ou faire une balade en cabriolet. Pas de réponse.

Ils utilisèrent l'analogie existant entre restaurants et distributeurs automatiques de nourriture pour faire comprendre la relation entre théâtre de l'expérience et Sensorama. Le restaurant et le théâtre de l'expérience servent tous deux des centaines de personnes à la fois, leur mise en place est très coûteuse et ils occupent beaucoup d'espace. Le distributeur automatique et le Sensorama servent tous deux une seule personne à la fois, ils coûtent moins cher et ils n'occupent que peu d'espace. Il y a de la place sur le marché de l'alimentaire à la fois pour les restaurants et les distributeurs automatiques, et sur le marché de l'expérience à la fois pour les théâtres et les Sensorama.

À un niveau individuel poussé à l'extrême, le théâtre de l'expérience peut se résumer à un visiocasque ressemblant à une paire de lunettes de soleil très volumineuses. Le 4 octobre 1960, Heilig déposa le brevet n° 2955156 de son « Appareil de télévision en stéréoscopie à usage individuel », suivi le 28 août 1962 par le brevet n° 3050870 de son « Simulateur Sensorama ». Lorsque je lui parlai du visiocasque, Heilig disparut dans une pièce et en ressortit avec le « masque télésphère », un prototype en aluminium vieux de trente ans, qu'il me fixa sur la tête. Bien qu'il ne possédât aucun projecteur de télévision stéréographique pour animer les images, c'était quand même un vrai visiocasque, construit et breveté au moins cinq ans avant qu'Ivan Sutherland n'assemble son premier casque à images graphiques numériques au MIT, celui-là même qui est largement reconnu en tant qu'ancêtre des visiocasques actuels.

Bien que Heilig et son associé aient décidé de positionner leur prototype comme jeu d'arcades à pièces, ils se rendaient tout à fait compte de ses applications potentielles dans l'industrie et l'enseignement. Le brevet du Sensorama est antérieur à toutes les recherches en psychologie sur la nature de l'apprentissage sur lesquelles s'appuient aujourd'hui les technologies de l'éducation. Heilig précisa néanmoins la chose suivante dans son brevet : « L'un des concepts de base de l'enseignement repose sur le fait que toute personne mise en situation réelle apprendra beaucoup plus facilement qu'une autre personne qui ne pourra appréhender cette situation qu'à travers des livres ou des cours magistraux ». Les éducateurs ne réagirent pas, et même s'ils avaient compris l'enjeu de ce que proposait Heilig, ils étaient les dernières personnes auxquelles demander des millions de dollars en recherche et développement. L'industrie bouda également. Infatigables, les deux associés réussirent à convaincre un propriétaire de salles de jeux d'arcades de les laisser installer leur machine dans une salle au coin de la 52e rue et de Broadway. Au bout de quelques heures, elle était cassée. Ils la sortirent de là pour la réparer. Après quelques mois de travail consacrés à l'amélioration de sa robustesse, ils durent se rendre à l'évidence : le Sensorama était décidément trop complexe pour résister aux traitements infligés dans une salle de jeux.

L'associé de Heilig se désintéressa du projet. Heilig continua sa carrière de réalisateur de documentaires. Un soir, il reçut un coup de fil d'un type qui avait vu sa machine à Broadway et qui voulait discuter des possibilités de fabrication en série de ces théâtres de l'expérience miniature. Il était dans la région de San Francisco, et Heilig à ce moment-là était encore à New York.

« Quelques mois plus tard, je me retrouvais à San Francisco pour un film. La veille de notre retour prévu pour New York, assez tard dans la soirée, ma femme insista pour que je le rappelle. Il était minuit, mais il me dit de venir. Il me donna les coordonnées d'un endroit où il devait venir passer me prendre, à environ une heure de voiture de la ville. Il y avait du brouillard. Je suivis les indications qui menaient à un parking désert. Là, assis dans une vieille bagnole, se trouvait un type barbu en costume crasseux. Il me dit de le suivre, et bientôt je me retrouvai en plein brouillard sur une route sinueuse de campagne. On se serait cru dans un film de Dracula. Il s'arrêta peu après en face de cette énorme maison, un vrai château avec un immense portail. » Quoique excentrique, le financier était néanmoins authentique, et il sortit les quelque 50 000 dollars nécessaires à la construction d'un prototype de Sensorama destiné à une fabrication en série. Ils trouvèrent une société fabricant des distributeurs automatiques et un ingénieur. Heilig repartit sur la Côte est. Quelques mois plus tard, un producteur lui proposa de l'assister sur un long métrage, et il déménagea avec femme et enfants à Hollywood. Tous les week-ends, il prenait l'avion pour Fresno, où était implantée l'usine de distributeurs. Puis le mentor hollywoodien de Heilig, le producteur, fut renvoyé. Ceux qui reprirent le projet renvoyèrent Heilig. On était alors à la fin des années soixante, et cela faisait déjà longtemps que Heilig avait compris à quel point il était difficile de percer dans l'industrie du divertissement.

En plan et sans le sou à Hollywood, Heilig s'inscrivit au syndicat des opérateurs de cinéma et il gagna sa vie en travaillant sur divers projets de films. Le nouveau prototype du Sensorama, celui qui se trouve actuellement sous la tonnelle de sa cabane, ne réussit pas à convaincre de nouveaux financiers. Encore une fois, son financier se désintéressa du projet. N'ayant pas peur de déclarer que ses problèmes n'étaient pas dus à son projet en tant que tel mais bien plutôt à l'aveuglement du monde, Heilig écrivit et publia un autre manifeste. Celui-ci, intitulé *Projet pour un nouvel Hollywood,* proposait aux studios d'investir une somme correspondant à la production de deux longs métrages dans la création d'un institut de recherche et développement en matière de technologies du cinéma de l'avenir. Dommage qu'ils n'aient pas fait ce que leur proposait Heilig, il y a vingt ans.

« Pour le prix de deux longs métrages, on aurait pu créer la réalité virtuelle il y a des années », soupira Heilig en parlant de son « Projet » de 1971. « Pour un prix largement inférieur à celui d'un bombardier, on aurait pu distribuer dans les plus grandes universités des environnements d'apprentissage fantastiques. Je crois qu'il m'aurait été beaucoup plus facile de trouver de l'argent si j'avais conçu un projet destiné à tuer des gens. » Sans ses commentaires sardoniques témoignant de la combativité intacte de son esprit iconoclaste, l'histoire de Heilig eût été bien pénible à entendre.

Cette idée de créer un outil capable de produire des expériences artificielles multi-sensorielles est sur le point de devenir une réalité en 1990, mais ce n'est pas le monde du cinéma qui se trouve à l'origine des technologies actuelles de la RV. C'est dans un domaine très peu cinématographique — celui de l'informatique — que l'émergence de machines d'aide à la pensée, et la multiplication d'outils informatiques propres à amplifier la perception et la connaissance humaine suscitèrent la naissance de cette nouvelle forme de théâtre de l'expérience. Heilig n'a pas été le seul à comprendre l'importance des expériences sensorielles directes pour l'enseignement, et à penser que les nouvelles technologies allaient être capables de propulser la pensée humaine à un tout autre niveau. Tout comme lui, la plupart de ces visionnaires de la révolution informatique travaillèrent seuls pendant des années, incapables de convaincre leurs collègues du sérieux de leurs idées folles. Mais à l'inverse d'Heilig, quelques-uns de ces visionnaires de la révolution informatique se débrouillèrent pour trouver des financiers aux reins solides, au ministère de la Défense des États-Unis.

Il aura fallu des dizaines d'années pour que les moyens mis en œuvre pour rapprocher davantage l'intelligence humaine de l'ordinateur convergent avec les recherches antérieures en matière de création de l'illusion du relief. C'est grâce à des convergences de ce type que la RV a vu le jour, et c'est dans les potentialités qu'elles recèlent que l'on peut deviner les développements à venir de cette technologie. La manière dont certains points de la recherche scientifique et certaines technologies très différentes s'intègrent soudain comme éléments fédérateurs de quelque chose de tout à fait nouveau et différent est l'une des caractéristiques de la RV que j'ai souvent retrouvée. Plus mes recherches se sont affinées, et plus il m'a semblé que cette « nouvelle » technologie était plus précisément une combinaison de plusieurs technologies plus anciennes qui ne s'attendaient absolument pas à déboucher sur un domaine de recherche tout à fait différent.

La nature convergente de la technologie RV explique en partie pourquoi elle peut passer très rapidement du stade de la curiosité scientifique à celui d'une intégration dans la vie quotidienne. Il aura fallu des dizaines de milliers d'années pour que les méthodes de fabrication des outils en pierre se répandent dans le monde entier. Il aura fallu des siècles innombrables pour que l'on cultive le blé sous sa forme actuelle. Les moteurs à vapeur, ont, quant à eux, révolutionné la façon dont les gens vivaient dans le monde entier en moins d'un siècle, les communications électroniques ont réduit cette période de profond changement à environ dix ans, et il semble qu'il se produise une nouvelle révolution informatique tous les quatre à cinq ans. Si l'on applique cette dernière tendance à la toute prochaine révolution dans la RV, il est fort probable que les changements culturels en profondeur suggérés dans cet ouvrage se produisent beaucoup plus rapidement que prévu.

Les deux phénomènes responsables de la cadence accélérée du développement des nouvelles technologies sont celui des *technologies catalyses* et celui de la *convergence* scientifique et technique. Vous pouvez apporter un éclairage nouveau à l'explication de tout changement technologique d'importance grâce à ces phénomènes, véritables lentilles conceptuelles qui peuvent vous révéler les raisons des surprises et des innovations inattendues qui ont dominé la technologie au cours du vingtième siècle. Ces deux phénomènes jouent un rôle dans le développement rapide de la recherche en matière de RV.

Une *technologie catalyse* est celle qui permet l'existence d'une autre technologie. Certaines technologies de première importance voient soudainement le jour à un moment donné parce qu'un quelconque seuil en terme de performance ou de prix a été franchi par une ou plusieurs technologies catalyses. Certaines technologies sont des éléments catalyseurs pour beaucoup d'autres technologies. Le tube à vide, par exemple, fut la technologie catalyse à la fois pour la radio et pour la télévision, de la même manière que le moteur à vapeur fut la technologie catalyse à la fois pour les locomotives et pour les dynamos électriques. Les dynamos et les ampoules incandescentes ont été les technologies catalyses pour l'électrification du monde. Cela fait des dizaines d'années que l'on rêve de réalité virtuelle à base d'ordinateurs et de visiocasques, mais il a fallu attendre la fin des années quatre-vingt pour que les technologies catalyses de miniaturisation électronique, de simulation informatique et d'interfaces graphiques arrivent à maturité.

La *convergence* est apparentée aux technologies catalyses, mais elle ajoute une certaine touche d'imprévisible : l'Histoire montre que des recherches dans des domaines scientifiques et technologiques n'ayant apparemment rien en commun peuvent converger de manière tout à fait inattendue pour créer un domaine entièrement nouveau. La convergence nécessite la présence d'idées profondément similaires dans les deux domaines de recherche ainsi que d'un élément de maturation ou d'une évolution de la puissance ou du prix des éléments constitutifs de ces technologies. La technologie vidéo et le matériel informatique, tous deux sous l'impulsion de la miniaturisation des composants, ont franchi un seuil performance/prix au moment même où les informaticiens rêvaient de construire des micro-ordinateurs. Cela peut paraître évident aujourd'hui, mais à l'époque, seulement une poignée de visionnaires envisagèrent de connecter des écrans de télévision à des ordinateurs, afin de faire bénéficier les non-programmeurs de la puissance de l'ordinateur. Ces composantes convergèrent pour créer quelque chose de différent parce qu'elles étaient toutes les deux indispensables à la nouvelle technologie que l'on voulait construire – une interface informatique faisant appel à la perception humaine pour faciliter la communication homme-machine.

La convergence aboutit à de drôles de couples. C'est l'armée américaine qui créa le premier ordinateur, c'est l'agence des projets de recherche avancée du ministère de la Défense qui créa les technologies catalyses pour les micro-ordinateurs, et c'est l'appétit du public américain pour les produits en série qui fut le moteur de la télévision. Pour les ordinateurs personnels, c'est d'un côté la recherche militaire et de l'autre l'industrie des loisirs de consommation qui ont convergé pour créer un nouvel outil. À l'avenir, des alliances aussi étranges que celles des fabricants d'armes, de communications ou de jouets pourront permettre le développement de la RV.

Il arrive que des chercheurs travaillant aux limites les plus ésotériques de leurs domaines ne soient même pas conscients que leur travail rejoint celui d'autres chercheurs dans des domaines sans corrélation évidente. L'ordinateur est le résultat de la convergence inattendue de plusieurs facteurs, parmi lesquels on compte d'abstruses questions de recherche fondamentale en mathématique pure, le besoin pratique des techniques informatiques dans la gestion des circuits de commutation du téléphone et le calcul des équations ballistiques de l'artillerie ainsi que la capacité des transistors à agir comme éléments commutateurs. L'ordinateur numérique est en lui-même une technologie catalyse clef pour le cyberespace, comme nous allons le voir, mais elle n'est pas la seule : la convergence des ordinateurs avec les outils de visualisation basés sur les techniques de l'optique a également présidé à la naissance de la RV. De la même façon, une même idée peut ressurgir à des siècles d'écart et à des milliers de kilomètres.

Les principes de la stéréoscopie, explorés pour la première fois plus d'un siècle avant l'invention des ordinateurs, sont à l'origine des visiocasques qui transportent les cybernautes d'aujourd'hui dans des simulations assistées par ordinateur. La technologie de la stéréoscopie repose sur l'utilisation d'appareillages optiques et d'images par paires permettant de recréer l'illusion du relief. Vous apprendrez tout ce que vous avez besoin de savoir sur le principe du relief en procédant à la brève et simple expérience suivante : levez-vous, ouvrez les yeux et regardez autour de vous. Tournez la tête, faites quelques pas. Regardez un objet en mouvement.

Si vous êtes comme la plupart des gens, vous utilisez deux yeux, séparés d'environ 6,5 cm, à quelque 1,60 m du sol, pour percevoir une image unifiée, en relief et en couleurs du monde. Vous pouvez fixer quelque chose, bouger la tête, les yeux, vous déplacer. Certains des objets que vous regardez possèdent une ombre ; vous faites la différence entre les objets proches et les objets éloignés ; vous savez reconnaître instinctivement si quelque chose dans votre champ de vision se rapproche ou s'éloigne de vous. Si vous faites le tour d'un objet, vous pouvez voir ce qui se trouve derrière lui. C'est sur chacun de ces aspects de la perception humaine que reposent les techniques optiques destinées à simuler les mondes en relief.

Les illusions stéréoscopiques sont des astuces que les gens ont découvertes, à l'aide de lentilles et d'images par paires, pour simuler un ou plusieurs des signaux perceptifs qu'utilisent les humains pour créer le relief. Lorsqu'on regarde un objet en trois dimensions, chaque œil reçoit de la lumière reflétée par cet objet selon des angles bien précis. Ces angles – selon lesquels les photons provenant de la source de lumière sont renvoyés par les objets que vous regardez et entrent dans vos yeux – déclenchent l'envoi par votre système optique d'un flux de signaux au cerveau l'informant du relief de ces objets. Ces angles essentiels sont déterminés par l'écartement de vos yeux et la distance entre eux et l'objet. Si cet écartement est immuable, la distance entre les yeux et les objets, elle, varie ; votre angle de vision change, la source de lumière se modifie, engendrant des cascades de nouveaux calculs en parallèle. Certains psychologues contemporains appellent ces flux perceptuels des « mises à disposition », c'est-à-dire des informations nous permettant de recréer le monde à mesure que nous le parcourons. Et il faudra encore longtemps, dans l'hypothèse où cela puisse arriver un jour, avant que les sorciers du sillicium mettent au point une CPU (unité centrale de traitement) artificielle aussi puissante que notre cerveau.

Fermez un œil, ouvrez-le, puis fermez l'autre œil ; vous verrez de quelle manière les objets en face de vous se déplacent de droite à gauche. Un autre pionnier de la réalité virtuelle, Scott Fisher, écrivit dans sa thèse de doctorat : « Un exercice instructif consiste à se positionner en face d'un morceau de verre et, sans bouger, de passer en revue tous les objets vus à travers cette vitre avec un œil, tandis que l'autre est fermé. Toujours immobile, renversez le processus et faites la même chose avec l'autre œil. » Nous sommes tous autostéréoscopes. Nos yeux sont des capteurs stéréo ; nos globes oculaires et nos cous sont des cardans complexes à plusieurs degrés de liberté permettant de déplacer nos capteurs stéréo. Nous sommes des éléments dans un environnement d'informations qui crée l'illusion utile que nous appelons « réalité ». Les photons, les propriétés de réflexion lumineuse des objets que nous voyons, la distance entre nos yeux, la nature de notre système de perception visuel, la façon dont nous traitons les données en parallèle et bien d'autres fonctions du cerveau encore inconnues, tissent ensemble la trame sans couture apparente de notre vision.

La représentation artificielle du relief se fait souvent à l'aide d'appareils de visualisation ou de lunettes spéciales qui fournissent au bon moment des images par paires. Les lentilles à « obturateur électronique » d'aujourd'hui intercalent des vues œil droit avec des vues œil gauche tous les trentièmes de seconde ; l'obturateur bloque ou laisse passer les images à l'écran en synchronisation avec ces décalages, en montrant toujours l'image voulue à l'œil correspondant. On peut cependant créer des images stéréoscopiques en relief sans lunettes spéciales. Depuis les expériences de Herman Ives en 1930, on sait utiliser par exemple des lentilles lenticulaires. Supposons que vous preniez deux images nécessaires à la création d'une paire stéréo en relief et que vous les découpiez en très fines tranches verticales, puis que vous les intercaliez selon un ordre très précis (c'est ce qu'on appelle le multiplexage), puis que vous placiez des lentilles verticales demi-cylindriques en face d'elles, de manière à ce que, lorsque vous regardiez directement l'image, vous voyiez l'image de gauche avec l'œil gauche et l'image de droite avec l'œil droit. Cette illusion de profondeur soigneusement reconstituée est basée sur la parallaxe binoculaire – l'un des signaux humains de reconnaissance du relief. La parallaxe des mouvements est, quant à elle, un autre signal qui entre en jeu lorsque nous bougeons la tête, reproduisant la façon dont nous percevons le monde en mouvement (les objets proches sont perçus comme étant plus mobiles que les objets éloignés, par exemple). Les écrans lenticulaires permettent de voir les paires d'images adéquates lorsque nous bougeons la tête, jusqu'à un certain angle d'incidence. L'effet peut être amélioré grâce à un capteur fixé sur la tête et permettant d'ajuster l'image.

La stéréoscopie est une science ancienne. Au second siècle après J.-C., le médecin grec Galien élabora la théorie de la perspective de l'œil gauche, première réflexion allant au-delà de la représentation plate d'un monde à deux dimensions. Pendant presque deux millénaires, seuls quelques spécialistes isolés s'intéressèrent à l'aspect binoculaire de la perception du relief. À la Renaissance, des artistes européens créèrent une illusion de perspective à l'aide d'astuces permettant de piéger certains aspects de la perception humaine du relief. Ces astuces seront traitées de manière plus détaillée dans les chapitres qui suivent.

Les aspects les plus intéressants de l'art anamorphique et des dessins en perspective sont ceux qui nous renseignent sur la relation entre la représentation et la perception. Un chercheur de Harvard commenta les théories mises en avant pour expliquer l'illusion de réalisme perçu dans les peintures de la manière suivante : « Les peintures nous renvoient le même type d'informations lumineuses que les objets ou les scènes réels qu'elles représentent ; l'observateur décode les unes ou les autres fondamentalement de la même manière. »

La stéréoscopie a été la première technologie de codage des informations visuelles conçue pour correspondre au décodage binoculaire de l'homme. Il aura fallu attendre l'invention d'un appareil remarquable par sa simplicité, une fois que l'on sait le construire, et le soutien d'une impératrice pour que la stéréoscopie moderne voie le jour. En 1833, le stéréoscope de Wheatstone fut en effet une véritable innovation, la première d'une série d'inventions ayant toutes un rapport direct avec les visiocasques d'aujourd'hui.

Depuis le siècle dernier, toutes sortes d'appareils de vision en stéréoscopie ont été inventés. Ils utilisent tous les paires stéréo, c'est-à-dire deux images légèrement différentes de la même scène, mais les technologies diffèrent dans la façon de présenter les paires à l'œil humain. Les systèmes de multiplexage temporel font appel à divers outils pour montrer les images différentes à court intervalle : tout d'abord, la personne voit une image ; puis une fraction de seconde plus tard, elle voit la seconde image formant la paire. Au dix-neuvième siècle et dans la première partie du vingtième siècle, on utilisait des méthodes mécaniques similaires à celles qui sont utilisées dans la projection de films pour obtenir des effets stéréoscopiques à multiplexage temporel. Plus récemment, on a emprunté la technologie électronique de la télévision pour arriver au même résultat ; les lunettes à « obturateur électronique » que j'ai utilisées à l'UNC et au Japon utilisaient le multiplexage temporel.

Les systèmes parallèles, qui montrent les deux images en même temps, sont soit de type anaglyphiques, chaque œil voyant à travers des lentilles de couleurs différentes chaque image d'une paire de manière un petit peu différente, soit de type écran partagé, les lentilles ou les miroirs présentant à chaque œil des images séparées, soit enfin de type double écran, faisant appel à deux afficheurs vidéo pour présenter simultanément différentes images.

Représentez-vous votre champ de vision comme étant l'intersection de deux larges cônes de perception, en provenance de chaque œil, chacun ayant une perspective un peu différente. Si vous faites deux dessins (Wheatstone commença ce travail avant l'invention de la photographie, et on peut également le considérer comme le grand-père du dessin animé en relief), chacun d'eux reproduisant une perspective un peu différente de la même scène, correspondant à la distance entre les deux yeux, puis mettez les deux images en face d'un œil, vous verrez alors que la vision humaine va unifier les deux perspectives pour donner l'illusion d'une scène en relief. L'appareil de Wheatstone a exploité cet effet de façon ingénieuse. Le stéréoscope à miroir était composé de deux miroirs formant un angle de 45° qui faisaient converger les deux images sur les yeux droit et gauche de celui qui regardait à l'intérieur. Imaginez que vous êtes en train de regarder à travers une paire de jumelles. La partie gauche est dirigée vers un miroir partant de l'arête de votre nez et qui reflète une carte placée sur un support à votre gauche. L'œil droit voit une seconde carte. Vous ne percevez qu'un seul objet, visiblement en relief. Le stéréoscope à miroir a été l'ancêtre des cartes postales en stéréo très en vogue vers la fin du dix-neuvième siècle et jusque dans les premières années du vingtième siècle.

C'est Sir David Brewster qui inventa en 1844 la version moderne la plus répandue du stéréoscope comportant des demi-lentilles permettant à chaque œil de voir précisément les différences entre les deux images d'une paire. L'invention de Brewster, avec ses deux images montées sur une seule carte, survécut pendant longtemps en subissant quelques variations, le ViewMaster de 1940 étant la version ayant remporté le plus grand succès. Les premières photographies en stéréo ont été prises avec un seul appareil photo qui était déplacé latéralement de 6,5 cm pour une seconde exposition. En 1949, l'invention de l'appareil stéréoréaliste permit aux amateurs avertis de faire des photos stéreo sur du film en 35 mm. C'est cette même technique qu'utilise encore aujourd'hui Kodak. L'intérêt porté aux projections et photographies en relief ne s'est jamais démenti parmi les sous-cultures s'intéressant à la photo ou à l'optique. Les membres de la SPIE (Society for Photo-optical Instrumentation Engineering) ont des centres d'intérêts très différents de ceux du SIGGRAPH, (Association for Computing Machinery's Special Interest Group for Graphics), mais également de ceux des membres du SID (Society for Information Display). Les fanas des techniques de l'image en relief forment aujourd'hui l'une des communautés clefs qui se retrouvent au beau milieu d'un cyberespace interdisciplinaire partagé par la recherche en matière de graphisme, de simulation informatique et d'interfaces homme-machine.

En 1851, la Reine Victoria apprécia particulièrement les cartes stéréo qu'elle vit à l'exposition du Crystal Palace de Londres. Ses remarques, amplifiées par les journaux, relais médiatiques de cette époque, avaient le pouvoir de faire et de défaire produits et politiciens. Son enthousiasme royal conféra rapidement à ces cartes un statut de divertissement familier dans les foyers. En 1891, un homme nommé Duhauron créa le premier système de photographie anaglyphique. Les lunettes des années cinquante permettant de voir des films d'horreur en relief, comportant un gel rouge sur un verre et un gel vert sur l'autre, sont des outils de consommation en série permettant d'exploiter cet effet anaglyphique. C'est Dalinrida qui, en 1858, a été le premier à superposer des images sur un écran à l'aide de filtres de couleurs. L'image vue par l'œil gauche est par exemple projetée sur un écran à travers un gel rouge et, dans la mesure où le viseur de l'œil droit est également recouvert d'un gel rouge, l'image de gauche reste invisible pour l'œil droit. L'image vue par l'œil droit est projetée sur le même écran à travers un gel vert ; le viseur de gauche ne reconnaît que les images projetés en rouge.

Puis la technologie du cinéma fit son apparition et le monde entier ne retint tout d'abord que les « mondes virtuels » reproduits sur l'écran à l'aide de milliers de photos, à raison de vingt-quatre images par seconde.

Comme pour les réalités virtuelles aujourd'hui, les gens furent tout d'abord complètement pris au dépourvu : la première fois que D.W. Griffith fit un gros plan extrêmement rapproché, les spectateurs se sauvèrent du cinéma en hurlant. Nous comprenons aujourd'hui ce que représentent les « hommes et femmes troncs des présentateurs » désincarnés sur un écran, parce que cela fait partie de la palette de réalité que nous appréhendons, un ensemble de règles de perception que nous avons apprises et qui nous permettent de donner un sens aux flux de sensations que nous ressentons. Mais à la naissance du cinéma, les spectateurs ont dû apprendre comment percevoir la virtualité des films. Il se passera probablement la même chose lorsque la réalité virtuelle sera intégrée au quotidien.

Après les films muets, puis les films parlants et l'irrésistible ascension de l'industrie du cinéma, tout le monde s'attendait à ce qu'Hollywood se lance sans tarder dans la projection en relief. En 1937, la MGM produisit une comédie intitulée *Meurtre en trois dimensions*, tournée avec la caméra du studio à deux couleurs spécialement conçue à cet effet. Grâce aux procédés de polarisation, qui améliorèrent de façon significative la cohésion des images, on put voir un long métrage en couleurs. La polarité de la lumière est en principe invisible à l'œil humain, mais on peut créer des filtres transparents qui laissent passer la lumière d'une seule polarité. Au lieu de projeter les images de droite et de gauche à travers des filtres rouge et vert, on peut, en projetant des paires d'images de différentes polarités à l'aide de lentilles polarisées, rendre invisible l'une des images de la paire. Les premiers polarisateurs en feuille virent le jour dès le dix-neuvième siècle, mais leur qualité était très médiocre. C'est en 1928 qu'Edwin Land, de Polaroïd, conçut les premiers polarisateurs de qualité, ce qui l'amena à créer les lunettes Polaroïd, permettant d'engendrer des images stéréo à l'écran à l'aide d'images décalées de 120° à 140° (mesure de la différence de polarité). En 1935, Land projeta un film expérimental en stéréoscopie. Après avoir vu ce film, la société Chrysler commanda un film en stéréo pour l'Exposition Universelle de New York de 1939.

C'est *Bwana Devil*, sorti en 1952, qui lança la grande mode des films en couleurs et en relief aux États-Unis, projetés en « Vision naturelle ». Tous les passionnés des films en relief que j'ai rencontrés font la grimace quand je parle de *Bwana Devil*. C'est en effet l'un de ces films incroyablement mauvais qui reflètent de manière étrange la culture de leur temps lorsqu'on les regarde vingt à trente ans plus tard. Les recettes brutes pour le film se montèrent à 100 000 dollars, une somme fort rondelette pour l'époque, et les studios ne jurèrent plus que par le relief jusqu'en 1954. On peut considérer que *Dial M for Murder, House of Wax, Creature from the Black Lagoon, It Came from Outerspace,* sont les meilleurs parmi des centaines de films en relief de très mauvaise qualité qui furent produits à cette époque. Après 1954, arriva le cinémascope et l'évolution se porta vers les grands écrans au détriment du relief.

Le théâtre de l'expérience ne vit jamais le jour, mais cette vieille idée est en train de renaître dans le monde de l'informatique. Bien que la stéréoscopie n'ait jamais pu en elle-même produire une immersion réaliste dans un monde synthétique, elle a créé l'infrastructure permettant à l'œil humain de percevoir le relief. Lorsqu'il devint possible d'utiliser des ordinateurs pour cela, et que les gens purent réellement entrer dans des mondes simulés par ordinateur, le chemin pris par Heilig et autres fanas du relief des temps passés obliqua encore un peu plus. La RV, telle qu'elle existe aujourd'hui, est issue de l'informatique et non d'Hollywood. L'énorme engouement que suscitent aujourd'hui les représentations informatiques en trois dimensions est l'aboutissement de projets délibérés et à long terme, destinés à créer des ordinateurs qui pourraient fonctionner comme des amplificateurs de l'intelligence humaine. Les concepteurs des amplificateurs d'intelligence ont cherché à connecter le plus étroitement possible les processus de la pensée humaine avec les capacités de traitement des informations de la machine.

En définitive, la RV n'est ni strictement un enfant de l'informatique ni une forme de divertissement, mais quelque chose qui emprunte un peu aux deux, comme nous allons le voir dans les chapitres qui suivent. Il est cependant évident que la RV n'en serait pas là où elle en est aujourd'hui si une poignée de visionnaires n'avaient pas décidé de mettre au point des machines d'aide à la pensée dans les années soixante.

CHAPITRE 3

LA PENSÉE ASSISTÉE PAR ORDINATEUR

La somme des expériences humaines évolue à une vitesse prodigieuse et les moyens que nous utilisons pour retrouver, parmi le dédale de données qui en résulte, l'élément dont nous avons besoin à un moment précis n'ont pas évolué depuis l'époque de la marine à voile.

On peut néanmoins constater des évolutions, notamment dans l'utilisation de nouveaux et puissants outils. Les cellules photographiques capables de voir des objets, dans le sens physique du terme, la photographie de pointe qui peut enregistrer ce qui est vu et même ce qui n'est pas vu, les tubes électroniques capables de contrôler des forces de grande puissance par une force inférieure à celle qu'utilise un moustique pour faire vibrer ses ailes, les tubes cathodiques qui rendent perceptible un événement tellement infime qu'en comparaison une micro-seconde est un long laps de temps, les appareils de retransmission qui effectuent des opérations compliquées avec beaucoup plus de fiabilité que n'importe quel être humain et à une vitesse des milliers de fois supérieure ; il y a pléthore d'aides mécaniques permettant de transformer des enregistrements scientifiques... Mais il n'y a aucun substitut à la pensée évoluée. La pensée créative et la pensée essentiellement répétitive sont radicalement différentes. Pour cette dernière, il existe déjà, et l'on pourra encore les développer, de puissantes aides mécaniques.

VANNEVAR BUSH,
« As We May Think », 1945

Lorsque nous parlons de « l'accroissement intellectuel de l'homme », nous parlons de la possible augmentation des capacités d'un homme à traiter un problème complexe, de la meilleure compréhension de ses besoins particuliers et de la résolution de ses problèmes. Dans ce contexte, l'accroissement des capacités signifie que... la compréhension peut être plus rapide ; que l'on peut en acquérir une meilleure ; que l'on peut en atteindre un niveau utile dans une situation jusque-là inextricable ; que l'on peut trouver des solutions plus rapidement ; que l'on peut en trouver de meilleures ; que l'on peut en trouver là où cela était auparavant totalement impossible pour l'homme. Et par « situations complexes » nous entendons les problèmes professionnels rencontrés par les diplomates, les cadres, les spécialistes en sciences humaines, en physiologie/biologie, en physique, les avocats, les créateurs – que la situation problématique à laquelle ils sont confrontés existe depuis vingt minutes ou vingt ans. Nous ne parlons pas ici d'astuces intelligentes et isolées qui peuvent aider à résoudre des problèmes particuliers. Nous faisons référence à un fonctionnement humain dans un domaine intégré où les intuitions, les apprentissages par tâtonnements, les données intangibles, et l'« approche humaine d'une situation » coexistent de manière intelligente avec les concepts puissants, la terminologie et les références, les méthodes sophistiquées et les aides électroniques évoluées actuelles.

DOUGLAS ENGLEBART,
« A Conceptual Framework for
Augmenting Man's Intellect », 1963

Bien qu'à l'époque, je n'en eûs pas conscience, c'est en 1982 que je fis mes premiers pas dans le cyberespace. Cela faisait longtemps que l'idée d'utiliser un ordinateur comme amplificateur de la pensée me fascinait, mais je dus attendre qu'un informaticien du centre de recherche de Xerox à Palo Alto me demande de collaborer à la rédaction d'un article destiné à un journal scientifique pour approcher ce type d'ordinateur. Cette machine, dénommée « Alto », ressemblait à un petit écran de télévision en noir et blanc posé sur une boîte de la taille de la moitié de ma cuisinière. Sur le bureau, à côté du clavier, se trouvait une petite boîte, reliée à l'écran par un câble : la « souris ». Le scientifique avec lequel je travaillais, plus ou moins novice en la matière à l'époque, m'assura que cette machine m'aiderait non seulement à corriger mes fautes de frappe, mais me permettrait également de réfléchir, de prendre des décisions et de développer mon imagination d'une manière résolument nouvelle.

Ma première approche de l'ordinateur me parut bizarre. Je tapais sur un clavier, exactement comme je l'aurais fait avec un traitement de texte normal. Mais au lieu de mémoriser différents codes alphabétiques pour repérer, copier, déplacer et supprimer des blocs de texte, je déplaçais la souris sur la surface du bureau tout en regardant le curseur se déplacer et les caractères, les mots et les paragraphes se mettre en inversion vidéo sur l'écran. La « métaphore du bureau », qui transformait les fichiers et les dossiers, les boîtes aux lettres électroniques et les corbeilles numériques en symboles graphiques sur l'écran de l'ordinateur, formait un « monde virtuel » primitif, qui matérialisait mes outils d'aide à la pensée sur un écran en face de moi, où je pouvais les voir concrètement. En cliquant avec la souris sur les « icônes » adéquates, je pouvais envoyer mon document à l'autre bout du laboratoire, dans la boîte aux lettres du scientifique avec lequel je travaillais, et en envoyer automatiquement une copie au rédacteur en chef d'un journal scientifique de l'autre côté du continent. L'écran agissait en tant qu'« antémémoire » visuelle pour ma mémoire à court terme, de la même manière que le fait de placer des dossiers et des documents sur un vrai bureau sert de mémoire visuelle. Une fois mon contrat à Palo Alto terminé, j'eus du mal à me réadapter à mon vieil IBM-PC, la plus récente innovation en matière d'informatique domestique de l'époque.

Cet Alto qui avait été créé tout spécialement pour aider les programmeurs de Xerox dans leurs réflexions intellectuelles s'avéra être une machine historique. C'est en commençant à rechercher les origines de cette nouvelle et fascinante approche de l'ordinateur que j'étais tombé sur l'ancienne quête de « l'accroissement intellectuel » qui avait débouché sur la création de technologies informatiques propres à développer la pensée. Je me rends compte maintenant que l'un des principes fondamentaux sous-tendant l'accroissement de la perception, c'est-à-dire le fait qu'il faille utiliser une communication visuelle et des capteurs gestuels pour coupler le plus étroitement possible l'intelligence humaine avec les capacités de l'ordinateur, reste également l'un des principes fondamentaux de la RV. Il s'agit en fait de créer des outils capables de gérer la complexité.

La culture humaine, c'est-à-dire l'ensemble des langages, des méthodes et des connaissances que nous préservons et que nous transmettons de génération en génération pour nous éviter de réinventer la roue à chaque génération, est devenue trop complexe pour être gérée sans l'aide de machines. Pour le meilleur et pour le pire, la conservation de la civilisation, dans un avenir prévisible, reposera à la fois sur l'intelligence humaine et sur les ordinateurs. À l'heure actuelle, les humains et les technologies de traitement des données ne s'entendent pas particulièrement bien. Tous ceux qui travaillent à des solutions pour ce problème ne réfléchissent plus à la façon dont fonctionnent les ordinateurs mais plutôt à la façon dont ils sont conçus pour être utilisés par l'homme, c'est-à-dire aux *interfaces homme-machine*. C'est au point de rencontre entre les développements de la RV et de l'évolution des ordinateurs que ces interfaces se situent.

Les interfaces homme-machine sont des outils permettant à l'intelligence humaine et aux machines de travailler plus efficacement ensemble, et ne se limitent par conséquent pas à des problèmes d'octets et de bits, de matériel ou de logiciel, de la même manière que l'architecture n'est pas au premier chef simplement une histoire de briques et de poutres. Un monde virtuel, c'est un ordinateur que l'on commande, non pas en écrivant des programmes mais par des gestes naturels, en le parcourant, en l'explorant du regard, et en utilisant les mains pour manipuler les objets qu'il contient. Pour certaines tâches, la RV est l'interface homme-machine idéale.

Tous les objets possèdent une interface avec l'homme : la poignée de porte est l'interface homme-porte ; le volant et le compteur de vitesse sont les interfaces homme-automobile. Au cours des siècles, les interfaces ont suivi la même évolution que nos outils vers une plus grande complexité et une plus grande puissance. Quelquefois, un outil évolue beaucoup plus rapidement que son interface avec l'homme. La plupart des outils les plus complexes de l'histoire contemporaine ont été développés sans que l'on se soucie vraiment de leur interface avec l'homme ;

l'ordinateur est le meilleur exemple d'un outil réservé à des initiés, sans être d'une quelconque utilité pour la plupart des gens.

Le fonctionnement interne de la plupart des ordinateurs est accessible aux seuls experts qui en connaissent les codes de communication appelés langages de programmation. Il y a déjà quarante ans de cela, une poignée de personnes commencèrent à envisager l'informatique d'une manière totalement révolutionnaire : au lieu d'enseigner aux utilisateurs la compréhension des langages secrets des ordinateurs, pourquoi ne pas concevoir des machines qui pourraient communiquer avec eux sans que la compréhension de ces langages mystérieux soit nécessaire ? Les micro-ordinateurs et les micro-simulateurs apportent des éléments de réponses à ces questions.

Si ces quelques personnes n'avaient pas persévéré dans cette nouvelle approche contre vents et marées, l'expression « micro-informatique » aurait conservé la même résonance exotique que la première fois où elle a été proposée. La micro-informatique telle que nous la connaissons aujourd'hui n'aurait pu exister sans le courage et la persévérance des deux prophètes de la technologie que sont J.C.R. Licklider et Douglas Engelbart et sans l'aide d'une légion d'infonautes inspirés qui prirent le risque de travailler en dehors des sentiers battus. Sans micro-informatique, les simulateurs personnels n'auraient jamais existé. On peut penser que les visionneuses stéréoscopiques des enfants et les jeux d'arcades auraient de toute façon existé et convergé, mais il est peu probable que la technologie actuelle du cyberespace, qui nécessite des calculs faramineux, ait pu exister sans l'ampleur de la révolution micro-informatique.

Affecter un ordinateur à une seule personne était une idée révolutionnaire qui a convergé avec une autre idée révolutionnaire, la notion que les interfaces humaines des ordinateurs devaient s'adapter aux besoins et aux capacités des hommes, plutôt que de façonner le comportement humain en fonction des exigences de la technologie informatique. La saisie des commandes et des données dans un ordinateur correspond à la partie *entrée* de l'interface, et l'affichage des résultats pour l'utilisateur correspond à la partie *sortie* de l'interface. Les premiers appareils d'entrée et de sortie ont été conçus en fonction des limites de l'ordinateur plutôt que des capacités humaines. Un ordinateur qui accepte uniquement les entrées sous forme de cartes perforées et crache ses réponses sous forme de chiffres imprimés sur un rouleau de papier est un exemple d'interface conçue pour répondre aux besoins des machines à calculer des années cinquante. Un ordinateur qui accepte en entrée la saisie sur un clavier est déjà plus souple ; un ordinateur qui accepte en entrée le pointage d'une image sur un écran de télévision l'est encore beaucoup plus.

Les ordinateurs étaient autrefois chers et volumineux, c'est pourquoi tout le monde pensait que leurs méthodes d'utilisation devaient tirer le meilleur parti possible de leurs ressources onéreuses. Avec l'arrivée des transistors et des circuits intégrés dans les années soixante, il devint évident que les ordinateurs allaient être plus petits, moins chers et plus puissants. La révolution de la miniaturisation qui conduisit des tubes à vide aux transistors puis aux circuits intégrés a été l'un des moteurs technologiques les plus puissants de l'histoire. En miniaturisant de plus en plus les éléments de commutation de base, on a pu réduire le coût des calculs tout en décuplant la puissance des ordinateurs. Ainsi les microprocesseurs que l'on trouve à l'intérieur d'un jouet pour un enfant de cinq ans sont des millions de fois plus puissants tout en étant beaucoup moins chers que le premier ordinateur électronique, l'ENIAC, qui moulina ses premières données en 1946.

Si la révolution de la miniaturisation module les avancées de la technologie informatique, le rythme auquel un nombre de plus en plus grand de minuscules commutateurs peuvent être inscrits sur des plaquettes de silicium offre également une indication valable quant aux technologies informatiques à venir. L'élément le plus fondamental de tout ordinateur est un élément de commutation, un mécanisme qui peut « s'allumer » et « s'éteindre ». Les ordinateurs découpent les signaux (les bits) en symboles plus complexes. Le nombre de signaux qu'un ordinateur peut découper pendant une période donnée détermine la puissance avec laquelle l'ordinateur peut résoudre les problèmes. Les avancées dans la miniaturisation électronique provoquant inévitablement une évolution du matériel informatique quelques années plus tard, il est donc possible de prévoir les gains en termes de performances et de prix pour les cinq à dix ans qui suivront l'introduction d'une nouvelle génération de composants électroniques.

Les théoriciens orthodoxes des années cinquante pensèrent que dans les années qui allaient suivre, ces avancées technologiques allaient servir à construire des ordinateurs de plus en plus volumineux et de plus en plus puissants qui continueraient à faire appel à des langages ésotériques nécessitant des traducteurs spécialisés pour un fonctionnement optimal. D'autres, à l'écart du courant dominant de la théorie informatique, virent autre chose dans la tendance à la miniaturisation de cette technologie et pensaient que bientôt, et, probablement dans les années soixante-dix, un ordinateur consacré aux besoins d'un seul utilisateur pouvait être rentable.

Le concept du micro-ordinateur n'a rien de bizarre aujourd'hui, mais dans les années soixante et soixante-dix, l'évolution des principaux courants de l'informatique et de son industrie en était très éloignée. Le micro-ordinateur, lui, a été tout au contraire délibérément conçu par une communauté de non-conformistes qui se sont battus à contre-courant de l'opinion pour créer le type de technologie qu'ils voulaient. Leur but n'était pas de mettre au rancard les pools de dactylos, de transformer les comptables en prévisionnistes financiers, ni d'engendrer de nouvelles industries brassant des milliards de dollars, même si ces conséquences-là, parmi d'autres, ont découlé directement de leur travail. Les gens qui ont créé le premier micro-ordinateur l'ont fait parce qu'il recherchaient des amplificateurs de pensée destinés à leur propre usage.

En fait, la première personne qui a sérieusement cru qu'il serait un jour possible d'utiliser des ordinateurs pour quelque chose de plus utile que simplement le traitement des bulletins de salaire ou des calculs scientifiques mit dix ans à trouver un interlocuteur qui le prenne au sérieux. Un jour, presqu'exactement au milieu du vingtième siècle, un jeune ingénieur en électronique eut une idée géniale alors qu'il se rendait à son travail. Douglas C. Engelbart, après s'être absorbé dans une méditation sur ce qu'il pourrait bien faire de sa vie et de ses talents, se rendit compte que l'homme était en train de créer de plus en plus rapidement de problèmes complexes et qu'il avait besoin de nouveaux outils pour gérer le monde à venir. Il se dit que si l'on pouvait utiliser la puissance des ordinateurs pour accomplir la partie mécanique de la pensée et partager les idées, les êtres humains seraient capables d'accroître leurs réflexions plus conceptuelles et de résoudre ainsi ensemble les problèmes. Le reste du monde a mis des dizaines d'années à comprendre l'importance de la révélation d'Engelbart, mais le concept de micro-informatique tel que nous l'entendons à l'heure actuelle est pour l'essentiel le résultat des travaux menés par cet homme-là dans les années soixante au Centre de Recherche (ARC) de l'Institut de Recherche de Stanford. C'est à l'ARC que l'on retrouve plusieurs des racines majeures de la RV.

Aucune connaissance particulière en informatique n'est nécessaire pour comprendre la notion fondamentale sur laquelle repose l'idée d'Engelbart : si nous pouvons trouver des outils audiovisuels qui puissent mettre en synergie les capacités perceptuelles et cognitives de l'homme et les capacités de représentation et de calcul de l'ordinateur, les hommes seront alors capables d'accroître la puissance des outils qui leur sont innés dans leur relation au monde, d'augmenter leur capacité de perception, de pensée, d'analyse, de raisonnement et de communication.

Douglas Engelbart, aujourd'hui dans la soixantaine, puise encore son inspiration de cette révélation qui remonte à 1950, même si la technologie informatique n'a pas évolué exactement de la façon dont il l'envisageait. Je lui ai téléphoné ce matin et le démarrage prometteur de la plus récente incarnation engelbartienne, l'institut Bootstrap, le remplit de joie. J'ai rencontré Englebart pour la première fois il y a sept ans, un jour de printemps en 1983, à une époque où il avait déjà parcouru beaucoup de chemin. Je lui avais alors demandé de me retracer l'origine de la micro-informatique et la façon dont il envisageait son avenir. C'est en recherchant les origines de la conception de l'ordinateur en tant qu'amplificateur de la pensée que j'étais tombé sur lui. Toutes les bibliographies conduisaient aux publications d'Engelbart déjà vieilles de quelques dizaines d'années.

Puis, quelqu'un m'ayant signalé qu'il travaillait toujours sur le même concept, je l'avais appelé et il m'avait invité à passer le voir à son bureau de Cupertino. À cette époque, Engelbart travaillait et développait son système au sein de Tymshare, une société de service en communications informatiques appartenant à McDonnell-Douglas. Le hasard voulait que l'homme qui avait rendu possible l'interface des ordinateurs Macintosh d'Apple travaillât alors dans un bâtiment lui-même entouré par les immeubles du « campus » d'Apple dans la Silicon Valley.

Avec ses cheveux blancs, sa douceur et ses yeux bleus perçants, Douglas Englebart était en 1983 l'image même du patriarche technologique. Un autre pionnier de l'informatique, Alan Kay, illustre le charisme de Douglas Englebart en le qualifiant de « Moïse écartant les flots de la mer Rouge et indiquant le chemin de la terre promise ». La puissance qui émane de lui n'est pas de celle qui galvanise les foules. Sa voix est presque imperceptible, mais la simple force qui se dégage de ses idées suffit à rendre son histoire passionnante.

Tout a commencé pour lui juste après la Seconde Guerre mondiale. Technicien radar dans la marine en attente de démobilisation, il tomba un jour sur l'article de Vannevar Bush paru en 1945 dans *Atlantic* intitulé « As we May Think » dans une bibliothèque de la Croix-Rouge aux Philippines. De retour aux États-Unis, il compléta son expérience dans les radars par un diplôme d'ingénieur en électricité. Des années plus tard, ses recherches en matière d'affichage de données lui permirent de rentabiliser les heures qu'il avait passées à discerner les menaces bien réelles représentées par des échos virtuels sur les écrans radars. Il se maria et trouva un travail dans une entreprise d'électronique à Mountain View, en Californie. Au cours des trente années qui suivirent, Mountain View, qui était à l'origine un verger, devint le cœur de la Silicon Valley, et Ames, le premier employeur d'Engelbart, devint l'un des centres de recherche les plus importants de la NASA, celui-là même dans lequel le laboratoire de recherche des facteurs humains a joué un grand rôle dans le déclenchement de la recherche actuelle en matière de RV. Remarquons qu'au moment où Englebart eut son idée géniale, il n'y avait pas plus d'une douzaine d'ordinateurs aux États-Unis.

Dans son bureau de Tymshare, aux étagères pleines de documents recouvrant ses trente ans de recherche, Engelbart évoqua ce jour de décembre 1950 où il s'était posé des questions sur son avenir. Il avait le regard fixé sur un point de l'horizon, comme s'il pouvait matérialiser une image distincte quelque part derrière moi et au dessus de ma tête. « À trente-cinq ans », dit-il, « je me suis rendu compte que j'avais accompli tous les buts que je m'étais fixés dans la vie. J'avais survécu à la guerre et j'avais une femme, une maison, des diplômes et une profession stimulante. Je me suis rendu compte que la décision que j'allais prendre quant à mon avenir allait être d'une importance primordiale ». Engelbart est quelqu'un qui ne se sent à l'aise que dans la réalisation d'un but. Il lui fallut à peu près un mois pour mettre sur pied la stratégie qui allait occuper le reste de sa carrière et façonner les technologies informatiques à venir.

En 1950, son trajet quotidien à travers les vergers ensoleillés de la vallée de Santa Clara lui laissait assez de temps pour réfléchir. Il possédait tout ce qu'un homme pouvait désirer pour son accomplissement personnel ; aussi ce qu'il voulait, c'était réussir à influencer le monde de manière positive. En réfléchissant aux différents scénarios qui lui permettraient de participer le plus efficacement possible à la réalisation d'un monde meilleur, Engelbart se rendit compte, quel que soit le scénario envisagé, qu'il se retrouvait toujours confronté à la même chose : les problèmes de notre civilisation sont de plus en plus urgents et compliqués, mais les outils pour les résoudre n'ont pas évolué. Que faire, alors, pour aider les gens à résoudre les problèmes compliqués ? Et comment un ingénieur en électricité pourrait-il bien y contribuer ? C'est alors qu'une représentation mentale du système qu'il voulait construire lui vint à l'esprit.

Bien qu'il lui fallût des dizaines d'années pour venir à bout des détails, les principaux éléments de sa révélation lui apparurent d'un seul coup, sous la forme d'un groupe de personnes travaillant ensemble d'une façon tout à fait nouvelle. « La première fois que j'ai entendu parler d'ordinateurs, j'ai compris, grâce à mon expérience dans les radars, que si ces machines étaient capables d'imprimer des informations, elles pouvaient également les afficher sur un écran. Quand je vis la connexion possible entre un écran similaire à un écran de télévision, un processeur de données et un moyen de représentation symbolique pour l'utilisateur, tout se mit en place dans ma tête. De retour chez moi, je fis le schéma d'un système dans lequel les ordinateurs représentaient des symboles à l'écran et dans lequel je pouvais naviguer parmi divers espaces d'informations à l'aide de boutons et de manettes et consulter de plusieurs façons différentes mots, données et graphiques. J'imaginais comment étendre ce système à un environnement dans lequel on pourrait échanger avec ses collègues de travail des informations simultanément sur plusieurs niveaux. Vous vous rendez compte du temps gagné dans la résolution des problèmes ! ».

Dans les années quatre-vingt dix, la technologie de la RV embarque les gens à la fois à travers et au-delà de l'écran dans des mondes virtuels. Les chercheurs en RV d'aujourd'hui commencent à élargir la brèche ouverte par Engelbart et ses collègues. Toutefois, en 1950, Douglas Englebart était apparemment la seule personne au monde à penser que les ordinateurs pouvaient ou devaient afficher des données à l'écran. On comprendra mieux pourquoi tout le monde pensait que son idée était complètement farfelue si l'on rappelle qu'à l'époque il n'existait qu'une poignée d'ordinateurs dans le monde et que la technologie de la télévision était encore à l'état de balbutiements.

L'idée de mettre en commun ces technologies pour créer des outils propres à la résolution de problèmes, et plus particulièrement en face d'utilisateurs non programmeurs, resta en gestation dans l'esprit de Englebart pendant une dizaine d'années. Il quitta son travail et s'inscrivit à l'Université de Californie, où se trouvait l'un des deux ordinateurs californiens. Personne à l'Université ne tenait à gâcher le temps de travail précieux offert par cet ordinateur pour quelque chose d'aussi farfelu qu'un outil d'aide à la pensée. Englebart quitta alors l'Université et démarra sa propre société, puis mit la clef sous la porte quand il se rendit compte qu'il n'était pas fait pour être chef d'entreprise. Psychologues, informaticiens, bibliothécaires et autres sociétés spécialisées en électronique ayant tous refusé d'investir dans son projet de recherche, il décida en 1957 d'entrer à l'Institut de Recherche de Stanford (SRI) de Menlo Park, en Californie, en tant que chercheur dans le domaine informatique.

C'est à peu près à cette même époque qu'il décida de trouver un moyen de faire comprendre aux gens de quoi il parlait en partant du point de vue de la technologie informatique traditionnelle. C'est ainsi qu'il passa deux ans dans un laboratoire de recherche conventionnel tout en peaufinant pendant son temps libre le schéma conceptuel dont il avait besoin.

Engelbart ne s'en doutait pas à cette époque-là, mais il avançait vers une convergence qui allait le faire sortir de l'obscurité pour le propulser dans le courant dominant de la conception informatique, et lui ouvrir les portes de la réalité virtuelle. Le schéma conceptuel qu'il décrivit à la fin des années cinquante et au début des années soixante fait encore aujourd'hui office de schéma directeur pour la technologie du vingt-et-unième siècle. Et c'est ce à quoi il s'attela tandis que les autres commençaient à adopter lentement son point de vue. Comme la plupart des gens qui ont joué un rôle dans cette convergence si importante, il n'avait pas conscience que d'autres personnes et d'autres forces travaillaient déjà à la réalisation de son rêve. Il lui fallut attendre le lancement de Spoutnik en octobre 1957, grâce à un autre visionnaire de l'autre côté du monde et encore quelques années de croissance dans les technologies catalyses clefs, pour avoir enfin à sa disposition le laboratoire qu'il voulait mettre en place depuis dix ans.

La pensée assistée par ordinateur

Le figuier est fécondé exclusivement par l'insecte appelé Blastophaga grossorum, larve qui vit dans l'ovaire du figuier, d'où il tire sa nourriture. Par conséquent, l'arbre et l'insecte dépendent étroitement l'un de l'autre : l'arbre ne peut se reproduire sans l'insecte ; l'insecte ne peut se nourrir sans l'arbre ; ensemble, leur alliance est non seulement viable, mais productive et prospère. On appelle symbiose cette « association durable et réciproquement profitable entre deux organismes vivants ».

> *« La symbiose homme-ordinateur » est un sous-ensemble des systèmes homme-machine. Des systèmes homme-machine, il en existe des quantités. Et pourtant il n'existe pas, à ce jour, de symbiose homme-machine. On espère que dans un avenir assez proche, les cerveaux humains et les ordinateurs seront associés de manière très étroite, et que le partenariat qui en résultera pensera comme encore aucun homme n'en a été capable et traitera des données de façon beaucoup plus sophistiquée qu'aujourd'hui.*
>
> J.C. LICKLIDER,
> « Man-Computer Symbiosis », 1960

> *Lorsque tout ce que gère un ordinateur est visible, l'écran décharge le volume de la mémoire à court terme en agissant comme une sorte d'« antémémoire visuelle ». Cela facilite la réflexion et la rend plus productive. Un système informatique bien conçu peut réellement améliorer la qualité de la réflexion... Il se passe quelque chose de subtil lorsque tout est visible : l'écran devient réalité. Le modèle utilisateur devient identique à ce qui se passe à l'écran. On peut comprendre les objets simplement à travers leurs caractéristiques visibles... On peut rendre un système cohérent en lui affectant des modes d'exploitation. En appliquant une démarche qui a prouvé sa fiabilité dans un environnement donné à d'autres environnements du système, ce dernier acquiert une unité qui est à la fois apparente et réelle... Ces modes modifient directement la façon de penser. Ils conduisent à des habitudes et à des modèles de comportement tout à fait nouveaux qui sont à la fois plus puissants et plus productifs. Ils peuvent aboutir à une synergie homme-machine.*
>
> SMITH *et al.*,
> « The Star User Interface », 1982

Spoutnik démontra d'une façon aussi spectaculaire que soudaine que les Soviétiques étaient capables de propulser des objets de la taille d'une bombe n'importe où dans le monde. Un fait déjà connu par les experts était soudain jeté à la face du monde : l'équilibre entre puissances militaires au niveau mondial n'était plus entre les mains des pays possédant les plus grandes forces armées mais appartenait désormais à ceux qui possédaient la technologie d'armement la plus sophistiquée. Et les États-Unis, forts de leur supériorité d'après guerre, ne s'étaient pas rendu compte que, dans au moins un domaine d'une importance critique, le savoir-faire américain avait perdu sa suprématie mondiale. La création de l'Advanced Research Projects Agency ou ARPA (l'Agence de Projets de Recherche Avancée) fut l'une des réponses officielles les plus efficaces faites à Spoutnik. L'objectif principal de l'ARPA était de court-circuiter les procédures traditionnelles de financement de la recherche pour financer directement les projets les plus avant-gardistes qui pourraient aider les États-Unis à reconquérir leur supériorité technologique. Par bonheur pour Englebart et pour le destin de la micro-informatique, l'ARPA engagea J.C. Licklider, qui lui aussi poursuivait son idée personnelle sur l'avenir.

Licklider subit également une expérience similaire à la révélation d'Engelbart qui transforma sa vie, et qu'il appela « une sorte d'expérience de conversion ». Peu de temps avant le lancement de Spoutnik, à peu près à l'époque où Englebart, qu'il ne connaissait pas encore, commençait à travailler à l'Institut de Recherche de Stanford, Licklider était chercheur et enseignant à l'Institut de Technologie du Massachusetts. Psycho-acousticien, il travaillait sur des modèles mathématiques des principes de base régissant l'ouïe humaine et commençait à être submergé par ses propres données. Ces modèles étaient devenus si complexes qu'il passait beaucoup plus de temps à les créer et à décrypter les données qu'à réfléchir à leur signification. Un jour, entouré de graphiques, de fichiers et de toutes ses données de recherche, il décida de se pencher sur la répartition du temps de travail des scientifiques. N'ayant trouvé aucune étude sur le problème de l'organisation du travail pour des gens comme lui, il décida de répertorier quotidiennement ses propres activités.

À sa grande surprise, ses observations lui révélèrent qu'il passait environ 85 % de son temps dit de « réflexion » à : « rassembler les conditions me permettant de penser, de prendre une décision, d'apprendre quelque chose que j'avais besoin de savoir. Je passais beaucoup plus de temps à rechercher et à obtenir des informations qu'à les digérer ». À cette époque, il ne connaissait pas grand chose à l'informatique, mais il entama une réflexion qui allait dans le sens de la notion développée par Engelbart. Peut-être serait-il possible de se décharger sur des ordinateurs spécialement conçus à cet effet des tâches mécaniques de recherche d'informations qui semblaient occuper une part de plus en plus importante du temps de travail des scientifiques. Naturellement, il n'existait alors aucun ordinateur qui pût effectuer ce type de tâches. Cependant les fonctionnalités des ordinateurs, contrairement à leur utilisation, étaient en train d'évoluer beaucoup plus rapidement que l'on ne pouvait le prévoir.

À l'époque, les ordinateurs servaient à effectuer les calculs de dimensions astronomiques ; par exemple, pour la physique nucléaire, ce domaine est connu aujourd'hui encore sous le nom de « calculs intensifs ». Le traitement des données, second domaine d'utilisation de l'informatique, ne correspondait pas non plus aux besoins de Licklider ni d'Engelbart. Le bureau du recensement, qui, lui, devait gérer des informations portant sur des centaines de millions de personnes, avait la possibilité de recourir à un UNIVAC pour effectuer tris et calculs sur des critères précis comme le nombre d'agriculteurs divorcés de plus de soixante ans. Cette acception du traitement des données impliquait des contraintes dues aux fonctionnalités des ordinateurs et à leur mode opératoire. La gestion efficace des salaires, les calculs scientifiques ou d'autres données de recensement se faisaient à l'aide d'un « traitement différé ou traitement batch ». La première chose à faire était de coder le problème et les données que le programme devait traiter, généralement dans l'un ou l'autre des deux principaux langages de programmation, le FORTRAN ou le COBOL. Programmes et données codés étaient ensuite convertis sur des cartes perforées, ces fameuses « cartes IBM » que tout le monde connaît, et qu'il ne fallait surtout ni plier, ni tordre ni abîmer. On devait ensuite livrer les cartes à l'administrateur du système qui se trouvait dans le « centre de calcul » du campus ou dans le « centre de traitement des données » de la société. Ce spécialiste, grand prêtre faisant office de médiateur entre les utilisateurs et l'ordinateur central hébergé dans un sanctuaire climatisé, était la seule personne habilitée à soumettre le programme à la machine et à distribuer les résultats quelques heures ou quelques jours plus tard. Si le programme comportait une erreur, qui pouvait être aussi insignifiante qu'une virgule mal placée, il fallait tout recommencer à zéro.

Les traitements en mode batch ou les traitements informatiques standard ne pouvaient évidemment pas répondre à certains besoins, comme la transformation d'une série de nombres issus d'équations d'aérodynamique en une représentation graphique de courants atmosphériques sur les ailes de l'avion. Il fallait alors recourir à la modélisation, nouvelle utilisation exotique des ordinateurs dont les ingénieurs en aéronautique furent les pionniers. Aujourd'hui, la visualisation scientifique est une forme très évoluée de descendance de ces premiers systèmes de modélisation en aérodynamique. Licklider s'était mis à rechercher une sorte de système mécanique de classement de fichiers qui pourrait l'aider à construire son modèle scientifique. Dès qu'il commença à explorer les technologies existantes, il comprit que les ordinateurs pourraient l'aider à calculer les modèles mais surtout à les élaborer, c'est-à-dire ne pas se contenter de donner des résultats mais aussi l'aider dans sa réflexion sur leur signification. Diplôme en poche, Licklider décida d'intégrer une entreprise de consultants près de Cambridge appelée Bolt, Beranek et Newman (BB & N). Il pourrait à la fois y poursuivre ses recherches en psycho-acoustique et acquérir des connaissances en informatique.

« BB & N possédait le premier ordinateur conçu par la société Digital Equipment, le PDP-1 », me précisa Licklider lors de notre conversation en 1983. Cette machine d'un quart de million de dollars fut la première d'une gamme étendue de ce qu'on appelait dans les années soixante les « mini-ordinateurs ». Au lieu de coûter des millions de dollars et d'occuper toute une grande pièce, ces ordinateurs ne coûtaient que quelques centaines de milliers de dollars et occupaient environ le volume d'un réfrigérateur. Au lieu de programmer pendant des jours à l'aide de monceaux de cartes perforées, on pouvait entrer très rapidement les données sur des rubans de papier. C'était la première fois que les programmeurs pouvaient dialoguer directement avec la machine, et pour les purs et durs de cette époque, cela avait réellement le goût du fruit défendu. Si on le compare aux ordinateurs actuels, le PDP-1 n'était qu'une machine rudimentaire, mais c'était une innovation majeure pour son temps. C'était le candidat idéal pour l'élaboration des modèles que Licklider avait envisagés, et le type d'instrument en temps réel que les programmeurs les plus doués avaient envie de soutirer des griffes jalouses des grands prêtres pour les installer sur leurs propres bureaux.

Comme il l'avait pressenti, Licklider découvrit qu'il était vraiment possible de se servir d'ordinateurs pour construire des modèles à partir de données expérimentales et rendre intelligible toute accumulation d'informations compliquées. Bien qu'il fût convaincu par sa « conversion religieuse » à l'informatique interactive — expression citée à maintes reprises au cours de mes conversations ultérieures avec tous ceux qui ont participé aux événements qui suivirent — Licklider ne maîtrisait pas encore assez la logique économique sous-tendant les technologies informatiques pour se douter que la micro-informatique serait un jour possible. Mais il en comprit la problématique fondamentale : les hommes et les ordinateurs allaient pouvoir travailler ensemble de manière radicalement nouvelle à condition que l'on mette en place les interfaces adéquates.

Dans le batiment 26, au MIT, les premiers chercheurs en intelligence artificielle travaillaient à l'élaboration d'une technologie informatique qui allait un jour détrôner l'homme en tant qu'unique être pensant de la planète. Personne ne pouvait prédire le temps que cela allait prendre et cela pouvait durer aussi bien des dizaines d'années que des siècles. Entre-temps, Licklider entrevit la possibilité d'un rapport de coopération entre la matière grise de l'homme, le matériel et les logiciels informatiques. Il eut recours à une métaphore biologique pour décrire ce qu'il envisageait, évoquant le partenariat symbiotique des organismes qui retirent de leur étroite collaboration de puissants avantages mutuels. En 1960, Licklider écrivit *Man-Computer Symbiosis* (*La symbiose homme-ordinateur*), ouvrage dans lequel il prédit que « dans un futur assez proche, les cerveaux humains et les ordinateurs seront très étroitement interconnectés et que le partenariat qui en résultera sera capable de réfléchir comme aucun être humain n'a encore réussi à le faire et de traiter des données d'une manière qu'aucune machine de traitement de données actuelle n'a encore approché... »

Les appareils propres à « connecter très étroitement » les cerveaux et les ordinateurs que conçurent les chercheurs en informatique des années soixante et soixante-dix furent le fondement matériel sur lequel s'appuyèrent les développements ultérieurs de la technologie de RV. En effet, on peut décrire la RV comme un environnement dans lequel le cerveau est si étroitement associé à l'ordinateur que la conscience de l'utilisateur semble se déplacer à l'intérieur du monde créé par l'ordinateur tout comme s'il se déplaçait dans son environnement naturel.

Par bonheur pour ses perspectives sur l'avenir, très semblables à celles d'Engelbart, Licklider était lié à un milieu qui pouvait concrétiser son rêve, le complexe militaro-industriel. Si la nécessité est la mère de l'invention, alors le ministère de la Défense est le père de la technologie. Du premier ordinateur numérique de l'Armée des années quarante aux visiocasques de l'Armée de l'Air des années quatre-vingt, l'armée américaine a toujours été l'entrepreneur numéro un en ce qui concerne les innovations les plus significatives en informatique. À la fin des années cinquante et au début des années soixante, on fit appel aux plus brillants chercheurs du MIT pour élaborer des systèmes de défense au sol destinés à protéger l'Amérique contre toute attaque nucléaire, appelés « Semi-Automatic Ground Environment » (Environnement au Sol Semi-Automatique ou SAGE). Le laboratoire Lincoln à Lexington (Massachusetts), laboratoire top-secret associé au MIT, employa Licklider dans la recherche sur les « facteurs humains ».

L'un des problèmes les plus épineux de ce projet consistait à imaginer comment mettre à disposition un grand nombre d'informations sous une forme assez rapidement intelligible pour permettre une prise de décision immédiate. On ne pouvait bien sûr pas se satisfaire d'ordinateurs et d'opérateurs qui auraient mis trois jours à évaluer toutes les données radar avant que le commandement de la Défense aérienne ne puisse savoir si une attaque aérienne était en cours.

Le projet « Whirlwind » (Tornade), élaboré au centre informatique du MIT, apporta une réponse avec des calculs à très grande vitesse, combinés à des contrôles informatiques semblables aux contrôles aériens, comportant même une ébauche d'images de synthèse. Les processus aérodynamiques figurant sur l'écran étaient calculés et affichés à la même vitesse que celle à laquelle ils se produisaient en réalité, c'est-à-dire en temps réel, selon la formule consacrée du jargon informatique. Whirlwind fut l'un des ancêtres directs de la simulation et des images de synthèse et par conséquent, de la réalité virtuelle. Les opérateurs de Whirlwind et de SAGE furent les premiers à pouvoir visualiser des données sous forme d'images de synthèse. Les opérateurs de SAGE avaient même la possibilité d'utiliser des outils baptisés « photostyles » pour modifier les graphiques directement à l'écran. Le problème des écrans graphiques commençant ainsi à s'éloigner du domaine électronique pour entrer dans celui de la perception humaine, Licklider avait rejoint alors les constructeurs informatiques. Un historien pourrait, dans le futur, se pencher sur le point précis où l'histoire a basculé et où l'homme qui s'était concentré sur l'étude de l'intelligence humaine s'est muté en architecte de la technologie informatique.

Sur le SAGE, Licklider fit la connaissance de Jack Ruina, le directeur de l'ARPA, qui voulait généraliser les systèmes de défense inaugurés dans la défense anti-aérienne ; il créa pour cela un département au sein de l'ARPA dans lequel on développerait de nouvelles techniques de traitement de l'information. L'idée de Licklider de créer un ordinateur qui puisse s'interfacer à ses opérateurs par l'intermédiaire de claviers et d'écrans convainquit Ruina que la minorité ambitieuse des chercheurs informatiques pouvait déboucher sur une innovation d'importance.

L'ARPA était précisément le lieu où pouvait se développer ce type d'innovation. Il était tout aussi évident que le projet de Licklider ne se limitait pas au seul domaine militaire. « J'ai réussi à convaincre Jack Ruina de la pertinence de l'informatique interactive, non seulement pour les applications de contrôle et de commande militaire, mais aussi pour l'ensemble des tâches quotidiennes du secteur tertiaire », me confia Licklider quelque vingt ans plus tard, alors que nous évoquions cette histoire. En octobre 1962, Licklider devint le directeur du Département des Techniques de Traitement de l'Information (IPTO). Cet événement marqua le tout début de l'ère de la micro-informatique et, à plus d'un égard, prépara le terrain pour les technologies de la réalité virtuelle.

Les ordinateurs, les périphériques d'entrée et les dispositifs d'affichage des systèmes du cyberespace découlent directement de la technologie élaborée par l'IPTO dans les années soixante. Prenons le cas d'Ivan Sutherland, l'un des jeunes enthousiastes que Licklider rencontra au Laboratoire Lincoln. Il créa presque seul le domaine de l'informatique graphique interactive. Il succéda à Licklider à la direction de l'IPTO et en 1965, créa le premier visiocasque. Licklider, Sutherland et Engelbart ont tous trois, grâce à leurs idées et à leur talent, détourné le cours de la technologie informatique pour la recentrer sur des interfaces définies à partir d'un modèle humain. Chacun d'eux a lancé une partie du défi que doivent relever les concepteurs de RV à venir, et élaboré les premiers outils permettant de construire les technologies catalyses des simulateurs personnels devant naître un quart de siècle plus tard.

Licklider n'eut pas droit à un véritable laboratoire ; il avait un bureau, un budget, et une mission : relever le niveau de l'état de l'art en matière de traitement de l'information. Licklider chercha dans les sociétés qui se lançaient de jeunes programmeurs passionnés, dont certains avaient démissionné du MIT, de l'Université de Californie, de chez Rand, de l'Université de Utah ; il chercha aussi dans une douzaine de centres de recherche dispersés sur tout le territoire des États-Unis. L'un des jeunes convertis à la croisade de l'informatique interactive et qui faisait partie de l'équipe de Licklider était un jeune administrateur de recherche à la NASA répondant au nom de Bob Taylor. Taylor avait financé une partie du travail théorique d'un autre jeune aux idées géniales : Douglas Englebart. Au bout d'un certain nombre d'années de travail incognito, une équipe de financiers de l'ARPA lui rendit visite et lui promit un équipement informatique des plus modernes et un million de dollars par an pour créer les ordinateurs à accroissement intellectuel qu'il décrivait depuis des années dans ses publications.

De l'ARC au PARC : la naissance de la micro-informatique

À ce stade, les symboles par lesquels l'homme représente les concepts qu'il manipule peuvent être ordonnés devant ses yeux, déplacés, rangés, rappelés et utilisés en fonction de règles extrêmement complexes – tout cela sous forme de réponses très rapides au minimum d'informations que l'homme fournit, grâce à des dispositifs technologiques coopératifs spécifiques. Dans les limites de ce que nous pouvons imaginer à l'heure actuelle, il pourrait s'agir d'un ordinateur avec lequel les gens pourraient communiquer facilement et rapidement, connecté lui-même à un écran couleur en relief à l'intérieur duquel on pourrait construire des images extrêmement sophistiquées, l'ordinateur étant capable d'exécuter tout un ensemble de traitements variés sur tout ou partie de ces images en réponse automatique aux commandes de l'opérateur. Les données affichées et les traitements mis en œuvre pourraient offrir des services utiles et impliquer des concepts que l'on n'a pas encore imaginés.

D. Engelbart,
« A Conceptual Framework for
Augmenting Man's Intellect » , 1963

La micro-informatique a suivi une évolution similaire à celle de l'imprimerie, mais en 40 ans au lieu de 600. Comme pour les livres du Moyen-Âge écrits à la main, les gros ordinateurs construits dans les vingt années qui ont précédé 1960 étaient rares, chers et accessibles à un très petit nombre de personnes. Tout comme l'invention de l'imprimerie a conduit à une utilisation communautaire des livres en bibliothèque, l'émergence du temps partagé dans les années soixante a divisé les capacités des ordinateurs très onéreux afin d'en diminuer le coût d'accès et d'en permettre une utilisation communautaire. Et tout comme la révolution industrielle – avec l'imprimerie, la reliure mécanisée et la fabrication de papier bon marché – a permis l'existence de livres personnels, la révolution micro-électronique des années soixante-dix conduira aux micro-ordinateurs des années quatre-vingt, qui seront assez rapides et auront une capacité de stockage suffisante pour supporter des langages informatiques sophistiqués et des interfaces graphiques interactives.

Alan Kay,
« Microelectronics and
the Personal Computer », 1977

Engelbart montra aux financiers de l'ARPA qui lui rendirent visite les grandes lignes du projet qu'il avait eu le temps de peaufiner pendant des années, ainsi que le plan détaillé d'un laboratoire conçu pour « hisser par ses propres moyens » la technologie informatique vers un domaine entièrement nouveau. Son équipe de recherche construirait des outils informatiques interactifs, un matériel d'entrée-sortie sophistiqué, de nouveaux types de logiciels de communication, des éditeurs de texte évolués et des systèmes graphiques, puis pourrait élaborer sur cette base des outils encore plus complexes, et ainsi « sortir » les ordinateurs de l'âge du système lourd pour les faire entrer dans l'ère de l'accroissement des ordinateurs interactifs. Engelbart décida d'appeler ce laboratoire « Augmentation Research Center » (ARC), le Centre de Recherche de l'Accroissement. C'est tout à fait délibérément qu'il choisit d'utiliser le mot « accroissement » par opposition à « automatisation », mot le plus couramment employé pour décrire l'utilisation de l'informatique dans un environnement de travail. Automatisation signifie que l'on a recours aux ordinateurs pour remplacer le travail humain. Accroissement, lui, fait référence à une amplification de la puissance du travail intellectuel parce que les barrières qui empêchaient d'atteindre un niveau de réflexion plus élevé ont été levées.

En 1963, Engelbart proposa une sorte d'appareil d'écriture informatisé comme un exemple du type d'accroissement intellectuel qu'il voulait mettre au point. Plus de dix ans avant que les premiers traitements de texte ne soient économiquement réalisables, il avança, dans son ouvrage intitulé *A Conceptual Framework for Augmenting man's Intellect* (*Une structure conceptuelle pour accroître l'intelligence humaine*), qu'en utilisant un ordinateur et un écran vidéo pour composer des documents, on pourrait améliorer l'ensemble du processus de la composition écrite : « Cette machine à écrire hypothétique permet donc de composer un texte d'une manière entièrement nouvelle... Si l'enchevêtrement des idées que représente le brouillon devient trop compliqué, on peut réorganiser très rapidement ce brouillon par une compilation. Les données pourraient être organisées selon un plan sophistiqué que vous pourriez définir selon vos besoins... Ce dont on doit bien se rendre compte, c'est qu'une innovation radicalement nouvelle appliquée à une fonctionnalité particulière peut avoir des conséquences sur l'intégralité de la structure hiérarchique des fonctionnalités ». Cet exemple s'avéra particulièrement prophétique mais très en avance par rapport aux technologies catalyses qui allaient permettre de le mettre en pratique : au début, les chercheurs de l'ARC utilisaient des consoles qui ressemblaient à d'énormes écrans circulaires recevant des signaux émis par des caméras vidéo volumineuses en direction d'écrans semblables aux écrans radars.

Le traitement de texte ne fut que l'une des nombreuses innovations sorties de l'ARC au cours de ses douze années d'existence au SRI. Le périphérique de pointage du type « souris », aujourd'hui partie intégrante de tout micro-ordinateur, fut inventé dans les années soixante, mais l'on dut attendre les années quatre-vingt pour sa commercialisation. « L'hypertexte » qui permet aux lecteurs de passer d'un document à l'autre en pointant avec la souris sur des zones particulières de l'écran, les différentes « fenêtres » de texte affichées sur les écrans, les conférences électroniques qui permettent à plusieurs utilisateurs de partager un système de communication écrite, « la présentation » qui permet aux utilisateurs d'afficher le document sous diverses perspectives, le mélange d'images vidéo avec des images de synthèse, de texte et de graphique dans un même document — en fait la plupart des caractéristiques clefs qui définissent la micro-informatique telle qu'elle existe à l'heure actuelle —, tout cela fut inventé au sein de l'ARC.

L'utilisation de la souris comme périphérique de pointage fut une innovation concrète pour les interfaces homme-machine, dont s'est immédiatement emparé la RV : la saisie par des gestes en 3D en guise de langage de commande. Au lieu d'appeler un document ou un programme en tapant une commande ésotérique, on pouvait enfin communiquer avec un ordinateur grâce à un geste naturel. Lorsqu'un utilisateur déplace la souris sur une surface à côté du clavier, un curseur se déplace de façon analogue sur l'écran. Il devient alors possible de formuler des commandes « en pointant et en cliquant ». Dans les réalités virtuelles du futur, la saisie gestuelle à l'aide de gants et de capteurs gestuels « sans fil » pourrait poursuivre cette logique de développement jusqu'à atteindre sa conclusion naturelle en permettant aux gens d'utiliser le périphérique de saisie qu'ils utilisent le plus couramment : leurs doigts. Vingt ans après qu'Engelbart l'eût prédit, l'utilisation de la saisie gestuelle a été couplée avec les modèles graphiques en relief qu'il avait imaginés en 1962.

En 1968, Engelbart et son équipe décidèrent de risquer le tout pour le tout en dévoilant leur nouvelle approche radicale de l'informatique lors de l'un des séminaires les plus importants en la matière à l'époque, le « Fall Joint Computer Conference ». Ce fut l'un des événements marquants de l'histoire de l'informatique. Sur l'estrade, avec un clavier, un écran, une souris et des écouteurs du genre de ceux qu'utilisent les pilotes ou les opérateurs de tables de commandes, Engelbart orchestra une démonstration de navigation à travers des espaces d'informations semblables à ce que Vannevar Bush avait imaginé en 1945. En véritable infonaute, Engelbart captiva l'attention de son public et le plongea directement dans une version opérationnelle du système d'Accroissement dont il rêvait depuis 1950. Il appela des documents depuis la mémoire de l'ordinateur et les afficha sur le grand écran qui faisait face à la salle, les réduisit à une série d'en-têtes descriptifs d'une seule ligne, cliqua à l'aide de la souris sur un en-tête pour révéler le contenu du document, saisit une commande pour afficher une image vidéo et une image de synthèse à l'écran. Il tapa des mots, les supprima, coupa et colla des paragraphes et des documents d'un endroit à un autre. Les conférences informatiques sont souvent fastidieuses, mais celle-ci galvanisa tous les participants. Ingénieurs, programmeurs et informaticiens n'avaient jamais rien vu de pareil. Ce fut, comme l'a dit un scientifique, « une preuve réelle » des rêves de Engelbart et de Licklider. Ils avaient devant eux un prototype en état de marche des ordinateurs à venir.

Alan Kay, l'un des jeunes sorciers de l'informatique, était là. C'était l'un des plus jeunes membres de la génération ARPA qui avait participé à la création de l'informatique interactive et du temps partagé et il devait devenir l'un des architectes clefs de la « micro-informatique », étape qui se situe juste après celle de l'informatique interactive dans l'évolution de cette science. Il ne s'agissait pas seulement de la toute dernière innovation de l'informatique conviviale. En 1990, Kay a rappelé l'énorme intérêt suscité par la révolution de la micro-informatique qui a commencé il y a vingt ans, qui a émergé dans la population non spécialisée il y a dix ans, et qui commence seulement à se répandre dans le grand public. « Le concept de l'interface utilisateur est apparu pour la première fois lorsque les chercheurs en informatique se sont enfin rendu compte non seulement que les utilisateurs avaient un cerveau en état de marche, mais qu'une meilleure compréhension du fonctionnement de ce cerveau amènerait à une redéfinition complète de l'interaction. »

Alan Kay a toujours insisté sur le fait que la psychologie jouait un rôle majeur dans la conception des interfaces informatiques ; les théories de Jean Piaget, de Jérome Bruner et d'autres théoriciens qui calquaient le processus de l'apprentissage sur l'idée de l'*exploration* l'intéressaient au plus haut point. Ainsi, on pouvait comparer nos cerveaux à des scientifiques, nos sens à leurs instruments et le monde aux expériences qu'ils menaient. Ces psychologues travaillaient tous d'après la même hypothèse, à savoir que la découverte du monde se fait par une approche sensorielle, en le manipulant avec les mains, en l'observant avec les yeux et les oreilles. Convaincus, Kay et l'un de ses mentors du laboratoire d'IA (Intelligence Artificielle) du MIT, Seymour Papert, appliquèrent les théories de Piaget à la technologie informatique. La vue d'enfants de six ans parfaitement à l'aise dans le langage informatique inventé par Papert et son équipe fut l'une des expériences qui marquèrent la carrière d'Alan Kay.

À la fin des années soixante, Kay était étudiant en informatique à l'Université de l'Utah. C'était l'époque où Ivan Sutherland et David Evans s'attelaient à la partie « images de synthèse » du plan ARPA. Kay fut influencé par Marshall McLuhan (ce qui lui fit considérer l'ordinateur comme un média plutôt que comme un outil), par Papert (qui lui montra que les langages informatiques pouvaient être des outils d'aide à la pensée, qu'une interaction homme-machine basée sur une interface graphique était efficace, et que les enfants pouvaient et devaient être capables d'utiliser des ordinateurs) et par Ivan Sutherland (dont la thèse, un logiciel d'exploitation pour Sketchpad, permit d'utiliser un ordinateur comme simulateur interactif). En 1970, Kay était l'une des plus brillantes superstars parmi les centaines d'autres superstars issues de l'ARPA qui entrèrent au centre de recherches de Palo Alto (PARC), le tout nouveau centre de recherche que venait d'ouvrir Xerox. Pour de multiples raisons, l'épicentre de la révolution micro-informatique se déplaça au début des années soixante-dix de l'ARC et des autres sites de recherche ARPA en direction des nouveaux locaux de Xerox.

L'amendement Mansfield, élaboré en pleine guerre du Vietnam, empêcha l'ARPA de financer autre chose que la recherche dans le domaine de l'armement. Ainsi la guerre joua-t-elle un rôle de détonateur pour les programmeurs et les directeurs de recherche, la plupart d'entre eux ne se sentant plus à l'aise dans leur travail sous l'égide du ministère de la Défense. L'exode de certains des meilleurs et des plus brillants chercheurs jusque-là sponsorisés par la Défense fut probablement le moteur le plus puissant de la révolution micro-informatique. Le même phénomène de déplacement d'applications technologiques à l'origine militaires vers le secteur civil semble se reproduire à l'heure actuelle et, encore une fois, cela pourra dynamiser la prochaine évolution de la technologie informatique.

Bob Taylor, le jeune directeur de recherche de la NASA qui avait « découvert » Englebart, avait succédé à Licklider et à Sutherland au poste de Directeur de l'IPTO. À l'époque de l'amendement Mansfield, il intégra le PARC et commença à rassembler les meilleurs chercheurs qui avaient travaillé sur les programmes de recherche décentralisés de l'ARPA, le *must* des jeunes programmeurs légendaires qui avaient contribué au succès de la révolution de l'informatique interactive. Le noyau de l'équipe s'était connu dans les réunions de l'ARPA et sur ARPAnet, le réseau de communication informatique qu'ils avaient créé ; ils se retrouvaient maintenant tous ensemble dans ce laboratoire de rêve on ne peut mieux doté et situé sur Coyote Hill, une colline qui surplombait Palo Alto, avec les mêmes directeurs de recherche, beaucoup d'argent et la mission de créer — comme l'avait appelé le président de Xerox — « l'architecture de l'information du futur ».

PARC fut vraiment l'un des plus beaux contes de fée de la technologie. En partant des innovations d'Engelbart, les chercheurs y intégrèrent les leurs et construisirent leurs propres prototypes basés sur les technologies catalyses de plus en plus puissantes dont on commençait à disposer dans les années soixante-dix. Les briques constituant les micro-ordinateurs avaient été conçues ailleurs par d'autres équipes d'infonautes qui avaient réussi à produire les technologies de micro-circuits et d'affichage qu'utilisaient les chercheurs au PARC.

Les technologies catalyses firent de spectaculaires bonds en avant à l'heure où le succès de l'informatique interactive devint évident. Les ordinateurs de l'ARC avaient certes été conçus de manière à étendre les capacités intellectuelles de ceux qui s'en servaient, mais dans les années soixante, construire un ordinateur assez bon marché pour le compte d'une seule personne était encore impossible jusqu'à ce que la révolution de la miniaturisation passe à la vitesse supérieure grâce à l'essor du secteur aérospatial. Au début des années soixante-dix, les chercheurs du PARC, dont beaucoup étaient des vétérans du laboratoire d'Engelbart, construisirent le premier micro-ordinateur, le fameux « Alto » en face duquel je me suis retrouvé quelque dix ans plus tard. L'équipe d'Alan Kay joua le rôle de fer de lance dans la création d'une nouvelle interface basée sur les toutes dernières technologies catalyses dont on pouvait disposer. Et l'idée d'ARPAnet déboucha sur la création du premier « réseau local », celui que l'on a poétiquement baptisé « Ethernet », un petit cousin du réseau des réseaux d'aujourd'hui, Worldnet, qui ressemble, lui, de plus en plus au concept de Matrice développé par Gibson. Dans les années soixante-dix, l'armée grandissante des infonautes à la recherche d'outils pour la pensée assistée par ordinateur ne rêvait plus qu'au PARC. Au début des années quatre-vingt, j'en ai rencontré quelques uns, de ces vétérans du PARC qui avaient participé à la création de l'interface de l'Alto : tous me précisèrent que l'utilisation de graphiques comme intermédiaire entre l'intelligence humaine et l'ordinateur était au cœur de leur philosophie.

Ceux qui construisirent les ordinateurs du PARC disposaient d'une technologie qui avait jusque là manqué aux équipes antérieures de l'ARC, celle du « graphisme en mode point ». Chaque élément graphique de l'écran est représenté par un bit spécifique dans la mémoire de l'ordinateur et, par conséquent, la mémoire de l'ordinateur comporte une « carte des bits » qui correspond au motif des pixels de l'écran. La communication entre bit et pixel se fait dans les deux sens ; on peut modifier les bits dans l'ordinateur et voir les pixels sauter sur l'écran comme on peut modifier les pixels à l'écran à l'aide d'un outil de pointage et voir l'ordinateur s'adapter par petites touches. Les écrans en mode point furent la technologie catalyse de la relation homme-machine qu'Ivan Sutherland fut le premier à introduire sur la côte Est des États-Unis, dix ans avant le PARC. Cliquer sur une souris pour faire accomplir des trucs à l'ordinateur grâce à un faisceau d'électrons et un écran phosphorescent fut l'une des premières étapes importantes menant aux mondes virtuels dans lesquels l'écran est partout, les gestes, le regard et la voix remplaçant la souris.

Dans le cénacle des informaticiens d'alors, cela faisait des années que l'on connaissait les interfaces à manipulation directe, mais ce concept ne se répandit à travers le monde qu'après que Steve Jobs, d'Apple, ait vu ce qui se passait au PARC. Jobs, ainsi qu'une génération de petits génies encore plus jeunes que lui, s'emparèrent de cette technologie créée par les meilleurs et les plus brillants inventeurs de la décennie précédente, en conçurent une nouvelle version adaptée aux technologies catalyses les plus récentes, et transformèrent ces machines à accroissement intellectuel en « appareils ménagers », car c'était bien la première fois que les gens avaient envie d'avoir ce type d'appareil chez eux ou au bureau. En 1984, grâce au Macintosh d'Apple, des millions de gens purent bénéficier d'interfaces graphiques et interactives, qui, vu leur convivialité, connurent un succès foudroyant. En 1990, même IBM, constructeur rival d'Apple en micro-informatique, s'est converti aux interfaces graphiques.

La force des graphiques interactifs, c'est-à-dire le fait de pouvoir transformer bits et pixels en outils visuels d'aide à la pensée, avait été brillamment démontrée au début des années soixante par le coup de maître technique d'Ivan Sutherland, alors étudiant de second cycle d'à peine plus de vingt ans. Il fallut encore une dizaine d'années de travail acharné basé sur ces nouvelles technologies catalyses pour mettre au point des Alto et des réseaux Ethernet, et encore une décennie avant que des étudiants puissent s'acheter un Macintosh. La technologie catalyse des graphiques interactifs joua un rôle déterminant dans l'avènement des micro-ordinateurs. La création d'outils capables de s'interfacer avec ces graphiques fut également le point de départ pour les images de synthèse et les moteurs de réalité. Si la règle des « cycles d'environ dix ans » se vérifie encore une fois, les millions de passionnés de la micro-informatique de l'an 2000 communiqueront directement avec des mondes virtuels grâce à leurs moteurs de réalité personnels.

La relation entre humains et images affichées sur écran, qui est à l'âge électronique ce que les peintures de Lascaux et les initiations d'Éleusis étaient à leur époque, est l'un des thèmes centraux de l'histoire du cyberespace. Il est temps de faire un bref rappel historique de la prise de pouvoir de l'informatique sur les écrans.

SKETCHPAD : « LE PLUS IMPORTANT PROGRAMME INFORMATIQUE JAMAIS ÉCRIT »

La première véritable interface interactive homme/machine fut également celle qui pour la première fois offrait une manipulation directe, et cela est assez logique. Le Sketchpad d'Ivan Sutherland a permis à un utilisateur et à un ordinateur de « dialoguer rapidement à l'aide de dessins ». Ce type d'interaction, essentiellement graphique, possédait néanmoins quelques-unes des caractéristiques inhérentes à une conversation entre êtres humains. Tout utilisateur dialogue avec Sketchpad en pointant sur une image à l'écran. Le système répond en mettant immédiatement à jour le dessin, de manière à ce que la relation entre l'action de l'utilisateur et le graphique affiché à l'écran soit explicite. En fait, grâce à la rapidité et à l'exactitude de la réponse, on peut considérer qu'elle est analogue aux backchannels, *ou au discours secondaire dans les communications humaines.*

SUSAN BRENNAN,
Conversation as Direct Manipulation », 1990

L'invention des ordinateurs à temps partagé des années soixante permit non seulement à plusieurs personnes d'utiliser en interactif le même ordinateur central, mais elle offrit également un nouveau canal de communication entre humains — ce sont les premiers utilisateurs de systèmes en temps partagé qui mirent au point des systèmes de courrier électronique pour communiquer par messages. Les systèmes de courrier électronique évoluèrent au même rythme que les systèmes à temps partagé. En définitive, ce que nous pourrons transmettre par l'intermédiaire des lignes de télécommunications ne sera plus limité au texte, mais inclura voix, images, gestes, expressions du visage, objets virtuels, architectures cybernétiques, tout ce qui participe à l'idée de présence. Nous enverrons des mondes, et expliquerons comment y entrer. L'informatique interactive et le courrier électronique de la fin des années soixante furent les deux événements jumeaux déterminants pour l'élaboration de la Matrice, le réseau des réseaux dans lequel évolueront les cybernautes à venir. On peut penser aujourd'hui que tous ces récents développements seront à même d'éliminer les obstacles qui ont toujours séparé les fonctions cognitives de l'homme des fonctions de calcul de l'électronique.

Au début des années soixante, l'un des obstacles majeurs empêchant l'accès direct aux ordinateurs était dû à la façon dont les données étaient présentées à l'utilisateur. Même si, dès le début des années cinquante, Engelbart avait rêvé d'un affichage graphique interactif, les véritables moteurs en furent la guerre froide et la course à la conquête de l'espace. Whirlwind et le « groupe de présentation » du Laboratoire Lincoln, qui avaient élaboré l'interface d'affichage du projet SAGE, avaient démontré les possibilités offertes par la technologie du tube cathodique, semblable à celle des écrans de télévision, et qui pourraient remplacer les imprimantes télétypes. C'est de ce projet que naquit le photostyle, un outil simple mais tout à fait révolutionnaire qui permettait à l'opérateur de manipuler l'ordinateur en touchant l'écran avec un objet ressemblant à un stylo. Les chercheurs du laboratoire Lincoln au début des années soixante possédaient l'ordinateur le plus sophistiqué de l'époque, le TX-2, le premier dont les éléments de commutation reposaient sur des transistors et non plus sur des tubes à vide.

En 1983, Licklider et moi-même évoquâmes ce jour dont il garde un souvenir très précis quelque vingt ans plus tard, où l'informatique graphique se hissa au rang de discipline à part entière. Les vétérans du groupe de présentation du laboratoire Lincoln et d'autres chercheurs de l'ARPA de l'Université de l'Utah travaillaient intensivement sur le problème de l'affichage reposant sur des tubes cathodiques. Au cours de la première réunion consacrée à l'informatique graphique interactive, fut présenté et discuté un premier plan d'attaque destiné à mener une offensive sur le front de l'affichage des données. Afin de connecter bits et pixels d'une manière fonctionnelle, il fallait concevoir un matériel qui fût capable d'aller chercher les données dans l'ordinateur pour les afficher à l'écran ; le problème consistant à créer un logiciel qui permette aux utilisateurs de contrôler l'apparence des pixels à l'aide des valeurs des bits était encore plus difficile à résoudre. Ivan Sutherland résolut les problèmes les plus compliqués grâce à un seul programme, le fameux « Sketchpad ». Toutes les personnes qui, d'une manière ou d'une autre, ont participé à la révolution informatique et que j'ai pu rencontrer ont qualifié leur première expérimentation de ce programme « d'expérience de conversion », expression que nous connaissons bien maintenant.

Sketchpad, c'est Lascaux quelque trente mille ans plus tard. Sutherland remplaça les pigments appliqués sur les murs calcaires de la grotte par des électrons et des phosphores lumineux sur la surface d'une bouteille de verre. Les peintures des cavernes et les premières images de synthèse furent des tentatives du même ordre, leur objectif étant d'influencer la conscience de l'observateur afin de lui transmettre d'importantes informations d'ordre culturel. Il existe encore aujourd'hui un vieux documentaire en noir et blanc d'environ dix minutes sur Sketchpad. On y voit Sutherland en train de montrer les fonctionnalités graphiques de son programme sur un petit écran éclairant une pièce dans le noir, qui me rappelle à plus d'un égard les spectacles son et lumière souterrains donnés par nos ancêtres.

« À l'époque, Sutherland était un étudiant », précisa Licklider, « et il n'était pas là pour présenter quoi que ce soit ». Il avait pourtant été invité à cette réunion pour plusieurs raisons : Sutherland était l'étudiant en doctorat de Claude Shannon, connu pour sa théorie de l'information. Claude Shannon ne s'intéressait pas à n'importe quel étudiant. Sutherland était en train de créer un programme graphique pour son doctorat. Et on disait de lui qu'il était exactement le genre de prodige que recherchait l'ARPA.

« Vers la fin de l'une des dernières réunions, Sutherland se leva et posa une question à l'un des intervenants », poursuivit Licklider. D'après le sens de sa question, on pouvait soupçonner que ce jeune inconnu avait quelque chose d'intéressant à communiquer à cette prestigieuse assemblée. Par conséquent, Licklider lui dégagea un temps de parole pour la session du lendemain. « Il apporta bien sûr quelques diapositives, et quand nous les avons vu, nous avons unanimement compris que son travail dépassait largement tout ce qui avait été présenté dans les sessions précédentes. » Le sujet de thèse de Sutherland, un programme développé sur le TX-2 du laboratoire Lincoln, abordait le problème du graphique informatique d'une manière résolument nouvelle — et montrait une nouvelle façon de donner des instructions aux ordinateurs. En voyant Sketchpad, les experts rassemblés se rendirent compte que Sutherland avait largement dépassé leurs recherches et créé un programme auquel même les plus ambitieux d'entre eux n'avaient pas osé pensé. Sketchpad permettait à un opérateur de créer, à l'aide d'un ordinateur, des modèles visuels sophistiqués sur un écran ressemblant à celui d'une télévision. Ceux-ci pouvaient être stockés dans la mémoire de l'ordinateur comme n'importe quel autre type de données, et pouvaient être manipulés par le processeur de l'ordinateur. Les gens pouvaient créer des images de la manière la plus naturelle qui soit, à l'aide de leurs mains, de leurs yeux et d'un objet ressemblant à un crayon pour les *dessiner*. D'une certaine manière, c'était une réponse radicale à la problématique de Licklider, qui cherchait à construire rapidement des modèles. Mais

Sketchpad allait bien au-delà d'une simple utilisation en tant qu'outil de création d'images à l'écran. Il s'agissait en fait d'une sorte de langage de simulation qui permettait aux ordinateurs de traduire des abstractions sous forme d'objets que l'on pouvait reconnaître concrètement. Sketchpad apportait la preuve indiscutable d'une approche radicalement nouvelle de l'informatique ; en modifiant quelque chose à l'écran, on modifiait également quelque chose dans la mémoire de l'ordinateur. On n'en était pas encore au graphique en mode point, mais Ivan avait réussi à trouver un moyen d'utiliser un TX-2, un écran à tube cathodique et un photostyle (ces deux types de matériel ayant été conçus par d'autres), pour piloter un ordinateur en dessinant à l'écran.

Même les demi-dieux de la programmation (les programmeurs qui « avaient l'habitude de faire donner la foudre avec leurs deux mains », selon l'expression d'Alan Kay) furent impressionnés. Alan Kay se souvint que Sutherland fit cette remarque à propos de son programme : « Si j'avais su qu'il allait être aussi difficile à réaliser, je ne l'aurais certainement jamais fait ». Avec un photostyle, un clavier, un écran et le programme Skechpad tournant sur les ordinateurs en temps réel relativement rudimentaires de 1962, tout le monde put se rendre compte que l'informatique n'était pas faite pour se cantonner au simple traitement de données. En tous cas, avec Sketchpad, il suffisait de le voir pour en être convaincu. Encore aujourd'hui, il suffit de regarder un opérateur de CAO à l'œuvre pour saisir toute la magie de cette innovation. La conception assistée par ordinateur, ou CAO, est en effet née de cette thèse de doctorat, et c'est l'une des forces industrielles les plus puissantes soutenant les développements de la RV dans les années quatre-vingt-dix.

Il y a près de trente ans, ces mêmes visionnaires qui avaient prédit et mis au point les prototypes d'une informatique d'un nouvel âge, influencèrent la direction que devait prendre la recherche. Licklider choisit Sutherland, alors âgé de vingt-six ans, pour lui succéder à la tête de l'IPTO en 1964 ; quand Sutherland retourna à Cambridge l'année suivante pour mettre au point un visiocasque, il recommanda pour le remplacer Robert Taylor, qui avait pratiquement le même âge que lui. Pendant des années, les vrais adeptes de l'informatique interactive graphique se succédèrent à ce poste de direction. C'était une sorte de réseau de vieux copains dont les relations n'étaient pas de type social ni liées à l'appartenance à la même promotion universitaire ; c'était plutôt la croyance en une même idée des relations à venir entre hommes et machines qui les avait soudés.

Alan Kay a été fortement influencé par Sketchpad. Quand il arriva à l'Université de l'Utah en 1966, le premier travail que lui confia son directeur de recherche fut d'étudier le logiciel de Sketchpad. Voir comment fonctionnait l'invention de Sutherland fut pour Kay l'une de ses "expériences de conversion", qu'il me relata avec enthousiasme en 1983 :

« Sketchpad n'était pas simplement un outil permettant de dessiner des objets. C'était un programme obéissant à des lois qui devaient être appliquées exactement. Pour former un carré, on dessinait une ligne à l'aide du photostyle et on donnait quelques instructions à l'ordinateur, comme "copier-copier-copier, associer-associer-associer. Cet angle fait 90 degrés, ces quatre objets sont égaux". Sketchpad intégrait votre ligne et vos instructions , et hop ! votre carré s'affichait à l'écran ».

Il y eut un autre prophète de l'informatique pour qui les implications de Sketchpad ainsi que d'autres merveilles ésotériques de la micro-informatique ne passèrent pas inaperçues. Il s'agit de Ted Nelson, figure notoirement anticonformiste et irrévérencieuse de la contre-culture qui publiait à ses frais depuis déjà longtemps des commentaires loufoques et bizarres, mais incroyablement justes, sur l'informatique du futur. Dans *The Home Computer Revolution* (*La révolution de l'informatique domestique*), qu'il publia en 1977, voici comment Nelson commente le programme de Sutherland, dans un chapitre intitulé « Le programme informatique le plus important qu'on ait jamais écrit » :

> On pouvait dessiner une image sur l'écran à l'aide du photostyle puis la ranger dans un dossier dans la mémoire de l'ordinateur. On pouvait réellement sauvegarder plusieurs images de cette manière.
>
> On pouvait ensuite combiner les images, en extraire des copies de la mémoire et les mélanger entre elles.
>
> Par exemple, on pouvait dessiner un lapin et une fusée, puis disperser plusieurs petits lapins sur une grosse fusée. Ou des tas de petites fusées sur un gros lapin.
>
> L'écran sur lequel s'affichait l'image ne montrait pas forcément tous les détails ; ce qui était important, c'était que les détails soient dans l'ordinateur, et qu'en grossissant suffisamment l'image, on puisse les faire apparaître.
>
> On pouvait agrandir et réduire considérablement l'image. On pouvait remplir une image de fusée avec des images de lapins, puis la réduire jusqu'à ce que la seule chose visible qui reste soit une minuscule fusée ; on pouvait ensuite copier le résultat, puis le parsemer sur une copie agrandie du lapin. Ainsi, lorsqu'on agrandissait le lapin jusqu'à ce qu'une petite partie en reste visible (jusqu'à ce qu'il ait la taille d'une maison, en imaginant que l'écran pût être assez grand pour le contenir), alors les fusées d'environ 30 cm à l'écran comportaient toutes des lapins de la taille d'une pièce de 10 centimes.
>
> Et enfin, si on modifiait la première image — disons, en ajoutant une troisième oreille sur le gros lapin —, toutes les copies étaient modifiées en conséquence.
>
> Ainsi, Sketchpad vous permettait d'effectuer plusieurs essais avant de décider. Au lieu de vous forcer à positionner une ligne d'une manière spécifique, il vous permettait d'essayer différentes positions et arrangements, aussi aisément que vous l'auriez fait avec des images découpées sur une table.
>
> Ainsi on pouvait exprimer ses propres indécisions et exercer son jugement. Au lieu de forcer l'utilisateur à répartir les objets selon des catégories bien

déterminées, ou exiger des données précises dès le début – toutes ces restrictions rigides qu'on croit souvent inhérentes à l'ordinateur –, on pouvait déplacer les objets autant qu'on le voulait. On pouvait les réorganiser jusqu'à ce que l'on ait obtenu ce que l'on désirait, quelle qu'en fût la raison.

Les photostyles et les écrans graphiques existaient déjà auparavant dans le secteur militaire, mais le programme Sketchpad fut le premier à être aussi simple – une simplicité, ajoutons-le, qui avait été délibérément voulue par quelqu'un d'une intelligence remarquable – et à être totalement indépendant de tout secteur particulier. En effet, on ne retrouvait aucune des complications inhérentes aux tâches accomplies par les hommes. Pour résumer, disons que ce programme était naïf, montrant à quel point le travail humain pourrait être facilité si les ordinateurs étaient réellement conçus pour aider les hommes.

On peut penser que Sketchpad ne sert pas à grand chose, et ça a été en fait l'un des problèmes. Ce programme était très novateur et plein d'imagination, et Sutherland a inventé une quantité de nouvelles techniques pour le créer ; cela, seules des personnes créatives peuvent le comprendre.

Admettons que les lapins et les fusées soient un exemple frivole, réservé à un séminaire de science-fiction à Easter. Mais il existe quantité d'autres applications évidentes : cela pourrait faciliter grandement la réalisation de plans, de schémas électroniques, et tous autres domaines faisant appel à des dessins précis et de grande envergure. Non pas que le fait de dessiner des lapins, ni même des transistors ait constitué un aboutissement en soi ; mais cela a permis d'envisager une nouvelle façon de travailler et de voir.

Les techniques de l'infographie sont universelles et s'appliquent à tous les domaines – mais uniquement si vous pouvez adapter votre esprit à penser en termes d'écrans informatiques.

En 1989, vingt-sept ans après les débuts de Sketchpad, je participais à la convention annuelle du SIGGRAPH, au Palais des expositions Foley de Boston. Au milieu d'une foule de soixante mille personnes, je parcourai, éberlué, pendant quatre jours, les trois énormes étages de l'exposition remplis d'appareils, d'outils et d'industries spécialisés en écrans informatiques. Les films présentés au SIGGRAPH sont toujours les premiers à présenter l'état de l'art en matière d'images de synthèse, un domaine dans lequel les résultats finaux sont affichés sur les écrans et commentés dans des articles de journaux. Cette année-là, on distribuait des lunettes permettant aux visiteurs de voir les présentations en relief. Au stand Autodesk, j'ai joué au *racquetball* virtuel ; à l'étage supérieur, au stand de Silicon Graphics, j'ai pu tester le dernier monde virtuel de Jaron Lanier, un aquarium connecté à un espace ressemblant à un temple grec. Je me suis demandé s'il se pouvait que Sutherland fût lui-même là à se balader au pays merveilleux des pixels, et s'il se voyait plutôt dans la peau de Prométhée – ou de Pandore.

Sutherland a ouvert une brèche et permis d'entrevoir les territoires abstraits que les simulations informatiques pourraient permettre de conquérir. Mais l'idée d'associer les perceptions humaines aux fonctionnalités d'un ordinateur est loin d'être simple et comporte de nombreuses facettes, et il aura fallu beaucoup d'équipes et de sites différents pour qu'elle prenne forme. Sutherland ne fut pas le seul visionnaire à se rendre compte que la technologie informatique était en train de franchir un seuil.

CHAPITRE 4

AU SEUIL DU MONDE VIRTUEL

Même si une bonne partie de ce qu'écrivit McLuhan était obscur et contestable, l'ensemble de ses écrits fut pour moi un choc dont je ressens encore les ondes aujourd'hui. L'ordinateur est un média ! Moi qui l'avait toujours considéré comme un outil, voire comme un véhicule, je trouvai d'un coup ma vision des choses bien étriquée. McLuhan indiquait que si le micro-ordinateur était réellement un nouveau média, alors son utilisation même devrait changer la manière de penser de toute une civilisation. Il était clair qu'il avait eu raison sur les effets de ce vitrail électronique qu'est la télévision : elle avait opéré, au mieux, une retribalisation de type médiéval. Par son caractère éminemment interactif et prenant, le micro-ordinateur s'apparentait à une antiparticule qui avait le pouvoir d'annihiler cette passivité teintée d'ennui amenée par la télévision. Mais il promettait également de supplanter le livre en annonçant une nouvelle Renaissance qui nous ferait passer des images inanimées aux simulations dynamiques. Jusqu'où se développerait notre cerveau si l'on grandissait en compagnie d'un micro-simulateur développant non pas un seul point de vue, mais tous les points de vue des âges représentés, que l'on pourrait adopter tour à tour dans leur dynamique et que l'on pourrait comparer ? J'appelai le concept d'ordinateur-carnet le Dynabook, *pour graver la métaphore de McLuhan dans le silicium des années à venir.*

ALAN KAY,
« User Interface: A Personal View », 1990

Dans la catégorie des simulateurs d'environnement, le Sensorama fut l'un des premiers efforts pour reproduire les sensations d'un observateur plongé dans une scène de la vie réelle. L'utilisateur du Sensorama est en effet entièrement immergé dans une cabine conçue pour permettre d'imiter une démarche exploratoire tandis que la scène explorée est rendue par l'intermédiaire de plusieurs sens. L'effort suivant consiste à permettre à l'utilisateur de contrôler son déplacement au sein de la base d'informations disponibles, et d'inaugurer ainsi une fonctionnalité d'interaction extrêmement personnalisée, plaçant l'utilisateur au seuil d'un monde virtuel.

SCOTT FISHER,
« Viewpoint Depending Imaging », 1981

Placer sa conscience et ses sens perceptifs dans un monde virtuel, c'est avoir fait la moitié du chemin : pour se sentir présent dans ce monde, on doit disposer d'un moyen de se déplacer à l'intérieur de cette simulation. C'est pourquoi l'idée de « naviguer » au sein de cet espace informatique afin d'en apprendre plus influença la manière dont furent conçues les applications liées à ces nouvelles technologies. C'est dans les années soixante-dix, au MIT, que des chercheurs qui allaient devenir les pionniers de la RV développèrent le concept selon lequel l'informatique pouvait être mariée à d'autres médias audiovisuels pour réaliser des « environnements informatiques exploratoires ». Ces hommes et ces femmes cherchaient également à développer une « coopération étroite » entre le cerveau humain et la machine.

Lorsqu'on enquête sur certaines racines de la RV aujourd'hui, on retrouve un appareil (par exemple les lunettes stéréoscopiques), une discipline (les images de synthèse) ou une idée (explorer un monde artificiel) ; en d'autres termes, on traverse les frontières des différentes disciplines scientifiques et des diverses institutions académiques. Des inventeurs ou des scientifiques indépendants et souvent ignorants les uns des autres ont chacun travaillé sur des pièces du puzzle qui commence à s'assembler aujourd'hui. D'autres racines sont plantées à différentes époques, en différents lieux, auprès de groupes de gens qui se sont succédés dans la même recherche ou qui ont collaboré, dans le cadre de divers organismes, à des projets conçus pour mener à quelque chose de très proche de la RV d'aujourd'hui. Le Laboratoire de Sunnyvale d'Atari fut un de ces lieux au début des années quatre-vingt. J'y étais moi-même en 1983, à la recherche de plusieurs « infonautes » qui allaient devenir plus tard des « cybernautes ». Ayant appris à les connaître un peu mieux, je me rendis compte que ces jeunes technologues du Laboratoire Atari s'étaient déjà rencontrés en d'autres temps et d'autres lieux. Tout comme les infonautes de l'ARC, de l'ARPA et du PARC se connaissaient pour avoir collaboré auparavant, le groupe des cybernautes d'aujourd'hui qui sont des anciens d'Atari s'étaient connus avant même que Nolan Bushnell fonde Atari, commercialise le premier jeu vidéo, *Pong* , et revende sa société à Warner. Les connaissant mieux, je découvris que c'étaient des vétérans d'un groupe encore plus ancien, fondé au sein du MIT dans les années soixante-dix, le *Architecture Machine Group*, connu sous le diminutif de « Arch-Mac » (prononcé « Ark-Mac »), et dirigé par Nicholas Negroponte et Richard Bolt.

Leur nom était bizarre — qu'est-ce donc qu'une « machine à architecture » ? — et ils faisaient appel à des technologies étranges et étrangères au milieu informatique, tels des systèmes de poursuite du regard ou des vidéodisques. Negroponte était le leader et l'inspirateur d'Arch-Mac et du groupe qui lui succéda, le Media Lab. Bien que son nom ne soit pas souvent mentionné lorsqu'on parle de la recherche de pointe en RV, sa conception d'environnements de coopération multisensorielle homme-ordinateur poussa, il y a quinze ou vingt ans, d'autres chercheurs à réfléchir et à travailler à des systèmes fonctionnels de ce type. « Comment adapter la technologie aux caractéristiques humaines ? » se demandaient Negroponte et ses collègues. Quinze ans avant que Stewart Brand, dans son livre *The Media Lab: Inventing the Future at MIT*, mette en valeur le rôle de ce groupe, il n'était connu que des spécialistes de ces technologies. Mais Arch-Mac était fortement soutenu par l'ARPA.

En 1970, Nicholas Negroponte avait indiqué pour la première fois comment, à son avis, l'informatique pouvait améliorer la pensée et l'imaginaire de l'homme : par combinaison du pouvoir de présentation du cinéma et des qualités de traitement des données des ordinateurs. Il prédit le jour où les médias distincts d'aujourd'hui seraient combinés, où un hybride numérique-optique-audiovisuel-réseau hertzien-réseau câblé fusionnerait en une technologie médiatique intégrée. Si tous les types de codage de l'information (sons, images, mots, nombres, données informatiques) deviennent numériques, et si tous les supports de communication de l'information (diffusion hertzienne et réseau câblé, disquettes et services télématiques) sont reliés entre eux, la technologie résultante risque de devenir un peu plus que la somme de tous ces domaines ; ce nouveau « métamédia », comme l'appelle Alan Kay, constituera un monde à part entière. L'équipe du Media Lab désirait mener plus qu'une simple exploration du potentiel des technologies catalyses. Ils voulaient visualiser le futur de ces technologies de communication, puis matérialiser ces visions sous forme de prototypes. « Démontre ou meurs » était leur slogan, comme le révéla Steward Brand dans son ouvrage, *The Media Lab.*

Comme les infonautes de l'ARPA, de l'ARC et du PARC, qui s'étaient projetés au-delà de la technologie informatique de leur époque, les gens d'Arch-Mac avaient le regard fixé sur les *prochaines* découvertes, des ordinateurs à commande vocale aux films holographiques. En collaboration avec le chercheur en interface homme-machine Richard Bolt et avec d'autres, Negroponte s'employa à bâtir un groupe de recherche d'un genre nouveau, au sein duquel les sciences cognitives et l'informatique flirtaient avec les technologies de l'animation et des télécommunications ; leur regard était tourné vers l'avenir à long terme. Arch-Mac devint plus tard le Media Lab, un endroit où, comme l'indiquait Steward Brand, on s'occupait à « inventer le futur ».

Le Media Lab n'a jamais succombé aux charmes d'appareils malcommodes comme les « gants et lunettes », objets emblématiques de la RV d'aujourd'hui. Mais à la charnière des années soixante-dix et quatre-vingt, plusieurs expériences clefs permirent la création des fondations sur lesquelles les systèmes de RV allaient s'appuyer. Christopher Schmandt et

Eric Hulteen, qui travaillaient sous la supervision de Bolt, combinèrent un écran mural, un périphérique de saisie gestuelle (par pointage du doigt) et un système de commande vocale pour réaliser un prototype connu depuis sous le nom de sa commande verbalo-gestuelle générique : « Mets ça là ». L'opérateur était assis sur une chaise, face à l'écran sur lequel était affiché un paysage maritime de synthèse. Ce prototype avait été démonté des années avant que j'en entende parler, mais je pus visionner en 1983 une vidéo de Hulteen dans cette *Media Room* ; il pointa le doigt en direction d'un bateau voguant sur cet océan et dit « Mets ça... », puis déplaça son doigt dans une autre direction et dit « ... là », et l'ordinateur, comme le génie des contes orientaux, obéit à l'ordre. Les objets apparaissant à l'écran pouvaient être rapetissés, agrandis, déformés, manipulés, déplacés, grâce à des commandes vocales et à des gestes du doigt. Le capteur magnétique de position de la main utilisé dans le cadre de « Mets ça là » — une paire de petits dés très coûteux fabriqués par la société Polhemus Navigation Systems — allait jouer un rôle majeur dans le développement ultérieur de la réalité virtuelle.

Plusieurs des voies de recherche ouvertes — sinon réellement suivies — par le Media Lab ont servi de schéma directeur pour les efforts de recherche en RV d'aujourd'hui. D'autres travaux des groupes Arch-Mac et Media Lab ont démontré l'intérêt des affichages en relief et des techniques de communication des expressions faciales et de la direction du regard en réseau ; le concept de transmission de la « présence » développé par Arch-Mac les amena à imaginer une « animation partagée de la communication » dans laquelle les interlocuteurs se présenteraient sous forme d'objets virtuels dont les visages pourraient s'animer et dont la direction du regard changerait en synchronie avec leurs mouvements physiques. Richard Bolt fit en effet valoir il y a longtemps que l'observation de la direction du regard d'un interlocuteur était un élément essentiel de la communication entre les êtres humains ; une décennie plus tard, du côté de Yokohama et de Kyoto, je devais rencontrer d'autres chercheurs travaillant sur des techniques de poursuite du regard et de reconnaissance d'expressions faciales. Les scientifiques d'Arch-Mac poursuivirent également les travaux de Kenneth Knowlton aux Laboratoires Bell dans les années soixante-dix, qui entraînèrent par ailleurs l'émergence de la notion d'« environnements virtuels ». Knowlton réalisa en effet un poste de travail virtuel à l'intention des agents du téléphone qui devaient effectuer des tâches complexes sur des claviers dont la configuration des touches changeait souvent.

Avec un miroir sans tain, placé à un angle adéquat, on peut créer une sorte d'image virtuelle qui semble flotter dans l'espace réel. Ken Knowlton avait superposé un clavier de commande réel à une image virtuelle pour créer une sorte de poste de travail virtuel. Il avait pour cela placé un miroir sans tain dont l'image recouvrait le clavier aux touches vierges de toute inscription. Un écran présentait différentes configurations de touches qui permettaient d'obtenir différents « claviers virtuels » par superposition de ces images avec les touches vierges. Fisher et d'autres s'intéressèrent à la façon dont Knowlton avait ainsi créé un espace virtuel dans lequel les utilisateurs pouvaient placer leurs mains. Au début des années quatre-vingt, Christopher Schmandt et Scott Fisher placèrent un moniteur couleur face à plat contre un miroir sans tain à l'horizontale. L'équipe d'Arch-Mac réalisa alors un petit environnement virtuel dans lequel l'opérateur pouvait placer les mains, dessiner des objets en 3D, saisir ces derniers et les déplacer. « Nous pouvions configurer à volonté la totalité de ce monde virtuel », se rappelait Fisher des années après. Les cybernautes d'Arch-Mac ne faisaient pas appel à des gants, mais ils exploraient une voie importante et suivaient la trace de Dan Vickers, l'assistant d'Ivan Sutherland à l'Université d'Utah, en ajoutant des possibilités de manipulation à leurs explorations d'environnements virtuels, ainsi que des indications de navigation purement visuelles.

Voici un concept essentiel dégagé par Arch-Mac à la fin des années soixante-dix ; il fallut des années pour le traduire dans la pratique : les océans de données conservées dans les ordinateurs peuvent être représentés sous forme visible (ou « visualisés », comme ont pris l'habitude de dire les scientifiques) et explorés de manière cognitive par le biais d'une navigation physique de cet océan. Ce concept amena Arch-Mac à réaliser un prototype de ce qu'ils appelèrent *Dataland* (« Au pays des données »). Les mathématiciens parlent d'« espaces multidimensionnels » et les informaticiens de la « topologie » de leurs données, tous faisant référence à une sorte de lieu abstrait dans lequel certaines opérations formelles sont menées. Et si ces espaces pouvaient devenir visibles ? Et si l'on pouvait y naviguer et manipuler les objets qu'ils contiennent ? Pourrions-nous alors amener nos systèmes nerveux d'exploration de l'espace réel à fonctionner de manière analogue pour parcourir les mondes de données que nous livrons aujourd'hui en pâture à nos ordinateurs de manière plus ou moins aveugle ? Dataland, c'était la matérialisation de cette idée dans la *Media Room*.

La *Media Room* d'origine comportait plusieurs écrans muraux, des moniteurs couleurs supplémentaires, des appareils de poursuite du regard, de prise de commande vocale et de reconnaissance des gestes. Mais elle n'était qu'une infrastructure, un moyen pour réfléchir, pour communiquer ou pour faire telle ou telle expérience. Quels types d'outils pouvaient être créés en son sein qui ne pouvaient l'être ailleurs ? Le SDMS (*Spatial Data Management System*, ou « Système de traitement spatial des données »), qui permettait de naviguer visuellement dans les bases de données, fut mis en œuvre dans la *Media Room*. Dataland en faisait partie, c'était une fenêtre visuelle sur l'ensemble des données appartenant à l'opérateur (les programmes et les fichiers que les utilisateurs des micro-ordinateurs d'aujourd'hui voient s'afficher sous forme d'icônes sur leurs « bureaux électroniques »). L'opérateur, assis sur une chaise, pouvait exploiter une tablette sensitive pour donner des commandes du bout des doigts, ou bien manier de petits manches de commande pour survoler une représentation bidimensionnelle (2D) d'une structure de données à trois dimensions.

Cette notion de Dataland fut détournée un temps du côté de la science-fiction avant de réapparaître dans le cadre de la recherche en RV : lorsque William Gibson inventa le terme « cyberespace » dans son roman *Neuromancien,* il décrivit d'énormes structures virtuelles de données placées au sein de l'« hallucination consensuelle » à laquelle des millions de gens se prêtaient en y « branchant » directement leur système nerveux. Ces pyramides bleues de données financières, ou ces hémisphères rougeoyantes de données d'entreprise étaient protégées des regards indiscrets par des murs de protection visibles que Gibson appelait « la glace ». Lorsque les systèmes de RV commencèrent à se multiplier, l'idée de pouvoir voler à travers un espace de données refit surface dans les milieux informatiques, pour la simple raison suivante : le flot toujours croissant de données créées sur toutes les machines à traiter de l'information que nous avons disséminées de par le monde n'est plus réellement gérable, et les concepteurs de bases de données, censés imaginer de nouveaux moyens de structurer et de présenter ces données aux entreprises, aux institutions scientifiques, à l'administration ou à des indépendants pour qu'ils puissent continuer à opérer, ne savent plus trop quoi faire. Comme l'a noté Engelbart en 1950, nous sommes menacés d'être submergés par la complexité de nos outils et peut-être notre seul échappatoire consiste-t-il à inventer de nouveaux outils pour gérer cette complexité. En 1990, plusieurs groupes de recherche dans le monde s'activaient à développer des versions de systèmes SDMS faisant appel à des visiocasques et à des moteurs de réalité, pour aboutir peut-être à un moyen de prise en compte de ces océans d'informations incroyablement denses ou complexes.

« Un monde de fenêtres » désignait une autre expérience de *Media Room* qui continue aujourd'hui d'influencer le cours des recherches en RV, et dans laquelle de grandes fenêtres informatives s'ouvraient sur des écrans muraux, tandis qu'un système de poursuite du regard servait de commande à l'affichage. Dans une des fenêtres s'inscrivait du texte, dans une seconde étaient projetées des images fixes, dans une troisième était présentée de l'animation vidéo, etc. Chaque fenêtre était alimentée par une branche d'un réseau de collecte d'informations — câbles d'agences de presse, diffusion par satellite, bases de données sur ordinateur ou sur vidéodisque, caméras vidéo — et là où l'observateur faisait porter son regard, la bande-son appropriée était diffusée et/ou la fenêtre concernée était agrandie. Il s'agissait d'un moyen d'exploration de données par « feuilletage » de flots structurés d'informations.

En dehors de quelques contrats importants avec les militaires — notamment des SDMS et des systèmes multimédias pour la Marine américaine —, les démonstrations de navigation à travers des espaces informationnels d'Arch-Mac et du Media Lab ne changèrent pas d'emblée la face du monde. Les spécialistes du Media Lab, par exemple, sont encore en train de travailler à mettre au point l'animation des hologrammes. Les disques laser ont remplacés les technologies existantes dans le secteur de la musique (disques microsillons et bandes audio analogiques) avant de commencer à pénétrer, en ce moment, le monde des micro-ordinateurs. Comme pour l'intelligence artificielle et pour la RV, le potentiel des supports optiques a été quelque peu obscurci par la quantité d'articles qui ont été écrits à leur sujet dans la grande presse. Comme le faisait remarquer récemment Michael Naimark à l'occasion d'une autre conférence sur l'avenir de la RV, « le vidéodisque interactif a été annoncé au son des trompettes sur l'air de "une bibliothèque entière sur un disque", mais il a fallu attendre plus de 15 ans entre cette prophétie et la sortie par Sony de son Data DiscMan en 1990. »

Les premières démonstrations faites à Cambridge de ces éléments constitutifs de la RV d'aujourd'hui n'eurent pas immédiatement d'écho dans les laboratoires de recherche industrielle mondiaux. Mais ces expériences donnèrent tout de même certaines idées aux quelques hommes et femmes clefs qui devaient se charger d'assurer cet écho quelques années plus tard. Le Media Lab continue aujourd'hui de consacrer une part non négligeable de ses efforts à la recherche en RV : au programme des années quatre-vingt-dix, deux des problèmes majeurs de la RV d'aujourd'hui — la création de « personnages » de synthèse autonomes pour habiter les mondes virtuels, et la réalisation d'appareils de transmission des sens tactile et kinesthésique humains — sont étudiés par David Zeltzer, Margaret Minsky et leurs collègues dans le cadre de la « fosse aux serpents » souterraine du laboratoire.

Des projets liés à la RV sont donc en cours dans l'élégant bâtiment que leur a construit I. M. Pei* à Cambridge, mais je ne dirais pas que le Media Lab constitue aujourd'hui un des centres principaux de recherche en RV. La téléprésence, par exemple, ne représente qu'une partie de leur plan de travail, et relativement peu importante. Lorsque je rendis visite au Media Lab en 1989 et abordai cette question auprès de leur chargé des relations publiques, Tim Browne, il me répondit sur un ton qui semblait indiquer qu'il avait fait patiemment cette même réponse des dizaines de fois déjà que le Media Lab « n'était pas intéressé par tout ce qui pourrait venir s'intercaler entre le cerveau humain et l'ordinateur. » Malgré ce démenti,

---

* *N.d.t.* : Également architecte de la pyramide du Louvre à Paris.

l'influence de Cambridge sur la RV reste forte, même en ces hauts lieux que sont Chapel Hill ou la Silicon Valley. Près d'une douzaine d'anciens d'Arch-Mac, du Media Lab, d'Atari, forts de leurs connaissances des chambres multimédias, des techniques de poursuite du regard, des vidéodisques, des visiocasques, des capteurs de position, des voyages par procuration, de la commande vocale, de la stéréoscopie et des images de synthèse sont passés cadres spécialistes de la RV dans de grands organismes commerciaux ou scientifiques. De plus, ce « vocabulaire » partagé de concepts qu'ils avaient développés à partir d'expériences ratées ou réussies a influencé toute la génération actuelle de chercheurs en RV.

La nuit où j'avais observé les cybernautes d'Atari, des années auparavant, ils l'avaient passée à une sorte d'improvisation théâtrale qui devait les aider à réfléchir à la nature du dialogue futur homme-machine. Tous les participants, à l'exception de Scott Fisher, avaient placé leur improvisation dans le contexte d'une chambre multimédia. Quand son tour vint, Scott ne mima pas une entrée dans une chambre imaginaire. Il fit plutôt mine de placer sur sa tête un visiocasque virtuel, ce qui fit rire toute l'assistance. Son intérêt pour les affichages stéréoscopiques était, semblait-il, suffisamment connu de ses pairs pour être considéré comme une *private joke*. Et si son attirance pour les visiocasques constituait bien une des nombreuses voies que les chercheurs d'Atari avaient l'intention d'explorer, j'eus l'impression que les autres chercheurs estimaient (et à l'époque je partageais leur sentiment) que l'approche « chambre multimédia » était plus excitante, plus porteuse. Michael Naimark fit remarquer à l'occasion que, même avant l'époque d'Arch-Mac, lorsque Fisher enseignait au « Centre d'Études Avancées sur la Vision » du MIT, « nous l'appelions "Monsieur 3D". »

Fisher témoignait d'un vif intérêt pour l'utilisation des technologies dans la création artistique. Il avait été attiré par le « Centre d'Études Avancées sur la Vision », une enclave technologiquement avertie mais centrée sur les domaines artistiques au sein d'un MIT plus orienté vers l'ingénierie, pour y donner des conférences sur l'imagerie 3D et y mener des recherches entre 1974 et 1976. Lorsqu'Arch-Mac débuta ses expériences de « voyage par procuration » en 1978, Fisher se joignit au groupe pour aider le directeur de recherche, Andrew Lippman, et d'autres à créer un nouvel outil d'information qu'ils appelaient « Carte animée ». La « Carte d'Aspen », comme on a parfois appelé cette application, a été un prédécesseur important de la technologie de la RV. C'est à ce moment-là qu'on a commencé à abandonner le terme d'« utilisateur » pour celui d'« opérateur ». Pour donner à un opérateur l'impression qu'il se trouve à l'intérieur d'un espace simulé, il faut travailler sur deux aspects des choses : premièrement, les appareillages gérant la perception doivent arriver à convaincre l'opérateur que la simulation met en œuvre un environnement à trois dimensions qui l'entoure ; cet aspect est désormais connu sous le terme d'« immersion ». Deuxième point clef : savoir si l'opérateur sera un observateur passif dans cet environnement (comme dans le Sensorama) ou s'il aura la possibilité de se déplacer et de l'explorer. Ces deux aspects, immersion et navigation, constituent ensemble les éléments de définition d'un objet d'un genre nouveau, le « microsimulateur » (ou « simulateur personnel »). Arch-Mac représenta donc un jalon important — et même plusieurs jalons importants — dans l'histoire de la RV, ayant autant d'influence sur les esprits des gens qui en faisaient partie que sur la recherche elle-même.

Comme l'écrivit Fisher des années plus tard, le prototype réalisé par Arch-Mac démontrait un ensemble de possibilités qui devait s'avérer cruciales pour la technologie de la RV :

> La technologie a progressivement évolué vers un niveau de coût abaissé pour les environnements de « simulation personnelle » dans lesquels l'observateur peut également commander son point de vue ou ses mouvements, ce qui équivaut à une possibilité importante qui manquait au prototype de Sensorama. La « Carte animée d'Aspen » est un des premiers exemples de ces nouveaux environnements... Les vues de la ville d'Aspen, dans le Colorado, ont été prises avec un système de caméra monté sur le toit d'une voiture et orienté légèrement vers le bas, qui a servi à filmer toutes les rues. Des prises de vues ont également été effectuées du haut de grues, d'hélicoptères et d'avions, et d'autres à l'intérieur des bâtiments de la ville. La « Carte animée » permettait à l'opérateur de s'asseoir face à un écran à sensibilité tactile et de parcourir la ville d'Aspen à son propre rythme, en prenant l'itinéraire de son choix, et ceci par simple effleurement de l'écran. Il indiquait de cette manière où il souhaitait tourner et dans quels immeubles il voulait pénétrer.

Dans une des configurations de cette application, l'opérateur était entouré d'images devant, derrière et sur les côtés, de sorte qu'il était entièrement immergé dans une représentation virtuelle de la ville. Il n'était fait appel ni à un visiocasque, ni à un gant, ni à des techniques d'imagerie en relief, mais la « Carte animée » était néanmoins une manière de monde virtuel.

On pouvait s'asseoir dans une pièce d'un bâtiment quelconque, et se trouver entouré d'une représentation photographique de celle-ci. En regardant droit devant soi, le long d'une rue de la ville, il suffisait de faire un geste et l'on commençait à descendre cette rue. On pouvait s'arrêter à tout moment et « geler » la projection. Un coup d'œil vers la droite, par exemple, permettait de tourner dans une autre rue ; le point de vue des quatre écrans changeait alors pour s'adapter à la nouvelle direction choisie. Telle maison attirait l'attention ? Il suffisait de s'en approcher pour qu'un texte descriptif de son histoire s'affichât en haut de l'écran qui faisait face. On pouvait alors voyager dans le passé ou dans le futur pour voir l'aspect de cette maison en hiver ou en été. Selon l'humeur, on pouvait pénétrer dans la maison et en admirer l'intérieur. On devine aisément l'intérêt des militaires pour une telle application : ils aimeraient certainement produire des cartes extrêmement détaillées sur vidéodisque de sites stratégiques, ce qui leur permettraient de se ménager des répétitions très réalistes pour leurs opérations sur le terrain.

La technologie utilisée était différente de celles auxquelles on fait appel aujourd'hui pour la majeure partie de la recherche en RV. Sur un vidéodisque, on peut stocker du texte et des images sous forme numérique, c'est-à-dire de « bits » (éléments binaires 0 ou 1) qui peuvent être lus par un laser, reconstruits par informatique en images et affichés sur un écran. On peut ainsi faire appel à un vidéodisque pour extraire très rapidement un sous-ensemble de texte, de sons ou d'images à l'intérieur d'un ensemble assez important conservé sur un support compact et peu coûteux. Un certain volume d'information peut être conservé sur chaque « galette » — 54 000 images fixes ou trente minutes d'animation vidéo — et différentes techniques de stockage et d'extraction de ces informations permettent à un opérateur de « naviguer » comme bon lui semble au sein de ces images, ce qui en fait un « système de vidéodisque interactif ». Les informations visualisées ne sont pas obligatoirement de type spatial, comme dans le cas de la « Carte d'Aspen » : elles peuvent être abstraites, comme pour un cours d'histoire d'un pays ou d'une époque. En effet, le concept de « navigation » transcende la technique utilisée pour manipuler l'information et le type d'information elle-même : on peut naviguer dans un ensemble de textes (comme l'ont imaginé Engelbart et Nelson lorsqu'ils commencèrent à rêver d'« hypertexte »), dans une bibliothèque d'images fixes ou animées, dans une simulation du monde physique ou, par l'intermédiaire d'une liaison télérobotique, dans une région éloignée du monde physique. L'opérateur peut agir sur ce qu'il voit en choisissant son mode de visualisation, plutôt que d'avoir une perception passive de ce que lui montre l'ordinateur.

Mais comme l'apprit Scott Fisher, il y a loin de la coupe aux lèvres et du potentiel d'une technologie à son application pratique. Au début des années quatre-vingt, la puissance de calcul nécessaire pour créer un monde virtuel entièrement simulé par ordinateur était trop coûteuse pour en permettre l'étude par un étudiant en maîtrise. Mais il était tout de même possible d'étudier les phénomènes d'immersion et de navigation en mariant un affichage en relief à un vidéodisque interactif intelligemment conçu. C'est ce sur quoi portait le mémoire de maîtrise de Fisher : deux vidéodisques étaient utilisés, qui contenaient presque exactement les mêmes images, à ceci près que celles de l'un étaient destinées à l'œil droit et celles de l'autre à l'œil gauche. Il s'agissait de photos des mêmes scènes, prises avec un écart latéral de 65 mm, ce qui correspond à la « distance interoculaire » de l'homme. La base de données d'images était conçue de manière à fournir de nombreuses voies d'exploration de l'environnement proposé : pour toute direction dans laquelle l'opérateur était susceptible de regarder, ou de se diriger, il y avait une paire d'images correspondantes prises du point de vue adéquat.

Les images de la base de données étaient liées à un modèle informatique de l'environnement, de sorte que l'image affichée correspondait à la position de l'opérateur. Celle-ci était communiquée à l'ordinateur grâce au capteur magnétique de position utilisé dans l'application « Mets ça là », fourni à l'Armée de l'Air américaine et à d'autres par Polhemus Navigational Systems. Encore aujourd'hui, on appelle l'appareillage lui-même un « Polhemus » dans les milieux de la RV. La paire d'images correspondant à la position de l'opérateur était affichée sur un afficheur 3D appelé PLZT, à cause des lunettes à verre piézocéramique que doit porter l'opérateur pour les visualiser.

Les lunettes PLZT sont des « obturateurs électroniques » qui bloquent alternativement, à fréquence rapide, la vision de l'œil droit puis de l'œil gauche. Elles ont été remplacées depuis par des lunettes à cristaux liquides (LCD), qui fonctionnent sur le même principe de rendu du relief par « découpage temporel ». Les lunettes PLZT et LCD ne laissent pas voir l'image de droite et l'image de gauche en même temps : les deux images sont réparties dans le temps plutôt que dans l'espace ; elles sont « entrelacées » sur deux balayages successifs de l'écran vidéo. Tous les soixantièmes de seconde, l'image destinée à l'œil droit est affichée, et dans le soixantième de seconde suivant, c'est l'image correspondant à l'œil gauche qui l'est. L'opérateur regarde l'écran et les obturateurs des lunettes font que chaque œil ne perçoit que les images qui lui sont destinées, à un rythme suffisamment rapide pour que l'observateur ait l'impression d'une seule représentation en relief. Ainsi, lorsqu'on regarde un objet, il a l'air de flotter dans l'espace. Si l'on essaye de changer légèrement de point de vue pour avoir confirmation de la représentation 3D, le capteur Polhemus signale le changement de position à l'ordinateur, qui à son tour extrait les paires d'images correspondantes du vidéodisque et les projette à l'écran.

Cette méthode de découpage de l'information en tranches gauche et droite alternées rapidement présente une limitation fondamentale : il est impossible de photographier et de stocker toutes les vues d'un espace donné lorsqu'il dépasse une certaine taille, ou lorsqu'il dépasse un niveau élémentaire de complexité. Mais les limites du procédé ne représentaient pas vraiment un problème pour Fisher à cette époque. Il voulait surtout déterminer si ces nouveaux modes de représentation pouvait réellement donner l'impression de navigation dans un espace artificiel. Sa technique des paires d'images destinées à donner l'impression de relief par « parallaxe binoculaire » était analogue à notre mode d'appréhension naturel de la profondeur, qui s'appuie sur un flux d'images parallèles en deux dimensions. Nos deux yeux voient les choses chacun d'un angle légèrement différent et notre cerveau se charge, par des « calculs » très fins, de tirer de ces différences des données de profondeur. Fisher se servit du capteur Polhemus et d'un système de base de données d'images pour rendre cet effet 3D de « parallaxe dynamique », qui permet de faire varier le monde observé en fonction des variations de point de vue de l'observateur, comme le faisait le premier système élaboré par Sutherland.

Scott Fisher et ses collègues faisaient alors leur apprentissage des outils de construction des espaces virtuels. La stéréographie, la parallaxe, la navigation, les capteurs de position sont devenus les briques élémentaires des systèmes de RV d'aujourd'hui. Il fallait que les possibilités de ces technologies catalyses fussent amplifiées de manière radicale pour que les appareillages expérimentaux des années soixante-dix aboutissent à des systèmes de réalité virtuelle réellement exploitables. Les vidéodisques sur lesquels sont conservées les images de synthèse et les modélisations devaient être remplacés par d'autres supports de stockage. Un autre élément crucial — le gant à détection de position qui permet à l'opérateur d'avoir prise sur le monde virtuel, de le manipuler et de naviguer en son sein — n'existait pas encore. De plus, même avec des ordinateurs de puissance suffisante et avec des algorithmes de traitement d'images 3D développés par des centaines de chercheurs des secteurs public et privé, il restait à produire le logiciel qui fédérerait tous ces outils — une tâche longue et ardue. Mais Scott Fisher et d'autres, qu'il devait retrouver à la NASA, étaient déjà en train d'assimiler les connaissances nécessaires pour produire la première génération de moteurs de RV à un coût abordable.

Du Sensorama à Arch-Mac en passant par l'ARC et par le PARC, plusieurs pistes semblent converger, au profit de la RV d'aujourd'hui. De manière assez surprenante, c'est il y a déjà longtemps que l'idée de réalité virtuelle telle qu'on la comprend aujourd'hui a été le mieux exprimée, lorsqu'Ivan Sutherland fut le premier à utiliser conjointement des visiocasques, un mécanisme de suivi de position de la tête et des images de synthèse en temps réel pour aboutir à placer un homme à l'intérieur d'un monde créé par la machine.

L'utilisation de l'affichage vidéo n'était en effet que la première bonne idée d'Ivan Sutherland. Presque immédiatement après avoir donné un élan à cette technologie, il se mit à réfléchir aux différentes manières de passer *au travers* de l'écran. Comme l'a noté Theodor Nelson, Sutherland avait tout de suite compris l'importance de jouer sur la coordination œil-main. Si Sketchpad « permettait de manipuler à volonté les objets affichés à l'écran », que ne pouvait-on attendre, en termes de capacité accrue à formuler, à modéliser, à concevoir et à réfléchir de la possibilité de se déplacer autour d'objets virtuels en 3D, de les faire tourner, de les remodeler, bref, de les traiter comme nous le faisons d'objets du monde physique ?

Alors que ceux qui s'étaient penchés sur le problème de l'affichage stéréoscopique – notamment Morton Heilig – avaient travaillé sur divers types de lunettes et de visiocasques, Sutherland allait plus loin en étant le premier à proposer de monter de petits écrans d'ordinateurs dans des lunettes – ce qui était loin d'être aisé dans les années soixante –, et donc à placer le point de vue de l'utilisateur à l'intérieur du monde informatique des images de synthèse.

CHAPITRE 5

DANS LE CYBERESPACE

IVAN et l'ÉPÉE DE DAMOCLÈS : LE PREMIER VISIOCASQUE

L'idée fondamentale qui sous-tend l'affichage en trois dimensions est la suivante : présenter à l'utilisateur une image dotée de perspective, qui change lorsque celui-ci déplace son point de vue. Après tout, les images réelles qui s'impriment sur nos rétines ne sont que bidimensionnelles. Par conséquent, si nous arrivons à projeter sur les rétines de l'observateur les images à deux dimensions appropriées, nous pouvons lui donner l'illusion qu'il voit un objet en trois dimensions. Notons toutefois que si la présentation stéréoscopique est un élément important de l'illusion 3D, elle ne l'est pas autant que la capacité de l'image à changer lorsque l'observateur bouge la tête. Cette image affichée en trois dimensions doit varier exactement de la même manière que le ferait un objet réel pour un mouvement de tête identique.

IVAN SULLIVAN,
« A Head-Mounted Three-Dimensional Display », 1968

En 1966, après avoir créé un système interactif sur un écran plat, Ivan Sutherland voulut mettre en pratique de la façon la plus poussée possible le concept, développé par Licklider, de « contact intime » entre le cerveau humain et la machine, en plaçant un utilisateur à l'intérieur d'un monde en trois dimensions engendré par l'ordinateur. Les précurseurs de la RV sont nombreux, et Morton Heilig comme Myron Krueger (que nous rencontrerons dans ce chapitre) en font partie. Mais l'on peut estimer que les recherches d'Ivan Sutherland, au tournant des années soixante et soixante-dix, furent fondamentales pour la genèse des technologies cyberspatiales. Heilig, spécialiste de cinéma et des artifices multisensoriels, n'avait pas pu trouver un financement pour son visiocasque et sa cabine d'expérience audio-visio-olfacto-tactile et de plus, ce n'était pas un expert en informatique. Krueger, tout autant artiste que scientifique, connut les mêmes difficultés de financement. D'une certaine manière, ils tombèrent dans la

« faille d'Englebart », c'est-à-dire le gouffre qui existe entre différents domaines conceptuels, le point aveugle qui affecte ceux qui ont du mal à distinguer l'avenir quand on le leur présente.

Trouver de l'argent auprès de parrains compréhensifs ne posa pas de problème à Ivan Sutherland, qui venait de quitter son poste de directeur à l'IPTO, premier organisme de financement de recherche en informatique. À partir de 1966, au laboratoire Lincoln du MIT, Sutherland et ses collègues firent leurs premières expérimentations de différents types de visiocasques. Quatre ans seulement après Sketchpad, les idées d'Ivan Sutherland avaient acquis un fort pouvoir d'attraction. Harvard participait à la recherche à côté du MIT ; l'ARPA et le Bureau de la recherche navale finançaient ce travail sur les premiers visiocasques.

C'est sur un mode typique de l'ARPA que Sutherland traita ce problème. Il commença par formuler ce qu'il avait envie de faire — placer des hommes et des femmes à l'intérieur de simulations créées par ordinateur —, puis il fit l'inventaire des technologies existantes dont il aurait besoin et s'attela à la tâche de développer celles qui n'existaient pas encore. Il décida de remettre à plus tard la stéréoscopie. Les premiers visiocasques étaient ainsi binoculaires, mais la même image était proposée aux deux yeux. L'illusion des trois dimensions, Sutherland la donnait en s'appuyant sur l'habitude que nous avons de voir l'image du monde changer lorsque nous bougeons la tête. Pour en faire l'expérience, observez un objet, puis faites glisser votre tête sur la gauche et notez que l'objet se déplace vers la droite de votre champ de vision. Pour pouvoir transposer ce principe aux images de synthèse, on doit disposer d'un outil de poursuite du regard. Comme à cette époque, la manière la plus économique et précise de suivre le regard de l'observateur était de nature mécanique, et comme le visiocasque lui-même était déjà très lourd, il fallut enserrer la tête de ces premiers utilisateurs dans un appareillage spécial suspendu au plafond. La personne plaçait sa tête dans une coiffe métallique que tout le monde appelait l'« Épée de Damoclès ». Suite à mes propres essais d'appareils de télérobotique, je peux témoigner du malaise que l'on éprouve lorsqu'on se met un appareil de laboratoire lourd et métallique sur le crâne.

Le travail sur les visiocasques se poursuivit lorsque Sutherland passa à l'Université d'Utah. Les expériences conduites en 1966-1967 le furent avec des systèmes parcellaires construits pour résoudre tel ou tel problème particulier, ou pour tester telle ou telle hypothèse. La phase suivante consistait à utiliser les matériels les plus modernes pour réaliser un appareillage de laboratoire abouti, en combinant toutes les expériences ponctuelles réussies. Le premier visiocasque entièrement fonctionnel fut mis en œuvre dans un laboratoire de Salt Lake City le 1er janvier 1970. Daniel Vickers, qui depuis n'a plus quitté le laboratoire national Lawrence Livermore, était alors étudiant à l'Université d'Utah. Il était chargé de faire collaborer les différents systèmes développés et d'écrire le logiciel qui les gérerait tous ensemble. Je l'appelai pour lui demander s'il se souvenait précisément du jour où le premier visiocasque opérationnel, piloté par le premier logiciel de gestion de monde virtuel, avait fonctionné. Il rit et me répondit : « Je me rappelle avoir effectué le premier test réussi du logiciel le 1er janvier 1970, car le système était composé de plusieurs modules dont les autres se servaient tout le temps, et il m'était toujours difficile de trouver un moment où rien n'était en cours d'utilisation pour déboguer le logiciel. Du coup, le matin du jour de l'An était le meilleur moment, puisque tous ceux qui se servaient habituellement du matériel avaient réveillonné. Ma première image créée était un cube en représentation "filaire" de 10 cm de côté. J'étais tellement excité que j'appelai chez moi, appris la nouvelle à ma femme, et fis venir toute la famille pour qu'ils voient ça de leurs propres yeux. Nous avions l'impression d'avoir accompli un grand pas et nous distinguions d'un coup un futur riche de nouvelles possibilités. »

Le système utilisé dans l'Utah à la fin des années soixante et au début des années soixante-dix était composé de six sous-systèmes interconnectés, que Sutherland et ses collègues avaient inventé pour la plupart les années précédentes dans le Massachussetts : un *masqueur réducteur*, un *multiplicateur matriciel*, un *générateur vectoriel*, un *visiocasque*, un *capteur de position de la tête* et un *ordinateur universel* composaient la toute première machine de réalité virtuelle au monde, le bulldozer ou plutôt le « cyberdozer » qui allait préparer les fondations des paysages virtuels. Cet aspect de *système constitué* représentait également un jalon important dans l'histoire de la RV : l'utilisation d'afficheurs binoculaires pour créer la perspective, le relief, était une technique distincte de la RV ; l'utilisation d'ordinateurs pour créer des images en relief était une autre technique distincte de la RV ; assurer le suivi de la direction du regard de l'utilisateur pour l'immerger dans un monde virtuel était là encore une technique distincte de la RV, même si elle était essentielle pour créer la RV. Le regroupement de ces éléments en un système intégré fut la contribution brillante de Sutherland à la naissance de la RV, et ce ne fut pas la seule. Il eut également très tôt une vision claire de l'influence que ces appareils pourraient avoir à terme sur le monde. Dans des rapports datant d'il y a plus de vingt ans, il a décrit avec précision le chemin à parcourir pour passer de son prototype rudimentaire à la réalité virtuelle d'aujourd'hui.

Afin de créer les images 3D et de permettre leur manipulation en temps réel par l'utilisateur, Sutherland, ses collègues et ses étudiants réalisèrent un « masqueur réducteur », c'est-à-dire un ordinateur spécial chargé d'éliminer toutes les lignes du modèle mis en œuvre qui se trouvent, à un moment donné, derrière l'utilisateur ou hors de son champ de vision. Cela pour la partie « masqueur ». Quant à l'aspect « réducteur », il s'agit de la capacité de ce même ordinateur spécialisé de convertir les données correspondant à un objet tridimensionnel en une description bidimensionnelle affichable à l'écran. Les ordinateurs universels offrent de très larges possibilités, mais ils ne peuvent être aussi rapides que des machines spécifiquement développées pour optimiser tel ou tel type de calcul ; l'équipe de Sutherland et toutes les équipes de recherche en RV, par la suite, ont cherché à monter des systèmes tirant parti à la fois d'ordinateurs universels et spécialisés.

Un des problèmes techniques lié à l'affichage 3D auxquels s'attela donc Sutherland était celui des « lignes cachées », c'est-à-dire la nécessité de ne pas dessiner les lignes du « squelette » d'un objet cachées par une partie de cet objet lui-même ou par un autre objet présenté. Lorsque je regarde la face avant d'une chaise, je ne peux pas voir son dos. Lorsque quelqu'un est assis sur cette chaise, je n'en vois qu'une petite partie. Quand un ordinateur reconstruit une chaise à l'écran et qu'un observateur regarde cette image, le système doit effectuer un nombre très important de calculs pour cacher en permanence (c'est-à-dire à chaque redessin de la chaise) les lignes qui ne doivent pas normalement être visibles du point de vue de l'utilisateur. John Warnock, qui était alors étudiant à l'Université d'Utah, développa un algorithme (c'est-à-dire un scénario efficace de programmation de ce problème) qui fut ensuite combiné au masqueur réducteur de Sutherland. Par la suite, Warnock fut l'un des principaux chercheurs du PARC avant d'aller fonder Adobe Corporation.

Le masqueur réducteur gère des « coordonnées locales » partagées par l'utilisateur et les objets de l'espace virtuel. Proposer une vision 3D de tels objets, et donc permettre à l'utilisateur de les examiner sous différents angles exige une conversion continue, gourmande en calculs, de la position de l'utilisateur dans ce système de coordonnées locales. Si le nombre de points concernés sur un ou des objets virtuels et sur l'espace virtuel lui-même est très élevé, l'enchaînement de calculs primaires et secondaires nécessaires peut correspondre à plusieurs millions d'opérations mathématiques par seconde, ce qui ne coûte pas grand-chose aujourd'hui mais était impossible dans les années soixante, lorsque les premiers visiocasques furent créés. Sutherland et son groupe avait alors créé le « multiplicateur matriciel », qui gérait ce problème de manière astucieuse.

Les représentations « filaires » affichées sur les écrans de Sutherland relevaient d'une technologie dite « graphiques vectoriels ». L'affichage, sur ces écrans comme sur ceux des oscilloscopes et des téléviseurs, est dû à la capacité de certains matériaux d'émettre de la lumière lorsqu'ils sont stimulés par un faisceau d'électrons. Dans un tube cathodique, la position du faisceau émis par le canon à électrons est commandée par des électro-aimants qui le font dévier vers telle ou telle position bien précise de la face intérieure d'un tube en verre sous vide. Cette face avant est recouverte d'une pellicule d'un matériau qui brille (qui émet des photons) lorsqu'il est stimulé par les électrons. Sur un téléviseur à fonctionnement par « trames », le faisceau d'électrons balaye l'écran en continu, d'un côté à l'autre et de haut en bas, en « rafraîchissant » (en réactivant) au passage les points de l'écran qui doivent l'être. Aux États-Unis, le balayage des téléviseurs s'effectue sur 480 lignes*, quelle que soit la taille de l'écran, chaque ligne étant composée de 640 points. L'ensemble des points activés compose la mosaïque que le téléspectateur voit comme une image télé ; de la même manière, les changements subis par cet ensemble de points sont interprétés par l'œil humain comme correspondant à des mouvements de l'image.

Mais ce système de mosaïque n'est pas le seul possible pour dessiner sur du phosphore avec des électrons. Dans un affichage *vectoriel*, le faisceau d'électrons se déplace directement entre différents points de l'écran, créant ainsi des « vecteurs » visibles, analogues aux traits lumineux dessinées dans le noir par une lampe de poche qu'on agite rapidement. Le multiplicateur matriciel prenait en compte les points de départ et d'arrivée de chaque vecteur 3D qui formait l'arête d'un objet virtuel et multipliait leurs coordonnées par les données fournies par l'indicateur de position de la tête, ce qui revenait à modifier le point de vue des objets présentés en synchronie avec les mouvements de tête de l'utilisateur. Robert Sproull, qui était à l'époque étudiant à Harvard, conçut l'essentiel du masqueur réducteur ; par la suite, il fut l'un des nombreux infonautes qui contribua à la mise en œuvre de ces aspects graphiques et interactifs sur les micro-ordinateurs d'aujourd'hui.

Le masqueur réducteur et le multiplicateur matriciel prenaient en compte les données provenant du capteur de position de la tête, les transformaient, et les envoyaient au générateur vectoriel qui était chargé de « peindre » les bons vecteurs à l'écran. Les écrans étaient contenus dans le visiocasque porté par l'utilisateur. Les tubes cathodiques de 15 cm de long et de 2 cm de diamètre étaient collés aux tempes de l'observateur, comme une paire de petites torches électriques. La lumière qu'ils émettaient passait à travers une série de lentilles et de miroirs sans tain, et l'image virtuelle ainsi élaborée apparaissait à environ 35 cm de l'utilisateur, en superposition au monde réel. (« C'est ainsi, écrivit Sutherland en 1968, que les images projetées peuvent soit sembler flotter dans l'espace, soit être conçues pour coïncider avec des cartes, le dessus d'un bureau, des murs, ou les touches d'un clavier. ») Les premiers écrans utilisés pouvaient afficher plus de 3 000 lignes à 30 images par seconde, ce qui, même aux normes actuelles, est une petite prouesse. Les utilisateurs de

---

* *N.d.t.* : En-dehors des États-Unis, du Canada et du Japon (système NTSC), le nombre de lignes est de 625 (systèmes PAL et SECAM).

l'Épée de Damoclès disposaient d'un champ de vision de 40°, ce qui est bien supérieur au champ de vision de 4° à 6° que l'on a lorsqu'on regarde un téléviseur ou un moniteur posé sur une table, mais reste bien inférieur aux 120° des visiocasques de la NASA produits aujourd'hui ou aux 300° par 150° des simulateurs de vol sur F-15 à écrans multiples des années quatre-vingt.

Pour ses appareils de suivi de position de la tête, Sutherland essaya aussi bien des capteurs à ultrasons que des capteurs mécaniques. Les capteurs à ultrasons fonctionnent sur le principe selon lequel la propagation des ultrasons se fait à vitesse constante et mesurable et les longueurs d'onde des signaux provenant de positions fixes peuvent être ajustées pour que de petits changements de position de la source sonore mobile puissent être déterminés dans un système de coordonnées tridimensionnel. Si donc l'utilisateur porte une source d'ultrasons dans son visiocasque et si quatre capteurs d'ultrasons sont placés aux quatre coins du laboratoire, il est possible de détecter les changements des signaux captés, et de les convertir suffisamment rapidement — en temps réel — en mesures de position de la tête. Mais la technologie des ultrasons pose un certain nombre de problèmes, notamment le fait qu'elle n'est utilisable que si rien, dans la pièce utilisée, ne vient se placer entre la source et les capteurs.

Avec un système mécanique de détection de position, l'utilisateur ne dispose que d'une sphère limitée de mouvements, mais la mesure de ces mouvements, toujours en temps réel, est bien plus précise. Une paire de tubes télescopiques glissant librement le long de leur axe commun étaient attachés par des articulations universelles au visiocasque et à des rails au plafond : il s'agissait d'un appareillage « analogique » classique, qui donnait de meilleurs résultats que les appareils numériques de l'époque. Le champ des déplacements de la tête de l'utilisateur faisait environ 2 mètres en largeur et 1 mètre en hauteur. Dans cet espace, l'utilisateur était libre de ses mouvements, pouvait se retourner et lever ou baisser la tête de 40°. Il était physiquement captif d'un appareillage, mais l'on estimait qu'il s'agissait d'un inconvénient temporaire, dû aux technologies primitives de l'époque ; dès le début des années soixante-dix, la plupart des informaticiens comprirent que leur outil de base doublerait sa puissance pour un prix deux fois moindre tous les deux ans.

Le « moteur » du premier visiocasque était une machine appelée TX-2, qui commençait à être dépassée en 1967. Le premier objet virtuel créé était un cube de cinq centimètres de côté qui apparaissait à notre proto-utilisateur comme un objet fait de lumière, flottant dans l'espace. Parmi ces premiers objets virtuels, il y avait également une modélisation moléculaire : une vue squelettique et en perspective de la molécule de cyclohexane. (Lorsque Frederick Brooks et ses étudiants de l'Université de Caroline du Nord entamèrent un travail de plusieurs décennies sur les outils d'aide à la conception moléculaire, c'est de ce modèle et de ce qu'il suggérait qu'ils partirent pour aboutir, à la fin des années quatre-vingt, à leur très évolué système Grope.) On fit ensuite appel à un PDP-10 de Digital pour piloter les visiocasques. À l'Université d'Utah, on conserva le premier cube 3D au répertoire des objets virtuels, et on construisit une « pièce » de bien plus grandes dimensions, dont les murs portaient les initiales N, S, E et O, le plafond H et le plancher B*. L'observateur voyait les murs de lumière de la chambre virtuelle, flottant dans l'espace à l'intérieur de la vraie pièce dans laquelle il se trouvait. Cette première chambre du cyberespace était cubique, monochrome et dépourvue de toute décoration.

L'idée de construire des chambres virtuelles n'a pas cessé depuis d'intéresser les chercheurs en RV. En 1988, le laboratoire de RV de la NASA avait développé une modélisation du laboratoire lui-même. Je me souviens avoir tendu une main virtuelle, dans cet espace virtuel, pour atteindre une étagère virtuelle, et avoir senti ma vraie main toucher la vraie étagère : quelle étrange impression d'être en même temps dans deux mondes distincts ! La démonstration de 1989 faite par Autodesk comportait notamment la visite d'un « bureau paysager ». En 1990, les participants à la conférence annuelle de la section « Interfaces homme-machine » de l'ACM (*Association for Computer Machinery*, ou « Association pour le développement des systèmes informatiques ») furent invités au *Human Interface Laboratory* de Seattle pour un vol d'essai à travers un « Seattle virtuel », reproduction cyberspatiale en couleurs et ombrée de Seattle, aux allures de dessin animée mais tout à fait reconnaissable. Aujourd'hui, ce sont des dizaines de pièces, de bâtiments, de quartiers de villes et même de systèmes solaires élémentaires qui existent à l'intérieur de moteurs de réalités situés entre Redwood City et Kawasaki. À Santa Barbara, j'ai rencontré un homme qui est en train de convertir la carte du réseau de distribution électrique de Tokyo en un modèle virtuel. D'ici 2010, cette première pièce rudimentaire de Sutherland aura enfanté tout un univers virtuel. Il est impossible de dire aujourd'hui quelle taille atteindra ce cyberespace de demain.

Sutherland, dans la dernière phrase de son livre *The Ultimate Display* (*L'écran ultime*), qui n'était qu'une demi-boutade, montrait bien qu'il était conscient de la dimension « magique » sur laquelle il venait d'ouvrir une porte : « Avec une programmation adéquate, un tel écran pourrait littéralement donner accès au Pays des merveilles visité par Alice. » Dans un rapport sur un instrument de saisie d'un nouveau genre, Daniel Vickers,

---

* *N.d.t.* : Initiales (Nord, Sud, Est, Ouest, Haut, Bas) traduites en français pour une meilleure compréhension.

un étudiant de Sutherland, admit également cet aspect magique qu'inspirait dès le départ les expériences de RV. « Un observateur placé dans l'environnement 3D du visiocasque », écrivait-il, « dispose d'une baguette "magique" avec laquelle il peut "toucher" les objets synthétiques qu'il voit. Une telle baguette, permettant de créer et de manipuler des objets de synthèse visibles uniquement par celui qui porte le visiocasque, donne une impression de sorcellerie à ceux qui l'observent, d'où le nom choisi pour cet instrument : l'Apprenti sorcier. »

L'Apprenti sorcier était une baguette dotée d'une poignée portant quatre boutons poussoirs, une tirette et un petit potentiomètre. Deux embouts interchangeables permettaient de disposer d'un suivi de position par ultrasons ou mécanique. Pour multiplier les possibilités de création et de manipulation des images tridimensionnelles à partir de seulement quatre boutons, on faisait appel à un tableau virtuel de sélection de fonctions. En pointant la baguette sur telle ou telle fonction proposée par ce panneau virtuel et en appuyant sur un des boutons, on faisait prendre aux boutons de la baguette telle ou telle série de fonctions. L'utilisateur pouvait ensuite toucher des objets virtuels de sa baguette et effectuer différents « tours de magie » graphiques : faire apparaître ou disparaître des objets, les agrandir, les réduire, les faire pivoter, les faire fusionner ou se diviser, etc. Ces panneaux de commande virtuels flottant dans le cyberespace pour étendre les possibilités d'un « langage » de commandes était une préfiguration notable des « menus déroulants » qui permettent aux utilisateurs des micro-ordinateurs d'aujourd'hui de sélectionner des commandes.

L'ajout de cette baguette magique au système accrut dans des proportions importantes l'impression de présence dans le monde virtuel de l'utilisateur du visiocasque. « Nous nous sommes aperçus que la sensation de présence était plus grande lorsque la baguette était utilisée. En fait, plus le nombre de sens sollicités est grand, plus l'illusion est convaincante » me dit Vickers en 1990.

Tout cela paraît très excitant, mais avant l'ère de la conception assistée par ordinateur (CAO), il était tout à fait normal, si l'on ne disposait pas du sens de prémonition nécessaire, de se demander en quoi il était nécessaire de dépenser l'argent du contribuable à cet effet. Dès la première démonstration de Sketchpad, Sutherland prit soin de préciser clairement que ce type d'outil pouvait amplifier les capacités des concepteurs d'objets tridimensionnels — gadgets ou immeubles —, de la même manière que l'ordinateur amplifiait les capacités des comptables, des scientifiques et des services chargés des recensements de population. Dans la conception d'objets, le plus important est de visualiser clairement ces objets et de partager cette vision avec l'autre, par l'intermédiaire de dessins, d'esquisses, de maquettes, de plans, etc. De même qu'un logiciel de traitement de texte permet d'amplifier un talent hautement qualifié comme l'écriture en débarrassant l'utilisateur de tâches peu qualifiées comme le déplacement d'un mot ailleurs dans une phrase, un système de CAO, pensaient ces pionniers, amplifierait l'expertise qualifiée des dessinateurs industriels, des architectes, des urbanistes en se chargeant pour eux de placer et de déplacer les lignes à l'écran. En ce qui concerne la CAO, le secteur informatique fut prompt à attraper la balle de l'ARPA au bond (ce fut moins le cas pour l'interaction et le temps partagé). Au début des années soixante, peu après la première présentation de Sketchpad, IBM réalisa un outil d'assistance à la conception pour General Motors. Le sigle utilisé pour cette application par IBM et par GM était DAC (*Design Augmented by Computer*), mais le terme adopté pour toute la discipline fut finalement CAD (*Computer Aided Design*)*.

Mais ce n'est pas seulement l'esthétique des automobiles qui peut être améliorée par les outils de conception 3D. Comme commencent à le montrer plusieurs branches de la recherche médicale, le corps humain est également un objet tridimensionnel, ce qui a son importance pour les médecins et les chirurgiens qui tentent d'analyser et de résoudre des dysfonctionnements physiologiques au vu de radios, qui sont des images bidimensionnelles. L'une des premières applications potentielles du visiocasque de l'Utah était de nature médicale. Dès 1971, une équipe de médecins travaillant de concert avec le groupe de Sutherland imagina une méthode de restauration de l'intersection virtuelle de deux artères. Peu de temps après, Frederick Brooks et les gens de l'UNC poussèrent les choses plus loin en conviant des médecins à être partie prenante dans la conception de ces outils. Sutherland partit ensuite fonder sa société spécialisée dans les simulateurs de vol, Evans & Sutherland, puis travailla à mettre au point des robots marchant sur des jambes. Ses étudiants, quant à eux, furent pris dans la révolution micro-informatique. L'Université d'Utah demeure aujourd'hui un centre de recherche et d'innovation en images de synthèse, et un nouveau projet lié à sa faculté de médecine et consistant à développer une prothèse électronique de « bras » participe d'une certaine manière de la convergence avec la RV, en ce que cette dernière cherche à développer des interfaces permettant de commander des robots à distance.

La CAO effectua sa percée dans l'informatique et se développa pendant les années soixante-dix et quatre-vingt, tout en restant un langage de commande très puissant, assez rébarbatif et fort coûteux destiné à de grands ordinateurs eux aussi extrêmement chers ; dans ce rôle, elle entraîna des changements radicaux dans de nombreux secteurs de l'industrie. Mais à l'instar des premiers ordinateurs, elle restait un outil

* *N.d.t.* : En français, CAO (Conception assistée par ordinateur).

réservé à ceux qui pouvaient se le payer et qui étaient prêts à prendre le temps nécessaire pour s'initier à une interface homme-machine conçue par des techniciens. Elle demeurait également un outil 2D de visualisation d'objets 3D. Au lieu de montrer une colonne ou un carburateur en relief, elle proposait un schéma ou une imitation de relief. Au lieu de permettre à l'utilisateur de modifier directement telle ou telle forme, elle exigeait de lui qu'il tape un code de commande au clavier. La CAO ne donnait ni la sensation d'une immersion ni le pouvoir de navigation, mais c'était déjà un outil puissant d'exploitation d'écran d'ordinateur et de modélisation qui stimulait la réflexion. Dans les années quatre-vingt, un programmeur du nom de John Walker contribua à la fondation d'une société appelée Autodesk parce qu'il pensait que des PME équipées de micro-ordinateurs accepteraient de payer quelques centaines de dollars pour un logiciel de CAO leur offrant une bonne partie des fonctions jusqu'ici réservées aux programmes fonctionnant sur grands systèmes et valant plusieurs milliers de dollars. (Nous reparlerons de Walker un peu plus loin.) Aucun des principaux éditeurs de logiciels de CAO ne s'était encore risqué à proposer la visualisation 3D vraie lorsqu'Autodesk annonça, en 1988, son projet « Cyberia ».

Le concept d'*immersion* — c'est-à-dire l'utilisation de la stéréoscopie, de la poursuite du regard et d'autres techniques pour donner l'illusion qu'on est à l'intérieur d'un paysage de synthèse — est l'un des deux fondements de la réalité virtuelle. Le deuxième est le concept de *navigation*, c'est-à-dire donner à l'utilisateur la possibilité de se mouvoir autour et à l'intérieur des objets modélisés, que ce soit une molécule ou une ville entière. Rien n'oblige à faire appel à une technologie spécifique pour mettre en œuvre l'un ou l'autre de ces deux concepts de base. Les images peuvent être créées grâce à des appareillages optiques, électroniques ou à une combinaison de ces deux techniques. La saisie des commandes gestuelles peut être effectuée par l'intermédiaire de gants, de claviers, de manettes, etc. Un visiocasque, un gant qui détecte la position et le mouvement des doigts et de la main, des capteurs magnétiques de position de la tête, voilà un attirail suffisant pour donner la sensation d'immersion et le pouvoir de navigation dans des environnements simulés. Les gants et les lunettes ne sont toutefois pas le seul moyen de pénétrer à l'intérieur d'un ordinateur. Tôt ou tard, il était dit que des sensibilités étrangères au monde de l'informatique s'intéresseraient à une telle entreprise de création de réalité. Ce fut le cas de Myron Krueger, artiste et ingénieur, rêveur iconoclaste, un homme qui vient de passer vingt ans à faire appel à la réalité artificielle comme moyen d'expression artistique des rapports entre l'homme et la machine.

« La réaction, voilà le vrai média » : Myron Krueger et la réalité artificielle

L'idée qui se trouve au centre de cet ouvrage, c'est celle d'un « environnement réactif », concept proche de la vision de Hobbes, dans laquelle le monde est une vaste mécanique, et destiné à aider à la compréhension de l'essence même de nos expériences actuelles et futures. Ces expériences seront caractérisées par des ordinateurs capables d'identifier nos besoins et d'y répondre.

Myron Krueger,
Artificial Reality, 1983

L'environnement réactif est la base d'un nouveau média esthétique s'appuyant sur une interaction en temps réel entre l'homme et la machine. À long terme, il augure d'un nouveau champ d'expérience pour l'homme : celui de réalités artificielles qui ne chercheraient pas à singer le monde physique, mais qui développeraient des relations arbitraires, abstraites, normalement impossibles entre action et réaction, cause et conséquence. Certains ont émis l'hypothèse qu'à titre de concept comme d'outil, de tels environnements réactifs gagneraient à être utilisés dans de nombreux secteurs...

Nous sommes terriblement attachés à l'idée que le seul objet de nos technologies est de résoudre un certain nombre de problèmes. Mais elles amènent également la création de concepts et de « philosophies ». Nous nous devons d'explorer plus complètement ces aspects de nos inventions, car la prochaine génération de machines nous parlera, nous comprendra, réagira à nos comportements. Elles pénétreront chaque foyer, chaque bureau et feront office d'intercesseurs entre nous et la plus grande partie de l'information et de l'expérience destinées à nous toucher. La conception de machines aussi familières est tout autant une affaire d'esthétique que d'ingénierie. Nous devons en être pleinement conscients si nous voulons comprendre et choisir notre avenir en tant qu'il résultera de ce que nous aurons créé.

Myron Krueger,
« Responsive environments », 1977

Enfiler un équipement de RV n'est pas une mince affaire. Quiconque veut visiter le cyberespace aujourd'hui doit mettre des gants équipés de capteurs et se couvrir le visage d'un visiocasque, voire entrer dans une combinaison intégrale. Le ticket d'entrée au pays de la Réalité virtuelle consiste en effet en ce que Jaron Lanier, qui vend ces produits, appelle du « prêt-à-porter informatisé ». (J'ai moi-même entendu des cybériens, chez un éditeur de logiciel de RV, utiliser l'expression « suce-tête » pour parler d'un visiocasque qui avait été visiblement monté à partir d'un masque de plongée.) Lorsqu'un certain nombre de problèmes techniques auront été résolus, cependant, la réalité virtuelle pourrait bien ne plus relever de ce que l'on *porte*, mais être intégrée au lieu où l'on *habite*. Le cyberespace semble-t-il plus accueillant s'il est matérialisé par un endroit plutôt que par un vêtement ? Ne serait-il pas plus pratique de remplacer le visiocasque par un écran tridimensionnel disposé autour d'une chambre à RV ? Et que penseriez-vous d'abandonner les gants et les combinaisons au profit d'une chambre équipée de capteurs évolués qui détecteraient automatiquement votre position, votre attitude et même la direction de votre regard et l'expression de votre visage ?

Le concept d'un lieu qui pourrait interagir avec nous, voire même jouer avec nous ne nous est pas familier. D'ailleurs, de quelle manière un endroit pourrait-il jouer avec nous, même si cela était possible ? Et quelle en serait l'utilité ? Ce type de questions pourrait bien s'avérer moins oiseux qu'il ne paraît à première vue. Ce concept un peu dérangeant d'interaction avec un espace « intelligent » pourrait déboucher sur un lieu où l'intelligence de l'homme et celle de la machine seraient à même de se rencontrer. Nous sommes déjà entourés d'ordinateurs et soutenus par eux. Mais pour la plupart, nous ne savons pas communiquer avec eux, et ceux d'entre nous qui travaillent sur ces ordinateurs sont forcés d'utiliser des langages artificiels plutôt que les moyens de communication familiers que sont la voix, le geste, l'expression, l'attitude corporelle. Si nous pouvions interagir de manière plus naturelle avec les ordinateurs, il est vrai qu'une pièce quasi intelligente semblerait un lieu adéquat pour établir la communication avec la nouvelle culture électronique mondiale que nous avons bâtie.

Myron Krueger, celui par qui ce genre de réflexions me sont venues, a encore l'air trop jeune pour être le « grand-père » de quoi que ce soit – le qualificatif d'« adolescent » est même celui qui me vient le plus naturellement à l'esprit lorsque je le vois – mais on peut très certainement le considérer comme l'un des pères fondateurs de la technologie cyberspatiale. Il est suffisamment âgé pour avoir eu des enfants qui ont maintenant plus de vingt ans. Ses cheveux blonds commencent à grisonner du côté des tempes, mais il y a quelque chose sur son visage qui lui dénie tout côté « vieux sage ». Les commissures de ses yeux trahissent la présence d'un joyeux farceur tapi derrière la normalité travaillée de son apparence.

Krueger me rappelle quelques autres visionnaires rencontrés, de ceux qui ont poursuivi avec entêtement leurs propres visions en l'absence de reconnaissance de la part du monde en général. Il est difficile de ne pas se sentir blessé lorsque l'on croit connaître un moyen d'améliorer la planète et que personne ne vous suit sur cette voie. Et puis, il ne peut être que frustrant de constater que vingt ou trente ans plus tard, tout le monde commence à comprendre ce que vous avez défendu pendant des années et se prend à se précipiter quasi aveuglément sur les voies que vous aviez soigneusement tracées il y a si longtemps.

Je rencontrai Krueger pour la première fois un jour où il me rendit visite dans ma maison californienne, peu de temps après que j'eus commencé à écrire ce livre. Sachant ce que je sais maintenant sur ses relations passées avec les journalistes – marquées par la malchance –, je ne peux m'empêcher de penser qu'il avait probablement répondu à mon invitation pour s'assurer que je n'oublierais pas sa contribution à l'histoire de la RV. Il lui avait fallu des années pour trouver un éditeur pour son livre,

Artificial Reality. En avril 1989, lorsque le *New York Times* fit paraître un article à la une intitulé « Qu'est-ce que la réalité artificielle ? », Krueger, qui avait inventé l'expression, n'était pas mentionné. Lorsque je l'appelai pour me présenter à lui, je me rendis compte qu'il avait déjà entendu parler de mon projet de livre. Quelques semaines plus tard, il se trouvait en Californie et prit au mot mon invitation à passer me voir. J'étais intéressé par les raisons qui l'avaient poussé à conserver, pendant toutes ces années, cette approche particulière de la réalité artificielle malgré les échecs.

Nous nous installâmes à la table de la cuisine et passâmes des heures à discuter. Des mois plus tard, lorsque je pris le train à New York pour lui rendre visite à Hartford et voir son laboratoire de réalité artificielle, Krueger avait loué une voiture pour m'amener de la gare à l'Université du Connecticut, car la ceinture de sécurité de la place avant droite de la sienne ne fonctionnait plus. C'est le genre de choses dont il est coutumier. Et le petit nombre d'articles que j'avais déterré à son sujet montrait bien qu'il n'avait jamais été assailli par des hordes de journalistes et d'historiens, en dépit des années de labeur sur ce qui semble aujourd'hui avoir été une partie fondamentale de la RV. Il était très heureux de rencontrer quelqu'un qui fût suffisamment intéressé par ses idées pour faire le déplacement jusqu'à Storrs, dans le Connecticut.

Même si le gros de la recherche et de l'industrie en RV, aujourd'hui, exploite des illusions créées par la machine et des visiocasques à affichage 3D, il a existé dans le passé un autre point de vue sur la RV, qui pourrait bien reprendre de l'importance dans l'avenir : les murs qui nous entourent peuvent être sensibilisés au comportement des hommes et peuvent « apprendre » à y réagir. La sensation d'immersion et d'interaction, le sentiment d'être plongé dans un espace d'un nouveau genre peuvent être donnés autrement que par des masques « suce-tête » et des combinaisons truffées de capteurs. Cette vision d'une « chambre multimédia » à la place de la paire « gants-lunettes », même si elle est plus difficile à mettre en œuvre techniquement, est porteuse pour l'évolution future de la RV, et c'est Myron Krueger qu'il faut créditer du défrichage de ce qu'il appelle la « réalité artificielle ». Il est d'ailleurs difficile de trouver un champ de la RV que Krueger n'ait pas exploré (en faisant appel à des technologies maintenant dépassées) il y a des dizaines d'années.

Tout comme Morton Heilig et Doug Engelbart, cependant, Myron Krueger semble s'être systématiquement situé dans l'entre-deux qui sépare les scientifiques et les artistes, les technologues et les académistes, les informaticiens et les pédagogues, les acteurs de *performances** et les

* *N.d.t.* : *Performance* au sens anglais du terme, c'est-à-dire une représentation théâtrale, préparée ou improvisée, faisant intervenir gestuelle, déclamation, accessoires, etc.

programmeurs. Nous avons parlé de l'étrange histoire de sa vie et Krueger l'admet : « Je ne me suis jamais forcé à appartenir à telle ou telle catégorie. » Les années quatre-vingt-dix ont commencé à lui apporter la reconnaissance qu'on aurait pu lui accorder il y a vingt ans. Lorsque l'ensemble du matériel informatique et du logiciel nécessaire à la RV aura évolué jusqu'à paraître imperceptible, on s'attellera à réfléchir réellement à ce que l'homme peut tirer des pouvoirs uniques attachés à ce nouveau média. Les futurs chercheurs en RV feront alors bien de se souvenir de ce que Krueger dit depuis vingt ans : « La réaction, voilà le vrai média ! »

Krueger pense depuis le début de sa quête — qui l'a conduit à produire quantité de montages électroniques faits maison et des dizaines de milliers d'heures de programmation — que les effets visuels et auditifs, les images de synthèse, les périphériques de saisie et d'affichage, ainsi que le logiciel pilotant le tout peuvent être considérés comme des outils favorisant de nouveaux comportements humains. Il est bon et nécessaire de s'intéresser aux outils, admet Krueger, mais de grâce, ne continuons pas à ignorer les aspects comportementaux, psychologiques, sociaux et artistiques de la RV, poursuit-il.

Au centre de tout système de RV se trouve une expérience humaine, celle d'être présent dans un monde surnaturel ou éloigné. Le principal instrument du cyberespace, c'est l'attention. Les peintres, les poètes, les médecins, les enseignants, les sages et les auteurs de théâtre peuvent probablement apporter leur contribution à notre recherche expérimentale en RV, et l'on apprendra beaucoup à inventer de nouvelles expressions artistiques. De même que les Impressionnistes furent responsables d'une petite révolution perceptuelle de la peinture à l'huile — au moment du triomphe de la révolution industrielle —, en partie par réaction contre une vision du monde mécaniste favorisée par l'avènement de la photographie, les artistes du futur devront se servir de machines de RV comme de pinceaux ou de violons, et peindre le silence comme eux seuls le peuvent. Si l'art consiste à voir le monde de manière originale, et si la RV est un instrument de création de mondes, des artistes pourraient nous apporter des éléments de réponse à la question clef suivante : Si, à terme, notre technologie nous permet de créer n'importe quelle expérience désirée, quelle type d'expérience devons-nous désirer ?

Comme d'autres figures de la saga de la RV, Myron Krueger a connu un certain nombre d'expériences qui en ont fait un « converti » (à la cause de la RV), et qui l'ont poussé à poursuivre sa vision personnelle du cyberespace pendant deux décennies. Je l'ai rencontré presque exactement vingt ans après l'inauguration de GLOWFLOW*. En avril 1969, en effet,

---

* *N.d.t.* : que l'on pourrait traduire par « Fluides et Lumière ».

les visiteurs de la *Memorial Union Gallery* (« Musée commémoratif de l'Union ») de l'Université du Wisconsin, à Madison, purent assister et même participer à l'événement qui allait lancer Krueger sur la voie de la réalité artificielle (expression qu'il commença à utiliser dans ses rapports vers 1974). GLOWFLOW ne faisait pas appel aux images de synthèse mais proposait des effets spéciaux visuels obtenus par utilisation d'autres techniques. Dans l'ombre, des mini-ordinateurs, des synthétiseurs de sons et des entrelacs de tuyaux remplis de fluides colorés et phosphorescents transformaient le noir de la pièce dans laquelle ils se trouvaient en quelque chose de jamais vu auparavant. Krueger, qui était alors étudiant et avait été invité à participer au projet GLOWFLOW, s'est depuis efforcé de travailler à mettre en œuvre l'environnement réactif parfait, une « réalité artificielle » enveloppant les utilisateurs sans les encombrer de gants ou de visiocasques.

GLOWFLOW tirait parti d'un environnement audiovisuel piloté par ordinateur pour donner aux participants l'impression d'être dans un espace réagissant à leur attention et à leur comportement. Des colonnes apparemment opaques et des tuyaux horizontaux transparents étaient disposés le long des murs. Des particules phosphorescentes étaient suspendues dans de l'eau pulsée périodiquement dans les tuyaux, à travers les colonnes dans lesquelles des lumières cachées activaient temporairement le phosphore : des vecteurs lumineux flottaient dans l'espace avant de se dissoudre dans l'obscurité. Les motifs changeaient en fonction des instructions fournies par l'intermédiaire du mini-ordinateur caché derrière un panneau ; le *light show* était complété de sons synthétisés. La partie réactive de l'environnement était enfouie dans le sol, qui était équipé de plaques sensibles à la pression. Le public commandait ainsi les lumières et les sons sans être bien conscient du rôle qu'il tenait. À la différence des outils de RV d'aujourd'hui, les mécanismes de GLOWFLOW étaient pour la plupart invisibles. Mais l'effet produit sur les gens qui y participaient était extraordinaire.

Voici ce qu'écrivait Myron Krueger en 1983 sur GLOWFLOW :

> Les gens avaient des réactions assez incroyables vis-à-vis de l'environnement. Des communautés se formaient de gens qui ne se connaissaient pas. Des jeux, des battements de mains, des chants étaient lancés spontanément. La pièce elle-même semblait douée d'une humeur, tantôt mortellement silencieuse, tantôt bruyamment animée. Certains s'inventaient des rôles. Une femme s'était postée près de l'entrée et embrassait tous les hommes qui arrivaient, au moment où ils étaient désorientés par l'obscurité. D'autres jouaient les guides et expliquaient le rôle du phosphore et celui de l'ordinateur. Par bien des aspects, les gens qui peuplaient cette pièce avaient l'air de primitifs qui exploraient un environnement qu'ils ne comprenaient pas, en essayant de s'y adapter à partir de leur expérience passée. Comme la publicité faite autour de GLOWFLOW parlait de la réactivité de l'environnement, nombreux étaient

ceux qui quittaient la pièce en étant convaincus qu'elle avait réagi à leur présence de telle ou telle manière, ce qui n'était pas le cas. L'apparition de ce genre de croyances était constante au sein d'une population qui était pourtant universitaire et sophistiquée.

Les artistes qui avaient sollicité son concours s'étaient engagés à maintenir une atmosphère contemplative dans la pièce. Krueger, lui, souhaitait se concentrer sur la perception par chaque participant de son influence sur les lumières et les sons. La création audiovisuelle était superbe, mais Krueger s'intéressait plus au type de réactions provoqué chez les gens par l'endroit. Pour lui, GLOWFLOW pouvait être un instrument d'investigation d'un territoire psychologique inconnu sur lequel ils étaient tombés. Mais les artistes insistèrent pour que des temps de latence existent entre action et réaction et pour que d'autres moyens de cacher la relation entre action des participants et réaction de l'environnement soient mis en œuvre. Krueger décida alors de bâtir un environnement artificiel qui serait fondé sur les aspects qui l'intéressaient le plus.

Très tôt, Krueger avait estimé que si le recours aux ordinateurs pour apporter un plus aux arts visuels, musicaux et dramatiques était légitime, aucune des applications existantes ne tirait parti des propriétés uniques de l'informatique. De fait, personne n'avait même sérieusement essayé de déterminer ces dernières. Il commença à distinguer les contours d'un art informatique propre. Mieux : à la suite de GLOWFLOW, il vit comment expérimenter dans ce sens et tester les hypothèses qu'il avait formulées. Ces expériences étaient amusantes en elles-mêmes, mais Krueger pensait également que les « environnements réactifs », comme il commençait à les appeler, constituaient les champs de recherche d'une harmonisation entre l'homme et ses environnements technologiques, qui changeaient des réactions de crainte que ces nouveaux outils suscitaient souvent.

Krueger estime toujours aujourd'hui que l'art informatique a pour composante principale l'interaction : « Les autres emplois artistiques de l'ordinateur sont intéressants », admet-il, « mais ils ne représentent pas une forme nouvelle d'art née grâce à la machine. » Krueger ne cherchait pas à nier la légitimité des autres formes d'art par ordinateur ; il désirait simplement montrer que les dimensions les plus pertinentes de cet art restaient à découvrir, et que les œuvres ainsi créées pouvaient être des instruments d'investigation. Il construisit ce type d'outils dans des laboratoires électroniques, les exposa dans des galeries d'art et les utilisa dans le cadre d'expériences socio-culturelles. Pour Krueger, les environnements réactifs sont tout à la fois des laboratoires d'expérimentation en enseignement, en psychologie, en expression artistique et en informatique. Les participants à ces expositions-expériences étaient très excités, mais tant les observateurs du champ artistique que ceux du champ scientifique réagissaient sans bien comprendre de quoi il retournait. Les environnements réactifs que Krueger concevait et réalisait n'étaient pas le genre d'œuvre ou même de *performance** auxquels les artistes étaient habitués. Il ne s'agissait pas de tableaux reproductibles, ou de morceaux de musique dus à tel compositeur, mais de réalités tout à fait artificielles qui exposent des réflexes socio-culturels normalement invisibles et dégagent des occasions de communiquer en général absentes, qui invitent à certains types de comportement et dissuadent de certains autres, qui amplifient tels mécanismes de la pensée et du comportement humain et masquent tels autres.

À la suite de GLOWFLOW, Krueger concocta un nouvel environnement réactif. METAPLAY** fut exposé un peu plus d'un an après GLOWFLOW, en mai 1970, et toujours au Memorial Union Gallery de Madison. (Krueger aime depuis toujours les majuscules, en souvenir du temps où les ordinateurs ne pouvaient afficher qu'elles.) Pour Krueger, « les critères traditionnels d'art, de beauté et de finesse furent mis de côté. L'accent principal portait sur l'interactivité et sur la perception de celle-ci par les participants. » Avec METAPLAY, financé par la *National Science Foundation* (« Fondation nationale pour la science ») et par le département informatique de l'Université du Wisconsin, Krueger allait au-delà des traits de lumière et des sons synthétisés de GLOWFLOW : il faisait appel à des caméras vidéo, à des projections d'images, à des outils d'infographie et à huit cents contacteurs à pression. Il avait convaincu Digital Equipment Corporation de lui prêter un mini-ordinateur PDP-12 (descendant du PDP-1 qui avait « converti » Licklider et ancêtre des ordinateurs Digital d'aujourd'hui qui servent de moteurs de réalité dans plusieurs centres de recherche).

Un des murs de la pièce dans laquelle était donné METAPLAY avait été remplacé par un écran blanc de 2,50 mètres sur 3 ; un projecteur vidéo était caché derrière l'écran, ainsi qu'une caméra vidéo dirigée sur la « zone de participation ». Les participants pouvaient se voir à l'écran, et leur image était parfois superposée à des images de synthèse. Les contacteurs à pression étaient disposés au sol, camouflés par un tapis de plastique noir. L'interaction entre l'environnement et les participants était supervisée par un médiateur humain, qui en suivait le déroulement par l'intermédiaire de moniteurs vidéo, depuis un centre de commande situé dans un autre bâtiment.

À l'intérieur de la chambre METAPLAY, les participants regardaient l'écran sur lequel était projeté leur image. Dans le centre de commande, à un demi-kilomètre de là, une tablette à dessin électronique permettait au superviseur de créer des dessins sur un des premiers ordinateurs graphiques spécialisés, de marque Adage. Une caméra vidéo était pointée

* *N.d.t.* : Toujours au sens anglais du terme.

** *N.d.t.* : Que l'on peut traduire directement par « Métajeu ».

sur l'écran de l'Adage, et le signal vidéo ainsi obtenu était mélangé à celui des participants de METAPLAY. Le superviseur commandait la superposition des deux signaux, et différents boutons et commandes lui permettaient de rapetisser et d'agrandir l'un ou l'autre, ou de leur appliquer d'autres effets spéciaux.

Espérant provoquer une réaction au sein d'un des premiers groupes de participants à METAPLAY, Krueger fit appel à la tablette graphique pour superposer à la main d'un des participants un halo lumineux. Lorsque le participant déplaçait sa main, Krueger se dépêchait de redessiner le halo à la nouvelle position. Le participant renversa alors les rôles et fit passer Krueger du statut de « farceur » invisible à celui de collaborateur artistique : il commença à se servir de son doigt comme d'un pinceau et mima le dessin d'un trait dans l'espace. Krueger dessina le trait correspondant, qui apparut à l'écran, au vu de tous les autres participants. À partir de là, l'environnement METAPLAY et son superviseur caché se transformèrent en un outil magique de dessin dans l'espace. Les participants découvrirent qu'ils pouvaient se passer le pouvoir du « doigt magique » de l'un à l'autre en se touchant du doigt. Ainsi, une possibilité inhérente au système mais qui n'avait pas été imaginée explicitement par son créateur s'était révélée par l'interaction. Les participants avaient joué de cet espace artificiel et avaient découvert un nouvel outil. Et le superviseur avait « métajoué » des réactions des participants pour attirer leur attention sur cette possibilité nouvelle.

Son expérience suivante, en 1971, s'appelait PSYCHIC SPACE*, et se voulait un « environnement composé ». Les murs et le plafond étaient recouverts de plastique noir, le sol comportait six rangs de huit contacteurs à pression de un mètre de côté, et une fausse cloison servait à camoufler un projecteur mural dirigé sur le mur phosphorescent et une caméra. Comme dans l'expérience précédente, les signaux vidéo et ceux provenant des capteurs au sol étaient acheminés vers une cabine de commande située au centre de calcul à l'autre bout du campus, où ils étaient traités grâce à un ordinateur, les signaux résultants mélangés à des graphiques informatiques étant renvoyés aux participants en temps réel. Ainsi, une relation étroite était assurée entre les mouvements des participants et les réactions audiovisuelles de l'environnement.

PSYCHIC SPACE était un outil de création de réalités variées. Dans l'application appelée « Le Labyrinthe », Krueger avait conçu une interaction amusante basée sur le grand écran et les capteurs de position au sol. Seul à l'intérieur de PSYCHIC SPACE, un explorateur du labyrinthe s'aperçoit qu'un symbole à l'écran matérialise sa position dans la pièce ;

* *N.d.t.* : Ou « Psycho-espace ».

lorsqu'il avance, le symbole se rapproche du haut de l'écran, lorsqu'il recule, il se déplace vers le bas. Les mouvements à gauche et à droite sont également reproduits à l'écran. Une fois la relation entre sa position et celle du symbole à l'écran comprise par le participant, un deuxième symbole vient s'afficher sur une autre position à l'écran. Dans presque tous les cas, le participant se dirige vers l'endroit de la pièce symbolisé, pour voir ce qui se produit lorsque les deux symboles sont superposés. À ce moment-là, un parcours labyrinthique apparaît à l'écran ; le participant se déplace alors dans le noir et suit le parcours de ce labyrinthe virtuel en se basant sur la progression du symbole qui le représente à l'écran.

Une fois qu'il avait atteint son but, néanmoins, un autre labyrinthe était affiché, et le participant se rendait compte plus ou moins rapidement qu'il n'y avait pas moyen de « gagner ». Lorsqu'il se décidait à « tricher », et que le labyrinthe répliquait en ajoutant une barrière « infranchissable », ou en faisant reculer une cloison indûment franchie d'un carré pour en réaffirmer le rôle, le but de l'interaction apparaissait plus clairement : il s'agissait de jouer avec les barrières mentales que nous nous imposons à nous-mêmes, comme avec les règles bien élastiques de ce labyrinthe virtuel. Ce jeu inventé par Krueger, mis en œuvre grâce à un ordinateur, s'appuyant sur des mouvements et sur la perception visuelle de signes, était mis en scène dans PSYCHIC SPACE pour créer un espace virtuel qui n'existait presque que dans l'esprit de ses participants. Ce « psycho-espace » caché dans la pénombre de la pièce en question avait donc été engendré par un processus d'expérimentation et de découverte.

Entre 1972 et 1974, les expériences de Krueger sur différents systèmes de suivi de position et de projections vidéo interactives débouchèrent sur la création d'un instrument universel de réalité artificielle. Après PSYCHIC SPACE, Krueger travailla à la réalisation de VIDEOPLACE*. Même si une première version en fut exposée en octobre 1975 au *Milwaukee Art Center* (« Centre des arts du Milwaukee »), cet environnement était conçu pour évoluer continuellement sur une période de plusieurs années. Maintenant qu'il connaissait un peu les possibilités offertes par l'alliance de techniques de mixage vidéo, d'informatique graphique et de suivi de position et de gestes, Krueger comprenait quel supplément de puissance il pourrait tirer de l'accroissement important de la puissance de calcul ménagé par l'évolution technique rapide de l'époque. La reconnaissance des formes, notamment – c'est-à-dire, par exemple, la mise en œuvre d'un logiciel pouvant analyser une reproduction vidéo d'une personne et

* *N.d.t.* : Ou « Espace Vidéo ».

déterminer si son doigt pointe vers un objet de l'écran –, ne pouvait être envisagée avec les ordinateurs des années soixante, mais ceux de la fin des années soixante-dix permettaient de rêver à un système qui ne se contenterait pas d'enregistrer les positions ou les mouvements de participants à un environnement réactif, mais qui pourrait les reconnaître.

Vers le milieu des années soixante-dix, VIDEOPLACE, qui était alors devenu un vrai laboratoire de réalité artificielle, s'était déplacé à l'Université du Connecticut. Ce concept d'environnement nouveau, créé par des perceptions humaines elles-mêmes stimulées par l'audiovisuel et l'informatique, resta un thème majeur de ses expériences. Dans un rapport fait en 1977 pour la *National Computer Conference* (« Congrès national de l'informatique »), Krueger écrivit ce qui suit sur VIDEOPLACE, explicitant ainsi ses réflexions sur les « réalités artificielles » qu'il élaborait :

> VIDEOPLACE est un environnement conceptuel qui n'a pas d'existence physique. Il réunit des gens se trouvant dans des lieux physiquement différents en leur proposant une expérience visuelle commune, et en leur permettant d'interagir de manière inattendue grâce à la vidéo. Le terme VIDEOPLACE s'appuie sur le postulat selon lequel l'acte de communiquer entraîne la création d'un lieu défini par toutes les informations partagées par les interlocuteurs à un moment donné. Lorsque ceux-ci sont dans la même pièce, le lieu physique coïncide avec ce lieu de la communication. Lorsqu'ils sont géographiquement séparés, comme lors d'une conversation téléphonique, ils ont tout de même l'impression d'être ensemble, malgré l'absence de visibilité et de possibilité de se toucher. En faisant appel à la vidéo plutôt qu'au téléphone, VIDEOPLACE cherche à amplifier ce sens de lieu partagé en y amenant la perception visuelle, une dimension physique et une nouvelle interprétation du toucher.

Les premières versions de VIDEOPLACE étaient constituées de deux pièces ou plus, séparées l'une de l'autre par une distance plus ou moins grande. Des caméras vidéo, des tables de mixage et des projecteurs permettaient aux gens d'une pièce d'interagir avec les reproductions vidéo de ceux des pièces distantes. Krueger avait remarqué depuis un certain temps que les gens s'identifient de manière forte, quasi physique, avec leur image vidéo, même sous forme de silhouette. Au cours d'une des premières expériences, alors que Krueger et son assistant qui se trouvait dans l'une des autres pièces, se servaient de silhouettes vidéo de leurs mains pour désigner des objets de leur espace vidéo commun, il fit passer sans prendre garde l'image vidéo de sa main juste sur celle de son assistant. Immédiatement, l'assistant déplaça sa propre main, comme si elle avait été réellement touchée. Ainsi, d'une manière quelque peu viscérale, le mélange des images de gens différents dans un même espace vidéo visible par eux tous créait un espace de communication d'un genre nouveau, dans lequel existait également une sensibilité de chacun au territoire de son corps virtuel.

De quelle manière pouvait-on exploiter ce média étrange et hybride ? « Il faut laisser les gens jouer avec et le découvrir », a toujours affirmé Krueger. Comme il l'écrivit plus tard dans un article pour le magazine *Leonardo,* consacré à la confluence des arts et des techniques : « Dans VIDEOPLACE, deux forces culturelles fondamentales — la télévision, pourvoyeuse d'expériences passives, et l'ordinateur, symbole d'une technologie quelque peu menaçante — ont été mariées pour produire un moyen d'expression destiné à inviter à la communication par le jeu et à susciter la participation. »

Le concept du « visiophone » a été monté en épingle par la presse depuis des années, mais les expériences de télécommunication audiovisuelle n'ont jamais eu beaucoup de succès. Il faut toutefois remarquer qu'avec le visiophone, l'image vidéo de chaque interlocuteur reste inscrite dans leur espace physique respectif. L'apport crucial de Krueger à ce concept fut de rassembler les images vidéo des interlocuteurs en un seul « lieu » visible de tous. Dès 1977, Krueger reconnut que ses recherches portaient tout autant sur une nouvelle forme de communication que sur un moyen nouveau d'utilisation des ordinateurs, proposition qui garde aujourd'hui d'autant plus de sens que les compagnies japonaises de télécommunication investissent des dizaines de millions de yens dans la recherche en communication par RV :

> L'environnement réactif ne débouche pas seulement sur une expression esthétique. Il s'agit d'un outil puissant dont les applications sont nombreuses. VIDEOPLACE constitue clairement une généralisation de la notion de communication à distance. Il engendre une forme de communication si forte qu'il est parfaitement concevable que deux personnes souhaitent l'utiliser pour se rencontrer même si elles ont en fait la possibilité de se rencontrer physiquement. Si l'on ne peut affirmer tout de go que VIDEOPLACE soit le meilleur moyen de communication concevable, on peut néanmoins dire qu'il permet une interaction infiniment plus riche que le visiophone, par exemple. Il élargit également la palette des possibilités par rapport aux efforts actuels de développement de la visioconférence. Même à un stade embryonnaire, VIDEOPLACE est un outil bien plus souple que le téléphone après cent ans d'existence. À un moment où le coût des transports augmente et où la fibre optique promet une réduction du coût des communications, il semble pertinent d'effectuer des recherches sur l'acte de communiquer lui-même, dans une approche intuitive aussi bien que dans les approches strictement scientifiques et rationnelles qui prévalent aujourd'hui.

Physiquement, la zone accessible au public de VIDEOPLACE est une chambre d'environ 7 mètres sur 5, équipée d'un écran vidéo mural et d'une caméra vidéo. Le matériel utilisé pour capter et projeter les images mélangées à des objets infographiques reste essentiellement le même que dans les expériences précédentes. Ce que Krueger avait cherché à développer cette fois-ci, c'était les parties du système susceptibles de réagir de manière plus « intelligente » aux comportements des participants. Il avait pour cela fait appel à du matériel spécialisé et à des techniques logicielles particulières de reconnaissance de formes. De manière à simplifier cette tâche, Krueger avait décidé depuis longtemps de travailler sur les silhouettes coloriées des participants et de laisser à plus tard le traitement des images vidéo complètes. En travaillant sur des silhouettes, en effet, il devenait possible d'analyser les images en concentrant l'analyse sur les points et les lignes de chaque image. Et en appliquant à ce premier niveau de données un certain nombre de transformations mathématiques, des décodages automatiques de niveau supérieur devenaient possibles : déterminer les bords d'un objet ou d'un personnage, repérer les intersections d'objets, détecter l'orientation de telle ou telle ligne.

Les courbes pouvaient être distinguées des lignes droites, les mouvements de l'immobilité. L'ensemble des possibilités de ce système constituait les pièces d'un jeu de construction permettant de créer en temps réel un modèle de l'activité captée par la caméra vidéo : on enseignait ainsi à l'ordinateur à reconnaître automatiquement si une personne désignait un objet du doigt, si elle sautait en l'air ou se déplaçait, et à réagir à cette action de manière adéquate en temps réel.

Lorsqu'on s'attache à imiter ou à tromper les perceptions humaines grâce à la technique, on doit faire face au problème suivant : les sens perceptifs de l'homme vont bien au-delà de ce que peut faire la technique actuelle. La mise en œuvre d'un système de reconnaissance de formes simples sur un ordinateur universel entraîne une somme de calculs telle qu'il devient difficile de les faire en temps réel ; l'interactivité, à la base des travaux de Krueger, baisse lorsqu'on augmente « l'acuité » de la reconnaissance des formes. Une image simple, peut-être un peu floue, peut être affichée à l'écran et déplacée rapidement, tandis que si l'image souhaitée est plus précise, plus nette, il n'est plus possible de la déplacer aussi rapidement.

Ainsi, ajouter de l'« intelligence » au système sans entraîner un ralentissement de l'ensemble représentait un défi technique de première grandeur. Krueger, autodidacte en matière d'électronique, procéda de même qu'Ivan Sutherland, confronté au challenge de la création du premier visiocasque, lorsqu'il avait réalisé son masqueur diviseur et son multiplicateur matriciel pour assurer des fonctions spéciales à très grande vitesse : en faisant appel à ce qu'on appelle des « logiques câblées » (des circuits électroniques conçus pour un usage bien précis) plutôt qu'en programmant un ordinateur universel pour aboutir à un résultat bien plus lent. Les ordinateurs dits « universels » (c'est-à-dire non spécialisés) peuvent accomplir nombre de tâches assez rapidement, en tout cas du point de vue de l'utilisateur humain. Ce qui ne signifie pas qu'ils puissent effectuer à grande vitesse n'importe quelle tâche. Les images de synthèse et l'informatique graphique exigent des calculs nombreux et intensifs. En ce qui concerne la reconnaissance de formes qui nous occupe, plus l'on souhaite de précision dans le suivi des mouvements, plus la fréquence d'analyse des données doit être grande, et plus le traitement et la restitution de ces données sont longs. Si en revanche on construit un processeur spécialisé dans ce type particulier d'analyse, ce sont les circuits électroniques que l'on fait directement travailler pour cela, sans avoir à passer par plusieurs couches de logiciels conçus pour gérer toutes les tâches concevables. C'est ainsi qu'on obtient des vitesses de traitement bien plus élevées que sur des ordinateurs universels. Krueger réalisa donc des processeurs spécialisés – en 1990, il en était à douze –, pour traiter des sous-fonctions critiques du système de reconnaissance de formes. Chaque processeur « maison » ajouté au cours des années à VIDEOPLACE consistait en un algorithme de traitement visuel optimisé et gravé dans le silicium, une logique câblée qui avait le même but qu'un logiciel de reconnaissance de formes idoine, mais l'atteignait bien plus rapidement.

« Nous avons des processeurs chargés de déterminer si une ligne est longue et fine ou courte et épaisse, d'autres pour évaluer les courbes et détecter les changements, d'autres encore qui comptent les intersections de lignes et d'autres enfin pour repérer les bords d'un objet », expliqua Krueger lorsque nous nous entretînmes en 1990. Il voulait arriver à examiner une silhouette vidéo et à déterminer automatiquement si la personne faisait un geste ; cette recherche correspondait à l'un des problèmes de robotique et d'intelligence artificielle (IA) les plus ardus.

Toute cette architecture matérielle et logicielle tient compte d'une notion que Krueger pense être majeure à tous les niveaux de la recherche en réalité artificielle : la notion de *contexte*. On la retrouve ainsi dans les mondes modélisés créés sur ordinateur universel. Dans le contexte du corps humain, la ligne la plus élevée d'une silhouette correspond au dessus du crâne, l'extrémité la plus à droite d'une forme effilée équivaut au bout d'un doigt, et dans le contexte d'une « grammaire » gestuelle commune à tous, le bout du doigt est un indicateur qui signifie qu'il faut porter son attention sur ce vers quoi pointe le doigt. Le contexte peut être psychologique ou social : la tendance naturelle de l'homme à résoudre un problème qui lui est posé était prise en compte dans le contexte du labyrinthe. Les ombres, la perspective, la parallaxe et d'autres indices visuels forment le contexte perceptuel de l'expérience cognitive constituée par l'immersion dans un monde à trois dimensions. Une capacité de reconnaissance intuitive de la texture de certaines formes complexes nous permet d'appréhender de manière simple des aspects clefs d'un système compliqué. Nos yeux semblent dotés d'une « logique câblée » leur permettant de détecter les bords des objets, les objets se déplaçant à grande vitesse, des points rouges, une faible luminosité, des mouvements de petite amplitude dans un environnement vaste. Il s'agit là de l'une des capacités qui nous permettent de réduire la masse de « calculs » nécessaires pour effectuer le genre de reconnaissance de formes auquel nous nous livrons à chaque seconde, sans même y penser.

CRITTER*, une expérience faisant appel à VIDEOPLACE pour tester une créature artificielle sensible au contexte, est un personnage de dessin animé ressemblant à une espèce d'insecte et qui joue avec l'image vidéo du participant. Vous entrez dans la pièce, et à l'écran mural, votre silhouette est bleue sur fond rouge. Vous êtes seul(e) dans la pièce, mais à l'écran, vous avez un petit compagnon à quatre pattes, jaune et rond, qui court d'un coin à l'autre en restant hors de votre portée. Si vous le pourchassez, CRITTER vous échappe. Si vous vous arrêtez, il s'approche de vous ; si vous vous éloignez de lui, il vous suit. Si vous vous immobilisez en tendant la main, CRITTER se pose dessus. Si vous repartez, CRITTER s'accroche à votre silhouette jusqu'à ce que vous vous arrêtiez de nouveau, puis il grimpe le long de votre silhouette. Lorsqu'il arrive pour la première fois au sommet de votre tête, il danse une gigue. S'il y parvient une deuxième fois pendant la même séance, il y marche de long en large si vos bras sont collés au corps, mais exécute un grand saut pour atterrir sur votre main si votre bras est tendu à hauteur d'épaule. En fonction de vos déplacements, et de vos interactions avec lui, CRITTER peut accomplir dans l'espace virtuel de VIDEOPLACE des « tours » étonnants, qu'on penserait dignes d'un être vivant. À ce jour, les lignes de programme qui composent la personnalité de CRITTER se comptent en dizaines de milliers.

Au moment où je me trouvais dans le Connecticut, l'été 1989, VIDEOPLACE était en cours de déplacement pour le Japon, où Krueger et la dernière version de son « laboratoire » devaient passer une semaine à l'occasion de la cérémonie d'inauguration d'une des « Cité des Sciences » japonaises. Je m'étais décidé à venir le voir, bien que son matériel fût en voyage, pour pouvoir poursuivre la conversation entamée dans ma cuisine. Les équipements dont il se sert paraissent bizarres, voire archaïques à côté des visiocasques et autres cybervêtements auxquels font appel les autres laboratoires de recherche en RV ; en revanche, Krueger a certainement passé beaucoup plus d'heures que tout autre chercheur en RV à bâtir et à tester des espaces artificiels. Il passa me prendre à Hartford dans sa voiture de location. Nous nous dirigeâmes vers Storrs, puis traversâmes le campus. Son Laboratoire de réalité artificielle est situé dans le fond du Muséum d'histoire naturelle de l'État du Connecticut, dans une pièce dont l'odeur me rappela exactement d'autres muséums d'histoire naturelle où me traînait ma mère lorsque j'étais enfant. Plusieurs

---

* *N.d.t.* : Que l'on peut traduire par « Bébête ».

rangées d'oiseaux de proie — faucons, orfraies —, « la plus belle collection d'oiseaux empaillés de Nouvelle Angleterre », me regardaient silencieusement de leurs vitrines. Hauts plafonds, écho des pas, atmosphère musquée et fraîche d'un musée un jour d'été.

L'un des matériels que Krueger avait expédiés au Japon était une version de table de VIDEOPLACE : VIDEODESK. Une caméra située au-dessus de votre bureau capte l'image de vos mains, ou plutôt de leurs silhouettes ; une autre caméra placée au-dessus du bureau de votre interlocuteur filme également ses mains. Dans un espace vidéo commun, vous pouvez faire appel à vos mains pour faire des gestes et désigner du texte ou des dessins. « Cela revient à libérer une partie de votre bureau. Plus besoin de souris ou de clavier physique : un geste suffit à faire afficher un clavier sur votre bureau artificiel. On peut peindre avec les doigts ou, grâce à un système de dessin en trois dimensions, sculpter à la main de l'argile n'ayant d'existence que graphique. » Comme toujours en quête du Graal, comme toujours trois pas en avance sur l'« état de l'art », comme toujours en légère désynchronisation par rapport à tous les autres et comme toujours en déficit de financement, Myron Krueger s'élance vers les années quatre-vingt-dix pied au plancher. La dernière fois que je lui ai parlé, il négociait avec une star de rock d'audience internationale, afin de réaliser pour elle les attractions d'un parc à thème, travaillait sur un système de saisie gestuelle pour un des principaux constructeurs de micro-ordinateurs et préparait les premiers plans d'une exposition en Espagne.

Je me rendis finalement au Japon six mois après Krueger. VIDEOPLACE avait été utilisé dans le cadre d'une manifestation appelée, dans cet anglais un peu guindé des Japonais, *Wonderland of Science/Art* (« Pays des merveilles de la Science/des Arts »). Il s'agissait d'une cérémonie d'une semaine célébrant l'ouverture du Parc des Sciences de Kanagawa, un complexe de recherche et de développement financé par une préfecture de la banlieue de Tokyo. VIDEOPLACE était installé dans un laboratoire situé dans un des quatre bâtiments de vingt étages qui composaient le nouveau complexe. En fait, il s'avéra que les Japonais n'étaient pas aussi intéressés par « la Science/les Arts » que cela, mais qu'en revanche ils cherchaient ardemment à élaborer le genre d'outils de communication dont Krueger avait rêvé pendant des années.

Au cours de toutes ces années, d'autres expériences du même type avaient engendré elles aussi une certaine culture « multimédia » d'avant la RV. Dans les années 70, Kit Galloway et Sherrie Rabinowitz firent appel au concept d'espace vidéo pour une expérience géographique appelée *Hole in Space* (« Un trou dans l'espace ») : un très grand écran vidéo et une caméra avaient été montés dans un lieu public à New York ; une installation du même type avait été placée à Los Angeles. Le reste de l'expérience dépendait des gens qui étaient confrontés à l'installation. Les gens commencèrent à établir des contacts. Le bouche à oreille fonctionna et de plus en plus de monde s'appelait au téléphone pour se fixer rendez-vous au « Trou dans l'espace », qui fonctionnait parfois en continu pendant plusieurs jours. Il s'agissait d'un lieu fait d'électrons et de gestes, créé par l'homme et la technologie, qui permettait d'explorer les limites d'un nouveau moyen de communication. Un projet analogue, « Co-présence électronique », fut entrepris à la fin des années quatre-vingt au PARC de Xerox. Sur le mur d'une pièce du PARC était projetée l'image vidéo d'une pièce d'un autre site de Xerox dans l'Oregon. Les gens programmaient des réunions, ou bien se contentaient de passer un moment de leur côté de cet espace vidéo interactif en temps réel, pour une petite conversation de couloir. Au cours de mes enquêtes préliminaires à ce livre, je fus le témoin, au Japon et en Hollande, de tentatives de reproduction des travaux de Krueger et d'autres précurseurs sur les espaces vidéo communs.

Même s'il précéda tout le monde dans un certain nombre de voies de recherche que l'on a reprises aujourd'hui de Kyoto à Eindhoven, Krueger ne s'inscrivait pas vraiment dans le courant principal des premiers travaux en RV. La réalité virtuelle que nous connaissons aujourd'hui n'a pas pour origine directe les travaux de Heilig et de Krueger, mais plutôt la confluence de l'informatique, de la stéréoscopie et de la simulation, obtenue dans des laboratoires universitaires, privés et militaires. La RV d'aujourd'hui a émergé en divers lieux au tournant des années soixante-dix et quatre-vingt. Frederick Brooks, Stephen Pizer, Henry Fuchs et d'autres informaticiens ont fait progresser l'état de l'art à partir de la fin des années soixante à l'Université de Caroline du Nord (Brooks situe plus précisément le début de ces efforts en 1967). Le programme « Supercockpit » de Thomas Furness pour l'*US Air Force* a correspondu à vingt ans de subventions pour la recherche sur les visiocasques à la Base aérienne Wright-Patterson. À la fin des années soixante-dix, Scott Fisher a travaillé au MIT sur les affichages stéréoscopiques interactifs pour permettre ce qu'il appelait l'« exploration virtuelle ». Negroponte et d'autres ont développé la « transmission de la présence » au MIT. Mais c'est surtout à Mountain View, en Californie, qu'une nouvelle vague de « conversions » à la cause de la RV eurent lieu.

Le champ de la RV commença à cristalliser lorsqu'une combinaison adéquate de financiers, de visionnaires, d'ingénieurs et de technologies catalyses fut obtenue au Centre de recherche d'Ames de la NASA, à Mountain View, au milieu des années quatre-vingt. C'est là qu'un spécialiste des interfaces homme-machine, un chercheur en sciences cognitives, un programmeur de jeux d'aventure et un petit groupe de bricoleurs de génie assemblèrent les premiers prototypes de machines de RV de coût abordable. C'est là qu'une génération de cybernautes enfilèrent un visiocasque et un gant de saisie, pointèrent du doigt, survolèrent des mondes composés de structures filaires vert luminescent et retournèrent à leur laboratoire en rêvant aux applications de RV qui seraient celles des années quatre-vingt-dix.

Quant à moi, l'un des aspects les plus étranges de mes rencontres avec ce groupe de gens et la machine cyberspatiale qu'ils avaient assemblée, c'était que j'en avais déjà rencontré la plupart plusieurs années auparavant. Cette toute première fois, je les avais vu pour ce que je croyais être un autre thème (les amplificateurs mentaux), mais cette filiation, insoupçonnée de ma part, est à la base de la réalité virtuelle : qui se lance dans la recherche sur les amplificateurs mentaux a toutes les chances, à un moment donné, de commencer à réfléchir à l'interface homme-machine idéale. Il y a sept ans, je faisais partie d'un groupe somme toute restreint d'observateurs du monde des techniques suffisamment informés des dernières recherches en informatique pour être au courant des travaux sur les visiocasques. Mais comme la plupart de mes confrères et consœurs, je ne me rendais pas compte du rôle majeur que joueraient ces visiocasques avant la fin de la décennie. En 1988, lorsque je vis le système mis sur pied par ces jeunes cybernautes, ce fut l'occasion de ma « conversion » personnelle, et je changeai d'avis sur l'importance potentielle d'espaces informatiques habitables et sur l'attrait en soi de l'expérience de la RV. Au cours des deux années qui ont suivi ce premier vol dans le cyberespace, j'ai rencontré des gens du monde entier qui ont été poussés à ouvrir leur propre laboratoire de RV après avoir fait connaissance avec cette même expérience à Mountain View.

TROISIÈME PARTIE

LE COMPLEXE RÉALITO-INDUSTRIEL

CHAPITRE 6

DÉCOLLAGE À LA NASA

L'objet principal de ce prototype de Station de Travail en Environnement Virtuel est de servir d'outil de travail pour les besoins du laboratoire, ses composants pouvant néanmoins être facilement reproduits pour un prix relativement peu élevé. On pourra bientôt réaliser des systèmes d'environnements virtuels personnels portatifs grâce aux progrès rapides en matière de traitement des données et d'affichage. Les possibilités que laissent entrevoir les réalités virtuelles sont apparemment aussi illimitées que celles de la réalité. L'interface humaine va peut-être peu à peu s'effacer – au profit d'autres mondes.

SCOTT FISHER,
« Virtual Interface Environments », 1990

La première fois que je m'immisçai dans un monde virtuel, ce fut en glissant la main dans un « DataGlove » VPL. Ce gant en Lycra douillet, doublé de capteurs courant le long de ma main, en traduisait les mouvements par un flux d'instantanés numériques ; il était relié par un câble à un ordinateur de la taille d'un réfrigérateur auquel il envoyait les données. Le gant était suffisamment souple et les câbles suffisamment légers pour me donner plus de liberté de mouvements que ne le permet une paire de moufles de ski mais ce n'était quand même pas la main nue ; j'aurais certainement eu du mal à passer un fil à travers le chas d'une aiguille, mais j'aurais pu facilement déplacer une pièce sur un jeu d'échec ou me servir d'un tournevis. Le chercheur de la NASA Scott Fisher m'avait aidé à ajuster une paire de lunettes intégrales munies de deux écrans de télévision miniatures et d'un appareillage optique. Tout comme le gant, le visiocasque était relié par un câble à un ordinateur qui activait les modèles du monde dans lequel j'allais bientôt pénétrer.

L'ordinateur et le logiciel spécifique constituent à eux deux ce que l'on appelle, dans le jargon de la RV, les « moteurs de réalité ». Le modèle en trois dimensions d'un monde virtuel est stocké dans la mémoire de l'ordinateur, formant de microscopiques treillis de bits. Lorsqu'un cybernaute détourne le regard ou remue la main, le moteur de réalité met en place tout le décor d'une simulation en relief par un savant mélange des flux de données émanant de ses capteurs avec des représentations actualisées en permanence du monde virtuel. Mais ce moteur n'est pas le seul à travailler. Le cyberespace est le résultat d'un travail coopératif entre le moteur de réalité informatique du laboratoire et le moteur de réalité neuronal du cerveau. L'ordinateur convertit son modèle numérisé du monde en un motif de points et de lumières qu'il restitue selon une perspective exacte, et en ondes sonores savamment mixées pour arriver plus ou moins à convaincre l'utilisateur de sa présence dans un monde virtuel.

Lorsque j'eus correctement fixé l'appareil sur ma tête, mon champ visuel fut entièrement coupé du monde extérieur. J'entendis des clefs heurter un bureau quelque part. Tout d'un coup, le monde qui m'entourait s'éclaira, en vert sur fond noir. Je me retrouvai en train de flotter à l'intérieur d'une représentation lumineuse d'un vaisseau spatial de structure filaire. Des images se présentaient devant mes yeux de façon volontairement décalées, de manière à recréer un étonnant stéréogramme en relief, donnant une illusion presque parfaite du relief. Les passionnés de stéréographie préfèrent sans doute les « polygones ombrés » à calculs intensifs, (les fameuses briques des modélisations graphiques haute définition) et toute autre technique dont le rendu secondaire du relief est beaucoup plus fin que celui obtenu avec une structure filaire. « La structure filaire » est une méthode permettant de représenter sur un écran un objet réel par un maillage de courbes de niveau qui en retracent le contour un peu comme un vêtement ajusté dont la trame serait visible. Dans le cyberespace, l'ordinateur doit recalculer l'ensemble de l'environnement à chaque mouvement de tête. Il faut des ordinateurs plus puissants — et par conséquent plus onéreux — pour recréer un objet en couleur, éclairé et ombré de façon appropriée.

La NASA fut, à juste titre, la première institution à démocratiser l'exploration du cyberespace. Toutes les conditions s'y trouvaient rassemblées : il y avait Scott Fisher, cet étudiant de Negroponte au MIT qui avait punaisé sur le mur de son bureau l'affiche du Sensorama qui me conduisit à Heilig. Fisher aimait dire qu'il était un scientifique et un artiste, et surtout pas un évangéliste. Il se bornait à montrer les lunettes et les gants à ceux qui étaient intéressés et les laissaient juger par eux-mêmes. Ce fut la NASA qui démarra l'ère du complexe realito-industriel — ce réseau composé des départements de recherche et développement (R&D) universitaires et privés et de structures prêtes à des offensives commerciales — laquelle pourrait bien déboucher sur une nouvelle industrie technologique. Le travail de fond sur la RV au sens large continuait sereinement à l'UNC. Mais Chapel Hill ne s'est jamais vraiment soucié de satisfaire les curieux et ses chercheurs ont de moins en moins de temps à perdre en relations publiques. À la NASA, on en était arrivé au stade où il fallait à tout prix faire la « preuve du concept », et les démonstrations étaient complètement entrées dans les moeurs. Fisher et ses collègues tenaient beaucoup à y faire participer chirurgiens, enseignants et scientifiques.

Les adeptes de la prospective et aventuriers de l'intellect de mon genre réussirent à se faufiler dans le laboratoire pour jeter un coup d'œil sur « la meilleure des technologies » et en capter la ferveur par eux-mêmes, c'est-à-dire de l'intérieur. Qu'ils soient pour ou contre, qu'ils tentent de la faire connaître ou de la démystifier, tous ceux qui ont testé personnellement la technologie RV ont une propension à toujours vouloir en explorer la signification. Au cours de mon tour du monde des sites de RV, je me suis rendu compte que, parmi les meilleurs ambassadeurs de la recherche en RV de Manchester à Seattle en passant par Tsukuba, nombreux étaient ceux qui avaient vécu leur première démonstration RV avec visiocasque à Mountain View, en Californie, dans le *NASA/Ames Human Factors Research Division* (Département de la Recherche des Facteurs Humains, au centre de recherche Ames de la NASA). C'est là que travaillait Engelbart, quand il élabora en 1960 sa théorie de l'accroissement. Le laboratoire des Facteurs Humains, comme l'ARC, fut l'un de ces sites propices aux « expériences de conversion ». Une descente dans la grotte électronique.

J'effectuai mon premier voyage dans une version bon marché du cyberespace, dont les composants avaient été achetés dans le commerce. Le système de la NASA que j'ai testé en 1988 fut en partie créé pour démontrer qu'il était possible de construire ce genre de dispositif avec relativement peu de moyens ; dans l'Armée de l'Air, ça faisait déjà des années qu'on utilisait des casques à un million de dollars pour voler dans le cyberespace. Le fait de remplacer les polygones ombrés par des structures filaires fit sauter quelques zéros au prix — considération absolument primordiale pour la bureaucratie plutôt nécessiteuse de la NASA. Celle-ci réussit donc à démontrer la faisabilité d'une recherche en virtuel à petite échelle, ce qui déclencha une vague d'intérêt commercial et universitaire à la fin des années quatre-vingt, créant ainsi les fondations des industries RV des années quatre-vingt-dix.

Le prototype de la NASA réunissait pour la première fois un visiocasque et un gant de données. Ceci s'expliquait tout simplement par le fait que leurs deux concepteurs se connaissaient depuis qu'ils avaient autrefois travaillé ensemble au laboratoire de recherche d'Atari. C'est en 1985 que je vis ce gant pour la première fois, à Palo Alto, dans le bungalow encombré d'instruments de musique de Jaron Lanier. Il l'avait couplé à un écran informatique bon marché plat et à deux dimensions. À Mountain View en 1988, je vis, à travers les lunettes intégrales que j'avais chaussées, une représentation en relief et en structure filaire d'une main gantée qui flottait dans un espace virtuel, et qui imitait chacun des mouvements de ma main. Je fis un signe. Après un décalage perceptible de quelques centaines de millisecondes, la main fit un signe. Je pliais les doigts. La main reproduisit mon geste à l'identique. Je fis un pas en avant. Quelques centaines de millisecondes plus tard, la main et mon point de vue se déplacèrent dans l'espace virtuel. Le cyberespace était partout où je regardais – au-dessus, en dessous et derrière moi. Je n'étais pas simplement un observateur. J'étais à *l'intérieur*.

« Pointez votre index dans la direction où vous voulez voler. » La voix de Fisher me parvint de quelque part là-bas dans la réalité physique. *Je* fis ce qu'il me demandait. Mon point de vue commença à prendre de la hauteur. Je me mis à voler. Sans que mes pieds aient bougé du sol, mon point de vue et ma main simulée eurent soudain le pouvoir de voyager à travers une version imagée de l'espace. Il suffisait que je pointe mon doigt vers le haut pour partir en trombe dans l'espace d'où je pouvais observer de loin la navette spatiale, puis que je pointe le doigt vers le sol pour me rapprocher de la plate-forme d'embarquement. Je pouvais accélérer ma vitesse en éloignant la main de mon corps, ou bien la ralentir en la rapprochant de moi. Je pouvais faire le geste d'attraper quelque chose avec ma vraie main, et c'est ma main simulée qui attrapait des objets simulés dans l'espace virtuel, changeait leur position ou leur orientation et les jetait au loin. Au cours de l'exploration de cet étrange nouvel espace synthétique que peu de gens avaient encore eu l'occasion de visiter, je me tins debout, m'accroupis, marchai, pris des postures bizarres, tournai mon regard vers les coins et recoins de la pièce, mis la tête en bas puis la levai au ciel, montrai du doigt des objets invisibles aux autres. Je suis sûr que j'ai dû offrir un spectacle amusant à ceux qui étaient dans la pièce. Mais cela n'avait aucune espèce d'importance pour moi à ce moment-là. J'étais dans une autre réalité.

En combinant les techniques informatiques avec la technologie audioélectronique, les chercheurs de la NASA ont appris à simuler un environnement acoustique en relief, de la même manière que les visiocasques et les images stéréographiques simulent un environnement visuel en relief. Plus tard, au cours de démonstrations ultérieures à la NASA, le son en relief sortant des écouteurs me coupa encore plus du monde non virtuel. Mais pour cette première fois, j'appris qu'il existait une corrélation entre l'univers qui m'entourait et le fait d'entendre quelqu'un frapper au clavier. Scott Fisher prit la précaution de m'avertir de ce qui allait suivre. Il tapa une nouvelle commande au clavier, et comme promis, je me retrouvai au milieu d'une reproduction rudimentaire d'une molécule d'hémoglobine de 1,80 m de haut. C'était une sorte de symphonie énigmatique en trois dimensions, présentée de telle sorte qu'elle permettait à tout être utilisant un système respiratoire comme moi-même d'absorber l'oxygène de l'air pour le redistribuer dans les usines à énergie internes par l'intermédiaire du circuit sanguin. La reproduction était rudimentaire, d'une qualité très nettement inférieure aux modèles de molécules en haute définition que j'allais être amené à voir plus tard. Mais j'étais complètement fasciné. Plus tard, quand j'en vins à me demander si la RV était aussi intéressante que je l'avais cru au premier abord, Chapel Hill et Cambridge, où je pus soumettre mes perceptions à des mondes virtuels encore plus réalistes, m'en convainquirent.

Je me rends compte maintenant que mes rencontres avec Scott Fisher et les autres chercheurs de la bande Arch-Mac, au cours des sept dernières années, sont comme des points de repère dans mon aventure avec la RV. Le fait de réfléchir à ces rencontres m'aida à mieux analyser l'inexorable attraction qu'avait exercé sur moi depuis des années la réalité virtuelle, et qui avait agi comme un étrange aimant dans ma carrière d'essayiste. En 1983, je rencontrai Fisher au laboratoire de recherche d'Atari, à Sunnyvale, où beaucoup des cybernautes actuels s'étaient rencontrés. Ce lieu légendaire a disparu aujourd'hui. Je me rends compte maintenant que le laboratoire d'Atari, tout comme Arch-Mac avant lui, avait été un autre étrange aimant et une plaque tournante qui avait absorbé, mélangé et rapproché, inspiré et dispersé une bonne partie des ingénieurs qui hantent actuellement les laboratoires de la RV.

La recherche Atari a été contemporaine d'une période assez étrange de l'histoire, pendant laquelle les jeux vidéo, une technologie qui n'existait pas quelques années plus tôt, brassaient plus d'argent liquide que tout Hollywood et Las Vegas réunis. Mettez ensemble un écran vidéo, un microprocesseur et un programmeur de jeux pour adolescents et vous aurez un instrument qui drainera une partie de la petite monnaie qui circule dans le monde, un peu comme une sorte de distributeur automatique doué d'un étrange pouvoir de magnétisme. Un phénomène de ce genre ne passe pas inaperçu. Des petites sociétés gérées par des passionnés furent avalées ou se métamorphosèrent en géants. Les responsables de la Warner qui avaient racheté Atari, demandèrent à Alan Kay de trouver les infonautes les meilleurs et les plus brillants. Les jeux vidéo n'étaient qu'un début. Les micro-ordinateurs se métamorphosaient en biens de consommation, et nul ne pouvait prédire quelle nouvelle invention fructueuse à base de microprocesseurs allait bientôt se profiler à l'horizon. Grâce au soutien généreux d'Atari, Alan Kay put rassembler les architectes de la révolution informatique à venir, concepteurs de l'hypermédia et roboticiens, sorciers de la bidouille matérielle et de l'intelligence artificielle, spécialistes de la miniaturisation et des interfaces, pour planifier les technologies du divertissement du vingt-et-unième siècle. Il y avait quelque chose de magique dans l'atmosphère du centre de recherche de Sunnyvale — le même type de fourmillement électrique qu'avaient connu l'ARC ou le PARC.

Il y a moins de dix ans, avant que les traitements de texte n'aient remplacé les pools de dactylos, avant que les tableurs n'aient transformé les hommes d'affaire en habiles informaticiens, avant que les télécommunications n'aient relié l'intelligentsia électronique par le réseau informatique mondial, un petit groupe de passionnés de l'informatique comprit que la micro-informatique allait modeler la société en profondeur pour les décennies à venir : ce sont les *infonautes,* qui ont contribué à façonner notre mode de vie d'aujourd'hui. Une fraction plus réduite encore de gens tout aussi passionnés entama une réflexion sur les applications encore plus lointaines du phénomène : ce sont les *cybernautes,* qui contribuent actuellement à façonner notre monde de demain.

Il y a sept ans, dans le laboratoire de recherche d'Atari, dans un de ces bureaux d'une blancheur éclatante, sans fenêtre et hors du temps caractéristiques de Silicon Valley, j'ai pu voir Scott Fisher et ses collègues, la plupart ayant alors entre vingt et trente ans, mener une réflexion approfondie sur l'interface homme-machine de la fin des années quatre-vingt-dix. Pour eux, cette interface ne devait bientôt plus être quelque chose que l'on *regarde* à travers la fenêtre d'un petit écran, mais un endroit dans lequel on pourrait *pénétrer* — la réalité interactive en relief générée par ordinateur qu'Ivan Sutherland avait prophétisée. C'est Brenda Laurel qui animait ce débat ; à l'époque, Laurel explorait la possibilité de construire des jeux informatiques « à la première personne » à l'aide d'un système IA ; sept ans plus tard, une partie de la R&D du géant de l'électronique japonais Fujitsu repose sur les théories de Brenda Laurel, selon lesquelles les ordinateurs peuvent être considérés comme des accessoires de théâtre. Eric Hulteen, un ancien du MIT lui aussi, faisait partie du groupe qui s'était réuni ce soir-là à Sunnyvale ; en 1990, il travaillait sur la saisie gestuelle et toutes les autres interfaces de type humain pour Apple. Aujourd'hui marié avec Brenda Laurel, il est l'un des principaux co-fondateurs du système de la fin des années soixante-dix « Mets ça là » de Richard Bolt qui obéissait aux commandes vocales et gestuelles.

Michael Naimark était également présent lors de cette réunion ; au MIT, il avait fait partie avec Scott Fisher de l'équipe qui avait créé la « carte d'Aspen », un vidéodisque interactif qui permettait de faire un tour virtuel de la ville d'Aspen (Colorado), à l'aide d'un écran vidéo. Susan Brennan devint une experte en matière d'interface en langues naturelles. Kristina Hooper, une autre ancienne du MIT et d'Aspen, aujourd'hui à la tête du laboratoire multimédia d'Apple, dirigeait Fisher, Laurel, Hulteen, Naimark et Brennan. Après l'effondrement du laboratoire d'Atari, quelques-uns des chercheurs qui avaient participé à cette réunion travaillèrent ultérieurement de nouveau ensemble à la NASA et chez Apple. À l'époque de l'apogée de la recherche chez Atari, je rencontrai Warren Robinett qui, lui, ne venait pas de Cambridge mais du Missouri, et qui allait plus tard faire partie de l'histoire de la RV. Puis je travaillai à d'autres projets pendant des années. Brenda Laurel m'envoya chez Scott Fisher pour qu'il me fasse une démonstration, en 1988, ce qui déclencha mon envie d'en savoir plus et me ramena finalement à ces mêmes personnes en 1989 et 1990. Le fait de les avoir rencontrées par hasard quelques années plus tôt me donna une sorte de perspective temporelle, un sens viscéral de la vitesse à laquelle progressait la RV.

Scott Fisher faisait partie de toute une constellation de vétérans de l'Arch-Mac rassemblés par Alan Kay ; ce qui l'avait attiré, c'était de pouvoir travailler avec tous ces gens talentueux. À l'Atari Research, Fisher se retrouva au sein d'une équipe formée des meilleurs jeunes sorciers de la technologie du début des années quatre-vingt ; leur tâche était d'imaginer les media éducatifs et de divertissement du futur, et on leur avait promis des dizaines de millions de dollars de recherche. On se serait cru aux premières heures du PARC, sauf que le secteur des jeux et du divertissement avait remplacé celui de l'automatisation. L'équipe d'Atari décida de prendre son temps et d'élaborer un schéma conceptuel tout en construisant le matériel et les logiciels du laboratoire. Il leur fallut quelques années pour réellement démarrer, mais c'était véritablement un travail de longue haleine. Ils avaient vu ce que l'Arch-Mac et le PARC avaient été capables de faire avec la technologie des années soixante-dix. Que ne pourrait-on accomplir avec la technologie du vingt-et-unième siècle ? Ils se rendaient compte que cette question et les réponses qu'ils pourraient y apporter les amèneraient peut-être à devenir les gourous technologiques du vingt-et-unième siècle. La stratégie du laboratoire de recherche d'Atari dépendait toutefois du maintien de la bonne santé financière du groupe.

Le boom des jeux vidéo n'a pas duré éternellement, d'où la dissolution de l'Atari Research. Je gardai le contact avec certaines personnes que j'avais rencontrées à cette époque, mais j'en perdis quelques autres de vue pendant un temps. Peu après — à l'époque j'étais en train d'écrire un autre livre — je rencontrai un jeune excentrique du nom de Jaron Lanier qui aimait apparemment s'amuser, qui avait créé un jeu vidéo lui ayant rapporté pas mal d'argent et qui développait chez lui un langage de programmation visuel. Il n'était pas présent au cours du débat auquel j'avais assisté à l'Atari Research, mais il avait amassé l'argent nécessaire à ses explorations ésotériques en programmant un jeu vidéo qui remporta beaucoup de succès, « Moondust ». Lanier, autodidacte, insistant sur le fait qu'il vivait trente ans dans le futur, et ce probablement depuis sa naissance, rêvait de créer quelque chose qui irait bien au-delà de la programmation telle qu'elle était alors pratiquée. Au lieu de taper des commandes ésotériques et de concevoir des structures de données, le langage que développait Jaron permettrait aux gens de créer des logiciels en les interfaçant avec des dessins animés musicaux. Ce nouveau moyen de communication entre l'homme et l'ordinateur passait par une sorte d'étrange gant comportant des capteurs qui couraient sur le dos de la main, connectés au moins cher des micro-ordinateurs de l'époque, un Commodore 64. Je me souviens d'avoir essayé le gant, d'avoir fait les gestes de base permettant de modifier une icône sur un écran basse résolution, puis d'en avoir parlé dans mon livre, et d'avoir ensuite plus ou moins oublié le gant jusqu'à ma découverte de la RV. L'inventeur du gant, Thomas Zimmerman, avait lui aussi travaillé à l'Atari Research. Je ne vis ni l'un ni l'autre pendant des années, mais ils revinrent sur le devant de la scène lorsque l'industrie de la RV se mit en branle.

Vers la fin de 1988, je revis Scott Fisher. Cette fois-là, la technologie n'était plus seulement théorique, et il ne s'agissait pas seulement d'un prototype. Il avait quelque chose à me montrer. Fisher travaillait au centre de recherche NASA/Ames, et son test était tout à fait au point. La RV et lui se retrouvèrent à la NASA par un concours de convergences diverses. Avant l'arrivée de Fisher, les chercheurs en optique physiologique — la base du système visuel humain — de l'université de Californie qui travaillaient avec le laboratoire des Facteurs Humains de l'Aéronautique et de l'Espace de l'Ames, avaient concentré leurs recherches sur les aspects perceptifs et technologiques des instruments de vision. Un *affichage* visuel, c'est l'écran ou les lunettes, qu'ils soient à tube cathodique ou à cristaux liquides, sur lequel s'affichent les données, alors qu'un *instrument* visuel, c'est un système d'affichage conçu spécifiquement dans le but d'améliorer la faculté de jugement humain dans l'accomplissement d'une tâche particulière. Leur idée était de construire des écrans informatiques qui permettraient aux astronautes d'accomplir des tâches particulières. La conception des véhicules d'exploration de l'espace devenait de plus en plus une question d'interface homme-machine.

La façon dont l'homme perçoit et traite les données affichées sur des écrans cathodiques et sur tout autre type d'affichage visuel était la problématique sur laquelle travaillait Stephen Ellis, un chercheur de l'Université de Californie, à Berkeley, et qui faisait partie de l'équipe NASA/Ames. Celui-ci est psychologue spécialisé en physiologie, familier des algorithmes sous-tendant les images de synthèse, mais c'est parce qu'il s'est toujours penché sur la manière dont les hommes utilisent le sens de la vue pour percevoir le monde qu'il me dit, lors de notre première rencontre, qu'il se considérait comme un « épistémologiste expérimental ». Le travail de cet homme affable au sourire malicieux se situe sur le versant scientifique du microcosme de la RV. Sans regarder mes notes, je me souviens que ce qui m'avait frappé dans l'aspect du bureau d'Ellis à Berkeley, que j'ai vu il y a plus d'un an, c'était les schémas qu'il avait affichés au mur. Je m'étais documenté sur le type d'instruments de poursuite du regard qu'utilisent les scientifiques pour établir le schéma des zones sur lesquelles les gens, à qui l'on montre photographies et peintures, concentrent leur regard. En superposant le schéma des mouvements des points de concentration du regard sur l'image expérimentale, on obtient des informations sur la façon dont le système visuel rend le monde intelligible. En fait, point n'est besoin d'être un spécialiste pour conclure, en regardant l'un de ces schémas, que le mouvement des yeux diffère selon que l'on regarde un portrait, un paysage ou un corps nu. Par exemple, personne ne scrute méthodiquement chaque centimètre carré d'une photographie représentant un visage. Nous « construisons » un visage par une série de coups d'œil brefs et précis jetés successivement sur les yeux, entre les yeux, le nez et les lèvres, par un balayage des lèvres et du menton, pour revenir ensuite aux yeux. Bien que l'on ait toujours l'impression de regarder l'image dans sa globalité, ce que l'on fait réellement, c'est plutôt d'en extraire les caractéristiques clés, de consulter les modèles mentaux stockés dans le cerveau et de simuler l'image !

Lorsque je demandais à Ellis ce qui avait provoqué son intérêt pour la RV, il me répondit que c'était le projet d'un étudiant de second cycle. Grâce à un accord de coopération entre le laboratoire d'optique physiologique de l'Université de Berkeley et la NASA, Ellis et son collègue, le professeur Lawrence Stark, envoyèrent un de leurs étudiants de second cycle en mission à l'Ames pour voir s'il ne serait pas possible d'utiliser des images de synthèse en relief dans l'étude des caractéristiques des instruments visuels de l'aéronautique.

L'étudiant d'Ellis, Michael McGreevy, s'intéressait à la fois aux aspects psychologiques et technologiques des images de synthèse du futur. McGreevy faisait une thèse interdisciplinaire dans le tout nouveau domaine de « l'ingénierie cognitive ». Tout comme Fisher, qu'il n'avait pas encore rencontré, McGreevy s'intéressait depuis longtemps aux « affichages d'immersion », bien qu'il n'eût pas encore démarré ses recherches en matière d'exploration virtuelle, de navigation, de manipulation et d'interactivité. Tout comme Fisher, McGreevy connaissait le travail de J.J. Gibson, pour qui la perception visuelle évolue dans le contexte des systèmes moteur et perceptif, qui nous permettent de nous tenir droit, de nous orienter dans l'espace, de nous déplacer et de comprendre le monde qui nous entoure. Dans des travaux plus récents en matière de RV vue comme une forme de visualisation scientifique de l'exploration planétaire, McGreevy a relié de façon intéressante l'idée de Gibson selon laquelle l'environnement doit « se mettre à la disposition » d'une exploration pour que les hommes puissent lui donner un sens, avec l'idée que nous pouvons commencer à apprendre quelque chose d'important à partir des données récupérées par cette exploration planétaire en envoyant nos points de vue à travers les images elles-mêmes. Au début des années quatre-vingt, Ellis encouragea McGreevy à utiliser des images de synthèse en relief comme nouveau laboratoire de « perception spatiale et images de synthèse de pointe ».

Au cours de l'un de mes rendez-vous à la NASA, je demandai à McGreevy quelles études il avait faites. Une partie de son cursus universitaire se lisait sur lui-même : il portait l'insigne de sa confrérie universitaire en épingle de cravate. Tout comme pour Scott Fisher, ses vêtements étaient plus classiques que ceux de la plupart des surdoués de l'informatique. Les années passées à interviewer des programmeurs et des scientifiques m'ont appris que le costume trois-pièces n'est pas indispensable dans mes visites de laboratoires. En fait, je me suis rendu compte qu'une chemise délavée et un vieux jeans m'ouvrent plus certainement les portes de lieux comme Apple ou le PARC, dans la mesure où ils donnent à penser que je m'intéresse plus au côté idée qu'au côté marketing de l'industrie de l'information. Scott Fisher, depuis toujours, donne l'impression d'être un de ces jeunes types qui portent costume, cravate et attaché-case depuis le début de leurs études. Je ne pense pas que je le verrai jamais porter autre chose qu'un costume, même si je l'ai quelquefois vu ôter sa cravate au cours de certaines réceptions amicales.

Michael McGreevy est aussi assez classique. Il capte immédiatement l'attention de son interlocuteur par un ton précis et clair. Scott Fisher est plutôt du genre à s'asseoir et à réfléchir un moment avant de répondre, le regard dans le vide, presque comme s'il était en train de se représenter mentalement ses idées. Lorsque McGreevy s'installa à son bureau pour discuter avec moi, on aurait dit le geste calculé de quelqu'un qui faisait un effort pour avoir l'air plus décontracté. Robert Jacobson, qui venait de rejoindre le Laboratoire des Interfaces Humaines, un nouveau site de recherche de Seattle, avait programmé un rendez-vous avec McGreevy, auquel je m'étais joint. McGreevy cita le numéro du 1er juin 1966 du magazine *Life* comme l'une des premières influences qu'il subit quand il commença à s'intéresser aux images de synthèse en relief. Il s'agissait d'un article portant sur le « Surveyor », premier vaisseau spatial non habité à avoir effectué un alunissage, photographié le paysage alentour et retransmis les images sur Terre. Lorsque les scientifiques de la NASA voulurent voir ce qu'avait photographié Surveyor, ils collèrent les milliers d'images sur la surface interne d'une large sphère. Ils purent alors obtenir une vue selon le point de vue de Surveyor, une sorte d'expérience d'immersion rudimentaire, en passant la tête par un orifice à l'intérieur de la sphère.

McGreevy me rappela aussi qu'en dehors de Robert Heinlein, quarante ans plus tôt, et de William Gibson, quatre ans plus tôt, un autre auteur de science-fiction, Ray Bradbury, avait soulevé quelques-uns des problèmes qui font maintenant surface autour de la technologie de RV. Dans la nouvelle intitulée *The Veldt*, publiée pour la première fois en 1950, Bradbury parlait d'une simulation hyperréaliste et douée de sentiments ; il s'agissait au départ d'une expérience psychologique conduite dans une pièce qui peu à peu développait la faculté de lire et de recréer les pensées des enfants et de les envelopper dans une sorte d'illusion de la réalité.

« La pièce faisait douze mètres de long par douze de large et neuf de haut... les murs se mirent peu à peu à émettre un ronronnement et à reculer dans un lointain cristallin, et un veldt Africain apparut alors, en trois dimensions et en couleurs ; il occupait tout l'espace, et l'on pouvait distinguer le plus petit caillou et le moindre brin de paille ». *The Veldt* avait été l'un des scénarios qui revint sans cesse sur le tapis pendant l'exercice auquel j'avais assisté à l'Atari Research. McGreevy cita un autre récit de Bradbury, *The Happiness machine* (*La Machine du Bonheur*), également publié en 1950. Il y était question d'une technologie capable de reproduire tous les fantasmes et qui finissait par rendre les gens malheureux lorsqu'ils revenaient à la monotonie de leur vie réelle. Quand il entra à la NASA, et comme la plupart de ses collègues, McGreevy avait été fortement imprégné de science et de science-fiction, et c'est ce qui le poussa à relever le défi consistant à créer quelque chose d'entièrement nouveau. Il finit son doctorat et partit travailler pour le laboratoire Ames de la NASA.

Dans le Département de Recherche des Facteurs Humains de l'Aérospatiale à la NASA/Ames, deux choses attirèrent son attention En 1984, son directeur, David Nigel, invita Scott Fisher à faire une conférence. On y parla de visiocasques stéréoscopiques, d'appareils optiques permettant un affichage grand-angle, et des promesses que réservaient l'exploration des environnements virtuels. Stephen Ellis et McGreevy étaient au premier rang. Ils venaient de trouver la technologie qui leur permettrait d'explorer les aspects de la perception visuelle qui les intéressaient. McGreevy commença à se renseigner sur les visiocasques que l'Armée de l'Air américaine avait fabriqués sous l'égide de Thomas Furness à la base Wright-Patterson de l'Armée de l'Air, près de Dayton, Ohio. Le système VCASS de Wright-Patterson ressemblait beaucoup au casque de Darth Vader et comportait un système considérablement plus sophistiqué et plus cher que ceux qu'avaient créé Ivan Sutherland ou l'Arch-Mac. Il pourrait être la base d'un superbe instrument scientifique destiné à l'étude de la RV sur le plan des facteurs humains. L'Armée de l'Air avait elle-même fabriqué des écrans à tubes cathodiques haute-définition miniatures qu'elle couplait avec de la fibre optique et des ordinateurs très puissants. L'Armée se montrait très généreuse lorsqu'il s'agissait de développer une application qui pouvait sauver la vie de ses meilleurs pilotes aux commandes d'avions à cinq cent millions de dollars. Selon la légende, dont la version diffère légèrement en fonction des narrateurs, McGreevy demanda à Furness quel serait le prix d'un casque qui servirait à la recherche sur les facteurs humains à l'Ames. Furness aurait répondu : un million de dollars. McGreevy précisa qu'il possédait déjà un capteur Polhemus et le système d'affichage développé par Evans et Sutherland. Furness rétorqua alors que c'était le casque à lui tout seul qui coûtait déjà un million de dollars. McGreevy décida donc de s'en fabriquer un.

McGreevy enrôla James Humphries, un fournisseur de matériel informatique à la tête d'une société appelé Sterling General, pour l'aider à trouver un visiocasque bon marché. Il s'avéra que les écrans à cristaux liquides des télévisions portables pouvaient remplacer l'un des composants les plus onéreux. Ils se rendirent dans le plus proche magasin de hi-fi, achetèrent deux télévisions à écrans en cristaux liquides bon marché, qu'ils démontèrent de retour au laboratoire. Les écrans à cristaux liquides sont fondamentalement différents des tubes cathodiques. Les tubes cathodiques génèrent une image en envoyant sur un écran phosphorescent un rayon d'électrons qui active des particules, celles-ci émettent alors des photons. Les écrans à cristaux liquides sont faits à partir d'un matériau dont l'apparence se modifie lorsqu'il est activé par un faible courant électrique. Les pixels peuvent être élaborés à partir des minuscules cellules de ce matériau et contrôlées par un circuit ultra-miniature. Construire une matrice de commutation électronique — en fin de compte, les circuits intégrés ne sont pas autre chose que cela — revient moins cher que d'utiliser des tubes cathodiques miniatures. La définition des premiers écrans à cristaux liquides utilisés à la NASA était seulement de 10 000 pixels, alors que les écrans à tubes cathodiques haute définition utilisés en interne par l'Armée de l'Air pouvaient atteindre plusieurs millions de pixels mais ils ne coûtaient pas trop cher. Et cela comptait pour beaucoup. Le prix des « lunettes intégrales » devenait raisonnable (en fait l'objet ressemblait plus à un casque qu'à des lunettes). Tout ce qui manquait, c'était les « gants ».

Le fait de pouvoir construire un visiocasque à partir d'écrans à cristaux liquides que l'on trouvait dans le commerce et d'instruments optiques spéciaux fabriqués par une société située dans la banlieue de Boston constitua une sorte de tournant décisif pour la recherche en matière de RV. L'étape suivante dans le projet de la NASA était de mettre au point un système qui pourrait répondre à la fois à ses besoins et à ceux du laboratoire des Facteurs Humains de l'Ames. Le programme de Système d'Affichage en Environnement Virtuel avait démarré en 1985, mais il était encore loin de pouvoir produire quoi que ce soit de nouveau. En 1985, la NASA embaucha Scott Fisher et Michael McGreevy partit pour une formation de deux ans à Washington, D.C. Fisher acheta dans le commerce un dispositif de reconnaissance vocale, se mit à la recherche de constructeurs qui seraient capables de développer du son en relief et commença à expérimenter des périphériques de sortie tactiles. Son idée était de mettre au point un laboratoire de tests qui lui permette d'explorer tous les aspects des stations de travail virtuelles, que ce soit la télérobotique, la création de simulateurs pour la chirurgie, ou des outils de visualisation dans le domaine de l'aérodynamique. En 1985, Fisher démarra des négociations avec un fournisseur du nom de VPL Research, pour ajouter un gant en périphérique d'entrée pour son système ; en 1986, Fisher embaucha un autre programmeur, Warren Robinett.

Le projet de RV de la NASA était un travail d'équipe, et il est de plus en plus difficile et de surcroît futile d'essayer de retrouver à qui revient telle ou telle invention. Dans l'ensemble, on peut dire que c'est McGreevy qui a mis en route le projet et qui a trouvé le premier d'une longue liste de fournisseurs talentueux ; McGreevy et Humphries ont mis au point les premiers systèmes d'affichage à cristaux liquides, les optiques grand-angle et les capteurs du système de navigation Polhemus ; Fisher, fort de son expérience antérieure à l'Arch-Mac et à l'Atari Research, a mis au point l'infrastructure conceptuelle globale du projet, défini un ensemble d'objectifs précis propres à élaborer et à tester les divers éléments du système, et impliqué son réseau personnel de spécialistes en matière de systèmes audio en relief et de gants. McGreevy défendit le projet devant la NASA pour en obtenir le financement tandis que Scott Fisher s'ingéniait à mettre au point un système à partir de ces diverses composantes et à le rendre opérationnel pour les missions de la NASA. Il mit au service de ce projet toutes les connaissances qu'il avait acquises en matière de stéréographie et d'exploration virtuelle.

Robinett avait acquis une solide réputation dans le monde de la micro-informatique : le logiciel *Adventure* qu'il avait développé pour Atari fut un véritable succès commercial et son logiciel éducatif *Rocky's Boots* avait remporté un prix. Il s'était mis à écrire un programme d'application, dans lequel toutes les ressources matérielles étaient exploitées pour intégrer les gens dans les modèles que l'équipe avait créés. Parmi ces images de synthèse, se côtoyaient une molécule d'hémoglobine, un vaisseau spatial, la reproduction à l'identique du laboratoire avec meubles et instruments. Douglas Kerr, un éditeur de logiciels, rejoignit l'équipe plus tard comme responsable du système d'application. Après le départ de Robinett en 1988, Kerr reprit sa place à la tête du projet. La société d'Eric Howlett à Waltham, Massachusetts, Pop Optix, était spécialisée dans la fabrication de lentilles offrant un champ visuel étendu sans trop sacrifier à la qualité de la définition. Howlett, une vraie caricature à cheveux blancs de l'inventeur bidouillant au fond de son garage, s'était rendu compte qu'il y avait là un créneau et il s'y était engouffré. Le système-test de la NASA était composé d'éléments hétérogènes qui devaient être assemblés avec d'immenses précautions. Il n'y a jamais eu quelqu'un qui ait particulièrement dominé le projet, ni de hiérarchie formelle. Le projet de recherche sur les stations virtuelles du laboratoire Ames de la NASA était plutôt devenu une ruche de chercheurs et de fournisseurs. Steven Bryson commença comme programmeur chez VPL ; il travaille maintenant chez Sterling, mais c'est toujours l'un des plus gros fournisseurs de la NASA en matière de RV.

Lorsque McGreevy rentra de Washington, il était clair que son projet et celui de Fisher n'allaient pas tout à fait dans le même sens. Ils n'étaient d'accord ni sur ce qui devait être installé, ni sur qui devait faire quoi, ni sur la manière dont il fallait procéder. Warren Robinett démissionna en février 1988 et partit naviguer dans le Sud Pacifique. En 1990, Fisher quitta la NASA (pour co-fonder, avec Brenda Laurel, une société commerciale spécialisée en RV, Telepresence Research). Je rencontrai David Nagel lors d'une réunion sous l'égide d'Apple début 1990. Nagel avait été à la fois le directeur de Fisher et celui de McGreevy. J'en profitai pour lui demander lequel des deux m'avait rapporté le plus exactement les faits, et il me répondit en souriant : « Ils ont tout les deux raison ».

Scott Fisher et son équipe accélérèrent le rythme quotidien de travail après le départ de McGreevy. Le premier visiocasque n'avait été qu'un prototype rudimentaire, ayant pu apporter la fameuse « preuve du concept ». Mais ce fut le système de seconde génération qui donna clairement à penser que la recherche en RV était accessible, utile et jouait un rôle important. La NASA a toujours aimé et su promouvoir certaines idées un peu ésotériques. Les gens commencèrent à s'intéresser de très près à Mountain View après l'article paru dans le numéro d'octobre 1987 de la revue *Scientific American*. Je me souviens très bien de ce numéro parce que la couverture présentant l'image de synthèse désincarnée d'un gant m'avait sauté aux yeux et immédiatement fait penser au gant VPL que j'avais vu chez Jaron Lanier.

Le système « Virtual Environment Display » (VIVED) (Affichage d'environnement virtuel) faisait appel à un nouveau modèle de visiocasque, incluant des lentilles grand-angle réalisées sur mesure par Pop Optix, un capteur de position, les deux stations de travail d'Evans et de Sutherland qui n'avaient pas moins de quinze ans, et un ordinateur central DEC pas plus récent. Mais surtout, il inaugurait quelque chose de très important : un gant. L'histoire de l'origine du gant en tant que périphérique d'entrée pour la RV est encore une saga à rebondissements dont je dévoilerai quelque peu l'intrigue dans le chapitre suivant. Le contrat que passa la NASA avec la société VPL, stipulant que cette dernière devait développer un gant selon ses spécificités, fut un tournant décisif. Cela faisait déjà quelque temps que VPL commercialisait des gants, mais c'était la première fois qu'ils travaillaient sur un site qui avait les moyens et l'ambition de combiner un gant et un visiocasque. C'est Scott Fisher qui, en 1985, établit un premier contrat avec VPL pour la fabrication de gants sur mesure pour le projet VIVED. Parmi le personnel de VPL impliqué dans le contrat se trouvaient Lanier, Zimmerman, Chuck Blanchard, Steve Bryson et Jean-Jacques Grimaud. Quand Scott Fisher et ses collègues mirent pour la première fois les mains dans le cyberespace, ils posèrent la première brique de la RV du futur.

Le gant et les périphériques d'entrée disposés sur tout le corps qui furent développés par la suite revêtent une importance fondamentale. Elle ne se limite pas au simple confort de pouvoir manipuler des objets virtuels en s'en approchant et en les saisissant avec la main. Fisher avait beaucoup potassé les travaux de J.J. Gibson, ce chercheur spécialiste de la perception visuelle qui avait émis l'hypothèse que c'est la façon dont nous nous déplaçons et agissons dans le monde qui nous entoure qui façonne notre vision. Fisher connaissait également l'importance de la saisie gestuelle en la matière. Un gant contrôlant des objets virtuels serait une illustration parfaite de la théorie de la « mise à disposition » avancée par Gibson, une façon d'avoir prise sur un monde virtuel et de l'intégrer à son propre vécu. Tendre la main en avant et en voir l'image se déplacer dans l'espace virtuel, puis rapprocher cette main virtuelle d'un objet virtuel, permet d'intégrer les dimensions de ce monde dans son propre système de structuration perceptif. Terrain éminemment propice à de fascinantes élucubrations philosophiques et scientifiques, toutefois un peu éloignées des pragmatiques préoccupations d'une institution dans un secteur à haut risque, à la pointe de la technologie et aussi pauvrement subventionnée que la NASA. Elle fut néanmoins attentive : la construction de stations spatiales ne pouvait pas se faire sans avoir recours aux interfaces de RV des robots semi-automatiques.

La NASA s'intéressait à la télérobotique pour ses applications de réparation dans l'espace. On avait déjà développé des « effecteurs habiles » (ces mains mécaniques qui imitent les gestes humains) à Stanford, au Jet Propulsion Laboratory, au MIT et à l'Université de l'Utah ; il était entendu que le gant serait ce qu'il y avait de mieux en matière de périphérique de contrôle habile. Cette idée de combiner un gant, un affichage stéréoscopique et un système de suivi de position fonctionna à la fois pour les mondes virtuels et pour les opérations télécommandées. Fisher expliqua avec force détails ce que son gant pourrait apporter au projet VIVED. VPL développa et breveta une technologie qui permit à la NASA d'intégrer étroitement les mouvements de la main dans les mondes virtuels. En 1986, les cybernautes se propulsèrent eux-mêmes dans le cyberespace en y enfonçant les mains et la tête.

Fisher se rappelle que, en 1986, Warren Robinett resta toute la nuit au laboratoire après qu'on lui eût livré une première version en état de marche du gant VPL. Robinett avait programmé une version en relief rudimentaire de la main virtuelle qu'il put montrer aux autres dès le lendemain matin, à leur arrivée au laboratoire. Lorsque je lui demandai de me raconter sa première expérience dans un monde virtuel, Fisher me dit : « Chacun à notre tour, nous avons enfilé le visiocasque et le gant et nous avons fait un tour dans un monde virtuel. On est tous resté sans voix tellement on trouvait ça bien ».

Le gant et la main virtuelle se révélèrent utiles à plus d'un égard. Tout d'abord, cette combinaison était vraiment essentielle dans le sens gibsonien du terme — remuer les doigts et voir ceux de la main à l'écran remuer avec un léger décalage participent d'une manière essentielle à la sensation de présence que j'avais pu expérimenter la première fois que j'avais testé le système de la NASA. Lorsque plus tard j'en parlai à Robinett, à l'Université de Caroline du Nord, il me dit que VPL avait livré avec le gant un logiciel qui permettait de transcrire à l'écran les mouvements du gant. Le principal problème pour celui qui développe le logiciel censé rendre cette sensation de virtuel est de réussir à jongler avec les informations. Pour que le monde virtuel soit toujours en phase avec les capteurs périphériques, l'ordinateur doit faire preuve de remarquables dons d'équilibriste s'il ne veut pas chuter en chemin.

La façon dont les informations issues des gants, des capteurs de position et des modèles informatiques doivent circuler, être traitées et traduites en photons sur un écran est de la plus extrême importance lorsqu'on travaille sur des systèmes qui sont censés réagir en temps réel, ce qui pour l'homme correspond à quelques millièmes de seconde. Pour vous assurer que vous êtes bien dans la réalité, il vous suffit de remuer très rapidement la tête de gauche à droite. Si votre environnement vous suit avec un décalage de quelques centaines de millisecondes, vous êtes au pays de la RV. Les systèmes de RV se sont toujours heurtés à ce problème de délai, dû en partie aux calculs complexes qu'ils doivent être capables d'effectuer extrêmement rapidement. L'illusion de la RV, comme celle du cinéma, est produite par de petites modifications globales qui sont effectuées sur le « cadre » visible des données et qui sont ensuite présentées à l'observateur assez rapidement pour qu'elles produisent cette illusion de mouvement ou de réalité. Contrairement au film, un moteur de réalité doit recalculer les coordonnées et les valeurs de l'image virtuelle dans son ensemble chaque fois que l'équivalent d'un cadrage est modifié (tous les 30e de seconde, lorsque la vision passe de l'œil droit à l'œil gauche, et vice-versa). La NASA n'était pas la première à s'être cassé les dents sur le problème du « temps de réponse ». Un an après mon entrevue avec Robinett, j'ai fait par hasard connaissance avec une petite société dans le Nord de l'Angleterre qui pensait qu'il existait une gamme tout à fait révolutionnaire d'ordinateurs, les « transputers », qui seraient capables de jongler avec les masses de données des systèmes RV de plus en plus prolifiques. Si l'on trouvait des débouchés concrets pour la RV, et si le débit des ordinateurs — le nombres de bits qu'un ordinateur peut traiter par seconde sans les bloquer au périphérique de sortie — s'avérait ne pas pouvoir être à la hauteur, on pourrait se tourner vers ces machines expérimentales poussées qu'étaient les « transputers ».

Robinett devait gérer les données déferlant sans interruption de quinze capteurs situés aux articulations sur le gant VPL. Ces informations relevant la position des doigts tous les 60e de seconde ne représentaient qu'une partie du flot incessant de données qui devaient être traitées immédiatement et renvoyées sous forme de changements opérés dans le modèle graphique affiché, en fait une imitation grossière du système sensori-moteur (main-œil-doigt) humain fonctionnant en boucle. Encore aujourd'hui, créer un système informatique qui puisse reproduire le plus précisément possible les spécificités du système sensori-moteur reste toujours un défi majeur pour les ingénieurs en RV. Cette difficulté à recréer mécaniquement la faculté de perception des moindres modifications spatio-temporelles de ce système explique en partie pourquoi il faudra attendre encore de cinq à dix ans pour disposer de systèmes raisonnablement performants. En outre, le capteur Polhemus, qui renseignait sur la position et l'orientation du gant dans la pièce, contribuait à ralentir le temps de réponse du système.

Robinett construisit tout d'abord une version personnelle de la main en 3D qui pouvait être affichée à l'écran et modifiée en fonction des informations arrivant en entrée. C'est à ce prototype qu'il avait travaillé la nuit où il resta au labo et qu'il montra aux autres le lendemain matin. Le modèle « monde-main-gant » était rudimentaire au début, tout juste suffisant pour mettre en marche le système. Les programmeurs de VPL et de la NASA mirent des mois à l'affiner. Mais lorsque fin 1988, je le testai moi-même à l'aide du DataGlove et du visiocasque (EyePhones), le fait de déplacer ma main à l'intérieur du gant et de voir son image se mouvoir dans le cyberespace, me fit penser à des liens, des prises — *des mises à disposition* —, qui reliaient mon être « ici présent » au monde « là-bas » et transposait la sensation que j'avais de ma présence physique dans cette pièce vers un espace défini par le modèle en relief. La main qui flottait dans le monde virtuel était plus qu'une simple main. C'était moi.

La main pouvait répondre utilement à deux autres aspects des environnements virtuels, à savoir comment s'y déplacer et la manière de les manipuler. Que le périphérique d'entrée soit un gant, une manette de jeu, une boule de commande ou la silhouette vidéo d'une main en mouvement, les systèmes de RV doivent, et ceci est fondamental, pouvoir connecter directement et d'une manière continue la main de l'opérateur aux objets du monde virtuel. Un monde dans lequel on peut se déplacer mais que l'on ne peut pas manipuler n'est, dans le sens RV du terme, pas aussi « réel » qu'un monde sur lequel on peut avoir prise, où l'on peut saisir avec sa main virtuelle le couvercle d'une théière virtuelle, la pencher pour en examiner le contenu. À l'Arch-Mac, on utilisait l'expression « les vrais-faux voyages » pour décrire les environnements dans lesquels vous pouviez choisir vos points de vue, mais que vous ne pouviez ni toucher ni modifier.

C'est Douglas Kerr qui reprit la tête du projet RV de la NASA lorsque Robinett démissionna ; Steven Bryson et Richard Jacoby lui succédèrent ensuite. Le premier système était installé sur un matériel aux capacités extrêmement réduites. Kerr avait pour mission de créer une nouvelle application pour un ordinateur HP 9000, qui soit assez puissant pour pouvoir fournir en temps réel des graphiques ombrés plutôt qu'en structure filaire. L'aspect souple, ombré et naturel de la lumière sont des indicateurs évidents de la puissance de l'ordinateur, et par conséquent de la taille du budget qui se profile derrière les images de synthèse. Après avoir obtenu une structure filaire, il faut l'habiller, en arrondir et en lisser les contours ; faire disparaître les aspérités anguleuses ; modifier l'intensité de la lumière focalisée sur certains points pour l'éclairer par une source de lumière uniforme. Encore une fois, si les ombres et le lissage sont si importants, c'est que les humains comparent constamment les modèles du monde enregistrés dans leurs têtes avec le flot incessant d'indications extérieures apportées par le système sensoriel. Les ombres font partie des nombreux indicateurs importants qui nous disent si la perspective, l'éclairage, les proportions du monde qui nous entoure ou d'une image sont « corrects ». Il fallait absolument installer le logiciel sur une machine convenable. Une fois passée l'euphorie d'avoir su apporter la preuve que cela fonctionnait et pouvait être utile, il fallait passer à l'étape suivante consistant à en faire un réel instrument scientifique.

Lorsque j'ai discuté avec Douglas Kerr, plus d'un an après qu'il eût quitté le projet, il me dit que le principal problème auquel ils s'étaient heurtés avait été le fait qu'ils devaient faire des miracles avec des ordinateurs très bas de gamme. « On était les meilleurs pour la technologie la moins chère », se souvient-il. « On poussait le système à fond avec l'instrumentation optique, les capteurs, les graphiques, les calculs. Avec ce genre de matériel, il y a toujours quelque chose de cassé. Le calibrage est un vrai problème quand on décide de faire sérieusement de la recherche sur les facteurs humains ».

Le VIVED se transforma en « Virtual Interface Environnement Workstation » (VIEW) (Station de Travail à Environnement Virtuel), qui est en fait la version que j'ai testée en décembre 1988. L'appareillage stéréoscopique consistait en un casque relié à une boîte de la taille d'un masque de plongée. Sur le devant était inscrit le mot NASA en grosses lettres rouges, et je ne cache pas que cela ajoutait pour moi quelque piment à l'aventure. Le tissu du gant était léger et bardé de câbles qui couraient le long de mes doigts, descendaient sur le dos de ma main puis à l'intérieur d'un câble ombilical qui aboutissait à un ordinateur. Le laboratoire était si encombré qu'il fallait littéralement s'y faufiler pour y faire son chemin. Mais ça n'avait pas vraiment d'incidence sur la qualité des explorations virtuelles, dans la mesure où les mouvements de l'opérateur étaient limités à une amplitude de 1,50 m correspondant à l'hémisphère centré sur le capteur du visiocasque. L'affichage était d'une qualité très nettement supérieure à celle du premier modèle, avec un balayage de 300 lignes. Le casque et le gant étaient accompagnés d'un petit micro pour la reconnaissance vocale, c'est-à-dire qu'on pouvait appeler les menus en disant « ouvrir menu » et les faire disparaître en disant « fermer menu ». Lors de mon premier voyage dans le cyberespace, cette partie du système ne fonctionnait pas, parce qu'il fallait un certain temps d'entraînement avant que le système s'adaptât à la voix de l'opérateur. En outre, le système audiovisuel en relief n'avait pas encore été installé en fonction de cette nouvelle configuration. Mais le fait de pénétrer avec la tête et les mains dans un monde virtuel, de pouvoir m'y déplacer dans toutes les directions, de pouvoir saisir des objets et les modifier suffirent pour m'impressionner. Ce n'était pas le confort de la balade qui captiva mon imagination, mais plutôt l'immensité de ce nouvel espace dont ce nouveau véhicule m'avait ouvert les portes.

Ce système apportait la preuve que la RV pouvait servir aux missions de la NASA, mais il laissait également entrevoir que d'autres applications civiles pouvaient en être tirées dans des secteurs scientifiques et en médecine. VIEW faisait partie du système que Fisher et ses collègues présentèrent aux sponsors comme interface de contrôle télérobotique de très haut de gamme. Le concept de téléprésence de Martin Minsky (dont nous parlerons plus en détail dans un chapitre ultérieur), était dans l'air depuis un bon moment, et les technologies de la télérobotique avaient progressé lentement dans plusieurs secteurs tels que les véhicules sous-marins ou les prothèses de bras, mais VIEW fut présenté comme une interface idéale pour amplifier la puissance des traitements déjà existants. Outre le système d'affichage du monde virtuel, l'équipe de Fisher mit en place une caméra vidéo stéréo sur plate-forme mobile pouvant envoyer des images stéréo en temps réel ; en fait, le but poursuivi était de pouvoir un jour mélanger les images stéréo prises par les robots dans un environnement réel avec des images de synthèse. La maintenance des stations spatiales, l'une des préoccupations majeures de la NASA, nécessitait la présence de beaucoup plus de techniciens dans l'espace qu'elle ne pouvait se le permettre ; l'unique solution pratique consistait à construire des véhicules de réparation robotiques qui pourraient être contrôlés par un seul opérateur, de l'intérieur ou de l'extérieur du vaisseau, grâce à la téléprésence. VIEW était un test idéal pour l'élaboration de tels systèmes et pour l'appréciation de l'aspect facteurs humains lié à leur exploitation. La mission comportait d'autres contraintes dues au fait que VIEW devait naviguer entre le monde virtuel et la réalité du téléopérateur. Les astronautes devaient gérer un très grand nombre de commandes très complexes dans des vaisseaux spatiaux qui étaient à la pointe de la technologie. Mettant en commun l'idée d'affichage virtuel de Knowlton et le travail sur Dataland effectué à l'Arch-Mac, la partie espace de données du projet VIEW impliquait plusieurs stations de contrôle virtuelles, des menus en trois dimensions à commandes vocales et gestuelles, du son en relief et la possibilité de se déplacer parmi les données.

Imaginez-vous faisant partie d'une petite équipe d'opérateurs dans une station spatiale, en train contrôler et de guider à distance le travail de toute une équipe de robots à l'aide de vos mains, de vos jambes, de vos yeux et de votre attention. Vous devez être prêt à l'éventualité d'avoir à enfiler une combinaison spatiale pour aller voir par vous-même ce qui se passe dans l'espace. Et vous devez être capable de réparer les robots de l'intérieur du vaisseau aussi bien que de l'extérieur. Une fois revêtue la combinaison spatiale dans le sas réservé à cet effet, les contrôles qui s'inscrivent dessus sont votre unique lien avec le monde et votre seule sécurité ; les données que vous pouvez voir et entendre ont un pouvoir de vie et de mort sur vous et sur le reste de l'équipe. VIEW fit son entrée dans la réalité des espaces de données virtuels en tant qu'environnement informatif portable destiné aux astronautes travaillant à l'extérieur de leurs vaisseaux. Non seulement on pouvait voir (et entendre) où en était la réserve d'oxygène en prononçant les mots « contrôle oxygène » et en voyant apparaître des données affichées dans l'espace, mais on pouvait également appeler le schéma détaillé permettant de réparer une pièce complexe, puis le prendre et le superposer sur la pièce à réparer. Vous auriez peut-être également eu envie d'avoir une voix qui vous rappelle qu'il ne vous restait plus que cinq minutes pour rejoindre le sas, et ça ne vous aurait pas déplu non plus d'avoir un signal lumineux qui vous guide vers la source d'un problème situé sur la surface du vaisseau ou l'emplacement d'une entrée de secours, ni non plus de disposer de deux sources acoustiques dont la modulation varie en fonction de leur proximité, tous ces éléments venant compléter les aides visuelles fournies pendant les délicates manoeuvres d'amarrage.

Mountain View n'étant qu'à une heure de voiture de mon domicile, je suis retourné plusieurs fois au laboratoire Ames de la NASA au cours de l'année 1989. La seconde fois, c'était pour *entendre* le chemin que je me frayais dans le cyberespace. Le fait que nous vivions dans un monde en relief influence tout autant nos stimuli visuels qu'auditifs, et l'originalité de l'idée de Fisher était en partie due au fait qu'il avait décidé d'implanter un système auditif en relief dans le système VIEW. Je me rendis dans le laboratoire d'Elisabeth Wenzel et de Scott Fisher au cours d'une de leur séance de travail sur le « Convolvotron » ; je fixai un casque auditif binaural sur mes oreilles et je pus expérimenter directement ce qu'ils voulaient dire par « espaces acoustiques virtuels ». Fisher avait entendu parler des travaux de cette psychologue spécialisée dans les phénomènes de perception et il lui avait demandé d'examiner la possibilité d'ajouter du son en relief au système VIEW ; le docteur Wenzel fit appel au professeur Frederick Wightman de l'Université du Wisconsin, et à Scott Fisher, président de la société Crystal River Engineering. Ils arrivèrent à simuler jusqu'à quatre sources auditives différentes à l'intérieur d'une sphère imaginaire entourant l'auditeur. L'appareil, appelé le « Convolvotron », pour commencer, n'était pas bon marché, mais il comportait deux cartes de microprocesseurs que l'on pouvait brancher directement sur un microordinateur IBM. Le principal, c'était qu'il fonctionnait.

Wenzel est convaincue que l'audio en trois dimensions se révélera utile dans des applications en aérospatial et en visualisation scientifique là où la vidéo en relief aura atteint ses limites. Son système prend en compte plusieurs fonctions de l'appareil auditif humain qui, aussi bien à partir des circuits internes de l'oreille que des circonvolutions de l'oreille externe, crée un environnement invisible autour de nous — un monde de bruits auquel nous sommes étroitement connectés, même lorsque nous fermons les yeux. Répétons-le, la symétrie bilatérale de nos capteurs biologiques joue un rôle primordial. L'homme possède deux oreilles ; nous pouvons les faire pivoter en tournant la tête, et les différences dans les signaux détectés par ces capteurs auditifs jouent un rôle fondamental dans notre faculté de localiser les sons dans l'espace. Les prédateurs tels que les loups et les humains ont des yeux qui leur permettent de distinguer un objet au loin. Les animaux de proie tels que les daims ont les yeux écartés de chaque côté de la tête, afin de détecter les prédateurs potentiels. On a démontré que l'oreille externe, longtemps ignorée des psychophysiologistes travaillant sur les bases neuronales de l'audition, fait partie de ce système auditif humain extrêmement précis. Le « Convolvotron » prend en compte le traitement des signaux auditifs particuliers qui « personnalisent » ce qu'entend chaque personne et la forme de son oreille.

Avant de mettre mon casque, Wenzel me demanda de sélectionner une cassette de musique. Je choisis un classique du reggae. Je pénétrai dans le cyberespace acoustique accompagné de Bob Marley et des Wailers. Je fermai les yeux. Il y avait le groupe — là où les musiciens jouent habituellement de la musique — quelque part devant moi : et quelquefois il était très distinctement à ma droite ou à ma gauche. Puis Wenzel me mit un capteur Polhemus dans les mains et me demanda de le déplacer. Je le tins à bout de bras, au-dessus et à la droite de ma tête. Et à ce moment-là les Wailers se déplacèrent, avec un très léger décalage. Avec le Convolvotron, il était possible de créer un point de vue auditif, un emplacement particulier dans l'espace acoustique qui corresponde à la position de l'opérateur dans l'espace visuel puis de relocaliser les objets auditifs. On pouvait ainsi suivre un son dans l'espace, émettre des hypothèses sur la taille de la pièce ou la distance nous séparant d'une source sonore. Une porte grinçante à sept ou huit mètres de moi, le déclic d'une gâchette à une douzaine de mètres à la droite de ma périphérie visuelle, le cliquetis produit à l'intérieur d'une serrure à quelques centimètres de mon oreille — tout ceci était soudain possible.

Les professionnels spécialisés dans la conception de salles de concert et de systèmes audio grand public sont en train d'explorer de nouvelles méthodes permettant de créer des espaces contrôlables. Comme pour les technologies visuelles en relief, il existe plusieurs moyens de créer une illusion perceptive. La technologie audio en relief du Convolvotron prend pour modèle une fonction humaine de traitement du signal particulière et essaie de la simuler sur une tranche de silicium. La clé du Convolvotron est quelque chose qui s'appelle la « Head-Related Transfer Function » (HRTF) ou « Fonction de transfert liée à la tête », un ensemble de réponses à variables mathématiques que nos oreilles décodent à partir de signaux captés à l'extérieur.

Les sons sont propagés sous forme de sphères de bruit dans un environnement. L'environnement à travers lequel nous entendons la plupart des sons est ce mélange de gaz que nous appelons l'air. Les sphères de bruit, appelées communément « ondes sonores », sont des mélanges de fréquences qui se propagent toujours à la même vitesse, qui sont absorbées par certaines surfaces et rebondissent sur d'autres. Les « propriétés acoustiques » d'un espace sont déterminées en fonction du comportement des ondes sonores, selon la façon dont elles rebondissent, sont absorbées ou se mélangent les unes aux autres. Seul un ordinateur assez puissant pour traiter ces tâches complexes peut contrôler ce type de système. Comme pour notre système visuel, il existe une relation active et intégrée entre le cerveau et les capteurs de notre système auditif. La distance, la taille, la direction du vol d'un moustique ou d'un avion à réaction sont suivis et localisés grâce à la façon dont le cerveau traite le flux de perceptions entrant par les oreilles. Nous analysons ce flux de perceptions de la même manière que nous le faisons avec nos facultés visuelles — nous tournons la tête, nous pouvons même mettre nos mains en cornet autour des oreilles, et nous effectuons tous une sorte d'opération de filtrage qui nous permet de saisir des sons particuliers dans un environnement bruyant (« l'effet cocktail » qui nous permet de suivre des conversations particulières dans le brouhaha). Mammifères depuis des millions d'années, nous avons eu le temps de développer un superbe système d'alarme acoustique ; il s'agit tout simplement d'en connaître les lignes directrices et de les appliquer aux mondes virtuels.

La partie de notre système de survie qui comporte un modèle de lui-même, qui connaît la distance séparant nos deux oreilles et celle qui les sépare du sol, est constamment en train de contrôler et d'analyser, de filtrer, d'amplifier, de comparer et d'égaliser les signaux récupérées par les oreilles et convertis par le tympan et l'oreille interne. Même les circonvolutions de l'oreille jouent un rôle en transformant les signaux que nos oreilles détectent en un modèle acoustique du monde. C'est là que la HRTF entre en jeu. Wenzel l'appelle « effet acoustique en fonction de la direction, spécifique à l'auditeur, appliqué par notre oreille externe à un signal entrant ». En se basant sur le système humain et non pas sur les technologies existantes, Wenzel et ses collègues créèrent un modèle informatique de la HRTF humaine. Ils installèrent des gens dans une pièce ne rendant pas d'écho, comportant 144 haut-parleurs différents, et mesurèrent l'effet produit par l'écoute de signaux modulés en provenance de toutes les directions, à l'aide de minuscules micros placés à côté du tympan des personnes participant au test. La manière dont les micros placés dans les oreilles d'une personne déforment le son en provenance de toutes ces directions illustre le fonctionnement auditif particulier de cette personne et celui plus général du décodage auditif humain. Chaque filtre « d'emplacement » détecté par l'écoute de l'un des 144 haut-parleurs est établi selon cette fonction. La carte de ces filtres de signaux est convertie en chiffres, puis transférée d'un micro-ordinateur IBM AT à l'appareil conçu par Scott Fisher. Cet appareil effectue 300 millions d'opérations « multiplier-accumuler » par seconde et reconfigure, à l'aide du modèle numérique implanté dans la HRTF, toute source de son de manière à ce qu'on aie l'impression qu'elle provient d'un ou de plusieurs points particuliers de la sphère acoustique.

L'utilité de l'acoustique en relief tient en partie à sa faculté d'améliorer les repères tactiles et visuels d'un système RV ; quoi de plus probant qu'un bruit de pas derrière vous pour vous convaincre que vous êtes dans une ruelle sombre du quartier mal famé de la ville — ces bruits qui ont le pouvoir de vous donner des sueurs froides. Ce type d'acoustique peut être également utile dans la transmission et la reconnaissance d'informations complexes et constamment modifiées dans des situations d'où la vision est exclue ; ou pour rendre perceptibles à l'oreille des effets physiques de la même manière que les simulations par images de synthèse rendent visibles des phénomènes physiques. Wenzel et d'autres ont poursuivi leurs recherches en matière de « visualisation auditive » — un terme qui est destiné à survivre dans les annales des oxymorons ou bien à être remplacé par une description plus précise du phénomène d'accroissement auditif — pour des applications dans des domaines, qui selon eux, font appel aux schémas humains les plus sophistiqués . En 1989, Wenzel, Foster, Wightman et Doris Kisler présentèrent cette technologie et la théorie sur laquelle elle s'appuyait, en précisant : « Les applications d'un affichage auditif en trois dimensions sont destinées à n'importe quel contexte dans lequel il est important que l'utilisateur possède des repères dans l'espace, et tout particulièrement en cas de limitation ou d'absence de repères visuels. » On peut citer comme exemple les affichages de contrôle aérien pour la tour de contrôle ou le cockpit, les environnements de pointe en matière de téléconférence, le contrôle des activités télérobotiques dans des situations dangereuses et la « visualisation » des données à plusieurs dimensions.

Les « scénarios » que mettaient en place Scott Fisher pour démontrer l'utilité d'une application en RV constituent un des points clés du projet VIEW. L'un de ces scénarios avait été développé autour de l'idée que les systèmes VIEW pourraient servir à mettre au point un simulateur chirurgical destiné aux étudiants en médecine et aux spécialistes tels que les chirurgiens esthétiques, dont « l'utilisation pourrait être comparable à celle des simulateurs de vol pour les pilotes. De la même manière que le pilote peut littéralement explorer des situations qui seraient dangereuses s'il les rencontrait dans la vie réelle, les chirurgiens peuvent utiliser un "cadavre électronique" simulé pour effectuer des plans de préopération et l'analyse du patient. Le système est paramétré de façon à ce que des étudiants en chirurgie puissent voir à travers les yeux d'un chirurgien confirmé comment celui-ci effectue une opération particulière... Le chirurgien peut être entouré des mêmes écrans d'information qui se trouvent habituellement dans une salle d'opérations, sous forme de moniteurs affichant l'état des différentes ressources vitales du malade et les rayons X. »

Dès les années soixante-dix, Krueger et Negroponte envisagèrent d'utiliser le cyberespace comme un media de communication, et aujourd'hui encore ceux qui ont compris leur idée sont peu nombreux. En 1989, au cours d'un séminaire de Bell Pacific, j'observai Jaron Lanier au milieu d'une foule de décideurs en télécommunication qui essayait de se frayer un chemin jusqu'au poste de démonstration d'un espace virtuel partagé « La réalité pour deux » à un demi-million de dollars conçu par la société VPL. Et plus tard, je me suis rendu compte que les décideurs japonais en matière de télécommunications prenaient très au sérieux l'idée du cyberespace en tant qu'outil de collaboration ou de communication. En 1990, Fisher écrivit la mise à jour d'un scénario sur lequel il travaillait depuis l'expérience de la « transmission de présence » à l'Arch-Mac, c'est-à-dire une possibilité de « télé-collaboration par présence virtuelle ». Plusieurs personnes sont à l'origine de cette idée, parmi lesquelles Lanier, et ces développements futurs ne pourront se faire sans un réseau de chercheurs travaillant dans des domaines variés. En 1990, Fisher décrivit ce concept de manière fort concise :

> L'un des objectifs principaux à court terme pour le projet VIEW est de connecter au minimum deux des interfaces prototypes actuelles à une base virtuelle commune de données. Les deux utilisateurs pourront partager un environnement virtuel sur lequel ils pourront agir, mais chacun d'eux le verra selon son point de vue relatif, différent de l'autre. L'objectif est de fournir un espace de collaboration dans lequel les participants éloignés les uns des autres peuvent interagir virtuellement avec quelques unes des nuances qu'offre une rencontre réelle en face-à-face, tout en ayant en même temps accès à leur propre espace de données. Ceci pourrait être avantageux pour des scientifiques dispersés sur le territoire et travaillant sur le même projet... Les utilisateurs pourront également être représentés dans cet espace virtuel par une version grandeur nature de ce qu'ils veulent — une sorte de personnage électronique. En ce qui concerne les applications de théâtre interactif ou de fantasmes interactifs, ces formes virtuelles peuvent être des personnages fantastiques ou des objets inanimés, ou bien un personnage différent pour chaque personne. Plus tard, on développera des réseaux de communication qui seront connectés à des serveurs d'environnement virtuels qu'appelleront les utilisateurs à distance pour interagir avec d'autres utilisateurs virtuellement présents.

Le concept de Fisher ne devait toutefois pas se matérialiser pendant son séjour à la NASA. Il démissionna en 1990 pour créer avec Brenda Laurel une société de recherche et développement en RV, Telepresence Research. Selon ses dires, ils travaillent actuellement sur un projet de RV dans le domaine de l'éducation et des loisirs ; ils sont tous les deux allés au Japon, et on peut penser à juste titre que leur branche de la RV va déboucher sur quelque chose de nouveau, qui mêlera probablement la télé-collaboration avec des interactions théâtrales en relief à la première personne. Les destins du projet VIEW et de la NASA elle-même n'ont pas été propices à la RV à Mountain View. Le projet VIEW fut « rayé des cartes », selon l'expression consacrée de la bureaucratie sévissant dans la recherche. Le personnel de Sterling General, parmi lequel on rencontrait des vétérans tels que Steven Bryson et James Humphries, continuent à travailler sur les technologies catalyses. Wenzel *et al.* continuent leur exploration de l'espace acoustique, Stephen Ellis a toujours bon espoir de mettre la main un jour sur un système en RV d'évaluation des instruments de laboratoire et Michael McGreevy essaie de toutes ses forces de convaincre la NASA de se lancer dans une nouvelle mission : l'exploration planétaire virtuelle des masses de données envoyées sous forme visuelle par les sondes spatiales. Selon les termes de McGreevy, « les planètes sont en train d'être numérisées » et, par conséquent, pourront être explorées dans un fauteuil si on utilise ces données comme base de construction d'un modèle navigable. McGreevy m'en fit une démonstration concrète en me montrant la vidéo d'un vol simulé au dessus du modèle numérisé de la surface d'une planète, établi à partir de coordonnées réelles. « Mars the Movie », réalisé par Kevin Hussey et d'autres membres du Jet Propulsion Laboratory de Pasadena, propulse la perspective de l'observateur en plein sur la surface de Mars. « LA the Movie » numérise le vol d'un avion, en plan rapproché au dessus de Long Beach, qui se dirige ensuite vers les collines virtuelles de Hollywood.

Les vétérans de la NASA tels que Stephen Ellis et Michael McGreevy savent comment gérer les périodes de vaches maigres en matière de financement. Je ne serais absolument pas surpris de voir la RV survivre sous plusieurs formes à la NASA, et de la voir continuer à apporter des contributions de qualité en ce qui concerne l'aspect facteurs humains du cyberespace. Mais elle n'est plus cette Mecque vers laquelle les pèlerins de la R&D se tournent pour y chercher leur dose d'expérience de conversion. Elle n'est plus non plus la plaque tournante d'une recherche pointue ou au contraire élargie. Les fournisseurs qui ont appris à construire les éléments constitutifs des systèmes de RV selon les spécifications de la NASA représentent peut-être le début d'une nouvelle vague de développement de la RV — les premières sociétés commerciales à se spécialiser dans le commerce de l'exploration du cyberespace. La recherche va continuer dans les universités et dans les laboratoires des plus importantes sociétés technologiques. Si l'on se réfère à l'histoire de la Silicon Valley, il faudra, pour que la RV sorte des laboratoires et investisse bureaux et maisons, qu'une petite société inconnue arrive avec une idée précise sur les devenirs de cette technologie. Je connais aujourd'hui une douzaine de sociétés de ce type : Autodesk, Sense8, Telepresence Research, Fake Space Labs, Pop Optix, Polhemus Navigation Systems, RPI, Enter, Division, Simmgraphics. Je pense que la plupart d'entre elles seront d'accord avec moi pour dire que c'est VPL Research, et son inimitable président Jaron Lanier, qui a posé les premiers jalons de la RV commerciale.

CHAPITRE 7

NAISSANCE D'UNE INDUSTRIE DE LA RV

La RV peut être partagée. Elle a une présence objective comme la réalité physique, elle est façonnable comme une œuvre d'art, et elle est aussi inépuisable et inoffensive que la matière des rêves. Lorsque la RV sera largement diffusée, au tournant du siècle, elle ne sera pas considérée comme un moyen d'appréhension de la réalité physique, mais plutôt comme une réalité supplémentaire. La RV nous ouvre un nouveau continent d'idées et de possibilités. À Texpo '89, nous abordons pour la première fois les rivages de ce continent.

VPL RESEARCH, INC.,
Virtual Reality at Texpo '89, 1989

À l'intérieur de Jaron Lanier (qui a eu trente ans l'année dernière), il y a un gamin précoce qui a huit ans et qui, avec une bande d'amis, a construit un vaisseau spatial. Il veut maintenant nous emmener faire un tour dans ce spationef. C'est d'abord comme cela qu'il faut voir Jaron si l'on veut explorer les autres couches de son identité qu'il semble irradier quasiment en permanence. Il est PDG fondateur de VPL Research, la société qui a développé et qui commercialise les gants DataGlove et les visiocasques EyePhone que la plupart des chercheurs en RV utilisent ; il est milliardaire — sur le papier et si VPL maintient son cap. Il a conçu une nouvelle manière, un peu magique, de programmer les ordinateurs : par le geste. C'est un autodidacte qui, à un moment donné, a laissé tomber l'école. Enfin, c'est un Personnage avec un grand P, et même plusieurs Personnages. Il y a l'enfant idéaliste qui a l'air de penser que la RV est l'outil parfait pour faire le bien du monde, qu'elle représente « une nouvelle réalité qui va enflammer la planète ». Il y a le businessman rusé qui a levé du capital, fondé sa société, et qui a déjà géré habilement plusieurs séries de conflits juridiques sur des questions de propriété industrielle touchant ces nouvelles technologies prometteuses. Il y a aussi l'informaticien, le musicien et le philosophe. Il y a enfin ce type à la chevelure « rasta blanc » incroyable, à la biographie hors normes, incapable de résister au plaisir de spéculer sur l'avenir surréaliste qu'essaye de nous préparer sa société.

Ces personnalités multiples de Lanier lui ont déjà valu une couverture presse importante, tout autant en raison de son apparence physique et de son histoire très spéciales que des technologies dont il est l'un des hérauts. Bref, un type bizarre avec des idées bizarres. C'est un sujet idéal pour le journaliste en mal de copie, et nous sommes déjà nombreux à en avoir tiré parti, que ce soit pour le *New York Times*, le *National Enquirer* ou d'autres. Nul besoin de se creuser la tête pour trouver un « angle » original quant on peut travailler sur Jaron Lanier ! Un dessin au trait de son chef hirsute, léonin et quasi anachronique, est apparu en première page du *Wall Street Journal*, avec pour légende assez injuste : « Du LSD électronique ? » (Injuste car Jaron n'utilise aucune drogue « récréative ». Il ne boit même pas. En fait, à l'époque hippie, il était encore au jardin d'enfants.) Quant aux photographes, il leur suffit d'un coup d'œil à Jaron pour se lancer dans les éclairages les plus bizarres.

D'ailleurs, j'ai depuis quelque temps commencé une nouvelle collection : celle des descriptions de Jaron par d'autres journalistes. Voici quelques extraits de mes articles favoris :

« À Palo Alto, non loin de la grande avenue El Camino Real, une impasse non goudronnée débouche sur quelques cottages de style suranné, entourés d'herbes folles. C'est dans la troisième maison sur la gauche, dont tous les volets sont fermés, que vit Jaron Lanier. Nous sommes en fin de matinée, et Lanier m'ouvre la porte, clignant des yeux rouges sous un soleil auquel ils ne semblent pas habitués. C'est un homme hirsute, de forte corpulence, dont les cheveux châtains entourent un visage barbu à la manière des *dreadlocks* jamaïcains. Une longue chemise indienne aux allures de robe, déchirée au niveau de la poche, descend jusqu'à mi-jambe de son pantalon noir. » Signé Sherry Posnick-Goodman, pour le magazine *Peninsula*, et la description est assez fidèle. Je me suis moi-même rendu dans ce fameux cottage, et les volets en sont effectivement fermés – c'est une habitude qu'on prend lorsqu'on grandit dans le désert. J'ai vu aussi cette même chemise, ou bien sa copie conforme. Et il est exact qu'il n'est pas tout à fait dans son assiette si jamais l'on passe le voir un peu trop tôt dans la journée. Steve Ditlea, dans le *New York Magazine*, l'a appelé « the wizard of odd »*. Et John Barlow a écrit à son

---

* *N.d.t.* : Jeu de mot sur *The wizard of Oz* (le magicien d'Oz) et le mot *odd* (étrange, bizarre).

sujet, dans *Mondo 2000,* « Attachant, rond et chevelu, il ressemble à un hobbit rasta ». D'accord, d'accord, et encore d'accord. Il est corpulent, il est bizarre, et il est attachant. Et selon Marvin Minsky, « c'est un des rares informaticiens qui a une vue un peu plus globale des choses. » Quelle que soit l'opinion que l'on a de lui, il est clair qu'une conversation avec Jaron Lanier est souvent susceptible de déboucher sur des sujets inattendus.

Jaron Lanier attire naturellement l'attention, mais ce n'est là qu'un effet secondaire de l'énergie brute qu'il dégage sous forme de théories, de visions, de projets, de chansons et d'épigrammes (« L'information n'est que de l'expérience de seconde main », « La RV est le premier média qui ne réduise pas le champ de l'esprit humain »). Dans l'esprit de bien des gens qui ont entendu parler de la RV dans la grande presse, il personnifie cette technologie. Les journalistes mal documentés parlent de « la réalité virtuelle de Jaron Lanier », ce qui a le don d'exaspérer ceux qui travaillent depuis des années sur les visiocasques et les expériences d'immersion. Lanier a organisé la rencontre de Zimmerman et de ses machines avec une équipe d'ingénieurs de logiciels de premier ordre, collabora étroitement avec ces programmeurs et avec la NASA pendant des années, et s'assura un financement pour ses projets. Aujourd'hui, VPL se compose de toute une bande d'enthousiastes, son site ressemble à une ruche disparate de programmeurs, d'enfants et de journalistes, active vingt-quatre heures sur vingt-quatre, et les produits qu'on y réalise trouvent leur place dans tous les laboratoires de RV au monde.

Lanier ne fait pas les choses comme tout le monde, tout simplement parce qu'il ne les a jamais faites comme tout le monde. Quand il était petit, il est parti habiter avec son père dans un coin reculé du Nouveau Mexique, où ils ont fait construire une maison composée de quatre dômes géodésiques. De ses propos, on retire que son côté non-conformiste ne lui a pas facilité les choses à cette époque. Comme d'autres visionnaires, il avait de bonnes raisons de consacrer son attention au monde de ses rêves plutôt qu'à la réalité qui l'entourait.

« J'étais un enfant assez étrange, rejeté socialement par la plupart des gens », admet-il aujourd'hui avec une expression résignée mais tout à fait joviale. Comme encore aujourd'hui, il n'essayait pas à cette époque d'ordonner une chevelure déjà anarchique, ni de s'habiller selon les canons du jour. Il laissa tomber le lycée pour faire de la musique. En ce temps-là, il ne s'intéressait pas du tout à l'informatique. C'est de cette époque que date son opinion selon laquelle « l'information n'est que de l'expérience de seconde main ». Il contestait la possibilité que la vie fût découpée en éléments binaires traitables par ordinateur. Il était toutefois séduit par l'idée d'utiliser l'ordinateur comme un instrument de musique, car il s'était toujours considéré comme un musicien. Il se forma donc suffisamment à l'informatique pour pouvoir faire un peu de programmation pour l'université locale, notamment des simulations à visées pédagogiques qui lui révélèrent le potentiel de cette technologie. Et l'informatique graphique, les images de synthèses le séduisaient particulièrement. Dans une interview accordée en 1988, il révéla que ses premiers contacts avec l'informatique l'avaient amené à réfléchir à des modélisations de mondes imaginaires sur ordinateur : « J'avais l'impression que les images affichées à l'écran étaient constituées de micro-réalités que l'on pouvait façonner. »

Lanier avait quitté le lycée à quinze ans, s'était débrouillé pour se faire accepter comme auditeur libre des cours de mathématiques de l'Université d'État du Nouveau Mexique, s'était ensuite installé comme compositeur de musique à New York, puis était rentré au Nouveau Mexique. En 1981, il partit pour l'Ouest dans une voiture abandonnée par des passeurs de drogue : « Elle n'avait plus de plancher, il fallait un tournevis pour la faire démarrer, et ses portières étaient marquées de traces de balles », aime-t-il rappeler. Son apprentissage de l'informatique prit un tour plus sérieux lorsqu'il atteignit Silicon Valley. C'était l'époque du boom des micro-ordinateurs et des jeux vidéo, et il gagna bien plus d'argent avec la création d'effets sonores pour jeux vidéo qu'il n'en avait jamais gagné comme musicien. Il se forma rapidement à la programmation et se mit à créer ses propres jeux vidéo pour Atari. L'un d'entre eux, *Moondust* (« Poussière de lune »), connut un gros succès en 1983, ce qui lui rapporta suffisamment d'argent en droits d'auteur pour lui permettre de quitter son emploi et de fonder sa propre entreprise. Lanier s'était rendu compte qu'il faisait partie de ces jeunes gens doués pour les incantations symboliques nécessaires à l'accomplissement de petits « miracles » sur les écrans des ordinateurs et suffisantes pour faire gagner à des compagnies comme Atari plus d'un milliard de dollars par an. Particulièrement précoce, même en regard des jeunes prodiges qu'employait Atari au début des années quatre-vingt, Lanier eut l'idée d'un langage de programmation entièrement nouveau, utilisable par des profanes, et faisant appel aux images et aux sons plutôt qu'à de tristes codes alphanumériques.

C'est en 1984 que le nom de Jaron Lanier attira pour la première fois mon attention, lorsque *Scientific American* plaça sur sa couverture un court exemple de son langage de programmation visuelle. Loin d'aligner les lignes de programme abstruses (du type « if X > 0, then goto 20 »), il était composé d'une portée musicale ornée de symboles tout aussi abscons mais qui suscitaient bien plus la curiosité : ces kangourous, ces glaçons en train de fondre, ces oiseaux gazouillant étaient censé représenter un programme informatique du futur, écrit dans un langage encore en cours d'élaboration que Lanier appelait alors « Mandala ». Ce reportage à la une contribua au mythe de VPL Research : lorsque les responsables du magazine appelèrent Lanier pour lui demander le nom de sa société, il ne voulut pas leur dire qu'elle n'avait pas encore de nom et répondit « VPL Research, Inc. »*. La société occupe aujourd'hui plusieurs étages d'un grand ensemble de bureaux coincé entre le petit port de Redwood City, dans la baie de San Francisco, et l'autoroute 101, principale artère de la Silicon Valley. On peut dire qu'il s'agit d'une jeune société typique de ce lieu particulier, avec toutefois quelques aspects tout à fait originaux : en-dehors de Jaron lui-même, on peut notamment relever le grand mur de gants sur lequel sont exposés une trentaine de prototypes de gants maintenant dépassés. Aux dernière nouvelles, VPL employait quelque trente-cinq personnes. Pour l'instant, ils n'ont pas encore eu besoin de quitter leurs locaux d'origine, qu'ils contempleront avec nostalgie dans dix ans du haut de la tour VPL qu'ils pourraient bien faire construire si tout se passe comme prévu d'ici là. Et qui peut dire que ce ne sera pas le cas ? Par là-bas, ce genre de choses arrive couramment : des bureaux de VPL, on aperçoit le siège ultramoderne de NeXT, la deuxième société de Steve Jobs, fondateur d'Apple.

En 1985, lors de ma première visite, VPL occupait un coin du cottage fantasmagorique de Lanier à Palo Alto. C'est d'ailleurs toujours là qu'il habite, alors qu'il pourrait s'acheter une résidence autrement plus huppée dans les environs s'il le désirait. L'essentiel du mobilier se compose toujours d'une collection de quelque 300 instruments de musique, comme il y a cinq ans. Ces maisons faites de bric et de broc sont peu courantes à Palo Alto, mais Lanier s'est débrouillé pour atterrir le long d'une des rares rues non goudronnée de ce quartier fort bourgeois aux massifs d'arbres ombrageants et aux pelouses maniaquement entretenues. J'y suis retourné récemment pour l'interroger sur les projets en cours de VPL. Ordinateurs et périphériques informatiques sont toujours déployés dans un désordre apparent, et les murs, le plancher et parfois le plafond font office de lieux d'exposition d'instruments de musique exotiques du monde entier : cornemuses de Turquie, tambours du Gabon, shakuhachis et sitars, en ordre dispersé. Au milieu de ce capharnaüm trône Jaron Lanier, impérial.

Lors de ma première visite, j'étais venu pour « Mandala », le langage de programmation qui promettait d'investir les non-programmeurs du pouvoir de commander la machine par l'intermédiaire de glaçons, de petits oiseaux et d'autres pictogrammes symboliques. Ce que je ne savais pas avant d'arriver là, c'est que le périphérique de saisie de ce nouveau langage était un gant développé par Lanier et un de ses confrères. À cette époque, je travaillais à un livre consacré à l'avenir de la programmation, et les propos de Lanier, que j'ai reproduits dans cet ouvrage, prennent aujourd'hui une tonalité à moitié prophétique : « Je pense que les langages

---

* *N.d.t.* : VPL pour *Visual Programming Language.*

de programmation actuels ne sont que les formes larvées de quelque chose de beaucoup plus intéressant qui arrivera à maturité dans les dix prochaines années » me dit-il il y a cinq ans. « Je parle d'une nouvelle forme de communication à placer sur le même plan que la parole ou l'écriture. » Il me semble aujourd'hui qu'il faudra plus de cinq ans pour que son langage de programmation toujours inachevé (et appelé maintenant « Embrace ») devienne aussi important que ces formes symboliques traditionnelles de communication. Mais si l'on m'avait demandé il y a un lustre si je distinguais en Jaron Lanier et en sa société l'avant-garde d'une nouvelle technologie destinée à se développer au cours des années quatre-vingt-dix, j'aurais peut-être répondu par l'affirmative, mais sans en mettre ma main au feu.

Jaron Lanier fait quantité de rêves sur le futur technologique de l'humanité, mais l'un des plus persistants et des plus anciens est le suivant : les ordinateurs permettront aux gens d'échanger des simulations — des modélisations dynamiques faites d'images et de sons — aussi simplement que nous échangeons aujourd'hui paroles et écrits. Aujourd'hui, il désigne cet éventuel métalangage assisté par ordinateur par l'expression « communication post-symbolique », mais si à l'époque il travaillait déjà à développer son gant de saisie, il n'avait pas encore abordé les visiocasques. « Lorsqu'on écrit un programme et qu'on l'envoie à quelqu'un d'autre », expliquait-il il y a cinq ans, « surtout si ce programme est une simulation interactive, c'est comme si l'on créait un monde nouveau, fusion des royaumes symbolique et naturel. Au lieu de communiquer à l'aide de symboles — lettres, chiffres, images ou notes de musique —, cela revient à créer des univers miniatures possédant leurs propres états et leurs propres mystères, qui sont à découvrir. » Il n'avait pas utilisé l'expression « monde virtuel », mais c'est un peu ce qu'il semblait décrire.

« Tiens, viens voir » me dit-il la première fois que je le rencontrai, des années avant que le mot « virtuel » nous vienne à l'esprit à l'un ou à l'autre pour parler des ordinateurs. En nous efforçant de contourner divers objets volumineux de nature inconnue (de moi en tout cas), nous traversâmes plusieurs autres pièces dans lesquelles les instruments de musique dépassaient également en quantité le reste du mobilier et prîmes place devant l'écran d'un ordinateur. Il s'agissait de ce qu'on pouvait trouver de moins cher à l'époque, un Commodore 64, le genre de jouet évolué que les parents ont acheté à leurs enfants lors du premier boom de la micro-informatique au début des années quatre-vingt. Il m'expliqua que l'idée d'un langage de programmation pictural, commandé par le geste, était venue de son désir de créer de nouvelles formes de musique en orchestrant des instruments simulés. À mi-parcours de ce projet de logiciel de composition musicale, il se rendit compte que celui-ci pouvait être étendu à un langage de programmation universel faisant appel à une notation pictographique.

Voici en quels termes je l'avais décrit à l'époque : « Lanier fonde Mandala sur le concept de représentations dynamiques. Le langage lui-même est une simulation en images du fonctionnement interne d'un ordinateur. Le programmeur peut observer le fonctionnement de la machine à un niveau de représentation élevé pendant qu'un programme est exécuté, de sorte qu'il est en interaction continue avec le cœur même de l'ordinateur. Cette interaction s'opère à partir d'un instrument de saisie unique en son genre : un gant. » Je n'avais pas fait le rapprochement entre ce que j'avais vu chez Lanier et la pantomime de Scott Fisher à laquelle j'avais assisté deux ans auparavant dans les locaux d'Atari Research, mais cet écran bon marché et ce gant rudimentaire composaient la moitié d'une réalité virtuelle. L'autre moitié d'un environnement opérationnel de RV est celle qui s'attache à convaincre l'utilisateur qu'il est immergé dans un environnement sur lequel il a prise. C'est Scott Fisher qui allait formuler les concepts de voyage par procuration, développer le visiocasque et les techniques de suivi de la tête, puis passer un contrat avec Lanier pour la réalisation d'une version spéciale de son gant, à même de fonctionner comme périphérique de saisie d'un monde virtuel en trois dimensions. Avant cette avancée due à la NASA/Ames, cependant, l'utilisation d'un gant de saisie avait été le résultat d'une autre convergence, ou plutôt de la rencontre de Lanier et de son langage de programmation visuelle avec l'inventeur du gant, Thomas Zimmerman.

Cette rencontre eut lieu en 1983, à une réunion d'utilisateurs de micro-ordinateurs et de synthétiseurs musicaux. Zimmerman avait inventé le gant pour des raisons étrangères au but poursuivi par Jaron Lanier : il voulait jouer de la guitare « invisible », et trouver le moyen de jouer du corps humain comme d'un instrument de musique. Il n'était pas chez Lanier la première fois que je rendis visite à ce dernier, en 1985. C'est le journaliste Steve Ditlea qui vint frapper chez moi en sa compagnie peu après que j'eus commencé à écrire ce livre, et je tiens donc ce témoignage directement de Zimmerman. Grand et dégingandé, plus vieux de quelques années que Lanier, habité de sentiments nettement mitigés envers le monde de la RV, il est par bien des côtés l'antithèse de Lanier. En 1981, à peu près au moment où son futur partenaire voyageait vers la Californie dans un tacot troué de balles, Zimmerman pratiquait, à l'autre bout du continent, ses premières expériences de prise en compte par l'ordinateur des gestes et du langage du corps. « Je me vois encore en train d'écrire un programme sur un des premiers Atari, chez mes parents dans le Queens* », me dit-il avec un petit sourire. « J'étais assis face à ma machine, le pantalon baissé jusqu'aux chevilles pour pouvoir me fixer des capteurs sur les

* *N.d.t.* : Un des faubourgs de New York.

genoux avec une bande Ace*, et des câbles couraient de mon corps à un boîtier connecté à l'ordinateur. »

Il apparut assez rapidement à Zimmerman que la partie du corps la plus adaptée pour jouer le rôle d'instrument de saisie d'un synthétiseur était encore la main. C'est d'ailleurs grâce à elle que des milliers d'adolescents, réels ou attardés, jouent de la « guitare invisible », c'est-à-dire font semblant, tout en écoutant un disque de rock, de jouer des super solos de guitare en remuant simplement les doigts. Imaginez qu'on puisse mettre un gant équipé de capteurs permettant de déterminer la position de chacun des doigts et celle de la main dans l'espace et assurant un suivi de ces positions en temps réel, qu'on relie ce gant à un synthétiseur musical, et qu'on crée un logiciel de conversion de ces mouvements en notes de musique, la guitare elle-même deviendrait totalement superflue. Zimmerman avait fait ses deux premières années d'université au MIT et c'était un bricoleur invétéré. Il alla acheter un vieux gant de travail et pour à peine dix dollars de composants.

L'important était de faire un gant aussi léger que possible. Des exosquelettes conçus pour envelopper la main avaient déjà été réalisés auparavant, dès le début des années cinquante, mais ils étaient bien trop encombrants pour le projet de Zimmerman. Il fit appel à de fins tubes de plastique, souples et creux, qui conduisaient la lumière. Ce n'était pas des fibres optiques, mais le résultat était analogue : un rayon de lumière projeté à une extrémité d'un tube ressortait à l'autre, même en cas de courbure du tube sur les phalanges d'une main. Un tube était disposé sur chaque doigt et descendait sur le dos de la main. À l'une des extrémités de chaque tube était placé un générateur électronique (bas de gamme) de lumière, et à l'autre se trouvait un photocapteur bon marché. Lorsqu'un tube est plié, l'intensité de la lumière qui passe et arrive au photocapteur diminue de façon sensible et mesurable. Il ne s'agit pas là du montage le plus précis possible, mais il fournit bien un signal continu reflétant approximativement les changements de position des doigts. En 1982, Zimmerman déposa un brevet pour son gant « opto-sensitif », qui fut enregistré par l'administration américaine sous le numéro 4 542 291. L'étendue de ce brevet n'était pas aussi large qu'elle eût pu l'être, car un autre chercheur, Gary Grimes, qui travaillait aux Laboratoires Bell, avait déjà breveté un périphérique de saisie à base de gant en 1981 ; le gant de Grimes faisait appel à de petits contacteurs placés à chaque articulation des doigts. Mais les Laboratoires Bell ne mirent pas le travail de Grimes à profit.

---

* *N.d.t.* : Équivalent de notre bande Velpeau.

En attendant l'enregistrement officiel de son brevet, Zimmerman se fit embaucher dans un haut lieu de la recherche en la matière : le laboratoire de recherche d'Atari, à Sunnyvale. C'est là qu'il fit la connaissance de Scott Fisher, de Jaron Lanier et des autres infonautes. Le langage de programmation visuelle de Jaron Lanier et le gant optique de Thomas Zimmerman convergèrent lorsque Zimmerman participa à une réunion de musiciens informaticiens au cours de laquelle Lanier fit une intervention. Lanier et Zimmerman passèrent un accord : Zimmerman concédait le brevet à VPL Research, dont il devenait un des fondateurs et actionnaires, et il s'attelait à la réalisation de la génération suivante de gant. C'est Lanier qui eut l'idée de placer des capteurs de position absolue sur le gant. Quand on parle de « Recherche et développement », il faut comprendre que la recherche est la phase du processus au cours de laquelle on découvre *comment* obtenir un résultat, et que le développement est la phase pendant laquelle on réfléchit au *meilleur* compromis coût/fonctionnalité pour cette découverte. Sur le nouveau modèle de gant, c'était des fibres optiques (inventées par Young Harvill), plus fines, plus légères et plus précises, qui étaient employées à la place des tubes de plastique. Chaque fibre était entaillée au niveau des articulations. L'importance de la flexion de chaque phalange influait donc directement sur l'intensité de la lumière qui atteignait le photocapteur situé en bout de fibre, grâce à ces entailles précisément calibrées.

Mais le matériel ne constitue que la moitié de la solution. Il fallait également écrire et déboguer dans la douleur un ensemble de programmes destiné à faire de ce matériel un moteur de réalité. Charles Blanchard et plus tard Young Harvill et Steven Bryson (qui travaille maintenant chez Sterling General, un sous-traitant de NASA/Ames pour la RV) collaborèrent avec Zimmerman et Lanier pendant deux ans à fignoler le logiciel qui communiquait les signaux en provenance du gant au monde virtuel créé par l'ordinateur. La partie logicielle d'un système de RV comprend plusieurs modules distincts qui doivent collaborer de manière étroite. Il s'agit tout d'abord de convertir les signaux électriques analogiques des capteurs de position en un flux de données numériques. Il faut ensuite un programme qui assure la modélisation du monde virtuel ; celui-ci doit comprendre du logiciel de « rendu », ou communiquer avec un module de rendu externe — le rendu désignant les représentations visuelles, auditives ou autres destinées à présenter le monde virtuel à l'opérateur. Les programmeurs doivent concevoir cette série de programmes de manière à perdre le moins de temps de réponse possible en échange de données dans un sens (du monde virtuel à l'observateur) et dans l'autre. Ceci fait, on dispose bien d'un monde virtuel, mais encore vide. Pour le peupler, il faut un outil de création d'objets en 3 dimensions.

Un des programmes qu'avait écrits Harvill aboutit à *RB2 Swivel*, l'outil logiciel de modélisation et de création de mondes virtuels désormais commercialisé avec les systèmes VPL. Mandala, le langage de programmation visuelle de Lanier fut rebaptisé « Grasp » (« Attrape ») puis, huit ans après sa création, « Embrace » (« Etreindre, embrasser ») ; Lanier compte en faire un autre outil de création en RV. Plusieurs modules du Mandala d'origine et d'autres entièrement nouveaux et développés par les programmeurs de l'équipe ont été fusionnés dans le logiciel distribué aujourd'hui par VPL. Le programme qui gère les mouvements, « The Body Electric »*, a été écrit par Charles Blanchard. Le module qui assure le rendu du monde virtuel en temps réel s'appelle « Isaac ». L'infrastructure logicielle de VIVED venait seulement d'être terminée lorsque VPL fournit le gant demandé à NASA/Ames ; il revenait à Warren Robinett et à Douglas Kerr de finaliser leur propre système sur les ordinateurs de la NASA. Le temps et les efforts nécessaires pour programmer les systèmes de RV sont des paramètres qui pèsent lourdement sur le développement de cette technologie, mais ce handicap s'allège à chaque fois que des microprocesseurs plus puissants viennent à être disponibles. Il fallut ainsi plusieurs années à VPL et à NASA/Ames pour améliorer leur logiciel et l'adapter aux ordinateurs plus puissants de ces cinq dernières années.

Je me suis rendu une bonne demi-douzaine de fois chez VPL, et Lanier et moi nous sommes vus régulièrement dans divers cafés, salons de thé et autres restaurants pendant les deux années où j'ai enquêté pour ce livre. Je n'ai pas oublié sa description de l'évolution de la société VPL entre 1985 (date de ma première visite) et aujourd'hui, autour d'un café et de petits beignets. Une nuit de 1984, la jeune équipe de VPL venait de terminer l'interface logicielle du gant et avait connecté ce dernier à une version de base du langage de programmation visuelle. « Je me souviens qu'un de mes amis arriva à ce moment-là, se rappela Lanier, et dit, "Ce doit être en ce moment précis l'endroit le plus excitant de toute la planète." »

« SRI proposa de nous engager tous », poursuivit Lanier, « mais ils estimèrent ensuite qu'il faudrait 25 ans avant que cette technologie intéresse le grand public. Nous décidâmes de continuer à travailler sur ce projet par nous-mêmes. Marvin et Margaret Minsky furent les premiers investisseurs à nous aider après que j'eus entièrement dépensé l'argent gagné grâce à *Moondust.* » (Nous évoquerons les Minsky dans un chapitre ultérieur.)

Jean-Jacques Grimaud, un Français travaillant dans l'informatique arriva à VPL alors que l'un des principaux bailleurs de fonds de la société, Thomson Avionique, était également français. Grimaud devint

---

* *N.d.t.* : Le « Corps électrique », référence à un roman de l'écrivain de science-fiction Ray Bradbury.

président de la société, Lanier restant Directeur Général. Leur premier contrat de licence du DataGlove fut passé avec Thinking Machines Corporation, implantée à Cambridge, dans le Massachussetts, et dont le fondateur, Daniel Hillis était un autre petit génie de l'informatique. Hillis avait été et est toujours à l'avant-garde des travaux sur les architectures informatiques dites « massivement parallèles », dans lesquelles de très grands nombres de processeurs sont reliés entre eux pour former une sorte d'ordinateur à plusieurs « cerveaux ». « C'était le premier gros contrat d'achat pour Thinking Machines et de vente pour VPL », me confia Lanier. Puis il y eut le contrat avec la NASA. C'est Margaret Minsky qui conseilla à Lanier et compagnie de rencontrer Scott Fisher de NASA/Ames. Le contrat avec la NASA les força à affiner leur technologie et fit connaître un peu mieux VPL, grâce à un second article à la une du *Scientific American*, en octobre 1987, qui montrait le DataGlove.

Les premières affaires de VPL reflètent bien les centres d'intérêt multiples et l'éclectisme de Lanier, la nature pluridisciplinaire de la RV et la stratégie commerciale de VPL, développant son marché par étapes et sur plusieurs fronts parallèlement. En 1987, la société Abrams-Gentile Entertainment (AGE) ouvrit à VPL la porte des fabricants de jouets. VPL et AGE mirent au point une version spéciale du gant adaptée à une utilisation sur les consoles de jeu Nintendo, qui représentent un marché chiffré à plusieurs de dizaines de millions d'unités. Un peu plus tard, le service d'ingénierie de Mattel travailla également sur ce « PowerGlove ». Au cours de ces développements, la technologie propre au DataGlove d'origine évolua. Une action en contestation de propriété industrielle fut lancée, puis réglée à l'amiable ; VPL et AGE se partagent maintenant les royalties versées par Mattel pour la commercialisation du PowerGlove. Un million d'exemplaires en ont été vendus en 1990 et on espérait doubler ce chiffre en 1991. Le DataGlove de VPL coûte 8 800 dollars tandis que le PowerGlove de Mattel ne coûte que 100 dollars. Secret de cette différence de prix considérable : le PowerGlove fait appel à une encre conductrice déposée sur une bande de plastique souple qui accompagne les mouvements de chaque doigt, plutôt qu'aux fibres optiques bien plus onéreuses (et plus précises) du DataGlove. La flexion des doigts entraîne une modification des propriétés conductrices des bandes correspondantes.

La position absolue du PowerGlove — c'est-à-dire les coordonnées de la main par rapport à la pièce dans laquelle on se trouve — est également déterminée pour un coût bien moindre en faisant appel à des ultrasons ; la précision est, là encore, naturellement inférieure. Ivan Sutherland avait conduit des expériences sur les ultrasons, et certains des premiers prototypes de VPL exploitaient cette technologie. Des ondes sonores inaudibles (à fréquence élevée) sont émises par trois sources disposées autour du téléviseur ou du moniteur utilisé pour l'affichage de la console

Nintendo. Les ondes sonores sont réfléchies de diverses manières par les objets qui se trouvent dans la pièce, et si quelque chose empêche la réception directe des ondes par le gant, le système ne fonctionne plus correctement. Mais à moins de 100 dollars pour une version opérationnelle d'un gant dont les circuits électroniques peuvent être produits à la chaîne et le plastique moulé sous vide, un système à ultrasons convient tout à fait. Je ne serais pas autrement surpris de voir sortir une combinaison plein corps fonctionnant selon le même principe et vendue au même prix d'ici un an ou deux. Techniquement, il n'y a pas de raison pour que les performances de ces systèmes à base d'encre électroconductrice et de détection de position par ultrasons ne soient améliorées rapidement et que les produits ne soient vendus encore moins cher. Si d'autres techniques, plus efficaces, peuvent être utilisées pour améliorer ces performances, la perspective de voir commercialiser ces gants en très grand nombre est réelle.

J'ai pu essayer une première version du PowerGlove et des jeux qu'il accompagne dans les locaux d'AGE au cours de l'été 1989. Les frères Gentile (le « G » d'AGE) étaient aussi typiques de New York, tout de pragmatisme et de volontarisme, que Jaron Lanier l'est de la Californie, insouciant et rêveur. Les bureaux d'AGE étaient situés dans un grand *loft* très moderne. Ces différences de style de vie me faisaient mieux comprendre comment des désaccords avaient pu surgir entre eux. Pour un jouet, le PowerGlove a fière allure : on l'attache au dos de la main, et il comporte des emplacements pour les doigts, des lanières qui enserrent le poignet et remontent jusqu'à l'avant-bras, des boutons et d'autres commandes. Vu comme un jeu, c'est très excitant. Je trouvai qu'il était fort amusant de boxer contre un poids lourd fictif de cette manière. Je fus même franchement fasciné lorsque qu'après avoir mis une paire de lunettes à obturateurs bon marché, je m'essayai à attraper de méchants petits diablotins violets pour les fourrer dans un coffre qui flottait devant moi. En tant qu'instrument de RV, en revanche, c'est vraiment dépouillé.

Je ne dis donc pas que je choisirais le PowerGlove pour travailler à l'amarrage de molécules. Mais pour un chimiste travaillant dans un laboratoire pharmaceutique, on doit pouvoir trouver 100 000 adolescents ayant les quelques économies nécessaires pour acheter un PowerGlove. C'est là que réside la force de la chose. Ce que l'industrie du jouet peut apporter aux applications de la RV aux jeux, en termes de taille de marchés, de surface financière et d'économies d'échelle constitue probablement un atout majeur pour l'évolution de la RV dans son ensemble. Si le gant gagne en précision et si son prix baisse, si des versions « jouet » des combinaisons électroniques et des lunettes 3D apparaissent, le chiffre d'affaires colossal qu'ils peuvent drainer serait une manne pour la recherche et le développement de la discipline. Des mois plus tard, dans les laboratoires de recherche de Fujitsu, près de Tokyo, je devais me rendre compte que d'autres acteurs principaux de la RV étaient séduits par le potentiel de l'industrie des loisirs. Et j'ai appris récemment que VPL avait passé un contrat avec l'un des plus grands groupes mondiaux de ce secteur pour développer des applications ludiques de la RV. Depuis les simulateurs de vol de l'époque de la seconde guerre mondiale jusqu'aux jouets du XXIe siècle, la RV n'en finit plus d'être soutenue par les applications les plus inattendues, et ce d'autant plus que Jaron Lanier et VPL font partie du paysage. Tant que VPL restera à flot, je crois qu'on continuera de voir Jaron Lanier présent aux avant-postes de la réalité virtuelle.

VPL domine le marché du gant de saisie, même s'il s'agit encore d'un petit marché, mais il n'est pas seul. D'autres sociétés ont développé des instruments de saisie des mouvements des doigts et de la main en faisant appel à d'autres techniques. Il est difficile actuellement de prévoir comment ce secteur évoluera. Peut-être VPL finira-t-il par le dominer entièrement ; ou bien peut-être y aura-t-il des développements parallèles au niveau de la recherche, des applications industrielles et dans le domaine des loisirs ; il est même possible qu'une société encore inconnue ramasse la mise. Elizabeth Marcus a mis au point un appareillage de type exosquelette très léger lorsqu'elle travaillait pour Arthur D. Little, puis elle est partie fonder sa propre société, Exos, pour commercialiser son invention. Je l'ai rencontrée à Santa Barbara, au cours d'un colloque sur la RV et j'ai pu ainsi mettre la main non pas sur mais dans son exosquelette. Il faut déjà beaucoup plus de temps pour l'enfiler que pour mettre un gant, puisqu'il s'agit de passer chaque doigt à travers trois mécanismes annulaires bien ajustés. Au niveau de chaque articulation, un capteur mesure la déviation angulaire en exploitant ce qu'on appelle l'« effet Hall ». Elizabeth Marcus fait remarquer que s'il est plus encombrant et moins pratique qu'un gant, son appareil permet une détection de position très précise, indispensable pour certaines applications. James Kramer, un étudiant en ingénierie électrique à l'Université de Stanford, a développé, lui, un troisième type de gant. En collaboration avec Larry Leifer, directeur de la recherche en applications pour handicapés à la même université, Kramer a mis au point un gant à capteurs d'effort qui convertit des mots épelés à l'aide des doigts en phonèmes vocaux, à l'intention des sourds-muets et des sourds-aveugles. VPL a intenté un procès à Kramer et à Stanford, mais un arrangement à l'amiable a été trouvé. J'ai également essayé le gant de Kramer à Santa Barbara ; en me servant d'un tableau de lettres, j'utilisai les doigts pour lentement épeler des mots, qui passaient ensuite par un processus de synthèse vocale. L'appareil de Kramer peut très bien être utilisé en RV. Si la concurrence commence à jouer suffisamment dans ce secteur des gants de saisie, le prix des gants de qualité supérieure baissera nécessairement.

Lanier et VPL ne s'en tinrent pas aux gants. Après le contrat avec la NASA et les premiers succès commerciaux du DataGlove, VPL travailla à mettre au point une version commercialisable de visiocasque. Pour commencer, ils adoptèrent le système de lentilles grand angle et basse distorsion produit par un autre inventeur chevelu, Eric Howlett, qui avait déjà été le fournisseur de McGreevy et de Fisher à la NASA. Les lentilles et les écrans couleurs à cristaux liquides prenaient place dans une sorte de masque de plongée. Un des mécanismes de suivi de position Polhemus était également monté sur le casque. Entre 1988 et 1990, VPL fut connu comme le fournisseur « gants-lunettes » du monde de la recherche, le premier fournisseur de « prêt à porter » en la matière. Les divers laboratoires n'avaient plus à réinventer constamment la roue virtuelle en réalisant eux-mêmes leurs visiocasques et leurs gants de saisie. Mais on ne dira pas non plus que ces produits ouvraient – sur le plan du coût – la recherche en RV à tout un chacun. Fin 1990, le capteur de position Isotrak de Polhemus Navigation Systems, acheté chez VPL, coûtait 2 500 dollars. Le DataGlove valait quant à lui 6 300 dollars, le visiocasque EyePhone 9 400 dollars, et l'ensemble du logiciel 7 200 dollars. Et avec un total de 25 400 dollars*, on ne pouvait espérer disposer des ordinateurs très coûteux permettant de mettre le tout en œuvre. Toujours à la fin 1990, les stations de travail graphiques les mieux adaptés aux systèmes VPL étaient celles produites par Silicon Graphics pour 95 000, 175 000 et 250 000 dollars**. Pour le système RB2, qui permet à deux personnes de partager un monde virtuel, il faut deux ordinateurs à 250 000 dollars pièce...

Et quelle aune de réalité virtuelle aura-t-on à ce prix-là ? Après ma première expérience d'un monde virtuel à représentation filaire en 1988 à la NASA, c'est au printemps 1989 que je fis mes explorations suivantes, sur le premier système mis en œuvre au laboratoire « Cyberia » d'Autodesk, société située opportunément à portée de vélo de chez moi. Le premier monde virtuel d'Autodesk consistait en une représentation d'un bureau, très peu aménagé, mais réalisée en surfaces pleines. Au lieu de contours filaires, les objets avaient des surfaces pleines et ombrées. La qualité approchait celle d'un dessin animé. Seulement six mois après mon initiation à la NASA, le monde d'Autodesk, aussi limité fût-il, marquait un net progrès. Le rythme des améliorations du réalisme des mondes virtuels était si rapide que l'on avait l'impression d'assister à un résumé très condensé de l'histoire du cinéma, du temps d'Edison*** à celui du parlant, puis du cinémascope. Ma première rencontre avec les mondes virtuels de VPL, l'été 1989, semblait être la suite logique de l'histoire. Le premier monde virtuel de VPL dans lequel je pénétrai, le lendemain du

---

* *N.d.t.* : Soit environ 130 000 francs français.

** *N.d.t.* : Soit environ 500 000, 900 000 et 1 300 000 francs français.

*** *N.d.t.* : ... des frères Lumière, dirions-nous en France !

« Jour de la réalité virtuelle », s'appelait le « Monde de la crèche » ; il avait atteint à cette époque la qualité dessin animé et présentait l'avantage supplémentaire d'être partageable avec une autre personne. Visiter le cyberespace en compagnie d'un autre être intelligent est certainement une expérience à part entière.

Lorsqu'il se rendit compte que la première démonstration publique de leur système RB2 (*Reality Built for 2*, ou « Une réalité pour deux »), prévue le 7 juin 1989 à San Francisco aurait lieu le même jour qu'Autodesk avait choisi pour dévoiler l'état de leurs recherches en RV au cours d'un colloque sur la CAO à Anaheim, Jaron Lanier pensa qu'il serait opportun de faire de ce 7 juin un « Jour de la réalité virtuelle », un événement annuel. VPL et Autodesk discutèrent de la possibilité de mettre en œuvre une liaison vidéo ou même de faire communiquer leurs mondes virtuels entre San Francisco et Anaheim. Lanier a souvent beaucoup plus de projets en tête qu'il ne finit par en mener. Il n'y eut donc finalement pas de liaison établie entre les deux villes et le 7 juin 1990 passa sans acquérir de statut particulier. Il n'en conserva pas moins valeur de jalon. Je décidai d'aller d'abord à Anaheim, car la présentation d'Autodesk n'était programmée que pour ce jour-là. J'en revins le soir même et me rendis le lendemain à l'Auditorium Municipal de San Francisco, où VPL poursuivait sa démonstration. Le salon qui lui servait de cadre s'appelait « Texpo », et était financé par Pacific Bell*. Une des qualités de Lanier est de savoir passer des accords avec des partenaires inattendus et il avait trouvé moyen de convaincre quelqu'un à Pacific Bell que la RV représentait l'avenir de la communication.

Pour ceux qui savent vers quoi les télécommunications du futur tendent, la télévirtualité n'est pas très difficile à appréhender ; il reste qu'au sein d'une société comme Pacific Bell, connue pour son conservatisme, il fallait une grande finesse pour repérer le bon interlocuteur sur ce sujet. La démonstration de RB2 en témoigne. Deux jeux de visiocasques EyePhone et de gants DataGlove étaient connectés chacun à un des ordinateurs haut de gamme de Silicon Graphics, ces derniers étant reliés entre eux par une liaison à haut débit. La démonstration était faite par deux personnes ; la représentation en deux dimensions du monde virtuel vu par chaque opérateur était affichée sur de grands écrans. Le public présent apprécia plus particulièrement le moment où ces deux utilisateurs se mirent à jouer à chat dans cet espace virtuel. L'un d'entre eux découvrit même qu'il lui était possible de cacher la représentation de son corps à l'intérieur de la tête de son partenaire !

---

* *N.d.t.* : L'une des sept compagnies téléphoniques américaines issues du démantèlement des activités d'exploitation régionale d'AT&T.

Comme il s'agissait d'une petite démonstration à l'échelle du salon Texpo, la présentation de VPL se déroulait dans un coin cloisonné des lieux. Des groupes sélectionnés de VIP* étaient accueillis derrière ces cloisons pour voir les deux démonstrateurs de VPL, assis sur leurs chaises, le visage mangé par leurs visiocasques EyePhone et les mains gantées s'agitant dans l'air, faisant semblant d'être des ingénieurs concepteurs ou s'amusant simplement à jouer dans leur monde virtuel. Lorsque j'arrivai sur les lieux, Lanier me confia avec une lueur d'excitation dans les yeux qu'il y avait eu tellement de gens à avoir eu vent de la démonstration et à avoir essayé de s'y précipiter qu'on en était presque venu aux mains la veille. Il m'emmena derrière les cloisons et j'observai les visiteurs, dont pratiquement aucun n'avait entendu parler de réalité virtuelle auparavant, et qui assistaient bouche bée à la démonstration. Une fois le salon terminé, je me rendis au siège de VPL, à Redwood City et entrai dans le monde qui avait été présenté à Texpo. Le nom officiel de cette démonstration était « Monde de la crèche », et il s'agissait d'une prospective sur un moyen de communication virtuelle hypothétique. On voulait y montrer comment deux personnes situées en différents lieux géographiques pouvaient se rencontrer dans un espace virtuel commun et faire appel à leur corps et à leur imagination pour collaborer à un travail. Les deux participants étaient censés être des ingénieurs concepteurs et leur tâche consistait à tester des idées liées à l'aménagement d'une crèche.

La crèche elle-même consistait en une petite pièce, équipée d'une porte et de quelques fenêtres. Le « grain » du monde en question était bien plus fin que ce que j'avais vu à la NASA ou chez Autodesk. Les objets avaient l'air plus ronds, plus « consistants ». Une des manières de représenter des objets complexes en images de synthèse consiste à les décomposer en une série d'éléments qu'on appelle « polygones », car c'est la forme qu'ils ont. Ces éléments ont donc plusieurs côtés rectilignes et sont groupés pour recomposer un objet. Ce sont les polygones « ombrés de Gouraud » qui sont utilisés actuellement pour rendre les objets en ce qu'on appelle « 2 dimensions et demi » (2 1/2 D). Plus un ordinateur peut afficher de polygones simultanément à l'écran, plus le grain de l'image est fin et plus la représentation est réaliste. Ainsi le nombre de polygones que le moteur de réalité peut afficher et celui qu'il peut manipuler d'une seconde à l'autre constituent-ils une mesure de la puissance d'un système de rendu. Les stations de travail coûteuses de Silicon Graphics peuvent afficher deux mille polygones par seconde, ce qui correspond à un monde assez bien « lissé ». Néanmoins, et malgré leur prix, on est encore loin de la « vraie » réalité. Alvy Ray Smith, l'un des gourous de la technique de

* *N.d.t.* : *Very Important Persons.*

l'imagerie de synthèse, estime que « la réalité correspond à 80 millions de polygones par seconde ».

Ce monde de la crèche était donc mieux lissé que les précédentes réalités virtuelles dont j'avais fait l'expérience, mais n'était ni très compliqué ni d'avant-garde. L'un des murs de la pièce était orné du logo de Pacific Bell, habile geste « politique » de la part de Jaron Lanier. Je m'aperçus qu'il m'était possible de sortir de la pièce par la porte, de me promener dans un paysage vide de tout, et de regarder le bâtiment de loin. Il était également possible de voler à travers la pièce ou de manipuler les objets qui s'y trouvaient. Si l'autre participant était présent dans ce monde au même moment, il était possible de le ou de la voir représenté(e) sous forme de personnage de dessin animé assez abstrait. Seule la main des participants était en fait réellement animée, en synchronisme avec les mouvements de l'opérateur. Sur un des murs, il y avait un interrupteur. J'avançai la main et l'actionnai. Un ventilateur fixé au plafond se mit en marche, animant un mobile suspendu lui aussi au plafond. Ce mobile, composé de plusieurs petits triangles, pouvait être attrapé, mais dès que je le relâchai, il s'envola de manière inattendue. Il y avait aussi une petite table avec des cubes dessus. Il m'était possible de les prendre et de les empiler. Il y avait également un distributeur d'eau fraîche et des chaises qui pouvaient être déplacés. Le monde était agrandissable ou rétrécissable à volonté, ce qui permettait de l'observer du point de vue d'un enfant ou de celui d'un adulte (il suffisait de pointer le petit doigt vers le bas pour l'agrandir et vers le haut pour le rétrécir).

Mon essai suivant d'un monde de VPL eut lieu plusieurs mois plus tard, lorsque Kevin Kelly, rédacteur en chef de la *Whole Earth Review*, convainquit Lanier de lui construire un monde virtuel. Lanier se mit à son Macintosh et en deux heures, grâce au logiciel de création de mondes de VPL, il avait créé un environnement qu'il nomma « Monde rituel ». Je me rendis donc à VPL pour tester ce nouveau monde. Lanier, comme je l'ai déjà dit, expose des idées à foison et évoque quantités de projets, dont bon nombre ne voient jamais le jour. Mais quant à ses qualités de bâtisseur de mondes, il n'y a pas de doute, elles sont réelles. Le « Monde rituel » contient des groupes d'objets verticaux qui ressemblent à de fines colonnes arrangées de manière circulaire. Lorsque j'y entrai, elles culminaient bien au-dessus de ma tête. À l'intérieur du cercle se trouvaient des espèces de rubans verts que Lanier désignait du terme de « fougères », mais qui n'avaient pas plus de parenté avec de vraies fougères que Mickey Mouse n'en a avec une vraie souris. L'effort d'imagination que Lanier suscitait chez l'utilisateur en appelant ses objets des fougères cadrait avec sa théorie selon laquelle nous tendons tous à combler instinctivement par l'imagination les manques des mondes virtuels. Sous mes pieds, Je vis une chose dont m'avait parlé Kevin Kelly : plusieurs couches de polygones verts, beiges et marrons accolés, qui faisaient penser à des motifs de kaléidoscope arrangés de manière circulaire et tournant dans un sens et dans l'autre.

« C'est le tapis oriental », expliqua Lanier lorsqu'il vit mon regard dirigé vers le sol. « Nous l'appelons ainsi, ajouta-t-il, car il n'arrête pas de se réorienter. »

Sur le tapis s'élevaient les colonnes ; en haut de chaque colonne se trouvait un joyau ; et de chaque joyau montait une flamme. Alors que la démonstration de Texpo était austère et pratique, celle-ci était un peu folle et pleine d'imagination. Lanier me signala une caractéristique inattendue du Monde rituel que sa compagne avait découverte le jour même de la contruction de ce monde : les colonnes en sont creuses, et il est possible de se placer à l'intérieur et de regarder le joyau d'en dessous. Apparemment, même les créateurs de mondes virtuels tout à fait primitifs peuvent s'attendre à des surprises lorsqu'ils visitent leurs créations.

Je me mis à quatre pattes pour examiner les choses de plus près. C'est une attitude connue : quand on explore un monde virtuel, on a tendance à s'approcher du sol. Comme le sexe, l'exploration de réalités virtuelles amène, semble-t-il, à prendre des positions qui peuvent sembler amusantes à des observateurs. En faisant une « pompe » très lente, je réussis à loger ma tête entre deux des couches du tapis et repérai une des petites surprises que Lanier avait placées dans ce monde : un joyau que l'on pouvait attraper et emporter avec soi.

Le rythme des activités à VPL sembla s'accélérer tout au long de 1989. Avec toutes les affaires à traiter, les colloques auxquels on devait participer, les journalistes qui attendaient ses confidences, les photographes pour qui poser, les avocats à consulter, il s'avéra pour Lanier de plus en plus difficile de trouver du temps pour discuter. Et de plus en plus difficile pour lui également de trouver le temps d'élaborer des mondes virtuels. Comme tant d'autres sociétés du secteur informatique — dont le but semble être d'abord de faire des démonstrations de nouveaux produits —, ce qui amenait VPL à créer de nouvelles démonstrations, c'était en général la pression d'un grand salon à venir, à l'occasion duquel le public voulait voir du nouveau. Je me souviens avoir vu Lanier au SIGGRAPH 1989, à Boston, en grande conversation avec un « grand ancien » du monde informatique : Steve Jobs, âgé d'à peine trente-cinq ans. Pour le monde virtuel présenté au SIGGRAPH, Lanier avait créé du mobilier et de la décoration supplémentaires dans certaines pièces. Ce même après-midi, ailleurs dans le bâtiment qui abritait le salon, j'assistai à la démonstration par Eric Gullichsen du jeu de *racquetball* virtuel d'Autodesk, avec une cohorte d'observateurs enthousiastes. *Ki, baraka,* ou *charisme,* quel que soit le nom que l'on donne à cette qualité, Jaron Lanier la possède, et nombreux étaient les gens présents cet été-là à Boston qui pensaient que la RV l'avait aussi. Pour moi, ce SIGGRAPH 1989 correspond au moment où l'on a éprouvé, face au développement de la RV, le sentiment d'une révolution culturelle en cours, tant dans les milieux professionnels concernés que dans les médias, qui sentaient bien que quelque chose se passait, même s'ils n'étaient pas trop sûrs de la nature de ce quelque chose.

En 1987, VPL avait présenté une version pour le corps entier du DataGlove, une combinaison qu'ils avaient baptisée DataSuit et qui ressemblait à une combinaison de plongée (à juste titre, puisque qu'ils en avaient utilisée une comme base de travail). Ann Lasco-Harvill et d'autres avaient rejoint l'équipe pour créer l'équivalent du gant pour le corps, muni d'un réseau de capteurs correspondant à cinquante degrés de liberté au niveau des genoux, du cou, des chevilles et des poignets. L'objet vaut très cher — autour de 50 000 dollars* — et il a fallu beaucoup de temps pour en développer un modèle fiable (avec un si grand nombre de capteurs, les chances de panne ou de mauvais réglage sont d'autant plus grandes). Lors de la présentation de la combinaison par VPL, j'eus l'occasion de danser avec un homard virtuel. Et lorsque je me rendis à Tokyo, en mars de l'année suivante, je pus assister à une démonstration dans laquelle une personne revêtue d'un DataSuit présentait la « télévision interactive du futur ». L'idée du passage du corps entier dans un monde virtuel n'était pas une nouveauté ; dans le livre de Steward Brand, *The Media Lab*, on peut voir une photo de Nicholas Negroponte vêtu d'une version primitive d'une combinaison de plongée équipée de capteurs de position. Cette utilisation du corps entier comme « instrument de saisie » fait l'objet de recherches très actives, aussi bien au laboratoire de Myron Krueger que dans la grande entreprise japonaise des environs de Kyoto, par exemple.

Au cours de l'été 1990, VPL passa à la phase suivante du plan de développement de son marché. La majeure partie de son chiffre d'affaires provenait jusque là de la vente d'équipements à des centres de recherche et de développement et de royalties sur le PowerGlove. Il était temps de trouver des partenaires pour réaliser de nouvelles applications. Lanier et moi convînmes d'un rendez vous à l'automne 1990 pour évoquer ces nouvelles orientations. Comme d'habitude, nous échouâmes dans un restaurant situé non loin de son bureau. Il était en effet de plus en plus difficile d'avoir une conversation avec lui dans les endroits où il était possible de le joindre. À son bureau, le téléphone arrêtait rarement de sonner.

« Quoi de neuf ? », lui demandai-je, sachant que j'aurai droit immédiatement à deux heures de commentaires enthousiastes sur ses nouveaux projets, dont certains s'avéreraient ne déboucher sur rien de tangible, et dont d'autres devaient plus tard me surprendre par leur solidité.

---

* *N.d.t.* : Environ 270 000 francs français.

« Mattel va sortir la boule de commande Super Glove Ball pour le PowerGlove, et nous travaillons à un gant bon marché destiné aux micro-ordinateurs, mais en ce moment, c'est le projet de cuisine virtuelle auquel nous collaborons avec Matsushita qui m'excite le plus », répondit-il. Il est en général facile d'apprécier dans quelles dispositions se trouve Lanier à un moment donné. Ses gestes, ses expressions sont très parlants. Son rire est sincère et son front à tendance à se plisser lorsqu'il est préoccupé. Lorsqu'il me décrivit ce projet de cuisine virtuelle, il avait l'expression qu'arborent les gamins lorsqu'ils franchissent le seuil d'un magasin de jouets.

VPL et Matsushita Electric Works, expliqua Lanier, avaient décidé de travailler sur un projet commun. Matsushita possède une base de données des modèles en CAO de trente mille modules de cuisines qu'ils commercialisent par l'intermédiaire des principaux grands magasins japonais. Grâce à un mariage de cette base de données avec le système de VPL, les clients pourront, dans le cadre même du grand magasin, indiquer les dimensions de leur cuisine à un ordinateur, qui créera ensuite un modèle de celle-ci. Le client pourra ensuite placer différents modules du catalogue de Matsushita dans sa cuisine virtuelle en trois dimensions et voir s'ils sont bien adaptés, tant au plan fonctionnel qu'esthétique. Les assiettes disposées sur les étagères seront déplaçables, on pourra ouvrir la porte du réfrigérateur, et on pourra même voir l'air à différente température s'échapper du réfrigérateur ouvert.

« Nous comptons y inclure une simulation thermodynamique », ajouta Lanier, « pour montrer de quelle manière les courants d'air chaud et froid circulent dans la cuisine. »

Les plans de VPL visant à aboutir à des partenariats stratégiques — même si on n'en était qu'au tout début lorsque je m'entretins avec Lanier de ce sujet —, avaient fière allure. Un autre de ces projets en cours, par exemple, consiste en un simulateur d'aménagement intérieur pour un grand fabricant d'automobiles américain. Ou encore, c'est l'une des principales entreprises mondiales de jeux et de loisirs qui a passé contrat avec VPL pour élaborer des jeux de réalité virtuelle de salle destinés à remplacer les flippers et les jeux vidéo d'aujourd'hui. (L'application de la RV à ce secteur a été marquée, l'été 1990, par l'ouverture du « Battletech Center »* à Chicago. Pour 7 dollars**, chaque participant peut utiliser une cabine sur vérins qui simule par le mouvement, le son et l'image un vaisseau spatial et participer à des batailles interstellaires virtuelles avec les autres joueurs.)

---

* *N.d.t.* : Ou « Centre de jeux de guerre high tech ».

** *N.d.t.* : Environ 35 francs.

La simulation chirurgicale donne lieu à un autre projet, plus sérieux, sur lequel travaille VPL en ce moment. Le projet d'origine de NASA/Ames avait bénéficié de la collaboration du Dr. Joseph Rosen, du Stanford Medical Center, pour aboutir au « cadavre virtuel ». Même si le travail sur de vrais cadavres humains et sur des patients vivants est indispensable pour former les chirurgiens, il est très intéressant de pouvoir simuler, en trois dimensions, des troubles anatomiques particuliers nécessitant une opération, surtout si ces simulations peuvent exploiter les images médicales réelles de vrais patients. En ce qui concerne l'aide au diagnostic, des systèmes d'imagerie comme ceux qui sont en cours de développement à Stanford et à l'UNC devraient être opérationnels d'ici la fin de la décennie. En revanche, pour une discipline comme la chirurgie, si délicate, et dans laquelle le toucher intervient beaucoup, des progrès techniques importants seront sans doute nécessaires pour rendre ce type de simulation plus réaliste et plus poussé que la simple projection d'images tridimensionnelles d'aujourd'hui.

Dans un autre cadre, VPL doit collaborer avec le bureau d'études d'un grand constructeur d'aéronautique — « Ce n'est pas un constructeur de matériels militaires », s'empresse d'ajouter Lanier, « car nous ne voulons pas être payés par le ministère de la Défense ni travailler sur des systèmes militaires. » L'une des toutes dernières souffleries de ce constructeur a été construite avec l'assistance d'un système VPL.

VPL s'intéresse aussi au nouveau secteur, potentiellement lucratif, des systèmes de visualisation financière. Les marchés boursiers ne fonctionnent d'ailleurs déjà plus tellement à la criée. La plupart des transactions financières dans le monde consistent aujourd'hui en des échanges de données entre grands systèmes de marchés informatisés. Si l'on trouvait une manière de faire apparaître une ou des logiques à partir de ces millions d'échanges et de les rendre visualisables et manipulables en trois dimensions, l'affaire pourrait être extrêmement rentable. VPL travaillait avec une firme d'analyses financières qui souhaitait pouvoir représenter des bases de données sous forme de forêts et les éléments de la base sous forme d'arbres, à titre d'expérience d'immersion totale dans une base de données financières. Est-ce que les chiffres nous parleraient plus intelligiblement si nous pouvions nous promener ou voler au milieu d'eux ? Les prévisions, les arbitrages pourraient être opérés en repérant l'arbre le plus grand, par exemple, et en l'attrapant à l'aide du DataGlove.

Dans le monde du spectacle, VPL s'apprêtait à s'engager dans une collaboration avec le réalisateur Alex Singer, responsable notamment des séries télévisées *Hill Street Blues* et *Cagney & Lacey*. Je me doutais depuis un certain temps, au moment de rencontrer Singer à Texpo, qu'Hollywood ne tarderait pas à s'intéresser à la RV. Le film que Singer cherche à mettre sur pied, intitulé provisoirement *A Man and a Woman and a Woman*, conte l'histoire de deux personnages qui tombent amoureux l'un de l'autre à l'intérieur d'un monde virtuel. Compte tenu des antécédents de Singer, il n'est pas impossible qu'un film à succès révèle la RV au grand public de la même manière que le film *War Games* révéla le phénomène des jeunes « bidouilleurs » de l'informatique. Le système RB2 fit une apparition à la télévision américaine en 1990 dans le cadre d'un clip musical créé par Lanier et par le guitariste Stanley Jordan, la RV étant utilisée par ce dernier comme un outil d'improvisation en temps réel. On y voit Jordan jouer d'une guitare virtuelle de la taille d'un gratte-ciel. Dans un autre clip, du groupe Grateful Dead, figure une animation d'une main de squelette réalisée grâce au DataGlove. (Le parolier de Grateful Dead, John Barlow, est un ami de Lanier. Je les ai d'ailleurs rencontrés tous deux à plusieurs concerts récents de Grateful Dead, et Lanier, en désignant la foule colorée qui nous entourait, fit remarquer qu'« un concert de Grateful Dead est l'un des rares endroits où je peux me fondre dans le paysage. »)

Ces clips et ces animations conduisent à évoquer une autre application pertinente pour les gants ou les combinaisons de saisie. Étant donné que les DataGlove et DataSuit fournissent des données en temps réel correspondant à des mouvements naturels du corps, on peut s'en servir comme organes de commande d'animation vidéo. Les mouvements que l'on désire appliquer à des personnages animés peuvent être mimés par quelqu'un portant un gant ou une combinaison, et les signaux obtenus en sortie appliqués à l'animation. À Tokyo, j'ai pu voir des techniciens de Fuji-TV, une des principales sociétés de production de programmes de télévision, faire appel au DataSuit pour cet usage. Le technicien endosse la combinaison, se met à courir sur le plateau, attrape un ballon de basket, et marque un panier. L'ensemble de ses mouvements peut ensuite être appliqué à un personnage de dragon, de chat, bref à tout personnage animé.

« Reality Net »* est le nom donné par Lanier à l'un de ses projets les plus flamboyants. Un an seulement après la démonstration de RB2 à Texpo, Lanier souhaitait déjà mettre sur pied un réseau test de télécommunications virtuelles embrassant tout le territoire américain. La première liaison devait être établie en 1991, entre le groupe de RV de l'UNC et VPL. Le *Human Interface Technology Laboratory* de Seattle et le Media Lab étaient également d'accord pour participer à l'expérience. Les chercheurs en RV que j'avais rencontrés à Kyoto s'étaient eux aussi déclarés prêts à rejoindre le réseau dès qu'il serait opérationnel. Il s'agit donc de créer un canal de communication en RV destiné à permettre l'échange d'informations et la mise sur pied d'explorations en commun de l'aspect « moyen

---

* *N.d.t.* : Le « Réseau réalité ».

de communication » de la RV. S'il devient possible de partager des mondes virtuels en branchant simplement un casque sur le réseau téléphonique, le cyberespace de Gibson pourrait bien exister plus tôt que prévu. Au départ, un tel réseau pourrait fonctionner sur le principe de l'envoi de « paquets » de données à travers le réseau téléphonique existant, à l'instar de la communication de données entre ordinateurs par modem*. Dans un second temps, les systèmes de RV, gourmands en temps de calcul et en volumes de données, pourraient être reliés aux réseaux « large bande »** sur fibre optique du futur.

Si l'on prend ARPAnet pour référence, qui fut lancé à titre expérimental et déboucha sur le réseau mondial d'interconnexion d'ordinateurs (et de messageries électroniques) publics et privés d'aujourd'hui, que certains appellent « the Matrix » ou « Worldnet », Reality Net pourrait très bien dépasser rapidement le stade des balbutiements, pour peu qu'un programmeur de génie ponde les programmes nécessaires pour faire communiquer les moteurs de réalité à travers un réseau de télécommunication. Pendant toute l'année 1990, le travail initial a consisté à élaborer un ensemble de protocoles permettant l'échange d'informations par ces machines à travers un réseau téléphonique public de débit assez faible. Modifier un monde virtuel à l'échelle intercontinentale peut être une tâche plus faisable qu'il n'y paraît à première vue si l'on développe une stratégie dans laquelle les données qui constituent le modèle de monde virtuel peuvent être conservées de façon indépendante sur chaque site constituant le réseau, de sorte que les seules informations à échanger entre les sites soient celles correspondant aux changements opérés sur ces mondes par les opérateurs des différents sites. En d'autre termes, il faut beaucoup moins de temps pour transmettre l'information « J'ai déplacé mon pied, il est maintenant à telles coordonnées » sur le réseau – votre ordinateur se chargeant, sur votre site, de redessiner votre pied à sa nouvelle position – que de transmettre aux autres participants toutes les instructions de redessin de votre pied et du paysage virtuel qui l'entoure.

---

* *N.d.t.* : Matériel de conversion des données électriques sortant des ordinateurs en fréquences audibles, transmissibles par téléphone.

** *N.d.t.* : La bande de fréquence d'un support (câble métallique, fibre optique, faisceau hertzien) est la plage de fréquences que l'on peut lui faire transmettre. Plus cette bande est large, plus les fréquences transmissibles peuvent être élevées, et donc plus le débit des données correspondantes est grand (pour simplifier, chaque période de la fréquence utilisée permet d'exprimer un bit, 0 ou 1). Le réseau téléphonique actuel (bande étroite) peut accepter des débits allant jusqu'à quelques dizaines de Kbit/s ; les réseaux large bande de demain, sur fibre optique, permettront des débits de plusieurs dizaines, voire centaines de Mbit/s.

VPL a par ailleurs acheté une licence d'utilisation de la technique de reproduction des sons en trois dimensions développé à l'origine par la société Crystal River Engineering de Scott Foster pour NASA/Ames. Pour une somme supplémentaire rondelette, il est désormais possible d'acheter le produit « AudioSphere » à VPL, pour compléter le reste des équipements de RV, ou à titre de sonorisation 3D autonome. Dans le même temps, VPL a également annoncé la sortie du système « VideoSphere », qui permet aux opérateurs de RB2 de voir se superposer au monde virtuel une vue panoramique d'un environnement réel filmé en vidéo. Comme exemple d'application, VPL indique que l'on pourrait intégrer les images vidéo d'un quartier et leur superposer l'image virtuelle d'un nouvel immeuble que l'on se proposerait de construire. C'est une caméra d'un type particulier, baptisée le « Revolvatron », qui recueille les images du monde réel. L'intégration dans les mondes virtuels créés sur ordinateur des nouvelles images électroniques d'aujourd'hui (camescopes notamment), de la vidéo traditionnelle, de la vidéo numérique est un autre besoin actuel qui pourrait déboucher sur un secteur d'affaires à part entière.

Lanier et VPL ne donnent pas l'impression de vouloir ralentir leur mouvement en avant. Tout récemment, Lanier et Alex Singer se sont une nouvelle fois envolés pour Tokyo. Je ne sais si VPL continuera à dominer le secteur commercial de la RV, mais il est certain que si celui-ci se développe dans les années qui viennent, il aura été défriché par une petite société pas comme les autres, ayant débuté ses activités dans une villa, les poursuivant aujourd'hui dans le cadre d'un parc d'affaires, et bien décidée à changer la nature de notre réalité.

VPL était donc la première, mais elle n'est plus la seule dans son secteur. Jaron Lanier est probablement l'un des visionnaires les plus... en vue de la RV, mais il n'est pas le seul non plus. De fait, même si VPL semble avoir placé une mise sur la plupart des applications spectaculaires de la RV, le vrai moteur de ce secteur pourrait bien être, dans un proche avenir, une société peu connue en dehors du monde du logiciel, fondée il y a dix ans par un groupe de programmeurs, et qui fait aujourd'hui 100 millions de dollars de chiffre d'affaires annuel : Autodesk. John Walker, l'un des fondateurs de la firme, est quelqu'un de très pudique, un personnage nettement moins pittoresque que Jaron Lanier. À long terme, lui et la société qu'il a fondée compteront néanmoins peut-être autant pour l'industrie de la RV que la société qui vend « les lunettes et les gants ».

CHAPITRE 8

EXPLORATION DU CYBERESPACE

Ce qu'on appelle le « cyberespace » est en réalité une technique universelle d'interaction avec l'ordinateur ; rien dans son concept n'est directement lié à la représentation en trois dimensions, pas plus que les interfaces homme-machine dites « de cinquième génération », fondées sur les techniques d'affichage graphique par points, ne limitent l'utilisation de ces ordinateurs au dessin en deux dimensions. Il est toutefois normal que de nouvelles techniques soient utilisées initialement de la manière la plus évidente, la plus « littérale ». Lorsque les écrans à affichage graphique sont apparus, on s'en est servi dans des buts de création graphique, notamment le dessin et le traitement d'image. Ce n'est que plus tard, quand ces écrans ont vu leur prix baisser et se sont répandus que l'on s'est rendu compte qu'ils pouvaient faciliter aussi les tâches ne portant que sur des mots ou sur des nombres.

Il en sera de même pour le cyberespace. Celui-ci correspond à la première interface homme-machine en trois dimensions digne de cette appellation. Les utilisateurs qui s'efforcent aujourd'hui d'appréhender des objets tridimensionnels sur des écrans à deux dimensions par l'intermédiaire de subterfuges comme les vues multiples, les ombrages ou l'animation n'auront aucune difficulté à comprendre, ni aucune hésitation à adopter une technologie qui leur permettra d'attraper un objet et de le faire tourner pour en assimiler la forme, de voler comme Superman à travers un objet de forme complexe, ou d'assembler des modules à l'aide d'outils et de voir immédiatement le résultat de leurs manipulations.

JOHN WALKER,
Through the Looking Glass, 1988

VPL rendit possible la recherche en RV pour nombre de centres de recherche en informatique, grâce aux outils « prêt à porter » qu'il proposait, mais plus nombreux encore furent ceux qui, ne travaillant pas directement dans le domaine de la recherche en interfaces homme-machine, prirent conscience de l'existence de la RV lorsqu'Autodesk se lança dans ce domaine. Lors de la première démonstration de leur projet « Cyberia », au printemps 1989 dans leurs locaux, j'avais pris soin d'arriver en avance, ce qui me permit de prendre place au premier rang. La salle finit par être encore plus remplie que d'habitude par le personnel d'Autodesk, leurs invités, et un nombre non négligeable d'entre nous, « veilleurs technologiques » indépendants qui avions senti qu'il s'agissait de quelque chose d'important et qui nous étions débrouillés pour obtenir une invitation. Je vis Steward Brand, éditeur du *Whole Earth Catalog*, ainsi que Hugh Daniels, le directeur technique d'origine de « The WELL », la communauté virtuelle de Whole Earth*. Parmi les visages qui m'étaient familiers se trouvait un autre utilisateur du WELL, le futuriste Peter Schwartz, ex-responsable de la planification stratégique chez SRI International, puis à Royal Dutch/Shell, à la Bourse internationale de Londres, et aujourd'hui président de sa propre société, Global Business Network. Theodor Nelson, techno-prophète, pamphlétaire, Compagnon officiel Autodesk et vétéran de la révolution micro-informatique, se tenait en marge de la foule et arborait ce sourire un peu « frappé » mais communicatif qu'il utilise en général quand il est en société. Esther Dyson, butineuse connue du monde informatique, avait fait exceptionnellement le déplacement en Californie du Nord. John Barlow, parolier de Grateful Dead, Républicain du Wyoming et « technotoqué » selon ses propres dires, avait été également attiré par l'événement par l'intermédiaire du WELL. J'aperçus aussi des gens d'Apple et de chez Lucasfilm. La seule caractéristique commune de ces gens-là, me disais-je, semblait être une sorte d'attirance pour l'avant-garde de la technique, d'où partent parfois des révolutions.

La plupart avaient goûté pour la première fois au cyberespace la semaine précédente. Étant donnée leur culture technique, point n'était besoin de leur expliquer que pour l'instant, ce qu'ils avaient vu n'était qu'un stade encore rudimentaire de la chose, que le matériel utilisé était bon marché et loin d'être suffisamment puissant pour l'instant. Il n'était pas nécessaire non plus d'extrapoler à partir de l'essai qu'ils avaient fait les possibilités futures du cyberespace. On nous entretint brièvement des applications de la RV à la visualisation scientifique, aux jeux, à la gymnastique, aux sports, à l'éducation, à la formation, au théâtre, à la danse, à la kinésithérapie et à la télérobotique. Le regard intérieur de tous était fixé sur un horizon prospectif fort large. La présentation était assurée par l'équipe Cyberia, qui avait travaillé jour et nuit depuis des semaines,

---

* *N.d.t.* : « The WELL », dans lequel Howard Rheingold voit une de ces « communautés virtuelles » naissantes, est un service californien de messagerie et de forums électroniques fondé par l'association *Whole Earth*, où les débats sont animés dans de nombreux domaines. L'acronyme qui donne son nom au service signifie « Lien électronique de Whole Earth » et joue sur le sens figuré de *Well*, puits de connaissance, mine de renseignements.

d'abord pour terminer le prototype présenté, puis pour le faire essayer à tous ceux qui désiraient y plonger. On aurait presque dit un rite baptismal. Je me souviens du discours plein d'émotion de William Bricken (dans lequel il affirma : « Pour moi, l'analogie la plus forte est la suivante : l'exploration des réalités virtuelles est une manière d'apprendre à être de nouveau enfant. »). Puis Eric Gullichsen présenta un court-métrage dans lequel figurait Timothy Leary.

Lorsque l'équipe eut terminé sa présentation et fut gratifiée, les yeux humides, d'une ovation, Esther Dyson fut l'une des premières à réagir.

« Je ne voudrais pas paraître négative, mais il me semble que dans tout cela, il y a du bon et du moins bon », dit-elle. « Il n'est pas question qu'on m'enlève mon clavier, par exemple. » Par ce seul exemple bien choisi, elle avait su communiquer l'espèce de désenchantement que l'on peut éprouver lorsqu'on se trouve au sein d'un groupe de gens partageant une sorte de ferveur religieuse que l'on ne ressent pas soi-même.

Ce à quoi le programmeur de mondes virtuels Randal Walser répondit, de sa voix douce, que Dyson pourrait très bien retrouver son clavier dans le cyberespace, dès que des matériels plus puissants seraient disponibles. « Vous pourriez disposer d'un micro-ordinateur virtuel, et donc d'un bureau virtuel virtuel* », ajouta-t-il avec un petit sourire.

Theodor Nelson fit un commentaire décalé et provocant comme il les aime, en observant que le cyberespace nous permettra enfin de nous rendre compte, comme il l'a affirmé depuis des années, que « l'informatique est en réalité une sous-branche du cinéma. »

Le contexte dans lequel Nelson fit cette remarque était plus que favorable, étant donné que nous venions tous de goûter un peu au cyberespace, que la plupart d'entre nous avaient pu lire depuis au moins dix ans les commentaires prophétiques incroyablement justes de Nelson, et que nos cerveaux, à cet instant précis, étaient en surrégime pour nous permettre d'apprécier l'importance de ce que nous voyions émerger ici. Pour moi et, me semblait-il, pour les autres, la brève proposition de Nelson équivalait à un concept si fort et si précis qu'elle en avait presque les allures d'un sort jeté par un magicien. De retour à mon bureau, tard dans l'après-midi, j'allai à la recherche d'un dossier que j'avais conservé quelque part dans la commode entreposée dans mon garage, celle où échouent les documents à garder « au cas où ». Et je mis effectivement la

* *N.d.t.* : Non, il ne s'agit pas d'une coquille. Sur les ordinateurs Macintosh et PC fonctionnant sous Windows ou OS/2, on parle de « bureau virtuel » pour désigner l'analogie d'un bureau présentée à l'écran, avec ses dossiers, ses fichiers, sa corbeille à papiers, etc. Si l'on reproduisait dans le cyberespace un Macintosh virtuel, le « bureau » présenté le serait donc doublement !

main sur l'article de novembre 1980 où Theodor Nelson s'exprimait sur la signification profonde de la virtualité. N'oublions pas qu'il l'écrivit à un moment où les micro-ordinateurs n'avaient pas encore vraiment effectué leur percée, et où les visiocasques étaient encore des curiosités de laboratoire :

> Le point d'appui central, dans la conception de systèmes interactifs, c'est ce que j'appelle la *virtualité* du système. Ce terme est à prendre dans son acception générique, applicable à tous les domaines dans lesquels l'esprit, les effets spéciaux et les illusions interviennent.
>
> Par « virtualité » d'une chose, j'entends ce qui relève de son apparence, par opposition à sa réalité concrète, qui peut ne pas être pertinente.*
>
> Un système informatique interactif consiste en une série de présentations conçues pour affecter l'esprit de telle ou telle manière, de manière analogue à un film. Il ne s'agit pas là d'une comparaison gratuite mais au contraire du cœur de mon propos.
>
> J'utilise le terme « virtuel » dans son sens traditionnel, opposé à « réel ». La *réalité* d'un film recouvre par exemple la façon dont le décor a été réalisé, où la manière dont les acteurs ont repris leurs marques entre deux prises, mais est-ce vraiment là ce qui importe ? La *virtualité* du film, c'est *ce qu'il semble contenir*. La *réalité* d'un système interactif comprend la manière dont ses données sont organisées, ou le langage informatique dans lequel il a été programmé, mais là encore, est-ce bien important ? Ce qui est important, c'est ce qu'il donne à voir, *ce qu'il semble être*.
>
> Une « virtualité » est donc la structure de ces apparences, et l'appréhension conceptuelle de ce qui a été créé. Dans quel environnement conceptuel se trouve-t-on ? C'est cet environnement et ses qualités de réponse qui importent, et non la « réalité » non pertinente des détails de sa mise en œuvre. Et la création de ces apparences, en un ensemble cohérent, est le vrai travail du concepteur de virtualités. Ce qui est vrai tout autant pour un film que pour un logiciel de traitement de texte.

Je parierais qu'un quart des gens présents dans cet auditorium de chez Autodesk, cet après-midi-là, avaient lu cet article près de dix ans plus tôt — sans peut-être s'en souvenir consciemment — et avaient immédiatement décodé la remarque de Nelson.

Après que Ted Nelson nous eut ainsi estomaqué, quelqu'un d'autre se leva. Du magique, on passait au banal : ce jeune homme avait le genre de coupe de cheveux qu'on fait encore chez les « barbiers » pour cinq dollars ; la pochette de sa chemise blanche bon marché était pleine de stylos et crayons divers. Quand il commença à parler, je me rendis compte

---

* La seule autre expression à laquelle je pense pour exprimer cette notion est « environnement mental ». Mes étudiants m'ont poussé à retenir le terme « virtualité », même s'il est ambigu pour les utilisateurs de systèmes dits « virtuels », c'est-à-dire d'ordinateurs configurés avec une quantité importante de mémoire virtuelle.

que cet homme mêlé à la foule n'était autre que John Walker, le président à l'existence habituellement recluse d'Autodesk, totalement à l'opposé de Jaron Lanier en termes de charisme. C'est un programmeur de grande renommée, qui a fondé il y a quelques années cette société qui fait aujourd'hui plusieurs centaines de millions de dollars de chiffre d'affaires par an, et qui a pris récemment un congé de durée indéterminée de son poste de président pour pouvoir redevenir programmeur. Aux yeux de Wall Street, VPL n'est même pas encore un écho sur l'écran radar de leurs tableaux de bord, alors qu'Autodesk est un candidat sérieux à la catégorie des poids lourds de la cote. Et John Walker est l'âme d'Autodesk. Cette image d'anti-héros est bien la sienne. Il aime programmer, il n'aime pas perdre son temps en bavardages. Il sait toutefois prendre la parole quand il le faut et faire appel à sa capacité à convaincre.

Walker ne parle normalement pas à la presse, mais je me suis débrouillé pour faire sa connaissance quelques mois plus tard à la *Hackers' Conference**, réunion des « penseurs » de l'informatique. Le mot « hacker » en est venu à désigner, par la grâce des médias, « des gamins au comportement antisocial qui infiltrent les ordinateurs des autres ». À l'origine, le mot avait une connotation plus honorable et s'appliquait plutôt aux programmeurs virtuoses qui trouvaient les solutions les plus subtiles aux obstacles qu'ils rencontraient dans leur travail. D'ailleurs, sans ces « hackers », nous n'aurions peut-être pas les micro-ordinateurs et les forums électroniques que nous connaissons aujourd'hui. La « Hackers' Conference » est un événement automnal qui dure le temps d'un week-end, sur un site champêtre proche de Silicon Valley. La *Whole Earth Review* et les quelques « hackers » bien chevronnés qui l'organisent ont ainsi accueilli tous les héros de la révolution micro-informatique : les programmeurs de la NASA, les jeunes architectes du Macintosh, les concepteurs de jeu, les télécommunicants utopistes et les vétérans du *Homebrew Computer Club* des années soixante-dix, dont bon nombre fondèrent ensuite des sociétés devenues depuis milliardaires.

« Réalité virtuelle » était l'expression qui revenait sur toutes les lèvres à cette « Hackers' Conference » de 1989. On m'avait demandé d'animer une session d'après dîner sur les grandes questions liées à la RV. L'avantage de me confier ce rôle de « modérateur », que je devais tenir en d'autres occasions analogues, c'était qu'on traitait ainsi élégamment les problèmes d'ego et d'intérêts commerciaux divergents du monde de la RV. Une centaine de participants disparates, des hommes pour la plupart, s'étaient rassemblés dans l'auditorium du camp de vacances qui avait été loué pour l'occasion. Mais ce ne fut pas, malgré tout, le « grand soir » que

---

* *N.d.t.* : « Conférence des bidouilleurs ».

j'attendais, même si les conditions d'un consensus majeur sur ces questions étaient presque toutes réunies : le rythme des révolutions technologiques de la Silicon Valley est si élevé que les nombreux « vétérans » des débuts de la micro-informatique sont maintenant en position d'influer sur les orientations de la prochaine de ces révolutions, et une bonne partie des jeunes ingénieurs, programmeurs et entrepreneurs qui avaient permis les progrès récents de l'informatique étaient présents ce soir-là. Je me demandai s'il s'agissait de la dernière occasion pour les leaders du secteur commercial naissant de la RV d'échanger librement leurs vues sur le sujet, sans la caution de leurs avocats respectifs, tant les travaux de recherche d'aujourd'hui pourraient rapidement déboucher sur les parts de marché de demain. Les gens d'Autodesk étaient là. Les gens de VPL, de la NASA et d'autres centre de recherches et entreprises en RV aussi. Si les grandes questions touchant à la vie privée, à la propriété, à la liberté de parole dans le cyberespace devaient être débattues par un groupe disposant de l'expertise, de l'expérience et du pouvoir d'influer sur les réponses à y apporter, c'était bien à la « Hackers' Conference » de 1989 qu'elles devaient l'être.

Mais ce samedi soir-là, ils étaient apparemment plus nombreux à vouloir parler de cybersexe que des implications légales et épistémologiques de la réalité virtuelle. Je reconnais que j'avais moi-même évoqué l'éventualité d'une stimulation sensuelle au sein du cyberespace lorsque j'avais fait la liste des sujets de débat possibles. Il ne s'agissait certainement pas de la première ni de la dernière assemblée à se focaliser sur ce sujet, quel que soit l'effort fait pour le noyer au milieu de plusieurs autres. La tradition de la « Hackers' Conference » veut que le modérateur fasse une brève introduction au thème choisi, puis se contente ensuite pour la plus grande part de faire passer le micro parmi une centaine de gens à l'opinion souvent bien arrêtée. Il ne s'agissait certainement pas là d'un groupe qu'un modérateur sensé eût cherché à maîtriser. Ce soir-là, Lee Felsenstein, ancien anar du groupe des *Homebrewers*, remit au goût du jour le néologisme fameux de Ted Nelson, *Teledildonics*.*

La discussion prit toutefois un tour plus sérieux lorsque Walker se leva et nous rappela que le potentiel de la conception en trois dimensions est évident lorsque nous regardons autour de nous. « La CAO, ce n'est pas seulement une affaire de dessin sur ordinateur », remarqua-t-il. « Il s'agit de la conception de tous les objets manufacturés que nous utilisons. » Il évoquait ainsi le point d'appui à partir duquel une technologie que ses auditeurs sauraient maîtriser pouvait faire avancer le monde.

---

* *N.d.t.* : Littéralement, « Télégodemichique », la science (à moitié canularesque) du plaisir sexuel artificiel à distance, mais nous en resterons plus sobrement dans la suite de ce livre à « Télésexe ».

Walker parlait du type d'influence que sa propre compagnie avait pu exercer, de façon peut-être moins visible que d'autres aspects de la culture *high tech*, mais portant sur tout et sur tout le monde de manière plus ou moins diluée. La révolution de la CAO avait, de fait, pénétré partout sans être en soi réellement spectaculaire. Les leviers d'un changement ne sont donc pas toujours visibles — la plupart des gens n'ont pas l'occasion de voir ingénieurs et architectes passer du crayon et du papier à l'ordinateur pour concevoir leurs ustensiles de cuisine ou les immeubles qu'ils habitent —, mais nous pouvons tous voir et vivre les conséquences de l'avènement des outils de CAO. La voix de John Walker, dans le cadre des multiples débats sur la RV, faisait prendre à ces derniers un tour sérieux, à la fois visionnaire et pragmatique. Frederick Brooks désire créer des amplificateurs intellectuels pour les scientifiques, les médecins et les architectes. Jaron Lanier distingue un champ entièrement nouveau de la communication entre les hommes. John Walker, lui, révèle un marché encore inexploré, celui des gens, de plus en plus nombreux, qui pourront travailler plus intelligemment en s'immergeant dans les modélisations des problèmes sur lesquels ils planchent.

L'arrivée d'Autodesk dans le domaine de la recherche en RV lui conféra une étiquette de secteur d'affaires encore naissant, mais à prendre au sérieux. John Walker inspire le respect dans la communauté des programmeurs, non seulement en raison de ses succès financiers, mais également parce qu'Autodesk est considérée comme une entreprise « de programmeurs ». Elle fut fondée parce que Walker et quelques autres avaient parié que les architectes et les bureaux d'études qui se servaient déjà de micro-ordinateurs pour d'autres tâches seraient prêts à payer quelques centaines de dollars pour un équivalent en un peu moins puissant des logiciels de CAO pour grands systèmes achetés plusieurs milliers de dollars par de grands cabinets d'architectes et bureaux d'études. Le logiciel AutoCAD devint ainsi un des best-sellers du logiciel pour micro-ordinateurs. Au fur et à mesure de l'évolution des techniques d'affichage et de la puissance des matériels, le logiciel d'Autodesk prit de l'envergure, passant d'une version en deux dimensions destinée aux schémas techniques à des représentations en 2 1/2 D d'espaces et d'objets. En 1990, Autodesk annonçait un chiffre d'affaires de 117 millions de dollars pour 1989 et Wall Street évaluait la société à 926 millions de dollars*. Le succès rapide d'Autodesk prouve bien que les ingénieurs d'études sont prêts à payer pour des outils d'amplification de leurs capacités, même s'ils sont rudimentaires, à partir du moment où ils leur permettent de mieux tirer

* *N.d.t.* : Respectivement environ 600 millions et 5 milliards de francs français.

parti de leur expérience. Walker estime que ceux-là même qui ont permis à sa société de valoir près d'un milliard de dollars – les utilisateurs d'AutoCAD pour qui la représentation d'objets en trois dimensions est une affaire cruciale – sont prêts à faire passer leur point de vue derrière l'écran de leur ordinateur et à pénétrer les mondes virtuels qu'ils essayent justement de concevoir.

Même si un logiciel de CAO passe pour un outil banal, il s'agit bien d'un des plus flagrants exemples d'outils d'amplification intellectuelle tels que Douglas Engelbart et Frederick Brooks les ont rêvé depuis des dizaines d'années. Qu'Autodesk considère implicitement l'amplification intellectuelle comme son secteur d'activités, la chose est patente si l'on observe les différents projets menés de front par la firme et relevant de l'hypertexte, des communautés électroniques, du multimédia et de la réalité virtuelle. Ainsi Autodesk a-t-il investi dans le grand projet d'hypertexte inachevé de Ted Nelson et de ses collègues, *Xanadu* ; l'hypertexte consiste à lier entre elles les connaissances du monde entier en un réseau automatisé, dans le cadre duquel la création d'informations, leur publication et le paiement de royalties sur leur propriété intellectuelle pourraient être organisés au bénéfice de tous, partout dans le monde*. Autodesk embaucha également Randy Farmer, l'un des concepteurs de la première communauté électronique à interface graphique (*Habitat*, commandité à l'origine par la division Jeux de Lucasfilm, et contrôlé aujourd'hui par Fujitsu), pour les aider à concevoir une bourse électronique d'échange d'informations pour leur filiale Amix. Tout récemment, Autodesk a créé une division multimédia, dans le but d'évaluer l'intérêt des technologies disques lasers (CD-ROM), vidéodisques et vidéo numérique interactive (DVI). Les séminaires hebdomadaires tenus dans les locaux de Sausalito sont maintenant très courus, et il est du dernier chic d'avoir un ami au sein de la société.

Dans le monde des tout meilleurs « sorciers » du logiciel, on dénote deux catégories, les loups solitaires et ceux qui vont travailler pour une entreprise parce que d'autres bons programmeurs s'y trouvent déjà. C'est pourquoi, lorsqu'on entend dire que plusieurs as de la programmation débarquent dans telle ou telle société, c'est un signe que quelque chose de fort intéressant s'y trame, qui relève plus de la recherche en technologie pure que de la simple quête de nouvelles parts de marché. Pendant un moment, dans les années soixante-dix, toutes les stars de la programmation semblaient graviter autour du PARC de Xerox. Au début des années

---

* *N.d.t.* : On a d'abord parlé d'hypertexte, dans les années quatre-vingt, pour désigner des textes affichés sur ordinateur, dont certains mots importants, lorsqu'ils étaient sélectionnés (au clavier ou par la souris), provoquaient l'affichage d'un autre texte s'y rapportant, en quelque sorte sous-jacent. Une espèce de représentation « en couches », ou comme le dit Howard Rheingold, en «réseau » d'un ensemble de connaissances.

quatre-vingt, ceux qui brûlaient de repousser les limites des technologies nouvelles et de sauver le monde avec des logiciels d'un genre nouveau s'étaient retrouvés chez Apple. Vers la fin des années quatre-vingt, Autodesk semblait être devenu le port d'attache des meilleurs magiciens du logiciel. Les esprits originaux étaient les bienvenus, semblait signifier Autodesk par ses embauches, du moment que les talents de programmeur des candidats étaient de niveau « olympique ».

Il y a une différence nette entre la création solitaire de logiciels géniaux et la direction d'une équipe importante de programmeurs. La façon dont Walker communique sa vision des choses au reste de la société est un de ses grands atouts ; il est connu tout autant pour ses notes de service inspirées que pour son talent d'analyste logiciel (un certain nombre d'entre elles ont été publiées dans l'ouvrage *The Autodesk File*). En septembre 1988, Walker lança sa compagnie sur le marché du cyberespace – ou tout au moins lui donna la poussée initiale dans cette direction – en faisant circuler au sein d'Autodesk une note intitulée « À travers le miroir : l'interface homme-machine de demain ». Il ne s'agissait pas d'un document destiné à rester secret, et en quelques heures, il commença à faire son chemin à travers les réseaux électroniques et à aboutir sur des « bureaux virtuels » du monde entier, y compris sur le mien. La lecture de ce manifeste, peu après ma première expérience du cyberespace, fut l'un des facteurs décisifs qui me conduisirent à passer deux ans à explorer et à goûter le monde de la réalité virtuelle. John Walker avait perçu l'essence d'un moment important et avait poussé sa société à tirer parti d'un marché nouveau et de grande envergure qui leur était, pour l'instant au moins, réservé. La CAO était son cheval de Troie, mais le territoire que Walker distinguait au-delà des murailles de l'écran 2D était énorme.

Walker comprenait que ce qu'il vendait n'était pas seulement une nouvelle manière de dessiner des plans. Les produits d'Autodesk, permettant la visualisation en trois dimensions et la manipulation d'objets et de structures, pouvaient être considérés comme les précurseurs de quelque chose d'au moins aussi important que la micro-informatique, mais qui ne touchait encore qu'une fraction de son marché potentiel. Walker arguait que « le discours actuel sur les "interfaces homme-machine" [était] directement inspiré de notre manière de commander les ordinateurs d'aujourd'hui – à l'aide de claviers, d'écrans et de souris –, de même que les *Job Control Languages** d'antan s'inspiraient du format des cartes perforées de

* *N.d.t.* : Les JCL (inaugurés par IBM) sont les langages de commande des grands ordinateurs depuis les années cinquante. Ce ne sont pas à proprement parler des langages de programmation ; leurs commandes servent à imprimer un fichier, à demander le catalogue d'un répertoire sur disque, à lancer un programme, etc.

l'époque. Les développements technologiques à court terme promettent une remise en question radicale des interfaces homme-machine actuelles. » Cette « remise en question radicale », c'est le passage à l'immersion totale que Walker préfère appeler « système cyberspatial ».

Dans cette fameuse note de service qui devint un article à part entière avant d'être publiée dans un recueil, Walker présentait une sorte de tableau révolutionnaire des interfaces homme-machine et démontrait comment cette tendance, à long terme, amenait directement à cette fenêtre interdimensionnelle proposée par Ivan Sutherland en 1965. Walker avait conscience de la rapidité d'évolution des processeurs et des logiciels de rendu tridimensionnel, et il estima qu'en 1989 il était possible de produire des systèmes de RV rudimentaire pour moins d'un demi-million de dollars. Comme nombre d'entre nous, il avait essayé la version « Clément Ader » de la RV en 1988, mais avait eu la vision du 747 de la chose pour la décennie quatre-vingt-dix. Une nouvelle âme avait été convertie à la cause de la RV !

Walker avait introduit dans son discours une distinction subtile qui pourrait s'avérer très significative à long terme. De fait, la plupart des commentaires traditionnels sur l'évolution de l'informatique font référence aux différentes « générations » d'ordinateurs, en distinguant ceux qui ont fait appel aux lampes, puis aux transistors, puis aux circuits intégrés primitifs, puis enfin aux circuits intégrés à très grande intégration. Dans son article, Walker proposa plutôt une classification chronologique basée sur *l'interaction* entre l'homme et la machine plutôt que sur la manière dont la machine était réalisée, chaque « génération » d'interaction étant caractérisée par son mode d'utilisation plutôt que par le matériel ou le logiciel utilisés. La première génération d'ordinateurs, à la fin des années quarante, était commandée grâce à des fiches ; les calculs pouvaient être modifiés par réarrangement des fiches dans les prises. La seconde génération, dans les années cinquante, vit l'avènement du traitement en différé*, pour lequel les cartes perforées remplacèrent le panneau de fiches. Les années soixante correspondirent à la troisième génération et au « temps partagé »**, qui amenèrent les programmeurs en interaction directe avec la machine par l'intermédiaire d'un clavier et d'un écran. Dans la classification de Walker, l'utilisation de menus pour donner des ordres à la machine, qui nous évite d'avoir à mémoriser des commandes absconses, marquait la quatrième génération. Et la manipulation directe par la souris développée par la série ARC-PARC-Mac constituait la cinquième génération.

---

* *N.d.t.* : *Batch,* qu'on traduit également en « traitement par lots ».

** *N.d.t.* : ... lorsqu'on conçut des ordinateurs qui pouvaient être utilisés en même temps par plusieurs utilisateurs.

Ayant établi cette chronologie, Walker fit remarquer que si l'on se penche sur le mécanisme de passage d'une génération à l'autre, on s'aperçoit qu'il s'agit à chaque fois de lever un obstacle entre l'utilisateur et l'ordinateur. C'est d'abord, lors du passage des fiches à câbler aux cartes perforées, le panneau de commande de la machine qu'il n'est plus nécessaire d'ouvrir pour la programmer. C'est ensuite le comptoir au-dessus duquel on passait les boîtes de cartes perforées qui n'a plus lieu d'être avec l'arrivée du terminal individuel. Puis ce même terminal, sur lequel seules les commandes écrites peuvent être données, est remplacé par des menus déroulants hiérarchisés. Enfin, ces menus, qui d'une certaine manière camouflent une partie du processus de commande de l'ordinateur, sont supprimés au profit du pointer-cliquer de la souris à l'écran, ce dernier s'avérant le dernier obstacle entre l'homme et la machine. S'il s'agit maintenant de supprimer cet écran pour passer au niveau suivant dans cette évolution, Walker constate une convergence entre cette tendance et le développement de mondes artificiels. Pour faire une analogie avec *Alice aux pays des merveilles*, la nouvelle interface homme-machine et les moteurs de réalité sont les deux côtés du même miroir que l'on cherche à traverser.

En appliquant la grille de Walker, on comprend quelque chose que l'on n'aurait peut-être pas perçu autrement : *pénétrer dans un lieu et regarder autour de soi* est un mode d'interaction bien différent — avec probablement un certain nombre d'« obstacles » qui lui sont propres — de celui qui consiste à donner une commande et à en percevoir le résultat. Jusqu'ici, c'est à une interaction avec l'ordinateur que nous nous sommes livrés, pas à une exploration intérieure. Les interfaces actuelles « de cinquième génération » proposent à l'utilisateur un espace "conversationnel" en deux dimensions. Walker y voit un obstacle à une exploitation plus efficace de la machine ; dans sa fameuse note de service initiale, il écrivait à ce sujet :

> Je crois que la conversation n'est pas le bon mode d'interaction avec l'ordinateur, qu'il induit en erreur les utilisateurs novices et qu'il amène même les informaticiens chevronnés à élaborer des systèmes difficiles à utiliser. Parce que l'ordinateur possède un certain degré d'autonomie, qu'il peut effectuer très rapidement certaines tâches qui nous paraissent difficiles, nous avons eu l'impression d'emblée qu'il possédait des attributs propres à l'intelligence humaine, ce qui nous a amené à consacrer une large partie de nos activités de programmation à le faire se comporter en conséquence.
>
> Pourtant, lorsqu'on interagit avec un ordinateur, ce n'est pas de conversation avec quelqu'un d'autre que cela relève, mais de l'exploration d'un autre monde.

Le verbe le plus approprié pour décrire le mode d'interaction homme-machine idéal n'est pas *converser*, mais *explorer*. Ce simple changement d'approche induit une énorme différence pour tout le reste. Grâce au travail de réflexion qui l'y a amené, John Walker connaît désormais la nature de la prochaine révolution informatique, et sait dans quelle direction il doit mener sa société. Dans « À travers le miroir », cette note de service qui a des allures de manifeste, il déclare : « J'estime que le cyberespace est le seul fondement possible de la prochaine génération d'interface homme-machine ». Le reste du document est à l'avenant, c'est-à-dire fascinant. À la question « Est-il raisonnable de bâtir une entreprise sur une idée de science-fiction ? », ce visionnaire répond « Pourquoi pas ? C'est exactement ce que j'ai fait. »

Walker reconnaît que l'idée de passer à l'intérieur de l'ordinateur a ses origines dans la science-fiction, et il citait récemment William Gibson et antérieurement Frederick Pohl et sa saga des « Heechee », dont le second volume, *Beyond the Blue Event Horizon* (*Les pilotes de la Grande Porte*), avait fourni l'inspiration pour le produit Autodesk. Walker fait également remarquer que les expressions « réalité artificielle » et « réalité virtuelle » sont des oxymorons* et qu'il est préférable d'utiliser le terme de *cyberespace*, dont la racine grecque *cyber*, qui a donné « gouverner », a le sens originel de « timonier ». (Quelques mois plus tard, lorsqu'un avocat sans doute un peu trop zélé conseilla à Autodesk d'essayer de protéger le mot « cyberespace » et que le nom d'Eric Gullichsen apparut à cette occasion, la société reçut un courrier de l'avocat de William Gibson et l'on dit que celui-ci prétendait envisager de déposer le nom « Eric Gullichsen ».)

Si donc le cyberespace constitue le fondement de la prochaine évolution de l'informatique, si les utilisateurs de logiciels de CAO composent l'avant-garde des « cyberspationautes », et si Autodesk est par là-même en position idéale pour exploiter ce futur marché, de quelle manière Walker estime-t-il qu'il faut procéder ? Première priorité : abaisser le prix d'entrée du cyberespace. À la fin 1988, il en coûtait encore plusieurs centaines de milliers de dollars, si l'on ajoute aux gants, visiocasques et capteurs de position les machines de traitement du rendu et les ordinateurs moteurs de réalité. Walker nota cependant qu'il devait être possible d'exploiter les capacités de traitement graphique d'un microprocesseur qui venait de sortir — le i860 d'Intel, qualifié par certains de « superordinateur sur une seule puce » — pour doper un micro-ordinateur bon marché. En achetant une carte de gestion vidéo bâtie autour de ce microprocesseur pour la placer dans un ordinateur domestique comme l'Amiga 500, qui servirait de machine de rendu ; en fabriquant des lunettes à la façon de McGreevy et d'Humphries, et en achetant un gant chez VPL ou, mieux, en faisant appel à une boule de commande à six degrés de liberté,

---

* *N.d.t.* : Réunion, pour un effet rhétorique, de deux termes en apparence contradictoires (par exemple : *Un silence éloquent*).

on pouvait abaisser le coût de l'ensemble, moteur de réalité excepté, aux alentours de 15 000 dollars, selon Walker.

Ce système de « cyberespace portatif », comme l'appelait Walker, pouvait, à titre de prototype, servir à démontrer aux utilisateurs de CAO les avantages de « visites virtuelles » à l'intérieur des bâtiments qu'ils concevaient. Walker ne signifiait pas par là qu'il voulait amener Autodesk à se faire constructeur de matériel, mais qu'il voyait sa société comme un fournisseur d'outils, comme un créateur de « jeux de construction » logiciels destinés aux explorateurs qui ne manqueront pas de se déclarer lorsque les systèmes cyberspatiaux atteindront le bon rapport performances/prix. Les produits existants d'Autodesk peuvent déjà être mis à contribution dans ce but, et de futurs produits peuvent être réalisés en modifiant ceux-ci. Ainsi, lorsque le prix des composantes matérielles de ces outils sera abordable, Autodesk pourrait bien être en position de force dans le monde du logiciel. VPL avait décidé de se consacrer à la fois à des produits matériels et à des produits logiciels, et l'on pouvait estimer qu'il s'agissait d'une entreprise prometteuse, mais encore en devenir. VPL développait le marché de la RV d'une dizaine de façons distinctes, la CAO n'étant qu'un axe parmi d'autres. Autodesk, quant à elle, avec ses dizaines de programmeurs se consacrant exclusivement à améliorer des programmes de rendu 3D, avait pu se propulser largement en tête du peloton d'éditeurs de logiciels susceptibles de jouer un rôle dans le secteur de la RV.

En conclusion de sa fameuse note de service, Walker atteignait l'intensité d'un prêche :

« Si tout Autodesk croit fermement, comme je le crois moi-même, que cette technologie constitue non seulement la clef des interfaces homme-machine de demain, mais débouche sur des applications touchant notre principal marché, celui du dessin 3D, alors il est du devoir d'Autodesk de mobiliser de larges ressources dans le but de développer cette technologie à la mesure des promesses qu'elle laisse entrevoir », écrivait-il. « Si nous entreprenons effectivement un tel projet, nous devons nous y engager de manière explicite et lui allouer des ressources humaines en conséquence. [...] Une telle initiative, qui pourrait aboutir à des résultats en quatre mois et à des produits en un an, est tout aussi envisageable au plan financier que pertinente. » ajoutait-il. La note de service avait été écrite en septembre, le capteur Polhemus et le DataGlove furent achetés en octobre, le visiocasque fabriqué et présenté en mars 1989. Les produits finis, quant à eux, ont demandé un peu plus de temps ; au printemps 1991, ils étaient encore en cours de développement. Le projet a donc connu des hauts et des bas depuis que Walker l'a lancé.

L'hiver 1988 et le printemps 1989 furent une période assez excitante pour Autodesk. Le projet ayant été formulé, du personnel fut engagé et des locaux aménagés. Une suite de bureaux et un grand atelier furent baptisés « Cyberia » par les cybernautes d'Autodesk. William et Meredith Bricken, mari et femme chercheurs, un autre couple, Eric Gullichsen et Patrice Gelband*, ainsi que Randal Walser, Gary Wells et Christopher Allis formaient l'équipe de départ. Je débarquai sur les lieux au début de 1989, alors qu'ils n'avaient pas encore de « cyberespace portatif » à montrer, pour un entretien avec le chef du projet, William Bricken. Nous nous rendîmes compte que nous nous étions déjà parlé au téléphone sept ans plus tôt, lorsqu'il était chercheur en sciences cognitives chez Atari. Il était toujours mathématicien, philosophe, psychologue, programmeur en IA, et était devenu l'un de ces « convertis » à la cause du cyberespace. Sa femme, Meredith, était éducatrice, artiste et psychologue. Si leur vision du futur était différente de celle de Jaron Lanier, les Bricken n'en semblaient pas moins profondément convaincus qu'ils étaient à l'amorce de l'évolution la plus importante depuis l'alphabet, voire même depuis l'apparition du langage. Ce qu'ils voulaient savoir de moi avant tout, c'est si j'étais bien conscient de l'ampleur que cette entreprise pourrait prendre.

Meredith s'occupait à des travaux de recherche documentaire et devait constituer la documentation du projet ; William donnait corps à la vision du kit de construction cyberspatiale qu'ils étaient en train d'élaborer, et rêvait aux laboratoires-cathédrales qui pourraient être créés avec ces nouveaux outils. Gullichsen, Gelband et Walser étaient les principaux programmeurs du projet. Gullichsen a de longs cheveux blonds et bouclés qui lui descendent aux épaules, et il faut qu'il fasse particulièrement froid pour qu'il mette des pantalons longs. C'est Eric qui a fait venir son ami Timothy Leary pour tourner le petit film promotionnel pour annoncer le projet au grand public. Gelband est docteur en sciences physiques. Christopher Allis, qui s'habille toujours en noir et porte une boucle d'oreille Autodesk, a apporté son concours à la mise au point des machines et aux essais du système. C'est sans doute lui qui a aujourd'hui le plus « d'heures de vol » dans le cyberespace, même si l'on compte celles de Jaron Lanier. Bref, ils formaient une sacrée équipe, surtout aux premiers temps, portés par le manifeste de Walker et par l'entreprise dans son ensemble.

La première démonstration qu'ils mirent au point pour tester leur système fut un modèle de bureau. Le logiciel de CAO d'Autodesk est d'ailleurs maintenant fourni avec une bibliothèque de divers environnements à partir desquels les utilisateurs peuvent réaliser leurs propres modèles, et le module le plus connu de cette collection est un plan de bureau, doté de cloisons amovibles, de postes de travail, d'étagères, de portes et de couloirs. Avant la première démonstration publique, il y eut

---

* *N.d.t.* : Patrice est utilisé comme diminutif de Patricia aux États-Unis et désigne donc une femme.

des journées entières, voire des semaines, de démonstrations privées. J'y passai un après-midi du printemps 1989 et en attendant mon tour, j'observai ceux qui recevaient leur baptême du cyberespace. Cela met assez mal à l'aise de voir quelqu'un d'autre faire cette expérience, surtout si l'on n'a pas la possibilité de voir sur un écran ce que l'autre voit ; on a l'impression de l'observer en pleine hallucination. Je m'approchai des programmeurs pour visionner avec eux l'écran de contrôle sur lequel était reproduit en 2D l'univers 3D exploré par le participant à l'expérience. J'avais donc ainsi une idée du paysage dans lequel j'allais rentrer.

Après le monde monochrome et à structures filaires de la NASA, les surfaces pleines, multicolores et ombrées du système d'Autodesk étaient impressionnantes de réalisme ; en revanche, le temps de réponse – le délai entre mes mouvements et les changements correspondants du paysage virtuel – n'avait, lui, rien d'impressionnant ; d'ailleurs, plus l'on s'habitue à une telle expérience, plus ces délais sont irritants. La carte équipée du microprocesseur i860 peut engendrer environ 100 000 polygones à la seconde, ce qui n'est pas aussi considérable que cela en a l'air, puisque cela veut dire qu'une scène qui a seulement le réalisme d'un dessin animé ne peut être rendue qu'à environ cinq ou six images par seconde. Et trente images par seconde est probablement le rythme minimal pour tout travail prolongé en cyberespace. Lorsque les microprocesseurs qui n'en sont pour l'instant qu'au stade de prototype, en Californie comme au Japon, seront sur le marché d'ici un an ou deux, ce seuil pourra peut-être être atteint pour un prix raisonnable. Il s'agit d'un de ces secteurs où les économies d'échelle peuvent permettre une plus grande diffusion d'une technologie ; si un jouet, un outil, un produit de grande consommation justifient la production en masse de nouveaux processeurs d'animation 3D, les systèmes de RV de demain seront plus puissants et moins coûteux que ceux d'aujourd'hui. Le premier système d'Autodesk était un peu construit de bric et de broc, mais il s'agissait bien d'un « cyberespace portatif » ; il ne coûtait que 25 000 dollars et pouvait être piloté par un ordinateur vendu en magasin quelques milliers de dollars à la place d'une station graphique valant, elle, quelques centaines de milliers de dollars.

Cela dit, ce problème de temps de réponse ne me gênait pas plus que cela. Le « modèle de bureau » avait le même effet que les modélisations moléculaires, les navettes spatiales ou les versions filaires du laboratoire de la NASA : il donnait le sentiment d'être dans un lieu. Un lieu moyennement « ficelé » et qui prenait des libertés avec son homologue du monde réel, mais qui *existait*, avec ses rouges et ses bleus ombrés, et ses effets de parallaxe. Un lieu dans lequel il y avait des choses à découvrir, qui comportait des aspects à mieux comprendre, en le parcourant, en attrapant des objets et en les manipulant. La main artificielle était moins anguleuse qu'à Mountain View, mais n'était encore pas, à mon sens, anthropomorphe. On aurait dit le gant jaune d'un robot. Je m'aperçus que je pouvais approcher la main de l'étagère, saisir un livre en fermant le poing, et l'amener vers moi pour l'examiner de plus près. Il n'y avait pas assez de puissance de calcul dans ce système « portatif » (qui, au total, équivalait plus à une grande malle de voyage qu'à un cartable) pour que je puisse ouvrir le livre et le lire. Mais cette possibilité de proposer l'affichage dynamique de livres dans le cyberespace devrait être bientôt réelle.

Je remarquai qu'Autodesk avait adopté la convention utilisée pour la navigation en RV à NASA/Ames, c'est-à-dire « pointer du doigt pour voler ». L'environnement proposé n'était pas tout à fait le genre de bureau standard auquel on peut être habitué dans le monde réel. Une fois le modèle d'origine mis au point, ils y avaient ajouté une porte donnant accès à une autre dimension, car c'est précisément la vocation du cyberespace : cette porte débouchait sur une piscine virtuelle, dans laquelle je pus plonger (tout était bleu) avant de remonter me mettre à l'ombre d'un parasol.

Pour ceux d'entre nous qui avaient été « baptisés » à la NASA à l'époque où ils utilisaient encore des représentations graphiques filaires, il s'agissait d'une étape significative dans la quête d'une réalité plus fidèle. Quant à ceux qui avaient goûté pour la première fois au cyberespace avec Autodesk, la sensation d'immersion leur venait plus aisément, et ils avaient tendance à se laisser aller plus facilement aux conjectures les plus folles sur l'avenir de la discipline. À peu près à cette époque, John Barlow, autre écrivain-journaliste en proie à cette même fascination naissante pour la RV, décrivait ainsi sa première expérience du monde numérique dans *Mondo 2000*, un magazine techno-culturel d'avant-garde :

> Soudain, je n'ai plus de corps. Tout ce qui reste de la ruine vieillissante qui constitue d'ordinaire mon moi corporel, c'est une main lumineuse et dorée qui flotte devant moi comme le poignard de Macbeth. Je pointe du doigt et me trouve emporté vers la bibliothèque qui orne le mur du bureau.
>
> J'essaye d'attraper un livre, mais ma main passe à travers.
>
> « Repliez votre main en un poing lorsqu'elle passe sur le livre » me dit mon guide invisible.
>
> Je suis ce conseil, et lorsque je retire ma main, le livre la suit, comme emprisonné. J'ouvre le poing et ramène ma main vers moi. Le livre reste comme suspendu en l'air au-dessus de l'étagère.
>
> Je lève les yeux. Au-dessus de moi se trouvent des entrelacs de poutrelles rouges qui soutiennent les murs du bureau… et plus haut, le noir de l'espace. Le bureau n'a pas de plafond, mais il n'en a pas vraiment besoin : il n'y a jamais de vent, de pluie ou de froid ici.
>
> Je pointe le doigt vers le haut et entame mon ascension en commençant par passer le long des poutrelles. Arrivé à plus de cent mètres au-dessus du bureau, je tourne mon regard vers le bas. Le bureau est là, comme une petite île dans l'espace. Cela me fait penser à la planète du Petit Prince, avec son volcan et sa plante.

Cet endroit est peut-être très exactement ce qui nous attend : un monde minuscule, juste assez grand pour contenir le poste de travail d'un travailleur intellectuel. Une sensation de solitude m'envahit et je commence à redescendre. Mais je vais trop vite. Je traverse le bureau et poursuis ma chute dans le vide violet qui se trouve en dessous. Tout à coup, je ne sais plus comment m'arrêter et revenir en arrière. Est-ce que je pointe du doigt vers l'arrière ? Faut-il que je me retourne avant de pointer ? Je pars en plein repli foetal.

La vidéo de cette visite virtuelle d'un bureau n'a pas la profondeur de la version avec lunettes et gant, mais elle comprend tout de même une séquence qui soulève des « Oh » d'admiration du public, lorsque la « caméra » s'envole puis se réoriente vers le bas, vers le bureau, en le montrant selon une perspective totalement originale. La conférence qui suivait était intitulée, à la demande de William Bricken, « Curiosités de la science ». Dans les salons de l'hôtel où se tenait la manifestation, des clients privilégiés recevaient un avant-goût du cyberespace. Timothy Leary, qui était apparu dans le film sans que ce public un rien collet monté en comprenne la raison, était là et sirotait un scotch en fumant une cigarette mentholée.

Les mondes virtuels que l'équipe d'Autodesk créa par la suite se voulaient des exemples d'usages originaux du cyberespace, et des conditions dans lesquelles il pourrait trouver sa place dans nos intérieurs. La démonstration « Hicycle » faisait appel à un vélo fixe d'appartement, comme ceux sur lesquels les gens parcourent des kilomètres virtuels tout en regardant la télévision. Lorsque je montai sur cette bicyclette d'intérieur et mis le visiocasque, je me retrouvai sur un chemin dans un paysage de dessin animé. Je me mis à pédaler. Mon point de vue commença à se déplacer le long du chemin, le paysage changeant à mesure que j'avançai. Cette amélioration somme toute assez banale d'un classique de l'exercice en chambre, était pimentée d'une caractéristique propre au cyberespace : lorsqu'on pédalait à plus de 30 kilomètres/heure, on *décollait* et c'est alors à un survol du paysage qu'on était invité. Le golf et le ski sont deux autres types de sport qui pourraient être simulés dans le cyberespace, à l'aide de plates-formes dynamiques appropriées. Le monde virtuel d'Autodesk que j'ai essayé par la suite relevait également d'un autre sport, puisqu'il s'agissait d'une simulation de racquetball à un joueur présentée au SIGGRAPH de juin 1989.

Je fis la queue une demi-heure sur le stand d'Autodesk, en discutant avec des fans des images de synthèse de cyberespace et de ce qu'ils en attendaient. Lorsque vint mon tour, on me mit en main une raquette équipée d'un capteur Polhemus au lieu du gant habituel. La « balle » avait plus l'allure d'un polyèdre à facettes multiples que d'une sphère parfaite, et il me fallut un moment pour m'habituer au temps de réponse, mais je me mis assez rapidement ensuite à jouer avec la vraie raquette, dans le ring réservé à cet effet sur le stand, et à taper dans ma balle virtuelle sur mon court virtuel. Elle rebondissait sur les murs et au plafond selon les angles attendus, mais un peu au ralenti, ce qui était assez pratique. Au moment où elle touchait la raquette, il n'y avait pas de sensation particulière, mais comme l'avait fait remarquer Éric, il ne serait pas sorcier de communiquer un à-coup au niveau du manche de la raquette au moment du contact.

Peu après ces démonstrations, j'entamai une série de conversations avec Walser, architecte cyberspatial d'Autodesk et responsable des applications sportives et ludiques. Avec sa voix douce, Randal Walser est le type-même du garçon prévenant et attentionné. Ces deux dernières années, entre de longues séances de programmation des démonstrations, il a donné corps, à travers une série d'articles, à sa vision de l'avenir du cyberespace. Comme beaucoup d'autres acteurs de la RV, Walser travaillait dans la programmation de logiciels de jeux au début des années quatre-vingt. Il travailla à un moment pour une filiale de Bally/Midway, sur le jeu *Cyber Ridge*, prototype de jeu d'aventures virtuel faisant appel à un vidéodisque. Walser et ses collègues avaient localisé une arête montagneuse (*ridge*) dans l'Utah, avaient passé six semaines à la photographier à l'aide d'une caméra panoramique à 360°, et avaient commencé à élaborer à partir de la modélisation de cette arête un jeu de guerre. Lorsque la société en question fut obligé de fermer, il travailla à des projets d'IA et de télérobotique avant de rejoindre Autodesk, chez qui il souhaite apparemment rester et collaborer à long terme à la recherche en RV.

Malgré l'optimisme marqué du printemps 1989, le moral des gens d'Autodesk était à la baisse à l'automne de la même année. Il y eut tout d'abord la démission de William et de Meredith Bricken, qui étaient en désaccord avec la direction sur la manière de poursuivre le projet. Puis Eric Gullichsen et Patrice Gelband s'en allèrent également fonder leur propre entreprise de RV, Sense8 Corporation. Eric Lyons fut nommé nouveau directeur du projet. Carl Tollander et Randy Walser poursuivirent leur travail sur l'infrastructure logicielle dont ils avaient besoin pour bâtir les mondes de grande envergure qu'ils avaient décrits dans leurs notes de service. Mais les efforts d'Autodesk en ce domaine semblèrent perdre de leur allant jusqu'à l'été 1990, date à laquelle la société recommença à embaucher pour le projet. Walker, ayant donné l'impulsion, prit un congé pour un projet de programmation qui lui tenait à cœur. Autodesk réussira-t-il à faire déboucher ce projet sur des produits finis ? Nous verrons bien.

Au cours de mes conversations avec Walser, et dans les papiers qu'il a rédigés, plusieurs idées fortes ont émergés. La première est que la logique économique des systèmes de RV les plus avancés va entraîner l'apparition de ce qu'il appelle des « Cyberias », c'est-à-dire des endroits où l'on se rend pour faire l'expérience du cyberespace, et qu'elle empêchera la diffusion rapide de « simulateurs personnels ». Deuxièmement, un des aspects majeurs du cyberespace – la sensation de présence du corps alliée à une très grande souplesse de représentation de ce corps – devrait avoir des conséquences assez radicales. Ensuite, Walser partage avec Brenda Laurel et d'autres la conviction que le cyberespace est essentiellement un média théâtral, grâce auquel les gens peuvent participer à des événements qui ont une structure dramatique et véhiculent des émotions. Enfin, Walser soutient que les sports simulés ne sont pas seulement un domaine d'application potentiellement lucratif qu'il est malin d'aborder dès maintenant : le sport combine l'interaction de type social des « Cyberias », l'implication physique projetée dans le corps virtuel, et l'expérience directe, pour le sujet, d'une interaction de type dramatique.

Il n'est pas difficile d'imaginer un lieu analogue aux clubs de remise en forme actuels, avec des salles de taille et d'aménagement variés contenant bicyclettes fixes, tapis roulants et autres appareils potentiellement cyberspatiaux, utilisables avec un abonnement forfaitaire ou à l'heure. Qui serait à même de créer de tels lieux ? Walser estime qu'une nouvelle race de spécialistes-généralistes est nécessaire : « des architectes du cyberespace qui puissent concevoir et orchestrer l'élaboration d'espaces et de scénarios cyberspatiaux. Les compétences de l'architecte cyberspatial tiendront à la fois de celles de l'architecte traditionnel, du réalisateur de films, du romancier, du général, de l'entraîneur, de l'auteur de théâtre et du concepteur de jeux vidéos. Il aura pour tâche de rendre réaliste l'expérience qui sera proposée. C'est un job autant artistique que technique, car en matière d'expérience vécue, il ne s'agit pas d'un produit construit, emballé et vendu à l'instar d'une automobile ou d'un réfrigérateur ; tout s'élabore spontanément par le cerveau et par les sens », écrivaient Gullichsen et Walser en 1989.

Les réflexions de Walser sur le corps virtuel évoluèrent au cours des deux ans pendant lesquels j'entretins des rapports réguliers avec lui et où je lus ses articles. En 1989, avec Gullichsen, il écrivait :

> Le cyberespace n'apportera pas seulement de nouvelles expériences, à la manière de nouvelles attractions présentées dans une fête foraine. Plus que tout autre mécanisme inventé jusqu'ici, il modifiera la perception que nous avons de nous-mêmes, à un niveau tout à fait fondamental et personnel. Dans le cyberespace, il n'est nul besoin de s'encombrer d'un corps comme celui que nous possédons dans l'univers physique. Les premiers temps, il peut nous sembler plus naturel d'y pénétrer avec un corps très proche du nôtre, mais à mesure que nous y passerons de plus en plus de temps et que nous conduirons de plus en plus d'affaires dans le cyberespace, ce conditionnement à un corps unique et immuable tombera et fera place à la notion de corps « interchangeables ». Certains corps conviendront mieux à certaines situations. Cette capacité à changer radicalement d'apparence aura certainement un effet psychologique profond, et nous amènera à remettre en question le support traditionnel de notre identité (ce corps, donc).

> Pensez à un bal masqué où l'on ne se contenterait pas d'endosser un costume inhabituel, mais où l'on choisirait également un corps d'emprunt, une voix étrangère, pour aboutir à être entièrement « autre », de manière très fondamentale et littérale. Maintenant, imaginez que ce type de métamorphose ne soit pas réservée à des occasions particulières, mais soit notre ordinaire, fasse partie de notre vie de tous les jours. À ce stade, qui suis-je ? On pourrait penser, de notre point de vue actuel, que je serai le même qu'aujourd'hui, concentré sur mon corps physique. Car tout être virtuel que je puisse être, mon corps physique existe encore, n'est-ce pas ? Mais sera-ce bien toujours le cas lorsque nous passerons le plus clair de notre temps dans le cyberespace, « incarné » dans le corps de notre choix, investi d'une personnalité sélectionnée ? Sera-ce bien le cas lorsque les actions de nos personnalités secondaires auront des conséquences tout aussi physiques, sociales, économiques, artistiques, techniques et éthiques que celles de notre personnalité « originelle » ? Est-ce qu'une personnalité secondaire, active uniquement dans le cyberespace, aura une existence légale ?

Randal Walser ne prétend pas avoir des réponses à toutes les questions qu'il soulève. À Anaheim, nous avions évoqué les incertitudes inhérentes à tout progrès technologique. Nous avons eu l'occasion d'en reparler en mai 1990, lors de la Première Conférence sur le Cyberespace, organisée par le Département d'Architecture de l'Université du Texas, à Austin. Lors de la dernière soirée, nous nous sommes assis sur la pelouse d'un hôtel surplombant le fleuve Colorado, dans l'attente de ce moment du crépuscule où des centaines de chauves-souris s'échappent du dessous du pont situé en aval. Walser était de plus en plus convaincu qu'une connaissance conjointe du théâtre, du sport, de la danse et du cinéma allait devenir un atout aussi important que l'art de programmer dans le développement de la RV. « De plusieurs manières significatives, le cyberespace dépasse toutes les formes d'expression antérieures », me dit-il, avec en fond sonore les cris haut perchés et les froissements d'ailes des chiroptères. « La grande différence, c'est que le cyberespace investit le public du pouvoir de modifier le déroulement de l'expérience » ajouta-t-il.

« Quel rapport entre le sport, le théâtre et le cyberespace ? » demandai-je.

« Ce sont tous des modes sophistiqués de jeu », répondit-il.

Walser avait présenté un article à la « National Computer Graphics Association » (Association nationale pour l'informatique graphique), en mars 1990 à Anaheim, intitulé « Eléments pour un théâtre cyberspatial ». Rendant hommage aux travaux antérieurs de Brenda Laurel sur le sujet, Walser soutenait avec vigueur que l'interaction théâtrale et dramatique constituerait la meilleure métaphore pour définir le cyberespace :

> Le cyberespace est un média qui donne aux gens l'impression d'avoir été transporté, corps compris, du monde physique habituel dans des mondes d'imagination pure. S'il est vrai que les artistes peuvent faire appel à tout

média pour évoquer des mondes imaginaires, la particularité du cyberespace, c'est de présenter les mondes eux-mêmes et non plus seulement telle ou telle représentation parcellaire de l'un ou de l'autre. Le cyberespace a beaucoup de choses en commun avec le cinéma et le théâtre, mais lui seul donne autant de pouvoir d'intervention au public. Le cinéma, lui, n'accorde que très peu de ce pouvoir, puisque le public n'a aucun moyen de changer les images des films. La scène de théâtre en donne un peu plus, les acteurs pouvant jouer en tenant compte des réactions du public, mais le déroulement des événements est essentiellement déterminé par l'auteur de la pièce. Le cyberespace offre un pouvoir quasi intégral, puisqu'il permet au public non seulement d'observer une réalité autre, mais d'y pénétrer et de l'éprouver comme si elle avait pris corps. Nul ne peut deviner d'avance ce qui peut se passer d'un moment à l'autre dans le cyberespace, pas même le concepteur du monde visité. À chaque moment, chaque participant a la possibilité d'influer sur l'événement suivant. Alors que le cinéma vise à montrer une réalité à un public, le cyberespace est conçu pour donner un corps virtuel et un rôle à chacun des spectateurs. Les imprimés et la radio racontent ; le théâtre et le cinéma montrent ; le cyberespace emmène.

À la mi-octobre 1990, le bruit commença à circuler que John Walker était sur le point de terminer le projet sur lequel il travaillait depuis 1989 et qu'il s'agissait du cœur d'un système d'exploitation de cyberespace portable*. Il n'y a pas eu pour l'instant d'annonce officielle, mais la nouvelle semble véridique. Walker vient-il donc de placer son entreprise au seuil d'une nouvelle révolution ? L'avenir le dira. En tout cas, il faut savoir qu'un nombre non négligeable de développeurs de logiciels — ceux-là même qui produiront, vendront ou loueront des cyberespaces à vocations variées — est prêt à acheter les yeux fermés tout produit dont John Walker aurait présidé à la création. Et c'est un signe de la validité de sa vision de l'avenir. Walker considère Autodesk comme le fournisseur attitré de ces chercheurs d'or du cyberespace, comme le fabricant d'outils à même de fournir l'infrastructure logicielle permettant d'utiliser les gants et les lunettes avec lesquelles on pourra concevoir toutes sortes d'objets dans le cyberespace. Comme le notait Frederick Brooks, le succès d'un fabricant d'outils est long à se dessiner, puisqu'il dépend du temps mis par ceux qui utilisent ses outils à aboutir au succès ou à l'échec. Si ceux qui les adopteront les premiers font la preuve que les avantages qu'offrent ces outils de design en RV l'emportent sur les outils traditionnels, alors la révolution de la CyberCAO pourrait avoir lieu à grande échelle, les utilisateurs traditionnels leur emboîtant le pas et permettant de baisser les prix.

* N.d.t. : Portable au sens logiciel du mot, c'est-à-dire utilisable sur n'importe quel ordinateur.

À la fin de 1989, VPL et Autodesk n'étaient pas les seuls acteurs de la RV commerciale. Un hybride « universito-commercial » connu sous le nom de « HIT Lab », dirigé par un ex-chercheur de l'Armée de l'Air à Seattle, avait fondé un consortium de recherche et de développement qui comptait parmi ses membres, dès la première année, Digital Equipment, le Port de Seattle, Sun Microsystems et la compagnie téléphonique US West Communications. Apparue brusquement dans le paysage de la RV commerciale, cette nouvelle équipe ne venait pas de nulle part. Un phénomène majeur, commun à la plupart des révolutions techniques relevant de l'informatique et de l'électronique, touchait maintenant la RV : les transferts de technologie. Lorsque des technologies militaires atteignent un certain âge, elles entraînent parfois dans leur sillage la transformation des technologies civiles. Après la fin de l'âge d'or aérospatial, par exemple, la disponibilité de nombreux ingénieurs en électronique sur le marché du travail contribua à la révolution de l'électronique grand public qui suivit. Dans ces transferts de technologie, il ne s'agit pas seulement de la levée du secret défense sur certaines données, ni du désir, de la part de fournisseurs de matériel jusque là militaire, de trouver des marchés civils pour leurs produits. Une majeure partie de ces transferts se produisent lorsque des personnages clefs dans des projets d'inspiration militaire commencent à s'intéresser à des applications civiles. La fondation du HIT Lab, ainsi que la personnalité particulière de son fondateur, marquèrent l'apparition au grand jour d'un courant de recherches en RV qui était resté caché aux yeux des autres chercheurs en RV pendant plusieurs décennies.

CHAPITRE 9

LA RÉALITÉ SUR LA RÉTINE

Le silence se fait dans la salle d'opérations. Un cathéter est fixé au bras du patient. À l'extrémité du cathéter, un instrument micromécanique contenant un scanner capte la pression artérielle. Le chirurgien en chef fixe un casque sur sa tête. Le cathéter et le casque sont mis sous tension. Une lueur verte se reflète dans les yeux du chirurgien qui immédiatement, grâce à son casque et à sa sonde, se trouve transporté dans le corps du patient ; il voit et entend.

Au cours de cet incroyable voyage à l'intérieur du corps humain, l'homme de l'art découvre un monde entièrement nouveau, celui d'un vaisseau sanguin. Il « pilote » la sonde, se dirige vers le cœur, tout en entendant le gargouillis du sang autour de la valvule cardiaque défectueuse. Tandis qu'il se rapproche du cœur, il tend la main pour télécommander un minuscule appareil de suture qui corrigera la valvule défaillante. De l'autre côté du cœur, le chirurgien continue son voyage à l'intérieur de l'aorte. Il fait feu avec son arme à rayons laser pour détruire un autre ennemi – des tissus de graisse qui bloquent l'aorte.

THOMAS FURNESS III,
« Fantastic voyage » 1986

« Ne faites pas une fixation sur les écrans. Ils seront peut-être obsolètes plus tôt que vous ne le pensez » me dit Thomas A. Furness III, l'ancien directeur du programme de recherche en RV de l'Armée de l'Air américaine. Nous étions assis dans son bureau du Laboratoire des interfaces homme-machine (HIT Lab), surplombant un immeuble en brique du campus de l'Université de Washington. Bien que de superficie modeste, aucun laboratoire de RV au monde ne peut rivaliser avec les trésors détenus par Furness. Frederick Brooks travaille intensivement sur la RV depuis aussi longtemps, mais Furness a bénéficié d'une manne financière lui permettant de s'affranchir des contraintes économiques et d'aller beaucoup plus loin en matière d'expérimentation. De plus, Furness a accès au réseau de fournisseurs de l'Armée de l'Air qu'il avait fréquenté comme chercheur. Ce sont de minuscules sociétés d'ingénierie qui mettent au point les composants des moteurs de réalité depuis des années.

J'avais dit à Furness que le problème de la reproduction de la réalité par visiocasque était son incapacité à rivaliser avec l'œil humain, que la technologie utilise un tube cathodique, des cristaux liquides, ou des fibres optiques comme dans l'Armée de l'Air.

« Un micro-rayon laser pourra peindre les réalités directement sur la rétine ; c'est seulement une question de temps » me répondit-il, d'un ton tellement persuasif que l'on avait tout de suite envie de le croire. Il ajouta : « Les gens qui travaillent à ce projet pensent que l'on peut atteindre un balayage de 8 000 lignes par 6 000 ». Le ton de sa voix et son regard bleu planté dans mes yeux me convainquirent presque qu'il n'était ni en train de bluffer ni de spéculer, mais qu'il venait simplement d'énoncer un fait qui se vérifierait quelques années plus tard.

Je suis resté une semaine dans ce « HIT Lab », comme ils disent familièrement en parlant de leur organisme. J'ai passé la majeure partie de mon temps, à Seattle, à discuter avec Furness et je l'ai rencontré depuis à plusieurs reprises lors de conférences sur la RV. Sa crédibilité est si bien établie que l'on adhère volontiers à ses vues incroyables sur la RV du futur. Si on peut réellement projeter en toute sécurité des rayons laser directement sur la rétine et à une vitesse suffisante, de façon parfaitement contrôlée et synchronisée avec le mouvement des globes oculaires, on aura effectivement mis le doigt sur une innovation majeure en terme de vraisemblance virtuelle.

Les deux problèmes majeurs des affichages artificiels actuels résident essentiellement dans leurs limites en matière de définition et de taille du champ visuel (par opposition au système biologique). Si l'on reprend la comparaison entre les images de synthèse et le discernement visuel de l'homme qu'a faite Alvy Ray Smith, il faudrait l'équivalent de quatre-vingt millions de polygones par seconde, recouvrant toute la surface du champ visuel, pour approcher les facultés humaines de visualisation en relief. Un micro-rayon laser stéréoscopique, instrument merveilleux mais encore hypothétique à l'heure actuelle, qui permet de stimuler directement les récepteurs de lumière de l'œil humain, décuplerait le niveau de réalisme du cyberespace, au prix d'exigences énormes en matière de puissance informatique. L'élément de base de cette interface homme-machine serait une cellule réceptrice rétinienne, en forme de bâtonnet ou de cône, et non pas un pixel. Une architecture parallèle extrêmement puissante pourra peut-être un jour dédier un ordinateur à chaque bâtonnet ou chaque cône de chacun des globes oculaires : ce procédé permettrait en principe de contrôler totalement l'environnement visuel.

La sincérité et la cordialité de Furness ne se sont jamais démenties au cours de nos conversations. Il était sincèrement heureux de rencontrer quelqu'un qui soit conscient de l'ampleur du potentiel de la RV. J'ai également constaté qu'il était tout particulièrement à l'écoute de son interlocuteur lorsque celui-ci écrivait un livre sur ses travaux. Pour réussir à « manœuvrer » des généraux de l'Armée de l'Air pendant des années, il faut un certain sens du contact. Eh bien, je l'ai vu enthousiasmer toute une assemblée à la conférence de Santa Barbara, en mars 1990, au moment où nul ne pouvait plus nier l'émergence de ce nouveau secteur de la recherche. Je me souviens que j'étais debout dans l'auditorium du Sheraton le dernier soir de cette conférence, à bavarder avec d'autres participants à la fin d'une session, alors que pas loin de moi, un groupe discutait de l'opportunité de créer une revue consacrée à la RV et qui serait éditée par MIT PRESS. Il y avait là Thomas Furness, Myron Krueger, Jaron Lanier, Nathaniel Durlach et Frederick Brooks. Quiconque aurait voulu monter un Manhattan Project de la RV, avait devant lui les meilleurs protagonistes de l'opération ; ils commencent à maîtriser les problèmes scientifiques et d'ingénierie, mais cela ne veut pas dire qu'ils ont envie de travailler tous ensemble. La RV a vraiment attiré un ensemble de gens aux personnalités extrêmement fortes et contrastées.

J'ai pu en tout cas personnellement constater que Furness est très tolérant à l'égard de la personnalité et du style de vie de chacun. Il trouve toujours les personnes les plus talentueuses pour ses projets. Presque toute sa vie, et jusqu'à très récemment, il a travaillé dans l'Armée de l'Air au milieu d'hommes en uniforme ; quand je suis arrivé dans son bureau, avec une chemise délavée et mes chaussures peintes à la main, il n'a pas sourcillé. Il s'entend bien avec Jaron Lanier, qui, lui, refuse tout financement de l'armée, et il semble également entretenir de bonnes relations avec toutes les autres figures clefs de la RV — microcosme social entraînant autant de relations compliquées entre les individus que tout autre projet rassemblant des gens très intelligents. Si quelqu'un pouvait jouer le rôle de catalyseur social, il faudrait que tous ces non-conformistes avertis respectent cette personne suffisamment pour accepter d'être en quelque sorte dirigés par elle. Thomas Furness serait incontestablement l'homme de la situation.

Avant de connaître la stratégie japonaise en matière de virtualités, je ne pensais pas qu'il était nécessaire de structurer de manière globale cette technologie encore ésotérique. Universitaires, fonctionnaires et hommes d'affaires intéressés s'étaient néanmoins réunis à Santa Barbara afin de mettre au point un scénario de « complexe réalito-industriel » efficace et réalisable qui puisse un jour être validé par une instance majeure. En temps de paix, cette idée est difficilement réalisable dans la mesure où c'est l'armée qui a toujours financé la recherche en matière d'informatique traditionnelle, le gouvernement américain et les géants de l'industrie n'ayant pas l'habitude d'investir dans la R&D à long terme. Furness est donc une des rares personnes capables de fournir une analyse globale de la situation.

Il est amusant de souligner que j'ai rencontré Thomas Furness pour la première fois virtuellement, dans le cyberespace textuel d'un réseau télématique mondial. Je l'avais contacté parce que je m'étais rendu compte qu'il existait des points communs entre mes propres besoins et ceux de la RV balbutiante. La première fois que j'avais fait le tour des États-Unis, au cours de l'été et de l'automne 1989, j'avais pu constater que les chercheurs étaient tous tellement occupés à rassembler dans leur coin les pièces du puzzle dont ils disposaient qu'ils étaient incapables de se tenir au courant des recherches significatives qui surgissent de façon inattendue et dans des secteurs a priori très différents. Ce milieu n'avait en effet rien à voir avec d'autres secteurs très spécialisés et très informés. Un nouvel algorithme, la technologie de miniaturisation des composants, un capteur de poursuite gestuel, une architecture informatique, une découverte dans la recherche des facteurs humains, une application commerciale réussie, tous ces éléments pouvaient en effet avoir des répercussions sur le travail des chercheurs en RV.

Fin 1989, après un an de recherche consacré à ce livre et avec encore une année de travail devant moi, j'entrevis un moyen de rassembler à domicile, sur mon micro-ordinateur, plus de documentation que je ne pourrais jamais le faire en dix ans de travail solitaire ; en même temps, ce moyen permettrait de connecter des spécialistes de l'optique d'Utrecht avec des ingénieurs travaillant sur des caméras en relief de Tokyo ou des scientifiques de Chapell Hill avec des spécialistes de la médecine à Palo Alto. Le même système de connexion d'ordinateurs par lignes téléphoniques et modems qui m'avait permis de contacter par courrier électronique Furness à l'Université de Washington pourrait également offrir une plate-forme potentiellement assez puissante pour établir cette communication interdisciplinaire. Si j'arrivais à trouver le bon sponsor, j'aurais alors à ma disposition le média de mes rêves. Je pourrais démarrer, avec l'aide d'un organisme de recherche en RV, un « newsgroup » virtuel mondial sur le réseau « Usenet » pour laisser ensuite à cette communauté techno-anarchique grandissante le soin de faire le reste.

La plupart des gens ne connaissent pas Usenet parce qu'il s'agit d'un moyen de communication informel qui s'est pris en charge et s'est fait tout seul, à partir de la base, sur le grand réseau télématique mondial. Les gens qui travaillent dans l'informatique le connaissent certainement beaucoup plus que le reste de la population, même s'il passe par les lignes téléphoniques ordinaires. Lorsqu'on prend le téléphone, on ne se rend pas compte que le même réseau qui transporte la voix véhicule également les communications entre ordinateurs. Il s'agit d'un vrai cyberespace, réservé aujourd'hui à un groupe limité, mais qui croît à un rythme tel qu'il a toutes les chances de devenir LE moyen de communication spontané, issu de la base et sympathiquement anarchique du futur. Lorsque les énormes réseaux de communications à bande large, à l'horizon du vingt-et-unième siècle, connecteront des milliards d'habitations entre elles, le plus grand cyberespace du monde devra s'attendre à être rapidement colonisé. Le réseau improvisé qui s'est propagé dans les dix dernières années peut sembler rudimentaire aujourd'hui, avec ses abonnés qui tapent sur leurs ordinateurs les messages qu'ils envoient à leurs correspondants. Mais les communications télématiques qui relient des gens aux quatre coins du monde représentent un mécanisme social d'une puissance considérable, qui pose peut-être les jalons du média hybride du futur, dans lequel la téléprésence saura cohabiter avec les messages alphanumériques.

Le réseau Usenet est une coalition de sous-réseaux composés de centaines de milliers de serveurs, allant des plus petits BBS (Bulletin board system) hébergés dans les chambres de lycéens jusqu'au réseau Internet (le descendant moderne d'ARPAnet). Usenet atteint approximativement cinq millions de lecteurs/contributeurs potentiels à travers le monde, et ceci sans interruption ; de nouveaux sites s'y raccordent tous les jours. Les participants, qu'ils soient étudiants, savants ou ingénieurs, de Helsinki à Austin, se connectent à partir de leurs micro-ordinateurs aux ordinateurs hôtes qui servent de relai local. On y rencontre une population qui gère tout son travail par réseau — récupérant informations et programmes sur des gros systèmes pour ses besoins de recherche, d'informations, de rédaction, de développement, etc. Des dizaines de milliers d'ordinateurs sont connectés aux divers relais du réseau ; de nombreux secteurs d'activité et quantité de professions y sont représentés.

Mon réseau local, le « Whole Earth Lectronic Link » ou WELL, comporte plusieurs milliers de membres qui peuvent y accéder en appelant l'un des modems du WELL (il y en avait 64, la dernière fois que j'ai vérifié) à partir de leurs postes de travail. Le WELL se connecte quatre fois par heure sur un serveur beaucoup plus puissant, chez Apple, à une soixantaine de kilomètres de là. Un échange de messages entrants et sortants est alors effectué entre les serveurs WELL et Apple, qui les distribuent à leurs destinataires respectifs. Le serveur Apple est lui-même connecté à des centaines de sites Internet.

Les relais Internet communiquent entre eux à travers le monde entier par des lignes à très haut débit réservées à la communication de données (par opposition à la voix). Cette communication relayée par des milliers de serveurs locaux est extrêmement rapide et efficace.

Partout dans le monde, les gens communiquent entre eux en tapant des mots sur leur ordinateur et en les transmettant par réseaux téléphoniques. On appelle quelquefois cet ensemble de réseaux dont fait partie Usenet le « Worldnet » (réseau mondial). Les lecteurs de William Gibson voient souvent dans le Worldnet une version embryonnaire de « La

Matrice » qu'il a décrite dans ses livres de science-fiction dits « Cyberpunk ». (« La Matrice » est également le nom du très officiel annuaire mondial des réseaux.) Usenet est une espèce de forum qui voyage sur cette structure de réseaux à plusieurs niveaux. Cet univers fonctionne en toute autarcie, envoyant environ 12 Mégaoctets (12 millions de mots à peu près) d'informations, de conversations, de programmes sources, de rapports scientifiques et d'articles, de lettres d'amour et de haine, de potins, vingt-quatre heures sur vingt-quatre, à travers le monde. Le nombre de personnes, de sites et de messages échangés augmente de jour en jour. Le jour où on trouvera des logiciels « frontaux » en RV, ce réseau télématique mondial ne transportant aujourd'hui que du texte servira d'infrastructure pour une communication réellement cyberspatiale. Les accros du réseau actuel pourront peut-être un jour troquer leurs claviers contre les atours de la troisième dimension.

Usenet fonctionne de manière anarchique, le mécanisme de routage étant intégré dans les messages eux-mêmes. Chaque relai communique avec un ou plusieurs de ses homologues dont il partage les données. Les informations peuvent emprunter diverses passerelles pour arriver à destination. Il est par conséquent pratiquement impossible de déconnecter complètement le réseau. Si l'on supprime certains relais, les messages transiteront tout simplement par un autre itinéraire de l'expéditeur au destinataire. Tout ordinateur qui se raccorde au réseau utilise un logiciel standard pour envoyer et recevoir les messages dans un format donné. Il faut respecter quelques règles peu contraignantes lorsque l'on veut créer ou propager un nouveau forum, la plupart des décisions étant votées à l'unanimité. Usenet crée un vaste espace de conversation électronique dans lequel circulent des groupes d'informations thématiques appelés « newsgroup », tandis que les messages privés circulent par modem d'un ordinateur à l'autre.

Aujourd'hui les abonnés utilisent des interfaces que l'on appelle des « newsreaders » pour filtrer un volume tolérable d'informations parmi le raz-de-marée quotidien de messages qu'ils reçoivent. Lorsque je me connecte via modem à mon point d'accès local, le WELL, je ne récupère, grâce à un newsreader du WELL, que le groupe de messages que j'ai spécifié parmi ceux qui ont été envoyés jusqu'au WELL par l'intermédiaire de Usenet. Indexés, ils sont mis à ma disposition pour toute consultation ultérieure. Ainsi, tous les messages envoyés à travers le monde sur un « newsgroup » réservé à un groupe de rock particulier, à la culture pakistanaise ou écossaise, au code génétique de l'homme, enfin, à n'importe lequel parmi des centaines de sujets traités, s'afficheront automatiquement devant moi si, et seulement si je décide de les voir. Disons que je veuille « m'abonner » au « newsgroup » traitant de la recherche en réalité virtuelle, je pourrai, en tapant une commande, voir toutes les nouvelles contributions nouvellement arrivées sur ce forum. Pour répondre publiquement à n'importe quelle contribution, ou de façon privée par message à une personne ayant envoyé une contribution particulière, il me suffit de taper une commande.

Ce nouveau moyen de communication, qui fait l'objet de nombreuses études et publications d'ordre technique et sociologique, se révèle particulièrement utile dans le vaste colloque ouvert que tient la science. Les chercheurs peuvent envoyer la version électronique de leur plus récente découverte des mois avant qu'elle ne soit publiée dans la presse scientifique sur les ordinateurs de la vingtaine ou de la centaine de leurs plus proches collaborateurs. Cela se pratique plus ou moins officieusement depuis des années.

J'ai pensé qu'il serait utile de créer un « newsgroup » scientifique réservé à la recherche et au développement de la RV, qui ferait office de relais constant d'informations moins officiel mais plus efficace que tous les congrès, parutions ou organismes professionnels. Dans tous les sites de recherche que j'ai visité pour les besoins de mon enquête, j'avais constaté qu'au moins une personne par laboratoire utilisait un micro-ordinateur pour « lire les nouvelles », selon l'expression consacrés des abonnés au réseau Usenet. Cela pouvait devenir un canal de communication interdisciplinaire instantané.

Il suffisait de réussir à persuader un organisme spécialisé en RV assez prestigieux pour héberger ce type de « newsgroup » ; je pourrais alors en être le « modérateur » — c'est-à-dire faire une sélection parmi les messages entrants avant de les envoyer pour ne pas encombrer les contributions utiles par les potins que suscite immanquablement un système aussi ouvert — et en même temps m'offrir la plus abondante source de documentation internationale dont on puisse rêver. Et peut-être pourrais-je être utile aux professionnels en la matière. Thomas Furness, que je ne connaissais alors que de réputation, semblait être le sponsor idéal pour une telle aventure. Robert Jacobson, un ami rencontré sur le WELL, venait de rejoindre le « HIT Lab ». Il me donna l'adresse électronique de Furness auquel je soumis ma proposition. Je reçus la réponse le lendemain matin. Furness était favorable à mon idée. En fait, l'un des objectifs auxquels il tenait le plus était de faire du HIT Lab un énorme centre de documentation qui serait ouvert au plus grand nombre de chercheurs en RV. Sponsoriser un forum à travers le monde ne serait que la première étape. On pourrait ensuite installer sur le réseau une base de données interactive consultable thématiquement.

Après quelques conversations téléphoniques, le forum fut créé. Je choisis de l'appeler « Sci.virtual-worlds ». Il mit quelque temps à vraiment démarrer, puis il prit de l'ampleur avec l'arrivée de participants venus de tous les coins du globe. L'un des employés du HIT Lab reprit mon travail de modérateur lorsque le moment de passer à la phase d'écriture de mon livre fut venu. J'en suis encore le directeur, ce qui me permet d'avoir un aperçu constant sur ce que les gens font ou rêvent de faire avec la RV dans le monde entier.

Furness lui-même était passé de la recherche financée par l'armée à la recherche universitaire quelques mois avant notre rencontre. C'est à vingt-trois ans, en pleine guerre du Vietnam, qu'il s'engagea dans l'Armée de l'Air qu'il quitta en 1971, mais il continua à travailler dans le même laboratoire de l'Armée de l'Air américaine pendant vingt ans. « La seule chose qui changea, ce fut mon uniforme » dit-il en plaisantant. Aujourd'hui, à quarante-six ans, il enseigne à l'Université et il est à la tête d'une entreprise privée de technologie. Lorsque je lui rendis visite à Seattle, début 1990, nous nous connaissions par l'intermédiaire du courrier électronique et du téléphone. Nos conversations de visu s'échelonnèrent sur plusieurs jours ; elles se passaient la plupart du temps dans un petit espace dégagé de son bureau, au milieu d'immenses piles de cartons remplis par ce qui doit être incontestablement la plus riche documentation — encore emballée — en matière de visiocasques. On pouvait lire les coordonnées de l'expéditeur sur les cartons : c'était la Base de l'Armée de l'Air Wright-Patterson, à Dayton, Ohio.

Furness est l'un des vrais adeptes de la RV, qu'il considère comme l'innovation technologique majeure capable de bouleverser le monde aussi profondément que l'ont déjà fait l'ampoule électrique et le transistor. Furness a les meilleures raisons du monde de croire aux applications haut de gamme. Cela fait bientôt vingt-cinq ans qu'il crée des réalités virtuelles avec visiocasques, en disposant de financements supérieurs à ceux de la NASA ou de UNC. Tout le microcosme de la RV connaît Furness depuis des lustres, mais comme son travail comme fondateur-directeur et chef du *Visual Systems Branch of Armstrong Aerospace Medical Research Lab* à la Base Wright-Patterson tombait sous le secret défense, son secteur de recherche est resté parallèle, presque à part. « Visionique » est le nom donné par l'Armée de l'Air américaine au secteur qu'il a en partie fondé. La « visionique » a pris assez d'ampleur aujourd'hui pour que lui soient consacrés salons et séminaires.

Lisez l'article portant sur le voyage du microchirurgien dans l'infiniment petit, mis en exergue au début de ce chapitre, et signé de Furness lui-même ; c'est une hypothèse sincère et plausible des réalisations futures de cette technologie. Puis comparez-le aux fonctionnalités décrites dans ce scénario publié par un autre auteur dans le magazine *Air & Space* à peu près à la même époque.

> « Quand il est monté dans son F-16C, le jeune pilote de combat de 1998 enfila simplement son casque et en descendit la visière pour activer son système Super Cockpit. Le monde virtuel qui s'étendait devant ses yeux était une parfaite réplique du monde réel. Les aspérités du terrain étaient soulignées et apparaissaient en relief grâce à deux minuscules tubes cathodiques réglés à sa vue...

Après son décollage, une couverture compacte de nuages obscurcit tout ce qui se trouvait à l'extérieur. Mais à l'intérieur du casque, le pilote « voyait » clairement l'horizon et la terre, comme si le temps avait été dégagé. Les chiffres de son compas défilaient sur la ligne d'horizon, et son plan de vol était une autoroute miroitante l'emportant vers l'infini.

Une plainte affaiblie au dessus et en dessous de lui vers la gauche avertit le pilote... que son « ennemi »... se rapprochait...

Le pilote jeta un rapide coup d'œil sur le système d'armement dont il avait besoin et leva la main gauche. De minuscules instruments cousus aux extrémités de ses gants coupe-feu envoyèrent des signaux. Quand il « appuya » sur le bouton fantôme de son affichage virtuel, un déclic et une pression exercée sur l'extrémité du doigt lui confirmèrent sa sélection. Aux yeux d'un observateur extérieur, il semblait se battre dans le vide. »

Le programme « Super Cockpit » n'est pas un scénario ; il s'agit du nom donné tout dernièrement à un programme de recherche à long terme financé par l'Armée de l'Air américaine. Il n'a jamais été conçu pour assister les chirurgiens dans leurs aventures microtélérobotiques ni pour alimenter les théories des chimistes de l'industrie pharmaceutique, mais pour améliorer les chances de survie des pilotes de combat aux commandes d'avions qui sont à la pointe de la technologie. N'oublions pas que les simulateurs de vol pour l'entraînement des pilotes ont été l'une des forces motrices de la recherche en RV et que ce secteur est toujours aussi actif en matière de simulation par images de synthèse. Il ne s'agit pas de recherche « pure » quand on sait que des vies humaines, cent millions de dollars de matériel et l'éventualité d'une guerre sont en jeu. Si l'Armée de l'Air américaine finance depuis vingt ans ce projet, c'est qu'un affichage virtuel top-niveau est ce qu'il y a de plus utile aux pilotes qui manipulent d'énormes volumes d'explosifs à la vitesse d'un supersonique et qui doivent prendre en quelques fractions de seconde des décisions dont l'issue pourrait s'avérer fatale, à partir de données fournies par les capteurs radar, tout en surveillant deux douzaines d'écrans aussi vitaux les uns que les autres et en écoutant les rapports sur la situation du programme et les commandements de la base.

DES SIMULATEURS DE VOL AUX SIMULATEURS PERSONNELS

Comment les pilotes peuvent-ils s'entraîner à des tâches aussi complexes sans se tuer en cours de route ? La meilleure solution, inaugurée au cours de la Seconde Guerre mondiale, est le simulateur de vol, qui permet au pilote de s'exercer à de nombreuses opérations de vol tout en restant en toute sécurité au sol. Il peut même s'entraîner à réagir à des situations de catastrophe qui n'ont que peu de chance de se produire.

... Les pertes au combat sont presque exclusivement le fait de pilotes n'ayant pas plus de cinq missions à leur actif ; s'ils survivent à la cinquième mission, la probabilité ultérieure de

survie dépasse les 95 %, quel que soit le nombre de missions supplémentaires accomplies. Ces chiffres donnent à penser que si l'on pouvait offrir l'équivalent de ces cinq missions de combat aux pilotes avant qu'ils ne soient réellement confrontés à l'ennemi, les pertes pourraient être radicalement réduites, et cela pourrait même peut-être influencer l'issue du combat ou de la guerre.

RALPH NORMAN HABER,
« Flight Simulation », 1986

Les pilotes de la Seconde Guerre mondiale se souviennent encore du « Link ». Ils pénétraient dans le hangar où se trouvait cet avion amputé dont il ne restait que le cockpit, installé sur une plate-forme dynamique. À l'intérieur, se trouvait le premier simulateur de vol — historiquement l'un des antécédents clefs de la RV. Le pilote montait dans l'appareil, poussait le bouton de démarrage, saisissait le manche à balai et sentait le cockpit s'incliner et tourner en réponse à ses commandes. D'une certaine manière, le cyberespace est le lieu de rencontre entre la stéréoscopie et la simulation. Si l'on définit les réalités virtuelles comme des simulations permettant de pénétrer dans des mondes virtuels, on peut ranger le simulateur Link parmi les ancêtres des systèmes cyberspatiaux. Tandis qu'une technologie convergente essayait de faire pénétrer des gens à l'intérieur de mondes engendrés par l'ordinateur, une autre se développait en parallèle qui permettrait de créer ces simulations.

Le simulateur Link utilisé au cours de la Seconde Guerre mondiale se composait de la réplique grandeur nature d'un cockpit d'avion de combat à réaction, installée sur une petite plate-forme mobile. C'est Link qui en breveta la première version en 1929. De formation, il était dessinateur de grandes orgues et de pianos à air, ce qui lui donna l'idée d'utiliser des soufflets pour faire réagir le simulateur aux commandes du pilote. (À Londres, soixante ans plus tard, Jim Hennequin a repris l'idée pour ses prototypes de plates-formes mobiles et ses gants pneumatiques à réaction tactile). Les inclinaisons du cockpit simulaient virages inclinés sur l'aile, changements de direction, montées, loopings et même turbulences. Le pilote pouvait également ressentir les vibrations et les mouvements du manche à balai grâce à divers mécanismes et à des ressorts.

Les étudiants pilotes grimpaient dans le cockpit et se mettaient aux commandes du simulateur. L'activation du manche à balai déclenchait les commandes de la plate-forme mobile et une simple ligne d'horizon qui épousait les mouvements de l'avion apparaissait devant le pilote. Le bruit de moteurs se déversait à travers les haut-parleurs. Grâce aux simulateurs Link, les pilotes novices aux commandes d'un avion pouvaient connaître leurs réactions en évitant les risques et les frais impliqués par un vol d'entraînement réel. On mit ensuite au point des simulateurs plus sophistiqués qui projetaient, depuis l'arrière du cockpit, des films multiples sur des écrans multiples situés à l'emplacement du pare-brise.

L'aviation de guerre et l'aéronautique furent à l'origine des simulateurs pouvant être « pilotés » par un opérateur.

Après la guerre, l'industrie de l'aéronautique et l'Armée de l'Air continuèrent à développer, à affiner et à élargir cette technologie. Les avions militaires évoluaient très rapidement, devenant de plus en plus sophistiqués ; et, avec les armements thermonucléaires, l'enjeu des combats aériens prit une ampleur sans précédent. L'industrie de l'aviation civile était également en pleine expansion. La technologie de simulation, incontestablement beaucoup moins chère et beaucoup moins risquée que les entraînements réels, évolua parallèlement dans ces deux secteurs de l'aviation. Après la guerre, les plates-formes dynamiques et les servo-commandes représentaient l'état de l'art en la matière, mais il fallut attendre l'avènement de la vidéo pour envisager une quelconque amélioration de la partie visuelle de la simulation — c'est-à-dire pour animer la vue depuis le cockpit. La vidéo, contrairement au film, n'a pas besoin d'être développée. L'essor de la télévision et des simulateurs de vol furent contemporains. Dès que l'on commença à utiliser les premières caméras vidéo, on les coupla aux commandes d'un simulateur de vol, ce qui permit de projeter sur le pare-brise des images vidéo de très bonne qualité. Grâce aux premiers équipements vidéo miniatures inaugurés par les studios d'Hollywood, on put synchroniser les mouvements des caméras avec les commandes du pilote qui surplombait la reproduction miniature d'un paysage. On construisit des maquettes très précises de porte-avions, de pistes d'atterrissage et de toutes sortes de terrains. Une maquette de neuf mètres sur dix-huit pouvait correspondre à un terrain d'environ dix kilomètres carrés. On pouvait également modeler de plus grande zones géographiques, mais les détails s'amenuisaient en proportion.

La combinaison des mouvements de la plate-forme et des paysages projetés décuplait la sensation de réalité, et il devint évident que l'efficacité des simulateurs était proportionnelle au degré de réalisme des images. En remplissant tout le champ visuel du pilote par des écrans, on put, sans visiocasque, donner l'illusion d'une immersion totale dans un monde virtuel. Après l'entrée en scène d'Evans et de Sutherland en 1968, les simulations par images de synthèse remplacèrent peu à peu les affichages visuels de maquettes filmées, jusqu'à devenir la norme de cette technologie.

Depuis toujours, les programmeurs de logiciels graphiques spécialistes de simulation ne peuvent échapper au compromis entre le mouvement et le niveau de détail imposé par les contraintes de l'informatique. Depuis que Sutherland a créé le masqueur réducteur et le multiplicateur matriciel, on n'a toujours pas résolu le problème posé par l'intensité des calculs nécessaires à la création d'images de synthèse à la fois détaillées et très rapides : pour présenter une vue détaillée d'un endroit ou d'un objet, l'ordinateur doit effectuer un nombre extrêmement élevé de calculs, et si de surcroît l'on veut des images de synthèse très mobiles, on impose deux fois plus de calculs à la machine ; les feuilles des arbres ne sont visibles que si l'on vole lentement et à très basse altitude. Ce problème est encore loin d'être résolu, même si les technologies catalyses évoluent très rapidement. Ceci s'explique aisément : dès que l'évolution du matériel permet d'affiner le détail des images, on veut qu'elles soient plus rapides, et vice-versa.

Furness est en train de concocter une nouvelle technologie d'affichage qui a de quoi effrayer un néophyte comme moi et des millions d'autres gens qui n'ont pas franchement envie qu'on projette des rayons laser dans leurs orbites. Mais peut-être que je la testerai si Thomas Furness le fait avant moi.

« Regardez ça », me dit-il un jour où je bavardais avec lui dans son bureau de Seattle. Il sortit avec précaution une boîte de l'un des cartons qu'il avait déballé. À l'intérieur, bien protégé, se trouvait un objet ressemblant à un tube à essai argenté. Il me le tendit — ce qui constituait une véritable marque de confiance, je m'en suis rendu compte lorsque j'ai vu de quoi il s'agissait. Le cylindre de verre faisait plusieurs centimètres de long, d'un diamètre équivalent à celui d'une pièce de dix centimes. Ce n'est pas tous les jours qu'il vous est donné de voir un tube cathodique fait-maison.

« Un écran de télévision normal a un balayage de quelques centaines de lignes. Ce tube cathodique miniature offre un balayage de *deux mille* lignes. Il n'y a qu'une seule couleur, mais la précision du détail va vous surprendre », m'expliqua-t-il, tandis que je soupesai cet onéreux et délicat gadget dans ma main.

« C'est peut-être la plus grande réussite en matière de tubes cathodiques miniatures » ajouta-t-il.

Furness commença à travailler sur les affichages en 1966, à l'époque où l'Armée de l'Air s'était rendue compte que le problème majeur dans l'entraînement des pilotes tenait à la complexité grandissante de leurs appareils. Toutes ces jauges, cadrans et indicateurs qui mesurent non seulement la position, la pression atmosphérique et le carburant, mais également sensibles aux radars ennemis, ces mesures électroniques et ces systèmes d'armement, étaient devenus trop complexes pour les hommes aux commandes. Les pilotes de F 15 devaient être les virtuoses d'un manche à balai à neuf commandes, à telle enseigne qu'on avait baptisé cette opération « jouer du piccolo ». En fait, les aviateurs ne devaient pas simplement se battre contre la pesanteur et l'ennemi ; ils livraient également combat à la complexité de leurs propres appareils. Furness comprit que les pilotes travaillaient déjà dans une réalité artificielle, même si les vétérans qui tenaient les cordons de la bourse en matière de recherche faisaient preuve d'un sentimentalisme et d'un attachement anormal à leurs vieilles « jauges à vapeur » qu'ils avaient utilisées pour former leurs pilotes.

Comme tant d'autres inspirés par Ivan Sutherland, Furness chercha à rapprocher efficacement le système perceptif du pilote du dispositif d'affichage. En 1982, Furness et ses collègues, notamment Dean Kocian, sortirent le premier prototype opérationnel du « Visually Coupled Airborne Systems Simulator » (VCASS) (Simulateur de systèmes aériens couplés visuellement). J'assistai un jour de 1989 à son cours sur les mondes virtuels : il y présentait les premières diapositives du prototype du VCASS, et il prononça les mots que toute la classe avait au bord des lèvres : « Mais oui, tout le monde lui a déjà donné un nom : le casque de Darth Vader ». C'est vrai que cet énorme casque noir, sans ouverture pour les yeux, avait l'air de sortir tout droit d'un film de George Lucas.

À l'intérieur du casque, le pilote voyait une simulation d'un vol physique. L'image de synthèse d'une « carte » en relief du territoire qu'il survolait était projetée dans son champ visuel par l'intermédiaire de minuscules tubes cathodiques et de miroirs. Le paysage qui défilait faisait plutôt penser à un dessin animé, mais ses caractéristiques établies à partir d'une carte numérisée détaillée du ministère de la Défense (une « base de données de fichier terrain ») reproduisaient fidèlement la réalité, et il était synchronisé avec un radar en temps réel. La technologie à infrarouge « Forward-Looking Infrared » (FLIR) permettait de distinguer les détails même en pleine nuit. Les capteurs de position VCASS suivaient la direction amorcée par les mouvements de tête d'un pilote et guidaient l'appareil à travers les nuages et l'obscurité — les pires ennemis du pilote. Les rangées de batteries de missiles antiaériens situés sur les cartes ou les systèmes antiradar détectés étaient représentées par de grosses bulles rouges ou « zones mortelles ». D'après les illustrations que Furness en a conservées, VCASS était en quelque sorte un jeu vidéo grandeur nature. Les trajectoires de vol projetées à vitesse réelle formaient des tunnels dans le ciel. Toutes les images étaient en stéréoscopie et en temps réel.

Cette transformation des tableaux de bords plats en appareils de visualisation en relief amorça l'ère de l'aviation moderne. On étudia les réactions viscérales des pilotes face à ces appareils entièrement nouveaux pour faire évoluer cette technologie. Furness et ses collègues calibrèrent tout d'abord l'équipement jusqu'à ce qu'il soit parfaitement fonctionnel. Puis on demanda à des pilotes de chasse confirmés de le tester et de donner leur avis. Si ça leur plaisait, on pourrait peut-être alors trouver d'autres financements, même s'il fallait encore pas mal de temps avant que tout soit réellement opérationnel. S'ils détestaient l'apparence, le bruit et la sensation du VCASS, cela voudrait dire que le programme était mort.

Comme le rappelle Furness : « les premiers pilotes étaient franchement sceptiques avant d'enfiler le casque, mais dès qu'ils voyaient le paysage défiler, on entendait "Ah oui, pas mal" ; alors on mettait le système en marche et on les laissait voler, et alors là, l'appréciation devenait "c'est *vraiment* bien". » Les pilotes furent enchantés par le VCASS. Le projet passa donc à l'étape ultérieure : élargir les connaissances concernant les facultés humaines, ce qui permettrait de mettre au point un système beaucoup plus performant.

« Dès qu'on observe le comportement des êtres humains, on s'aperçoit que ce sont des créatures *dans l'espace* ». C'est une des grandes théories de Furness. « Nous possédons deux yeux pour la vision en stéréo, deux oreilles pour la localisation acoustique, et deux systèmes de vision ». Par rapport à cela, Furness a observé que c'est le centre de l'attention visuelle, la tache fovea, qui concentre les informations détaillées concernant la forme et les motifs si l'on cligne des yeux très rapidement plusieurs fois en fixant un objet. La rétine, autour, s'intéresse moins au détail et réagit aux bouleversements soudains de l'environnement pour les signaler au système central, qui, en retour, modifiera la direction des fixations focales. Dans une note à la « Society for Information Display », Furness précisa : « On pense que ces deux systèmes fonctionnent en parallèle et qu'ils font appel à deux systèmes de traitements différents du cerveau. Pour décrire le fonctionnement simultané des systèmes de focalisation et de périphérie, je prendrai l'exemple suivant : la plupart d'entre nous peut marcher sur un trottoir en lisant un livre tout en maintenant son orientation spatiale (c'est-à-dire rester sur le trottoir). » Furness chercha donc un système technique dans lequel il puisse mettre en pratique ses toutes nouvelles découvertes en matière de perceptions humaines. Son choix se porta sur le visiocasque, dont on parlait depuis la fin des années soixante dans le milieu scientifique. L'immersion dans un jeu vidéo en relief représentait une interface de commande beaucoup plus naturelle que n'importe quel tableau de bord bardé d'indicateurs.

On contacta également des psychologues parce que la compréhension des facultés perceptives de l'homme joue un rôle fondamental dans la conception des simulateurs. Quelle est la relation entre la taille du champ visuel et la « réalité » perçue dans la simulation ? Quel niveau doit atteindre la définition de l'affichage pour transmettre une sensation de présence ? Quelle est la meilleure distance focale pour placer l'affichage ? Toute ces recherches et ces mesures minutieuses indispensables au côté « facteurs humains » de la simulation, financées entre autres par l'Armée de l'Air et la NASA, ont débouché sur tout un ensemble de connaissances sur la façon dont on peut tromper les sens de l'homme et leur faire accepter une version virtuelle du monde réel. Les scientifiques cognitifs qui commencent à s'attaquer au problème du cyberespace vu de « l'intérieur » (dans nos cerveaux et dans nos corps, par opposition aux affichages ou aux ordinateurs) peuvent étayer leurs recherches sur les nombreuses découvertes relatives à l'aspect « facteurs humains » de la simulation. En effet, si la NASA a été pionnière dans la recherche en RV dans les années quatre-vingt, c'est en partie grâce à ses travaux sur la téléprésence – l'expérience psychologique vécue lorsque la technologie des simulateurs fonctionne assez bien pour convaincre les utilisateurs qu'ils sont immergés dans des mondes virtuels.

Les affichages à base de visiocasques comme ceux que Sutherland et ses collègues avaient montré à l'Université de l'Utah et que Brooks utilisait dans la modélisation scientifique à l'UNC, apportaient la meilleure réponse au problème des interfaces de l'aviation. Dès 1969, Furness avait aidé financièrement un petit fournisseur du nom de Polhemus Navigation Systems, qui fut plus tard racheté par McDonnell-Douglas Aircraft. Un affichage visuel stéréoscopique commandé par le regard, un système acoustique précis et en relief, couplé à des affichages commandés par capteurs tactiles situés au bout des doigts, des commandes vocales pour contrôler l'ordinateur, et une technologie de poursuite oculaire, tels furent les moyens avec lesquels VCASS et les systèmes ultérieurs utilisèrent au mieux les facultés humaines pour le pilotage d'un avion de combat. Nos systèmes de commande, de communication et de contrôle biologiques ont évolué pendant des milliers d'années pour atteindre une plus grande efficacité dans l'accomplissement de tâches très semblables à celles qu'effectuent les pilotes de chasse : localiser les cibles, évaluer les dangers, faire des calculs balistiques, savoir lâcher les bombes au moment précis et au bon endroit. Le système auditif humain s'est affiné au cours de centaines de milliers d'années, depuis que l'homme est chasseur. Le fait qu'il puisse détecter un minuscule éclat rouge à la périphérie de son champ visuel n'est pas le fruit du hasard, comme de dormir d'un sommeil profond pendant un orage alors que le moindre crissement d'un plancher ou un bruissement de branche est capable de le réveiller. Si l'hypothèse de Furness se vérifie, les pilotes pourront utiliser les systèmes de commande virtuels d'une façon naturelle, comme des prolongements de leurs instincts de chasseur.

Le système plut vraiment aux pilotes. Ils l'apprécièrent encore plus quand on rajouta des systèmes de commande vocale et de poursuite oculaire. Lorsque les systèmes radar accrochaient une cible, un symbole apparaissait dans le champ visuel du pilote dont les mécanismes d'attention se focalisaient immédiatement dessus. Rien qu'en regardant une cible, en décodant les informations contenues dans sa forme, sa couleur, sa position, sa vitesse, et en prononçant le mot adéquat « bang », par exemple, les pilotes arrivèrent à concentrer leurs systèmes nerveux directement sur l'ennemi, sans passer par la lecture d'indicateurs de bord ni par le manche à balai. Libérés du poids d'être seuls aux commandes, quelquefois seulement à demi conscients, à cause de la pression de la pesanteur sur leur cerveau, les pilotes pouvaient concentrer toute leur attention sur ce que tout humain sait faire le mieux : reconnaître des formes, évaluer, apprécier des changements subtils du contexte. Comme la version « Regarde-et-tire » du VCASS plaisait vraiment énormément aux pilotes, on finança généreusement le projet. En 1986, le programme Super Cockpit était né. On mit au point de nouveaux casques comportant des miroirs différentiels pour créer des strates virtuelles dans le cockpit réel. On obtint des images de synthèse coûteuses mais d'une très bonne définition grâce à la fibre optique et on ajouta des systèmes acoustiques en relief. On conçut un gant à base de senseurs vibrotactiles piézo-électriques : de minuscules cristaux qui vibrent lorsqu'un courant électrique les stimule. Le premier prototype d'un gant tactile ressemblait plus ou moins une gâchette.

Le Dr Furness (car il est titulaire d'un doctorat en ingénierie et sciences appliquées de l'Université anglaise de Southampton) n'a jamais circonscrit sa réflexion sur les virtualités aux seules applications militaires. Il savait que les moteurs de réalité n'étaient pas plus confinés aux applications militaires qu'ENIAC, le premier ordinateur numérique, n'avait été confiné aux seuls calculs balistiques de l'Armée de l'Air pour lesquels il avait initialement été conçu. Les applications aussi bien civiles que militaires nécessitaient ce qu'il appelait un « générateur de monde virtuel », qui puisse recevoir et traiter les informations afin de présenter à l'opérateur un monde virtuel continu. Dans un avion, ce sont les bases de données numérisées du terrain, les capteurs radar à infrarouge, la position de la tête et des yeux du pilote qui fournissent les données au générateur de monde virtuel. Dans les applications civiles, la poursuite du regard et des mouvements de la tête est très importante, l'opérateur étant plus mobile qu'un pilote fermement attaché à son siège. Dans les deux cas, le générateur doit pouvoir créer des affichages visuels, auditifs et tactiles propres à être compris par les pilotes ou les opérateurs.

Le second point commun entre applications civiles et militaires, c'est pour Furness ce qu'il appelle le *mindware*, « l'intelligence logicielle » c'est-à-dire ce qui fait que la RV est utile tout aussi bien à un pilote de chasse qu'à un paraplégique, à un chimiste ou à un architecte. Comme Frederick Brooks, Furness a toujours cherché à résoudre les vrais problèmes, les applications pragmatiques qui fournissent à la fois un objectif à la recherche et des débouchés commerciaux.

« En 1986 et 1987, des gens qui avaient entendu parler de mes recherches ont commencé à me contacter pour me demander si les réalités virtuelles pouvaient résoudre leurs problèmes » me dit Furness en 1990. « Les médecins qui soignaient des patients atteints de paralysie cérébrale se demandaient si un système de RV piloté par la langue ne pourrait pas libérer les cerveaux emprisonnés dans des corps dysfonctionnels. Les pompiers voulaient savoir si l'on ne pourrait pas piloter un pompier-robot dans un immeuble en flammes. Les anesthésistes voulaient que les instruments qu'ils utilisent pour contrôler les fonctions vitales du patient affichent les données d'une manière plus claire, les salles d'opération se transformant ainsi en cockpit d'avions à réaction ».

Au cours de l'été 1989, Furness décida que cette technologie revêtait trop d'enjeux pour la confiner aux applications militaires. Il avait déjà commencé à plier bagages avant que je n'aie réussi à le rencontrer à Wright-Patterson. Le bruit courait qu'il allait monter une société de RV. Quand il réapparut enfin, ce fut à Seattle. L'état de Washington avait créé, en collaboration avec l'Université de Washington, le Centre de Technologie de Washington, organisme hybride destiné à développer une collaboration entre la recherche académique et les débouchés commerciaux, version côte nord-ouest du Pacifique du type de partenariat qui s'était avéré si fructueux pour Silicon Valley et la Route 128 de Boston. En novembre 1989, le Centre de Technologie de Washington annonça la création d'un nouvel organisme, le Laboratoire des interfaces homme-machine (HIT Lab ou HITL). Le Docteur Thomas A. Furness III en était le directeur-fondateur. On lui attribua un budget, quelques bâtiments, une chaire et la mission de signer des contrats avec les industries locales afin de développer l'intelligence logicielle appropriée. Il commença par recruter William et Meredith Bricken, et Robert Jacobson dont j'avais fait la connaissance dans les réunions du WELL.

Lorsque Furness me décrivit son programme pour le HITL, je compris immédiatement pourquoi ma proposition de « newsgroup » Usenet avait été si bien reçue.

« Nous voulons établir une base nationale de connaissances en matière d'ergonomie, de technologie et d'applications liées aux interfaces virtuelles » écrivit-il dans le premier communiqué qu'il distribua à son nouveau personnel. Furness voulait mettre en place au HITL une bibliographie, une bibliothèque ouverte au grand public qui centraliserait toute sa documentation en matière de RV avec une base de données informatisée et favoriser ainsi l'émergence d'une véritable science de la virtualité. Ma proposition de « newsgroup » électronique coïncidait donc parfaitement avec ses ambitions. La vraisemblance des mondes est en fait ce que Furness cherche à quantifier. Comment s'y prend-on pour mesurer la réalité ?

Il fallait donc développer un système d'exploitation générateur de mondes virtuels compatible avec le plus grand nombre de plates-formes matérielles possible. En distribuant ce logiciel pilote gratuitement, la science et les débouchés commerciaux de la RV seraient grandement stimulés. En même temps, le HITL affinerait la technologie de la mesure des positions, de la poursuite oculaire, créerait un micro-canon à laser et des logiciels intelligents pour les personnes handicapées. Que ce soit au sein de l'Armée de l'Air ou dans le civil, Furness fait toujours les choses en grand. « Nous devons résoudre beaucoup de problèmes complexes » admet-il. « Nous ne comprenons pas la dimension facteurs humains de l'espace virtuel. Nous ne savons pas comment mesurer l'apparence de réalité d'un monde virtuel. La qualité de définition des affichages virtuels, excepté dans les versions militaires hors de prix, n'est pas suffisante pour être présentée en champ de vision étendu. La technologie des capteurs de position doit être améliorée. Les moteurs graphiques actuels sont inadéquats. Les visiocasques sont trop lourds. Il y a trop de câbles partout. Il n'existe aucune architecture logicielle ni aucun outil de développement qui soient adaptés aux applications que l'on veut mettre en place. Le système intégral est beaucoup trop cher. Nous manquons de structures de recherche interdisciplinaires ». Il énuméra ces problèmes avec optimisme, alors que son laboratoire n'était pas encore équipé. En effet, pendant la semaine que je passai là-bas, les représentants de NeXT, la société créée par Steve Jobs après Apple, informèrent Furness qu'ils refusaient de donner la demi-douzaine de postes de travail qu'ils lui avaient promis sous prétexte que la RV était en marge de l'univers informatique. Je passais pas mal de temps à assister aux réunions du personnel du laboratoire : ils avaient un budget, des perspectives très alléchantes, et jusqu'alors aucun engagement concret d'un financement à long terme pour leurs travaux de recherche.

Ils décidèrent de constituer un consortium de sociétés qui investiraient des fonds et des ressources informatiques et, en retour, partageraient les résultats de la recherche. Certains membres du consortium auraient des projets spécifiques en matière d'intelligence logicielle, que développeraient leurs partenaires du HITL. Comme il l'a déclaré avec fougue lors de la conférence de Santa Barbara, Furness est prêt à « défricher le terrain avec ses mains nues ». Ainsi, il engagea tout de suite Suzanne Weghorst, une analyste en systèmes biomédicaux, pour travailler sur des prototypes de prothèses virtuelles. Le projet fut initialement baptisé « Aides de pointe à l'adaptation », les premiers produits développés devant être des salles de classe virtuelles réservées aux handicapés physiques et mentaux. En fait, Furness alla chercher des financements à Washington et réussit à intéresser le ministre de l'Éducation nationale de l'époque, Lauro Cavazos. « Les possibilités l'intéressent vraiment au plus haut point », déclara Furness à la chroniqueuse Denise Caruso. Mais le financement fut trouvé ailleurs.

Le HITL avait dans ses tiroirs un autre projet à teneur nettement plus commerciale. « Vous devriez en parler à Cecil Patterson du Port de Seattle », me dit Furness ; je m'étais en effet rendu compte que tous ses projets avaient beau être fantastiques, je n'en avais pas encore trouvé un seul qui ait réellement démarré selon les modalités de financement définies avec le Centre de technologie de Washington. Je me rendis donc à Capitol Hill, où se trouvaient les planificateurs de l'un des ports maritimes les plus imposants au monde, offrant une véritable ouverture sur la côte Pacifique. « Oui », me confirma Patterson lorsque je l'appelai, « on a vraiment l'intention de faire appel à la réalité virtuelle pour planifier les modifications ultérieures du Port de Seattle. »

Les services qui s'occupaient des systèmes d'information, du port de Seattle, grouillaient d'activité. Mis à part les postes informatiques qu'on voyait sur les bureaux de tout le monde, c'était un lieu de travail tout à fait ordinaire. Le gros équipement informatique se trouvait ailleurs. Patterson, directeur des systèmes d'information du port, me confirma ce que Furness m'avait dit et me donna deux bonnes raisons qui justifiaient ses investissements en virtuel. Tout d'abord, il considérait les modèles virtuels comme des sortes de machines à tester des hypothèses pour la CAO, de la même manière que les feuilles de calcul servent aux financiers. C'est ce qu'on appelle également la reproduction dynamique de simulation, c'est-à-dire le fait de créer une simulation obéissant à certaines règles internes, puis de l'appliquer à différentes situations pour voir comment réagit l'ensemble du système.

L'élément commun de la simulation et de la modélisation réside dans la création d'un modèle informatique d'un système réel. Utiliser ce programme comme simulateur ou comme modèle dépend de ce que ce qu'on veut en faire, c'est-à-dire l'*expérimenter* de l'intérieur ou bien l'*observer* de l'extérieur. Le simulateur de vol reproduit l'expérience de pilotage d'un avion ; la simulation d'une aile d'avion permet de tester sa réaction à diverses conditions qu'on lui impose. Dans le premier cas, il s'agit d'un outil d'apprentissage ; dans le second cas, l'outil permet de comprendre le fonctionnement de quelque chose. Et dans les systèmes éducatifs du cyberespace du futur, ces deux outils feront partie des mêmes micromondes.

« Les concepteurs comprennent beaucoup mieux que leurs clients la transcription sur un écran d'ordinateur des formes conçues par eux » me dit Patterson. Frederick Brooks, John Walker et lui-même étaient d'accord pour dire que la meilleure façon d'évaluer une création en trois dimensions, que l'on en soit le concepteur ou l'utilisateur potentiel, c'était d'y pénétrer, de la parcourir et de la manipuler. Lorsqu'ingénieurs, urbanistes, architectes, entrepreneurs et clients élaborent des projets à long terme, ce sont des milliards de dollars qui sont mis sur la table. Tout ce qui pourrait faciliter la communication entre les personnes qui planifient ce genre de projets vaut la peine d'être mis en place. À l'échelle du port de Seattle, un système de RV ne coûte rien. Six mois plus tard, je déjeunai au siège de la Shell à Londres avec l'un des planificateurs de stratégie de la société ; il manifesta un grand intérêt pour les modèles de raffineries en RV, précisément parce que la Shell a déjà énormément investi dans des maquettes concrètes. Un bon modèle est à la fois un outil d'aide à la pensée et un système de communication qui montre toute son efficacité dans la conception de structures en 3D telles qu'un bâtiment ou un port.

Patterson pense utiliser la RV pour la planification des docks. Si quelqu'un, à l'intérieur d'un modèle de dock virtuel, veut savoir à quoi ressemblerait le port si on le déplaçait d'une dizaine de mètres ou à huit cents mètres de là, il peut le prendre et le déplacer. Ensuite, si tous les planificateurs pouvaient s'y donner rendez-vous par l'intermédiaire d'un système de téléprésence, ils pourraient économiser des frais de communication et de transport et rentabiliser plusieurs fois l'investissement initial en éliminant les malentendus qui coûtent très cher.

La seconde raison avancée par Patterson, va, d'après moi, encore plus loin. La plupart des plus gros clients du port qui participent aux diverses étapes de planification de l'infrastructure portuaire qui coûte plusieurs centaines de millions de dollars, sont japonais, chinois, coréens ou d'autres nationalités dont l'anglais n'est pas la langue maternelle. Patterson espère que les malentendus, les retards et les coûts causés par la barrière des langues pourraient être atténués si ingénieurs, planificateurs et clients des deux côtés du Pacifique pouvaient pénétrer dans les versions virtuelles des constructions à l'étude au cours des différentes étapes du processus de planification. De cette manière, même si la barrière des langues subsiste, la représentation des modèles mentaux de leurs plans serait beaucoup plus harmonieuse. Lorsque la conversation porte sur un objet en 3D, les modèles mentaux qu'imaginent les membres d'un groupe peuvent être très différents. Si ces mêmes personnes parcourent le même modèle physique tout en le commentant, leurs modèles mentaux, selon Patterson, ont toutes les chances d'être beaucoup plus harmonisés.

Au cours de l'année 1990, Furness et Patterson ont trouvé d'autres partenaires en R&D pour le consortium. William Bricken a commencé à travailler sur le programme qu'il avait en tête : la conception d'un système d'exploitation de mondes virtuels, un programme d'ensemble qui pourra transformer n'importe quel ordinateur possédant suffisamment de puissance en un moteur de réalité. Un an après ma première visite, le laboratoire HITL commença enfin à bouger grâce à des contrats signés avec US West, l'un des opérateurs régionaux de Bell, le Port de Seattle, Alias, DEC (Digital Equipment Company) et VPL Research. Bricken finalisait les protocoles pour le VEOS, le système d'exploitation d'environnement virtuel que le HITL voulait dédier à la cause de la recherche en RV.

HITL avait également soumis une proposition de fabrication de microcanon à laser au National Institute of Standards and Technology et Jacobson semblait ravi : « Nous avons trouvé deux génies sur le campus, dans le domaine des composants pour semi-conducteurs et micro-capteurs et ils nous aident à établir le cahier des charges d'un prototype. »

Le HITL semble également tenir ses promesses en tant que centre d'information. Le forum électronique « Sci.virtual.worlds » va bon train, les contributeurs font part de leurs théories en matière de structures de données pour le cyberespace, échangent des informations permettant de construire des systèmes bon marché, diffusent les tout derniers algorithmes ou les plus récentes trouvailles en matière d'optique, élaborent diverses hypothèses qui pourraient leur permettre de matérialiser leurs fantasmes. La dernière fois que j'ai pris des nouvelles du HITL, la NSF leur avait demandé de lui envoyer une proposition de conférence sur les sciences de la virtualité, Furness et Robert Prior du MIT avaient décidé de lancer un magazine consacré à la RV, appelé à titre d'essai *Presence*, publié par Furness et Durlach du MIT, par ailleurs DEC commercialisait les puissants postes de travail interconnectés que recherchait Bricken. Tous les projets suivaient la trajectoire prévue. Je vérifierai où ils en sont dans deux ans, car c'est à peu près le temps qu'il leur faudra pour mettre au point, tester et mesurer l'efficacité de leurs systèmes matériel et logiciel. Il y aura certainement des démonstrations qui vaudront le déplacement dans quelques mois. Il n'y a qu'un nombre vraiment très limité de gens qui aient déjà vu les premières versions bancales des systèmes de RV, tout simplement parce qu'elles n'étaient pas disponibles pour le grand public. Actuellement, le ticket d'entrée devient suffisamment abordable pour que de plus en plus de gens puissent expérimenter le cyberespace, au moment où le niveau de réalité s'améliore de jour en jour.

Le monde ne manque pas de forces prêtes à donner un coup de pouce au développement d'une industrie de la réalité dans les années quatre-vingt-dix. À la périphérie, se trouvent tous les petits entrepreneurs, les « bidouilleurs » dont je parlerai ultérieurement. À l'autre extrémité de l'échelle, on rencontre les poids lourds de l'informatique et des télécommunications, qui ne se préoccupent pas trop des phénomènes marginaux, en attendant d'avoir atteint un degré de maturité suffisant pour justifier des investissements colossaux dans la réalisation d'un objectif clairement défini. J'ai découvert que cela faisait déjà des années que des compagnies valant plusieurs millions de dollars travaillaient dans les technologies de RV, avec des douzaines d'unités de recherche et développement, et peut-être des centaines aujourd'hui. Des consortiums se mettent en place. Le gouvernement et les poids lourds de l'industrie sont en train d'inclure la RV dans leurs stratégie pour les années quatre-vingt-dix. J'ai pu constater par moi-même les toutes premières étapes de cet effort concerté en matière de recherche et développement. Vous serez étonné quand je vous dirai où cela s'est passé.

CHAPITRE 10

SUPER GADGETS ET POLITIQUES INDUSTRIELLES

On a coutume de considérer l'ordinateur comme une machine mathématique servant à effectuer des calculs. Mais en fait c'est une véritable machine de langage : toute sa puissance réside dans sa faculté à manipuler des clés linguistiques – des symboles – auxquels on a affecté une signification.

TERRY WINOGRAD,
Scientific American, 1984

Il y a quelques années, chaque fois que l'un des copains de mon fils lui passait un coup de fil, il demandait « Est-ce que Mickey est ici ? ». Maîtrisant la géographie spatiale, les adultes définissent habituellement la communication comme la transmission d'informations d'un point à un autre. Les enfants, en revanche, pensent que s'ils peuvent parler à quelqu'un, c'est qu'ils doivent être au même endroit. En d'autres termes, le concept « de lieu » est fonction de la capacité à communiquer. Le « lieu » créé par cette communication ne reproduit pas obligatoirement toutes les informations de chacune des extrémités communicantes. Il se définit par celles qui sont communes aux deux interlocuteurs.

Cette sensation de présence sur le même lieu se développe de plus en plus. Les systèmes de transmission ont ainsi évolué du Morse au téléphone, de la radio à la télévision, du noir et blanc à la couleur. Les systèmes que l'on développe maintenant ne nous permettront pas seulement de percevoir des événements éloignés mais aussi d'agir à distance.

MYRON KRUEGER,
Artificial Reality, 1983

Je surplombai la carte aérienne d'une ville à travers une fenêtre géante emplissant mon champ visuel. J'aurais pu me croire aux commandes d'un bombardier. Je pouvais survoler le paysage ou bien planer au-dessus d'un point précis, ma vision évoluant en fonction de l'angle choisi. Les moindres détails de l'objet fixé m'apparaissaient très distinctement pour devenir de plus en plus flous à la périphérie. Je pouvais parcourir la ville de bout en bout d'un geste de la tête ou en la balayant du regard. Cet appareillage expérimental était destiné à explorer les théories développées par Negroponte et Bolt dans les années soixante-dix – une expérience grandeur nature de rapprochement entre les capacités perceptives de l'homme et de l'ordinateur. La vision humaine est très nette au centre et plus floue à la périphérie. À cette première version en deux dimensions devait être ensuite intégré un module de reconnaissance vocale combiné au mouvement des yeux.

L'appareil de poursuite oculaire à dix mille dollars et le projecteur à un million de dollars sur lesquels reposait cette expérience n'étaient pas les seuls miracles technologiques qu'ils avaient à me montrer. Ils possédaient également les tout premiers appareillages à résistance, des contrôleurs de gants et de lunettes intégrales télérobotiques et la plus impressionnante collection d'ordinateurs que j'aie vu depuis Chapel Hill. Le laboratoire s'était fixé comme objectif de faire pénétrer des populations entières dans le cyberespace à l'horizon 2010. Projet de l'envergure du programme spatial américain, qui a nécessité dix ans d'efforts acharnés pour envoyer des hommes sur la Lune et les ramener vivants sur Terre.

L'« Advanced Telecommunications Research Institute International », Institut international de recherche en télécommunications de pointe ou ATR est l'un des plus riches et des plus ambitieux laboratoires au monde. Créé en 1986, il dispose de financements colossaux et rassemble le travail de centaines de chercheurs et d'ingénieurs dans un effort commun d'intégration d'« une communication avec sensations réalistes » dans la technologie des télécommunications des années 2000-2010. Il ne s'agit pas d'un cas de figure ni d'une hypothèse de travail.

C'est par hasard que je me suis retrouvé chez ATR en mars 1990. Pourquoi les gens auraient-ils besoin d'entrer dans une réalité simulée pour communiquer ? Pourquoi voudrait-on aujourd'hui investir des sommes considérables dans le but de faire fusionner les télécommunications et la réalité virtuelle à l'horizon 2010 ? Ce n'est pas tellement en faisant le tour des virtualités actuelles que l'on trouvera la réponse, mais plutôt en recherchant tout ce dont nous privent les systèmes de communication classiques : cet équilibre complexe où entrent des indices non verbaux tels que la posture, les gestes, les expressions du visage, la direction du regard, qui caractérisent la plus ancienne technologie humaine, le face-à-face.

C'est au niveau de mes tripes que j'ai ressenti la réponse à cette interrogation la première fois que j'ai partagé un cyberespace avec un autre individu. Dans la même mesure que la langue parlée et les alphabets, on *sent* dans la RV la possibilité de formes de communication pour le futur. Quelques minutes d'expérience à l'intérieur de la « Réalité pour Deux », dispositif de VPL à un demi-million de dollars (la qualité graphique restant cependant très médiocre), suffisent à suggérer cette nouvelle forme de communication, mélange de danse et de communication visuelle, de conversation et de sculpture multimédia, d'intellect et de performance, que nous avons du mal à imaginer actuellement. Aujourd'hui, les individus qui partagent les cyberespaces peuvent se reconnaître par la façon qu'ils ont de se déplacer, même lorsqu'ils choisissent d'être représentés par des androïdes, des théières, des papillons ou des crustacés. Danser une valse avec un homard dans le cyberespace n'est pas seulement amusant, il s'agit également d'une expérience linguistique sérieuse.

Les problèmes existentiels de l'être humain trouvent leurs réponses du côté de son aptitude à la communication. L'invention, l'utilisation et la transformation des langages semblent être ce que les humains ont toujours le mieux réussi à faire. Nous sommes des créatures qui communiquons tout en menant une réflexion sur cette communication : *Homo sapiens fiberopticus*. C'est dans la propension qu'a l'homme à créer de nouveaux outils de communication et à les utiliser pour se recréer que la recherche en télécommunications converge avec la réalité virtuelle.

Si les hommes sont particulièrement doués pour décoder et recoder du sens à partir de motifs d'informations et d'ondes de sons modulées, et s'ils excellent dans les opérations de coordination sensori-motrices main-yeux-cerveau, alors que les ordinateurs traitent de mieux en mieux les simulations tri-dimensionnelles et brassent des milliards de signaux, une communication mondiale dans le cyberespace pourra peut-être un jour s'avérer de nature essentiellement humaine, avec un arrière-goût de silicium qui fait néanmoins un peu froid dans le dos. Si notre destinée est de devenir les symbiotes vivants de nos propres outils, les jeux de communication multimédias constituent l'un des scénarios de rechange les plus agréables pour la gestion de notre temps à venir. Au début du vingtième siècle, le romancier Herman Hesse a décrit dans son roman d'anticipation *Das Glasperlenspiel* (*Le jeu des perles de verre*) ce type de langage conceptuel, dans lequel une élite intellectuelle passait son temps à enfiler des concepts comme des perles. Leurs prédécesseurs existent déjà : ce sont les accros de la communication et les passionnés du Worldnet qui font rebondir leur personnalité à travers les cyberespaces aveugles que sont les réseaux textuels d'aujourd'hui.

La nouvelle *The Machine Stops* écrite par E.M. Forster également au début du vingtième siècle envisage la même problématique mais sous un angle un peu plus cynique. Dans le monde de Forster, les gens assistent toute la journée à des conférences merveilleusement illustrées, sans jamais quitter leurs cabines ni se demander ce qui se passerait si la machine s'arrêtait. Dans *Le Meilleur des Mondes*, Aldous Huxley met en scène des « feelies », sorte d'expériences fabriquées, remplaçant intelligemment la liberté authentique par une dictature technologiquement avancée.

La technologie de la réalité virtuelle, encore à un stade très primitif, va arriver à maturité au moment où les systèmes de communication de pointe, aujourd'hui à l'état de prototypes, se répandront dans le monde entier. Les organismes qui nous apportent le téléphone à domicile parient sur le fait que nous saurons utiliser ces réseaux de communication lorsque leur capacité de transmission sera décuplée. La voix et le son haute fidélité, la vidéo, les textes de la Bibliothèque du Congrès seront transportés par les câbles optiques de l'an 2010. Bien sûr, nous n'aurons plus à nous déplacer jusqu'au vidéoclub de quartier pour louer un film, mais quelles autres raisons aurions-nous d'utiliser ces canaux ultra-rapides ? Pourquoi construire des réseaux aussi performants si nous ne pouvons rien en faire ? L'une des réponses à ces questions, c'est d'envisager la réalité virtuelle comme un moyen de communication : rien au monde ne consomme autant de puissance informatique ni de largeur de bande qu'un moteur de réalité. Des milliards de moteurs de réalité interconnectés pourraient créer une économie mondiale entièrement nouvelle. Un investisseur connaissant parfaitement l'évolution des technologies de l'information, possédant assez d'argent et de patience, pourrait commencer maintenant à planifier une stratégie en vue de cette convergence annoncée, anticipant ainsi un retour sur investissement colossal.

L'histoire des industries de la communication renforce la crédibilité d'un tel scénario : les communications et les cultures sont, par nature, enfermées dans un cycle de corévolution perpétuelle. Les technologies permettant l'avènement d'autres technologies s'accélèrent d'elles-mêmes. Leurs effets se répercutent sur l'ensemble de la société. Les modes de vie, les perceptions, les limites de ce qu'il est possible ou permis de faire évoluent lorsque la population adopte un nouveau moyen de communication. Les nouvelles technologies font naître de nouvelles institutions culturelles : les diligences disparaissent au profit des cinémas *drive-in*, qui sont à leur tour remplacés par des vidéoclubs. Même une technologie de communication aussi simple et peu évoluée que le télégraphe a permis la naissance de multinationales (Edison, Carnegie ou Sears et Sarnoff, qui ont respectivement fondé les industries de l'électricité, de l'acier, de la distribution et de la radiotélévision, ont tous débuté comme opérateurs du télégraphe). Toute l'histoire du vingtième siècle est profondément marquée par l'avènement de technologies de communication de plus en plus puissantes et novatrices. Il n'y a aucune raison de penser que ce processus continu et hautement imprévisible de changements technologiques et culturels s'arrête dans les dix ou vingt années à venir.

S'il existait une instance disposant de dizaines de millions de dollars à dépenser, d'un accès aux chercheurs de pointe et aux marchés mondiaux, et d'un plan ambitieux pour les dix années à venir, alors les communications télévirtuelles pourraient se mondialiser dans les vingt prochaines années. Si ce scénario apparemment totalement improbable se réalisait, la technologie des communications pourrait redéfinir la « réalité » à un tout autre niveau pour le vingt-et-unième siècle, de la même manière que les téléphones et les télévisions ont redéfini les vieilles notions de temps, d'espace et les possibilités humaines au vingtième siècle. C'est à ce niveau que résident les enjeux les plus importants. Les bouleversements bénéfiques pour certains sont néfastes pour d'autres ; ceux qui seront capables de discerner les premiers ces nouveaux scénarios pourront faire fortune. Les nouvelles technologies de communication apportent de nouveaux régimes politiques, de nouvelles institutions sociales, de nouveaux débouchés économiques, et de nouvelles maladies mentales aussi. Certaines institutions internationales seront trop rigides pour réagir à ces bouleversements et cela leur portera préjudice. La plupart des acteurs mineurs, ou ceux qui ne savent pas encore qu'ils ont un rôle à tenir, se trouveront assez souples pour s'adapter à ces nouvelles donnes du vingt-et-unième siècle et finiront par gagner beaucoup d'argent ou par redéfinir les règles de la société.

Un groupe de sociétés est en train de faire ce pari. L 'ATR a un budget d'environ 50 millions de dollars par an, et deux de leurs quatre laboratoires travaillent sur les sciences fondamentales et les technologies des télécommunications virtuelles. Selon Daniel Lee, du département de l'IA, le projet « Communication avec sensations réalistes » possède un budget de 5,3 millions de dollars par an garanti sur une durée de dix ans et destiné à la création des technologies de base des communications du cyberespace. Le Laboratoire de Recherche sur les systèmes a démarré ses travaux au printemps 1989 à Kansai ; lorsque je leur ai rendu visite un an plus tard, ils n'avaient pas encore fini d'installer leurs ordinateurs et leurs systèmes de projection à un million de dollars. Près de 140 sociétés spécialisées dans les communications et l'informatique contribuent financièrement et en ressources humaines au consortium qui finance ATR. Après ma première expérience de RV partagée à VPL (où ma main séparée de mon corps flottait dans un des cyberespaces de Lanier et dansait avec un partenaire portant un DataSuit, représenté dans le monde virtuel par un homard rouge), cette visite dans ce nouvel institut de recherche destiné à la RV grand public avait de quoi me dégriser.

Avant de connaître ATR, j'avais passé un an à faire le tour des directeurs de recherche du continent nord américain et à leur demander comment ils évaluaient les potentialités de la réalité virtuelle : étaient-elles trop importantes ou trop complexes pour qu'une seule entreprise, voire même un seul pays puisse les prendre en charge ? Ceux qui comprirent le sens de ma question se montrèrent sceptiques. Les règles de la concurrence ne primaient-elles pas sur tout le reste ? À cet égard, ATR me surprit agréablement. Dans le contexte actuel, où la question d'une coopération mondiale dans le développement de nouvelles technologies de l'information est parasitée par des questions de concurrence économique et de passions nationalistes, il était rafraîchissant de rencontrer un organisme qui inscrive dans sa charte une mission de coopération mondiale dans la recherche. L'un des objectifs d'ATR est d'augmenter la participation internationale à la recherche ; en effet, l'un des quatre « principes de base » d'ATR est un engagement à « contribuer à définir la société internationale ». Non seulement ces gens sont ambitieux, mais ils pensent en termes de coopération – en tous cas, ils l'affirment. Cela a suffi pour attiser ma curiosité. Pour reprendre l'expression populaire aux États-Unis « fais confiance, mais vérifie », ATR avait l'air tellement génial qu'il fallait que j'aille me rendre compte par moi-même.

J'ai visité leurs nouveaux locaux, testé leurs prototypes, examiné leur collection de moteurs de réalité. Bien que, comparé à VPL et Autodesk, tout ait l'air professionnel et efficace, les directeurs de recherche d'ATR ne semblent pas être « les grosses têtes » auxquelles on pourrait s'attendre. Ce sont des scientifiques et des ingénieurs compétents, qui ont une idée très précise de ce qu'ils essaient de faire ; cela fait des années que les plus anciens d'entre eux travaillent chacun sur un aspect partiel des systèmes de RV. La société proclame tout à fait publiquement que « ATR s'engage totalement à participer à la création de la société internationale de demain ». Dans leur principal centre de recherche, on trouve des chercheurs américains, anglais, allemands, français, japonais, suédois et argentins. On me présenta Daniel Lee, de Palo Alto qui travaille pour Yokogawa-Hewlett-Packard, l'un des actionnaires d'ATR. Qu'il atteigne ou non ses ambitieux objectifs, le groupe ATR mise sur le fait que les produits de ses partenaires participent à l'élaboration d'une télécommunauté mondiale d'un genre entièrement nouveau.

Lorsque je parle d'ATR, je donne immédiatement toutes ces informations à mes interlocuteurs avant de préciser que la majorité des actionnaires sont japonais et que leur laboratoire est l'édifice central d'une nouvelle « cité des sciences » en cours de construction dans la banlieue de Kyoto. Quelquefois, cela suffit à faire immédiatement retomber l'enthousiasme de mes interlocuteurs. La plupart des Américains, quand je leur donne des indications sur le potentiel japonais en réalité virtuelle, ont tendance à envisager la stratégie japonaise en matière de virtualité comme une menace économique. Il est vrai que leur angoisse est légitime et correspond à une supériorité réelle des Japonais dans d'autres secteurs technologiques. Il y a une autre raison de s'inquiéter, qui, à terme, est plus grave ; on peut en effet se demander s'il existe quelque part dans le monde des décideurs qui se rendent réellement compte de l'importance des bouleversements dont sont porteuses ces nouvelles technologies : redistribution des pouvoirs et des richesses de manière tout à fait inattendue.

Au moment où j'écris ces mots, les décideurs politiques se demandent si la réalité virtuelle vaut la peine d'être incluse dans leur stratégie. J'ai parlé avec un directeur adjoint du « Bureau du Congrès américain des réglementations technologiques » qui était fasciné par la RV, mais qui ne pensait pas que sa problématique puisse concerner les politiques. Le sénateur Albert Gore suit de très près les nouvelles technologies et avait même l'intention d'expérimenter personnellement la RV à Silicon Valley. Certaines grosses entreprises américaines hébergent un ou deux passionnés, qu'ils relèguent quelque part dans un petit laboratoire. Au printemps 1990, dans la banlieue de Tokyo, j'ai pu constater que les sociétés de télécommunications et d'informatique japonaises de pointe travaillaient conjointement depuis deux ans à la réalisation d'interfaces virtuelles. L'actionnaire principal d'ATR est « Nippon Telephone and Telegraph » (NTT), la société de télécommunications la plus importante du pays. Nippon Electronic Company (NEC), Toshiba et Hitachi font également partie de ce consortium. Tous les poids lourds de la technologie japonaise investissent d'énormes budgets dans la réalité virtuelle. En admettant que tous leurs homologues américains suivent leur exemple, il leur faudrait au minimum dix ans pour rattraper le niveau japonais.

Les objectifs technologiques ont été clairement définis pour les vingt années à venir. Les schémas de réunions virtuelles du futur que j'ai vus chez ATR me rappelèrent étrangement ceux de Jaron Lanier à Redwood City. Voir ATR s'abonner au Réseau Réalité que Lanier est en train de mettre en place ne serait pas étonnant.

LA MISE EN PLACE D'UNE SALLE MULTIMÉDIA GLOBALE CHEZ ATR

La croissance économique japonaise est en grande partie due au développement des technologies appliquées. Nous avons grandi dans l'un des pays les plus prospères du monde. La recherche fondamentale est un enjeu primordial pour nous aujourd'hui.

Les télécommunications nous font entrevoir la société de l'information de demain, et les domaines de recherche s'étendent de façon radicalement exponentielle. C'est pourquoi il est de la plus haute importance de stimuler une coopération internationale dans la recherche et le développement.

Notre objectif est de promouvoir la recherche technologique fondamentale, l'échange de chercheurs et d'informations entre les instituts de recherches au Japon et à l'étranger. En bref, ATR s'engage totalement à participer à la création de la société internationale de demain.

ADVANCED TELECOMMUNICATIONS RESEARCH INSTITUTE,
« Basic Principles », 1989

ATR constitue l'ossature de la Cité des Sciences de Kansai. Kansai est le nom de la plaine abritant les anciennes cités majestueuses qui ont dominé le Japon pendant 1 000 ans, avant qu'Edo ne devienne Tokyo. Mais Tokyo a atteint les limites de la centralisation; il ne subsiste plus aucune possibilité d'expansion, et la survie de l'économie japonaise repose sur la conservation de son taux de croissance technologique. La Cité des Sciences de Kansai est un projet national de construction de villes nouvelles dans les banlieues de Tokyo, d'Osaka et de Nara, centrées autour de complexes de recherche dédiés aux technologies du vingt-et-unième siècle. Le paysage, aperçu par les fenêtres du train à grande vitesse menant à la Cité des Sciences de Kansai, était plutôt agréable. C'était la dernière semaine de mars et le temps était exceptionnellement doux pour la saison. Les bourgeons des cerisiers, en avance cette année-là, commençaient à s'épanouir. La fréquence des taches roses dans ce paysage en mouvement augmenta au fur et à mesure que nous nous rapprochâmes du sud-ouest. Les pavillons de banlieue aux toits pointus de tuiles bleues n'abritant qu'un foyer étaient caractéristiques de la société moderne japonaise (dans le plus pur style *gassha* qui remonte à l'époque où la technologie la plus avancée était la culture des vers à soie dans les greniers).

Le paysage qu'aperçoit le voyageur, assis à la fenêtre d'un train, est rythmé par le passage de centres modernes à des cités anciennes, en passant par des banlieues, des complexes post-industriels aux noms familiers de Kawasaki ou Sansui, des zones rurales immuables, des forêts de bambou, des versants virginaux : parfaite illustration de ce « pays des contrastes ».

Je suis allé de Tokyo à Kyoto par le train Shinkansen, le « train éclair ». Après trois jours en costume cravate, je m'étais mis plus à l'aise pour voyager — pantalon de velours côtelé, chemise délavée orange à manches longues, blouson illustré d'une carte fluo des plus proches galaxies, et mes chaussures peintes à la main représentant « la Nuit étoilée » de Van Gogh. Je m'étais dit que, de toutes façons, le simple fait d'être Américain suffirait à me faire remarquer, et que je ferais aussi bien de me détendre et de m'habiller comme à Seattle ou à Londres. J'adore la façon blasée dont les voyageurs dans les trains japonais, et surtout dans les villes, réagissent aux excentricités américaines. Ils s'attendent à ce que les *Gaijin*, « les gens de l'extérieur » comme moi, aient une apparence et un comportement anormaux. Les premiers fous rires des écolières ne se sont manifestés que lorsque j'ai atteint les banlieues éloignées de Tokyo.

Le Laboratoire de recherche sur les systèmes d'ATR est à la périphérie de Takanohara. La présence de chantiers me signala la proximité de la nouvelle cité des sciences, passablement virtuelle pour le moment. Les laboratoires de biotechnologie et de robotique sont en cours d'aménagement. Le Laboratoire de Recherches sur les systèmes d'ATR est une énorme bâtisse dont l'architecture rappelle les monolithes de marbre gris des institutions gouvernementales de Washington. L'objectif clairement défini d'ATR est d'être le fer de lance de la ville nouvelle, son développement devant suivre l'évolution des technologies du vingt-et-unième siècle.

Le Centre de recherche de Xerox à Palo Alto (PARC) a toujours été pour moi la référence par rapport à d'autres sites. Le PARC est un bâtiment de quatre étages, construit sur le flanc de Coyote Hill, dans une succession de terrasses d'un style que je qualifierai de « Silicon Valley Néo-Maya ». ATR fait environ une fois et demi la taille du PARC, son architecture extérieure est plus classique, l'aménagement intérieur en est un peu plus moderne et comme aseptisé, tandis qu'au PARC, la musique rock qui sort de portes ouvertes, les affiches bizarres sur les murs, les vélos dans les laboratoires font ressortir le côté individualiste des sorciers de l'informatique américains. Comme au PARC, ATR est composé de plusieurs laboratoires interdépendants. Il existe également deux salles de conférences internationales avec traduction simultanée anglais/japonais.

Les systèmes de communication intelligents, la téléphonie interprétative, les mécanismes de perception sensori-moteurs de l'homme, les communications optiques et radio, les matériels de télécommunication de pointe composent les différents domaines de recherche d'ATR, l'objectif étant l'élaboration des fondations d'une nouvelle génération d'infrastructures technologiques intelligentes, allant des micro-circuits à des réseaux mondiaux. Dans le laboratoire de RV, l'objectif c'est « la RV sans fil » grand public, la maîtrise d'une technologie qui s'affranchisse de tout l'appareillage de RV classique (gants, visiocasques, etc.). ATR veut construire un terminal de communication qui vous regarde droit dans les yeux et soit capable de réagir en fonction de la direction de votre regard. Selon les termes de leurs brochures, ici sont réunis les éléments constitutifs de « la communication visuelle basée sur la réalité, recréant à l'aide d'images de synthèse en 3D une salle de conférence virtuelle qui reproduise les éléments du problème à résoudre ».

L'idée d'une salle multimédia, d'un théâtre intelligent ou d'un environnement réactif, n'est pas nouvelle. ATR semble reprendre les idées de Myron Krueger et du Media Lab. Krueger a effectué la numérisation de la silhouette de l'utilisateur à l'aide d'algorithmes de reconnaissance visuelle couplés à la vidéo ; il a créé également des langages de commandes gestuelles. Ivan Sutherland, dans *The Ultimate Display*, a écrit en 1965 : « L'ordinateur peut aisément détecter la position de presque tous les muscles de notre corps. Jusqu'à présent, on s'est contenté des muscles de la main et du bras pour contrôler l'ordinateur. Il n'y a aucune raison de se limiter à ces seuls membres, même si ce choix naturel s'explique aisément par l'adresse qu'ils nous permettent. On construira à l'avenir des machines qui pourront détecter et interpréter les mouvements des yeux. Il reste à voir si ce type de machine peut obéir à un langage uniquement visuel. Une expérience intéressante consisterait à afficher des images en fonction de la direction du regard ».

Richard Bolt du MIT avait déjà expérimenté une interface informatique de détection du regard basée sur une technologie à infrarouge. Au moment où j'écris ces lignes, Krueger, à l'Université de Connecticut, n'en continue pas moins vaillament à mener son combat ; il dispose de moyens misérables, relégué dans le musée d'histoire naturelle de l'Université qui, manifestement, n'a pas saisi tout le potentiel de ses recherches. Ivan Sutherland, lui, se consacre à la conception de machines qui se déplacent et de nouvelles architectures logicielles. Le Media Lab du MIT n'a apparemment pas réussi à commercialiser beaucoup de produits (même si cela fait des dizaines d'années que l'armée utilise le vidéodisque et des systèmes de gestion de données spatiales). ATR s'est basé sur les travaux américains, notamment ceux de Sutherland, de Krueger et de Bolt, pour planifier avec ses divers partenaires l'élaboration de puissants systèmes destinés à être commercialisés.

On accuse souvent les Japonais de plagiat. En matière de virtualité, ils ont repris à leur compte les voies inaugurées par des innovateurs américains, mais qui, malgré l'intérêt qu'elles avaient suscité, étaient restées inexploitées. Les industries américaines n'ont pas encore compris que l'innovation ne suffit pas en matière de technologies de pointe. Les prototypes doivent être optimisés avant de passer aux stades ultérieurs de fabrication en série et de distribution. Pour qu'un amplificateur de la pensée puisse être commercialisé, il faut, outre un inventeur de génie, une stratégie globale et une volonté explicite de la recherche et du développement. Le rythme effréné des révolutions technologiques actuelles ne facilite pas la tâche. Il faut beaucoup de recherche fondamentale, de technologie et une organisation gérée efficacement à grande échelle pour arriver à mettre au point des innovations commercialement viables qui puissent dépasser les systèmes actuels correspondant à l'état de l'art en la matière.

S'il est vrai que, concrètement, je n'ai assisté à aucune démonstration qui ait pu m'impressionner, leurs objectifs demeurent des plus ambitieux, comme en témoigne l'infrastructure et la superficie de leurs laboratoires. Lors de ma visite, ils entamaient la cinquième année de leur plan décennal ; les recherches fondamentales étaient terminées, mais ils démarraient seulement la phase de test des prototypes des systèmes de virtualité expérimentaux, aujourd'hui partiellement opérationnels. Le matériel informatique destiné à l'essentiel de leur recherche n'est pas encore complètement réuni, mais les travaux de Krueger et de Bolt sont déjà dépassés. Les moteurs graphiques d'ATR comportent notamment la première « Machine de connexion » du Japon, des salles équipées d'une multitude de stations de travail à cinquante mille dollars pièce et d'ordinateurs Stellar et Stardent interconnectés de diverses manières. Lors de ma visite, on installait un projecteur haute définition à un million de dollars. ATR, vu la taille de son budget et la qualité de ses ressources humaines, se donne les moyens de dominer peut-être un jour au plan mondial la télévirtualité.

ATR réussira-t-il à être à la hauteur de ses objectifs ambitieux ? Selon certains spécialistes, une offensive massive de chercheurs et un budget colossal n'ont jamais suffi à résoudre un problème, cette tactique s'étant même révélée particulièrement inefficace au Japon. Toutefois, personne ne remet en question le fait qu'ATR, NTT et leurs partenaires ont abordé très intelligemment la problématique de la RV communicante, qu'ils ont, avec mesure, fait état des obstacles ralentissant son développement et qu'ils ont présenté des approches raisonnables pour les surmonter.

Selon Yukio Kobayashi, qui est à la tête du département d'intelligence artificielle, les concepts de pensée assistée par ordinateur et d'environnement coopératif, chers à Licklider et à Englebart, dominent de nouveau la stratégie en matière de télévirtualité (même si maintenant ATR a remplacé l'ARPA et que trente ans se sont écoulés) :

> « Nous envisageons les télécommunications comme un moyen de résolution de problèmes dont l'appréhension doit rester agréable. Il faut pour cela pouvoir reconnaître et communiquer les *intentions* entre les hommes, entre les hommes et les machines et entre les machines, qui puisse s'affranchir des distances et du temps.
>
> Grâce aux technologies de communication modernes, on peut déjà transmettre efficacement des messages entre plusieurs lieux éloignés les uns des autres et à des heures différentes. Toutefois, pour ce qui est de la communication des intentions, la transmission des messages ne suffit pas. Il faut réussir à transmettre en même temps la signification et les concepts que l'on peut déduire de ces intentions.
>
> Les méthodes qui nous intéressent ici sont les systèmes experts permettant d'organiser les processus de la pensée et ceux qui transmettent toutes les données annexes. Lorsque l'on crée des informations, et tout particulièrement celles qui permettent d'améliorer la créativité humaine, nous pensons que l'environnement spatial dans lequel se trouve la personne et qui est le lieu de résolution des problèmes joue un rôle extrêmement important.
>
> Ainsi, lorsque plusieurs partenaires travaillent à la résolution d'un problème, il est important de disposer d'un environnement dans lequel on pourra partager des sensations communes. On travaillera beaucoup plus efficacement dans ce type d'environnement partagé. Lorsqu'il est matériellement impossible d'organiser des réunions où les gens puissent se rencontrer physiquement, la communication sera considérablement améliorée si l'on a recours à cet environnement simulé.
>
> Ce type d'environnement abolissant les distances et le temps améliore de façon significative la créativité des personnes qui s'y connectent dans la mesure où leurs intentions sont transmises. La communication, par conséquent, sera enrichie.
>
> Dans le Département d'intelligence artificielle, c'est ce type d'environnement basé sur des éléments visuels que nous développons. Cette "Communication avec sensations réalistes" intègre les sensations communes propres à la compréhension et à la communication des intentions. »

Akira Tomono, chef du laboratoire de Kobayashi, m'expliqua brièvement les objectifs d'ATR et me présenta Daniel Lee et Haruo Takemura, spécialistes de ce domaine. Ils me firent visiter leurs laboratoires et me montrèrent quelques vidéos, puis la conversation s'engagea sur les programmes de recherche nécessaires au projet de RV. Les vidéos, qui présentaient une réunion dans le cyberespace, illustraient concrètement les objectifs du laboratoire.

ATR est composé de quatre laboratoires. Le Laboratoire de Recherche en perception et audition approfondit les mécanismes perceptifs et cognitifs de l'homme. L'ingénierie électrique est à l'origine de toutes les révolutions antérieures en matière de communications ; ce laboratoire a été fondé sur l'hypothèse que les innovations à venir s'appuieraient sur une compréhension plus approfondie du fonctionnement des perceptions humaines et des machines. Ses objectifs sont « l'innovation dans les technologies de reconnaissance vocale et visuelle et le développement d'interfaces homme-machine performantes et conviviales ».

Le Département de perception visuelle du Laboratoire de Recherche sur les perceptions s'attache à définir le fonctionnement perceptif humain afin de créer des environnements de synthèse et des modèles de reconnaissance automatique, c'est-à-dire des ordinateurs qui puissent reconnaître certaines commandes gestuelles et recréer les expressions faciales de l'utilisateur. Ces études scientifiques portant sur les capacités de reconnaissance de modèles propres au système perceptif humain s'appuient sur les technologies de traitement de l'information, telles que l'analyse et la compréhension de situations. En maîtrisant mieux les fonctionnements cognitif et perceptif humains qui permettent de transformer des fréquences de lumière en une image cohérente de ce que nous appelons une « situation », les chercheurs d'ATR espèrent créer un ordinateur qui puisse suivre et comprendre le comportement de l'utilisateur ; une telle innovation bouleverserait entièrement le domaine des interfaces homme-machine, et la RV sans fil serait alors possible.

Dans le Département des traitements cognitifs de ce même laboratoire, on travaille sur les aspects psychophysiques et fonctionnels de la vision (comment les sens détectent et codent les signaux, et comment le cerveau les décode à son tour), sur le principe des calculs en parallèle et des réseaux neuronaux (comment adapter les techniques perceptives de l'homme à celles des machines pour un bénéfice commun) et sur les théories de l'apprentissage (comment les hommes développent leurs capacités perceptives et intellectuelles). Le Département de la perception de la parole et de l'audition étudie la perception de la parole et l'audition humaine pour en établir des modèles qu'il applique ensuite aux techniques de reconnaissance vocale, aux environnements de synthèse et à la codification (comment ordinateurs et humains peuvent-ils se parler de façon à être entendus ?). Chez ATR, science et technologies fonctionnent en étroite synergie, et les chercheurs viennent des secteurs universitaires et privés.

Tout ingénieur spécialisé dans la réalité virtuelle rêverait de travailler dans ce laboratoire de recherche sur les perceptions et l'audition. Si la réalisation d'ordinateurs numériques ne pose pas de problème, seul un laboratoire hautement spécialisé en recherches psychologiques peut fournir les connaissances nécessaires à l'élaboration de systèmes étroitement couplés avec le cerveau. Les technologies d'accroissement intellectuel étant tributaires des processus physiques et cognitifs humains, ceux-ci se doivent d'être étudiés dans leurs moindres détails. Nat Durlach exprime cette problématique de la manière suivante : « Lorsqu'on examine en profondeur la question de savoir jusqu'à quel point on peut prolonger les perceptions humaines dans des environnements virtuels, on est forcément obligé de réfléchir au devenir de l'être humain ». Peut-être l'homme acceptera-t-il de changer quand il se rendra compte que ses facultés pourraient être développées à l'aide de machines. L'humanité est encore exposée à certains écueils, dont quelques uns peuvent lui être fatals, et qui devraient être résolus d'une manière ou d'une autre très prochainement. L'idée d'accepter de modifier son comportement pour se plier au fonctionnement de machines n'est peut-être pas si terrible que cela, si on la compare à des alternatives beaucoup plus effrayantes. En revanche, l'homme voudra peut-être résister au changement quand il comprendra réellement à quoi le destine la réalité virtuelle. Dans un cas comme dans l'autre, les travaux des scientifiques cognitifs et les réflexions des philosophes ont déjà complètement investi la recherche virtuelle. Même si aucune stratégie de recherche ne l'explicite clairement, la nature humaine et son devenir sont au cœur de la problématique de la virtualité.

Le projet « Communication avec sensations réalistes » concrétise ces données. Il s'agit de créer une salle multimédia expérimentale s'appuyant sur les résultats des autres laboratoires. Dans ces « espaces de rencontre virtuels » convergent technologies catalyses, téléprésence et téléconférence. Affichage en 3D (de préférence sans visiocasque), instruments de poursuite du regard permettant aux participants des réunions de se suivre du regard, de poursuite gestuelle (encore une fois, de préférence sans gant ni autre instrument encombrant), et champ de vision étendu offrant une impression d'immersion partielle ou totale dans la salle de réunion virtuelle, tels sont les éléments essentiels de ce programme. Les chercheurs d'ATR veulent se débarrasser des lunettes intégrales qui masquent le visage, car ils considèrent ce dernier comme un véritable organe de communication. Chacun des éléments non verbaux de la communication humaine, à savoir les expressions faciales, le langage corporel, les mouvements de la main, le regard fait au minimum l'objet d'un projet de technologie catalyse en relation avec la « Communication avec sensations réalistes ».

Les téléphones et les communications télématiques ne transmettent pas les subtilités du contexte non verbal exprimées par le langage corporel et par les infimes et rapides modifications de l'expression faciale ; de plus, la téléconférence vidéo consomme presque l'intégralité de la largeur de bande. L'une des approches consiste à enseigner à l'ordinateur la reconnaissance du visage et de ses expressions, puis à en envoyer le modèle aux personnes avec lesquelles on communique, qui le stockeront dans leur ordinateur. Négroponte et Richard Bolt ont été les premiers à mettre en place cette notion d'environnement de travail informatisé dans la transmission des expressions faciales, mais dans leur dispositif, chacun des participants devait posséder un masque de ses interlocuteurs dans son espace de communication ; les images des expressions faciales étaient projetées sur ces masques, produisant une simulation en relief rudimentaire et relativement efficace d'un visage en train de parler. ATR transpose ce dispositif du MIT dans sa dimension virtuelle : c'est uniquement à l'intérieur de l'ordinateur qu'est recréé le « masque facial » par un procédé d'acquisition de formes et de modélisation du visage. Lorsque, en 2007, vous converserez avec vos collègues à l'aide du téléphone « Réalité » de NTT, leurs stations de travail reproduiront une image animée de votre visage, synchronisée à vos paroles. Le prototype d'ATR décompose une image vidéo du visage en différents stades ressemblant un peu à des cartes topographiques, image à partir de laquelle sera élaborée une image de synthèse clairement reconnaissable du visage en question.

Tous les programmes de recherche, et tout particulièrement ceux qui sont trop ambitieux pour être entièrement réalisés, doivent déboucher sur des applications secondaires lucratives. La caméra d'acquisition de formes, par exemple, peut être utilisée dans divers domaines. Les scanners optiques peuvent maintenant transformer tout graphique et tout texte imprimé ou dessiné sur une feuille de papier en fichier numérisé directement exploitable par l'ordinateur et transmissible télématiquement. On peut prendre une photo, la scanner et l'envoyer par modem et par des lignes téléphoniques. On pourra peut-être un jour scanner des objets en 3D en les filmant à l'aide d'une caméra d'acquisition de formes pour les enregistrer dans une base de données en 3D. Lorsque vous montrerez la vidéo de vos dernières vacances à vos amis, vous leur offrirez du même coup une ballade avec vous dans la Via Veneto, dans un espace-temps que vous aurez figé à jamais. Pourront également être développés des outils à commande vocale permettant de façonner la réalité en 3D et de reproduire le mouvement des objets dans l'espace.

Les interfaces graphiques des années soixante et les interfaces à manipulation directe des années soixante-dix ont démontré que les hommes pouvaient communiquer avec l'ordinateur grâce à une perception visuelle extrêmement évoluée. Dans les années quatre-vingt-dix, les chercheurs essaient de doter les ordinateurs de pouvoirs comparables : ATR a conçu divers prototypes comportant des systèmes de poursuite du regard et de position de la tête. Je me suis plusieurs fois retrouvé en face de stations de travail dotées d'un logiciel d'extraction d'image connecté à des caméras vidéo à infrarouge qui me filmaient. Ces recherches s'appuient sur les travaux antérieurs en matière de robotique visuelle. ATR met en corrélation les systèmes de vision électronique et humain. Convertir de la lumière en signaux électroniques et envoyer ces derniers à un ordinateur ne pose pas de difficulté majeure. Cela devient plus compliqué quand il s'agit de concevoir un programme qui sache distinguer deux visages ou, tout simplement, un visage d'une poêle à frire.

Les ordinateurs excellent dans les calculs très rapides. L'élaboration de logiciels capables d'analyser les situations dépend étroitement de l'aboutissement des recherches cognitives en matière d'analyse visuelle humaine de ces mêmes situations. Savoir délimiter les objets est une des tâches fondamentales du système perceptif humain, qui peut être en partie reproduite par un programme informatique. Celui-ci évalue l'état et l'emplacement des pixels, et en déduit le positionnement et la forme des objets, qui seront ensuite comparés aux objets précédemment enregistrés dans la base de données. Les laboratoires d'Interfaces Homme-Machine de NTT ont mis au point une caméra capable de reconnaître les plaques d'immatriculation des voitures. Sur certains sites de test, des prototypes de robots détecteurs d'excès de vitesse sont déjà en place : lorsque le radar détecte un véhicule en infraction, une caméra vidéo filme le numéro d'immatriculation et le logiciel de reconnaissance de situation envoie le numéro dans la base de données correspondant à l'enregistrement du véhicule. Bientôt, les automobilistes coupables auront la désagréable surprise de trouver les papillons du robot dans leur boîte aux lettres.

ATR ne cherche pas à équiper la police routière de robots automatisés. Les chercheurs veulent construire des systèmes de reconnaissance optique qui remplaceront le DataGlove et qui aideront également à comprendre la dynamique du langage gestuel humain. On en revient aux questions de fond sur le sens de la communication humaine. Par exemple, quel rôle joue le langage gestuel dans la conversation ? Quelle que soit la forme sous laquelle votre interlocuteur se présente, un homard pourpre comme je l'ai vu chez VPL ou une reproduction rudimentaire de votre visage à partir d'une caméra d'acquisition de formes, toute reproduction de la gestuelle humaine améliore de façon significative la communication. Ainsi, les systèmes de visualisation automatique d'ATR servent d'instruments de travail aux psychologues spécialistes de la communication humaine, et de prototypes permettant d'éliminer les gants de données. Vingt ans après les toutes premières recherches américaines qui n'ont malheureusement jamais commercialement abouti, les chercheurs japonais reprennent le flambeau des interfaces homme-machine.

Les tout premiers travaux de Richard Bolt au MIT s'appuyaient également sur des technologies de poursuite oculaire. Un ordinateur capable de déterminer précisément la direction du regard de l'utilisateur présenterait deux avantages déterminants dans les systèmes de communication télévirtuels. Tout d'abord, le regard est un élément fondamental de la « transmission de l'intention » qu'ATR veut développer. Dans ce type de communication, l'apparence de l'interlocuteur, qu'il se présente sous forme de homard ou d'androïde, revêt moins d'importance que de garder le contact avec les yeux. L'endroit précis sur lequel est fixé le regard est un indicateur tout aussi précieux des intentions de l'utilisateur. Une base de données intelligente permettrait de préciser certains aspects du paysage visuel simplement en les regardant. Sans parler des avantages qu'un tel système de poursuite apporterait à quelqu'un qui ne peut bouger autre chose que les yeux. De tels systèmes de RV sont à même de recréer plus efficacement une simulation du monde. Enfin, le japonais étant un langage extrêmement contextuel, sa compréhension dépend étroitement de toute la gestuelle du visage et du regard.

En 1984, Richard Bolt expliqua l'importance de la poursuite oculaire en prenant pour exemple les tout premiers stades d'apprentissage de la vie : « Un système capable de suivre le regard permettrait de détecter vers quoi l'attention de l'utilisateur se fixe. Le bénéfice est comparable à celui qu'enregistrent les enfants quand ils découvrent qu'en suivant le regard de leurs parents, ils les comprennent mieux, et que cela facilite également leur compréhension du monde. »

MM. Kobayashi, Tomono et Lida ont mis au point un détecteur de mouvement des yeux sous forme d'une paire de lunettes et de minuscules diodes à infrarouge détectant les points de fixation du regard. Les différences imperceptibles dans la réfraction de la lumière à infrarouge qui rebondit sur la surface de l'œil peuvent se traduire en une indication relativement précise de la direction du regard, notamment grâce aux appareillages Polhemus. Kobayashi et ses collègues ont également conçu un système de caméra électronique ainsi qu'un logiciel permettant de suivre la direction du regard et la position du visage par l'intermédiaire de points extraits de l'image numérisée. Même un algorithme de reconnaissance relativement peu intelligent peut suivre les deux cercles immuables des pupilles sur une image vidéo. Dans certains cas, les points d'extraction proviennent de la lumière se reflétant dans les orbites ; dans d'autres, ils proviennent de petites pastilles en matière réflective fixées sur le front, à côté des orbites. Cela revient en fait à coller un minuscule timbre-poste peu gênant sur les tempes, que l'on peut facilement enlever une fois l'opération terminée. Les données recueillies par ce dispositif sont envoyées dans l'ordinateur, qui réagit en fonction de la direction du regard de l'utilisateur.

La recherche en RV basée sur ces principes et qui utilise des caméras CCD à infrarouge prend de nouvelles et passionnantes dimensions, en posant la problématique de l'illusion du réel dans la virtualité. Tous les laboratoires japonais que j'ai visités utilisent le DataGlove de VPL ; de la même manière, les chercheurs du monde entier pourraient progresser dans de nombreux domaines apparentés à la RV s'ils avaient accès à une technologie de poursuite oculaire peu onéreuse, précise et peu encombrante. Ces techniques ont déjà fait l'objet de recherches considérables mais elles n'ont débouché sur aucun système qui soit à la fois abordable et peu encombrant. Tout progrès dans ce domaine serait bénéfique pour la RV non seulement au Japon, mais dans le monde entier.

ATR, comme n'importe quel laboratoire de RV qui se respecte, dispose d'un prototype visiocasque/gant. Celui que j'ai testé ressemblait au système qui servait à l'assemblage moléculaire que j'avais vu en Caroline du Nord. Je me tenais face à un grand écran, d'environ 1,80 m^2, équipé d'un DataGlove et de lunettes à « obturateur électronique » PLZT. Comme pour les molécules de l'UNC, les blocs affichés sur l'écran flottaient dans l'espace en face de moi. À l'aide du gant, je pouvai atteindre un bloc, le saisir puis le relâcher. Sur l'écran ATR se côtoyaient de vrais objets du « monde réel » avec des objets virtuels. Conçu pour l'étude d'opérations télérobotiques, ce système me permettait d'empiler des blocs virtuels sur des blocs réels (l'inverse n'est évidemment pas possible). Dans quelques années, grâce à ce genre de système, on pourra former les techniciens d'usines très robotisées (typiquement japonaises) à la surveillance de pools de robots au travail.

ATR, comme la NASA et l'UNC, ne néglige pas les composantes parole et son de la réalité. Imaginez que vous utilisiez un système de RV et que vous soyez trop paresseux pour faire le geste qui transformerait une ville grouillante en un paysage désertique. Imaginez que vous ayiez juste envie de dire « supprime la ville, crée un désert ». La technologie des commandes vocales a mis longtemps à se développer, mais elle semble aujourd'hui converger avec les autres composantes des interfaces de RV. La « reconnaissance vocale contextuelle » n'a jamais posé de problème au niveau conceptuel, mais bien plutôt au niveau de l'ingénierie. Lorsqu'on possède assez d'imagination pour se représenter un espace virtuel, on n'a aucun mal à envisager que cet espace puisse se modifier en fonction de commandes vocales. La paternité de l'idée d'intégration de la reconnaissance vocale, de la poursuite oculaire et des communications gestuelles revient à l'« Architecture Machine Group » du MIT dans les années soixante-dix ; la NASA a intégré vers la fin des années quatre-vingt des systèmes de reconnaissance vocale très onéreux et de très bonne qualité dans ses systèmes de RV. La technologie mise en place par ATR dans les années quatre-vingt-dix est toutefois un peu plus évoluée que le système « Mets ça là » créé par Chris Schmand et Eric Hulteen au MIT au début des années soixante-dix, ou même que les systèmes utilisés par la NASA il y a quelques années.

La première démonstration d'Arch-Mac explicitait ce concept voix-gestes dans son intitulé : vous pointez un objet à l'écran et vous dites : « mets ça », puis vous pointez un endroit et vous dites « là ». Les chercheurs d'ATR mettent au point des interfaces homme-machine qui intègrent les entrées vocales et gestuelles, et leurs collègues du Laboratoire de Perception Visuelle de NTT travaillent sur des langages verbo-visuels qui décrivent précisément les formes que l'ordinateur doit afficher ; ainsi des incantations du type « arrondis, élargis, arrête, resserre, à la ligne, arrête » pourraient inciter le moteur de réalité à sculpter l'image que les utilisateurs ont à l'esprit. Il faudra probablement attendre des années avant de disposer d'une technologie de reconnaissance vocale à un prix abordable et qui puisse analyser grammaticalement le langage ; on peut néanmoins dès à présent coupler un outil de construction graphique à un dispositif de reconnaissance vocale qui, s'il est limité dans son vocabulaire, n'en est pas moins relativement peu onéreux et très précis. Tout repose dans ce cas-là sur la conception de ce langage de commandes virtuelles, les ressources matérielles étant secondaires.

Lorsqu'ATR me fit part de son intention de développer les fonctionnalités du système « Mets ça là » en combinant un langage de commande vocale avec l'élaboration d'images de synthèse, la soirée que j'avais passé à Silicon Valley quelque sept ans auparavant avec Brenda Laurel, Scott Fisher, Mike Naimark et d'autres jeunes infonautes du groupe de recherche d'Atari me revint soudain à l'esprit. Ils s'étaient réunis pour mettre au point ce même type de scénario. J'avais pris des notes lorsque Brenda Laurel avait pris la parole pour donner sa version de son voyage aux commandes d'un simulateur personnel. Voici ce que j'avais écrit à l'époque :

> « Donne-moi une matinée d'avril dans un champ », dit-elle, et le gris se transforma en un rayon de soleil matinal. On pouvait voir des taches de ciel azuré à travers une forêts de bouleaux. On entendit le gazouillis des oiseaux et le murmure des ruisseaux.
>
> « Hum... enlève la forêt de bouleaux », continua Brenda : « Mets le pré au bord d'une falaise surplombant une petite baie couleur émeraude. Plus vert ! Des moutons ! ».
>
> Brenda fit quelques pas en arrière et se retrouva au milieu de la salle multimédia. « J'aime bien la musique de fond », ajouta-t-elle : « Où l'as-tu trouvée ? »
>
> « Ce sont des oiseaux du Nord de la Californie » répondit une voix féminine désincarnée mais néanmoins bien modulée. « Le murmure du ruisseau vient de la librairie acoustique. C'est celui d'un petit ruisseau écossais ».
>
> « Il y a une île boisée dans la baie » continua Brenda, se penchant en avant pour regarder l'île qui avait instantanément remplacé l'eau verte de la baie. »

Les détails de la scène imaginée par Brenda Laurel ne sont pas encore prêts d'être réalisés, mais à l'ATR, les technologies catalyses sont en pleine forme et elles évoluent rapidement. En 1983, à l'apogée de la révolution micro-informatique, imaginer une salle multimédia qui puisse dans un futur lointain réagir aux commandes vocales et créer des illusions en 3D en fonction des caprices de l'utilisateur était un jeu amusant qui ne faisait pas peur. En 1990, à Kansai, au milieu d'une salle multimédia prototype qui commence réellement à prendre forme, le côté science-fiction de l'expérience disparaît au profit d'interrogations plus alarmantes : et si l'industrie nous réservait encore une fois de mauvaises surprises ?

La téléprésence chez ATR

L'efficacité de la communication visuelle et de la télécommande d'opérations est décuplée par le sentiment de «présence» que peut ressentir l'utilisateur. Cette sensation d'existence virtuelle ou de réalité est obtenue grâce à un écran grand angle et une haute définition de l'image. Ces deux éléments sont toutefois contradictoires dans la mesure où plus l'écran est grand, plus l'angle de vue par pixel se détériore. Pour résoudre ce problème, nous proposons un nouveau système d'affichage grand angle, qui repose sur le fait que la vision humaine est plus précise dans sa partie centrale.

Yamaguchi *et al.*,
« Proposal for a Large Visual Field Display
Employing Eye Movement Tracking », 1989

En s'appuyant sur leurs recherches des éléments perceptifs qui interviennent dans la RV — les propriétés particulières des simulations en 3D qui donnent une sensation de présence — les chercheurs d'ATR mettent au point d'énormes écrans de projection électroniques « intelligents ». Cette approche, comparable à la technologie des écrans Omnimax et Imax, et aux tout premiers prototypes de Krueger et de Heilig, est à l'opposé de celle qui sous-tend la technologie du visiocasque. Au lieu de mettre de minuscules écrans devant les yeux, pourquoi ne pas mettre un énorme écran en face de l'utilisateur ? Qu'est ce qui fait la différence entre les écrans de RV et les autres ? On obtient des graphiques stéréoscopiques en relief avec des lunettes à obturateur électronique et des appareillages de poursuite oculaire ; mais les systèmes d'écrans lenticulaires développés par NTT permettent également d'arriver au même résultat et font l'économie des lunettes. On peut également se dispenser de visiocasques lorsque l'observateur est assis ou immobile. Les visiocasques et les systèmes optiques grand-angle affichent un champ visuel étendu. Lorsqu'on regarde un écran de télévision de taille moyenne à une distance normale, l'image couvre (ou sous-tend, selon la terminologie employée par les spécialistes) environ 6 degrés du champ visuel. Avec un visiocasque, on atteint environ 120 degrés, et cette différence semble cruciale pour la création de la sensation d'immersion dans un monde virtuel.

Lorsqu'on agrandit un écran vidéo stéréoscopique de manière à remplir tout le champ visuel de l'observateur, les éléments de lumière individuels de l'écran, les pixels, gardent les mêmes proportions les uns par rapport aux autres. L'image présente alors beaucoup plus de « grain ». Le seul remède consiste à créer des appareils d'affichage qui puissent produire des images de plus haute définition. Les affichages haute définition sont en première ligne d'une autre bataille technologique convergente qui se joue sur le front de la télévision haute définition. Tôt ou tard, on trouvera des écrans miniature haute définition pour un prix abordable. Actuellement, si on veut projeter des images d'une définition suffisante et qui remplissent le champ visuel de l'utilisateur, l'alternative la plus plausible est celle du grand écran. Chez ATR, la stratégie consiste à positionner un très grand écran, d'environ 1,30 mètre en face de l'utilisateur ; le meilleur compromis entre l'étendue du champ visuel et la précision de l'image sera alors obtenu en projetant une image dont la mise au point est axée sur la direction du regard de l'utilisateur et qui comporte des zones concentriques de plus en plus floues à la périphérie de la zone centrale. Nous ne nous rendons pas compte de ces différences, mais c'est comme cela que nous voyons le monde — avec précision au centre et de façon progressivement plus floue à la périphérie.

Ce système de projection mis au point par ATR coûte 1 million de dollars. Le projecteur, les dispositifs de poursuite du regard et de la tête avaient tous été testés individuellement lorsque je suis arrivé, mais n'avaient pas encore été interconnectés. Je m'assis donc dans le siège réservé à l'observateur en face du grand écran et ils simulèrent un dispositif de poursuite du regard en déplaçant manuellement le projecteur en fonction des mouvements de ma tête. On me présenta une vue aérienne de Kyoto où l'image se faisait précise à l'endroit où je dirigeais mon regard et plus floue partout ailleurs. Si les sociétés partenaires d'ATR réussissent un jour à commercialiser pour un prix abordable des dispositifs de poursuite du regard multi-utilisateurs, alors des gens comme Krueger et Heilig pourront construire les théâtres dont ils rêvent depuis des années.

Dans le laboratoire se trouvait également un dispositif qui témoignait de leur intérêt pour les aspects multi-modaux de la sensation de présence. Chaque fois que l'on voit une manette de jeu ou une poignée connectés à un ensemble de minuscules moteurs et d'instruments, on peut être à peu près certain que c'est pour des expériences sur le toucher artificiel. Le boîtier qui se trouvait là différait des versions électromécaniques utilisées ailleurs par le fait que les moteurs ultrasoniques n'engendraient pas de champs magnétiques, ce qui permettait de les coupler à des capteurs de position de la main. La manette de résistance possédait trois degrés de liberté. L'objectif était d'ajouter un capteur de force à l'extrémité de la main du robot télécommandé pour que l'utilisateur puisse ainsi sentir le contour d'un objet à distance. Je leur demandai s'ils effectuaient également des expériences sur la texture et la résistance comme l'UNC pour l'assemblage moléculaire.

« Bien sûr », me répondit Dan Lee, « et pas seulement sur la reconnaissance de texture, mais également sur d'autres éléments du toucher tels que la sensation de pénétrer à l'intérieur d'objets virtuels ou de manipuler des aimants dans des champs magnétiques. »

Les décideurs chez ATR ont fait du bon travail. Ils se sont procuré les équipements de la meilleure qualité et ils ont invité les meilleurs chercheurs à les rejoindre. Est-ce que cela veut dire qu'il faudra s'adresser aux sociétés de télécommunications japonaises pour se procurer des services de téléprésence ? Peut-être. On peut cependant voir les choses autrement. Ceux qui se souviennent du fameux projet « Cinquième Génération » monté par le ministère du Commerce international et de l'Industrie (MITI) au début des années quatre-vingt savent que les projets de recherche japonais n'atteignent pas toujours les objectifs fixés par leurs directeurs de recherche. L'année quatre-vingt-dix s'est écoulée, et ni les Japonais ni personne d'autre au monde ne possède de système de traduction automatique du japonais à l'anglais. J'ai rencontré un expert qui a visité les mêmes centres de recherche que moi ; selon lui, les Japonais ne représentent pas une menace pour la recherche américaine. À mon retour du Japon, je fis le compte rendu de ce que j'avais vu chez ATR sur le forum télématique « Sci.virtual-worlds ». Le lendemain, je reçus un message de Donald Norman, président du département des sciences cognitives de l'Université de Californie, San Diego. Norman, que j'avais déjà interviewé des années auparavant sur un sujet tout à fait différent, pensait qu'en fait j'étais tombé sur un groupe marginal de chercheurs japonais, qui, malgré leurs gros moyens, appartenaient à une minorité encore infime de gens ayant compris l'importance des facteurs humains dans les interfaces en RV, sa spécialité :

« Oui, je vois bien qu'ils ont mis beaucoup de monde et des moyens colossaux au service de leur projet, mais ça ne m'empêche pas de voir que le côté humain leur échappe complètement », m'écrivit-il dans son message, ajoutant : « À mon avis, cela s'explique par le comportement social des Japonais. Les individus s'adaptent au groupe. Les Américains en revanche cultivent l'individualisme. Lorsqu'on est conditionné pour s'adapter à une machine, créer des interfaces homme-machine dans lesquelles ce sont les machines qui prennent en compte l'individu est une idée très déroutante. Les Japonais ont eu du mal à admettre que la psychologie devait jouer un rôle important dans la recherche. Le fait que les laboratoires de recherche japonais viennent visiter mon unité de recherche, m'envoient des étudiants de doctorat et qu'ils m'invitent en retour à donner mon avis sur leurs travaux prouve qu'il y a quand même un petit groupe de chercheurs qui veulent faire bouger les choses. ATR et NTT en font généralement partie. Ils jouent un rôle important dans la recherche, mais ils ne sont pas les seuls. »

Donald Norman ne mâche jamais ses mots, surtout quand il parle de la conception d'interfaces. La plupart du temps, ces interfaces sont de mauvaise qualité ou incohérentes, et il se fait un malin plaisir à en montrer immédiatement les failles, qu'il s'agisse d'une simple poignée de porte mal placée ou d'une interface qui n'a rien à voir avec l'homme. Norman a rencontré la plupart des constructeurs actuels, que ce soit IBM ou Apple, et quand les constructeurs japonais l'ont invité, il leur a dit dans son franc-parler notoire que tant qu'ils s'obstineraient à concevoir des systèmes destinés aux hommes sans faire appel aux gens qui sont à l'écoute des autres, c'est-à-dire les psychologues, ils resteraient dans leur obscurantisme actuel. Il semblerait bien aujourd'hui que certains organismes japonais aient suivi son conseil. Je lui demandais : « Et ensuite ? Et si, en plus de l'argent et des chercheurs, ils s'adjoignaient l'aide de psychologues ? »

« Les chercheurs japonais ont beau avoir des projets ambitieux », me répondit-il, « ils ont le même défaut que les chercheurs partout ailleurs dans le monde : leurs rêves et leurs paroles dépassent souvent la réalité. Beaucoup de laboratoires japonais me font penser au Media Lab du MIT : beaucoup de strass, mais si l'on gratte un peu cette mince pellicule, j'ai bien peur que l'on soit déçu. Au Media Lab, on ne jure que par les démonstrations. D'après moi, leur travail est vraiment superficiel, ils ne vont pas au fond du problème. Les Japonais sont quand même plus modestes, mais ça ne fait rien, je n'ai jamais vu quoi que ce soit de révolutionnaire dans le domaine de la téléprésence sortir de chez eux. En fait, c'est parce que ces rêves sont très difficiles à réaliser. Il faut quelquefois dix ans pour acquérir les connaissances en la matière, et encore dix ans pour les mettre au point. Les Japonais ne sont pas des super-scientifiques ; ils ne peuvent pas aller plus vite que tout le monde. D'après moi, le scientifique ou l'ingénieur japonais est tout à fait semblable à son homologue américain. Mi meilleur, ni moins bon. Il ne faut pas s'attendre à des miracles de leur part, surtout en matière d'innovations majeures. En revanche, ils sont en première ligne pour tout ce qui réclame persévérance et gros investissements. »

Norman me rappela un autre phénomène qui semble se vérifier parmi les poids lourds de la RV, partout dans le monde, le phénomène du « Mythical Man-Month » de Frederick Brooks. Selon les termes de Donald Norman : « Si on demandait aux gens d'être plus innovants et plus créatifs, ils n'auraient pas besoin d'être aussi nombreux pour faire du meilleur travail. Ces énormes projets entraînent une hiérarchie pesante, des réunions incessantes et la gestion d'une culture d'entreprise garantissant "harmonie" et "moral des troupes". Mais tout ceci fait perdre énormément de temps, surtout au Japon, et on fait tellement attention à ne pas provoquer d'inégalité entre les gens qu'on serait étonné de l'insignifiance du travail accompli. Cela m'intéresserait beaucoup plus si vous me disiez qu'une douzaine de chercheurs venant du monde entier étaient secrètement en train de travailler à la réalité virtuelle. »

Peut-être a-t-il raison... D'un autre côté, je lui rappelai que l'on s'est déjà beaucoup trompé sur les capacités technologiques des Japonais dans le passé.

Voici ce qu'il me répondit : « Je ne sous-estime pas du tout les ingénieurs et les scientifiques japonais qui sont brillants et travailleurs. Mais il ne faudrait pas les surestimer non plus. Faut-il s'inquiéter qu'un jour les Japonais puissent dominer l'industrie RV du futur ? Oui ! Mais pas parce que les Japonais sont des surhommes. Nous devrions rester vigilants parce qu'ils se posent les bonnes questions et qu'ils sont en train de les résoudre. À part quelques exceptions notables, aujourd'hui en Amérique on théorise beaucoup plus qu'on ne passe à l'acte. Nous avons perdu sur le front de l'automobile, de la vidéo, de l'audio, où nous n'avons même pas essayé de nous battre. On va peut-être perdre la bataille de la télévision haute définition et certainement celle de la RV – non pas parce qu'ils sont meilleurs, mais tout simplement à cause de l'inactivité et des réticences américaines en matière d'investissement en ressources humaines, en temps et en financements. Les Japonais maîtrisent le temps nettement mieux que les Américains. Là où nous voulons des résultats pour le mois ou l'année qui suit, les Japonais savent attendre des années, voire même des dizaines d'années. »

Les propos de Jaron Lanier, qui fait des affaires avec les Japonais, font écho à ceux de Don Norman : « On a actuellement tendance à surestimer les Japonais, ceci parce que l'Amérique a subi quelques difficultés financières et que certains secteurs industriels sont en récession. On entend des rumeurs selon lesquelles les Japonais vont faire "main basse" sur la RV et c'est dommage. Les Japonais sont des gens qui croient à la planification d'un projet, et qui auraient plutôt tendance à dévoiler leurs plans à long terme, même s'ils n'en sont qu'aux balbutiements. Nous faisons tous la même chose. On leur prête des qualités surnaturelles, mais on ne va pas vraiment les voir, ce qui empêche tout collaboration. »

Il m'a fallu consacrer des mois à lire leurs rapports de recherche et à consulter des experts tels que Donald Norman pour pouvoir évaluer d'une manière objective ce que j'avais vu à l'ATR. Mais j'étais un peu étourdi en quittant le grand laboratoire bleu (le directeur du laboratoire me fit reconduire à la gare dans sa voiture avec chauffeur). Je quittai Takanohara en fin de soirée pour passer ma première nuit à Kyoto, une ville qui, comme San Francisco et Venise, possède une âme. Et comme beaucoup d'autres villes de caractère, Kyoto est menacée de mort par des forces irréversibles. San Francisco a ses tremblements de terre et Venise ses inondations, et l'hypermodernisme semble ronger peu à peu l'ancienne cité japonaise, la recouvrir de son béton, de ses immeubles, de ses discothèques et de toutes ces antennes de télévision. Est-ce que cette merveille technologique de Kansai Science City sera pour quelque chose dans la dissolution de la gloire passée de Kyoto ? J'ai dîné avec quelqu'un qui militait activement pour la préservation de l'environnement à Kyoto. Il s'inquiétait de ce que pouvaient réserver les cités scientifiques concoctées par la multinationale Japon S.A. La ligue à laquelle il appartenait communiquait et se tenait informée par l'intermédiaire d'un service télématique. Les jugements sans nuance sur les effets de la technologie, je m'en rends compte de plus en plus, dans une société où les systèmes de communications ont radicalement changé, n'ont pas beaucoup de poids.

CHAPITRE 11

« VISUEL, INTELLIGENT ET PERSONNEL »

Notre entreprise, NTT, a récemment fait une déclaration sur sa stratégie en matière de technologies pour le XXIe siècle. Il faut en retenir ceci : VI&P (Visuel, Intelligent et Personnel).

YOSHINOBU TONOMURA,
Ingénieur chercheur, NTT, 1990

Nous pensons que les interfaces homme-machine vont jouer un rôle crucial dans la mesure où elles facilitent l'utilisation des systèmes de communication et des ordinateurs, les rend plus performants, et par conséquent accroît les facultés humaines, la pensée et le partage des idées… Jusqu'ici les communications ont été cantonnées à leur dimension physique : la télécommunication électronique. Nous pensons qu'il est temps d'élever le débat et de penser les communications comme relations interpersonnelles (ou interaction homme-homme) n'entrant en aucune manière dans les sept couches du modèle de communication ISO.

TAKAYA ENDO et HIROSHI ISHII,
Ingénieurs chercheurs, NTT, 1990

Les prototypes nippons sont une chose. Les stations de travail avant-gardistes en sont une autre. Nippon Telegraph and Telephone (NTT) possède des trésors technologiques que j'aurais bien aimé pouvoir emporter chez moi. Depuis l'Alto que j'avais vu au PARC au début des années quatre-vingt, jamais autant de machines à accroissement intellectuel ne m'avaient fait envie. Ils me montrèrent d'abord quelque chose qui m'apparut comme un gadget étonnant, mais qui en fait pourrait bien devenir l'un des éléments clefs des communautés virtuelles de demain. Je l'aurais bien glissé dans mes valises. Yoshinobu Tonomura me fit asseoir en face d'un instrument prototype de communication du cyberespace. Une petite caméra stéréo intégrée au dispositif transmettait une image vidéo en relief de mon visage et de mon buste à l'unité réceptrice ; sur mon écran était affichée une reproduction miniature mais néanmoins très réaliste et en temps réel de mon interlocuteur à l'autre bout de la ligne. La personne qui conduisait la démonstration appuya sur un bouton, et je me retrouvai face à un modèle réduit de ma personne, imitant mes moindres gestes et flottant dans l'espace entre l'écran et moi. Le plus intéressant était que toute cette opération était réalisée sans gants ni visiocasque. Ce dispositif n'avait rien d'imposant, mais il représente néanmoins un grand pas en avant vers la « RV sans fil » — un cyberespace dans lequel les participants peuvent se regarder dans les yeux et faire passer gestes et expressions de leur visage. Lorsqu'on commencera à commercialiser ce type de système, et lorsqu'on aura mis en place un réseau capable de gérer les énormes volumes d'informations échangés, je serai certainement l'un des tout premiers à l'adopter.

Après cette démonstration de virtualité sans fil, les gens de NTT me montrèrent quelque chose que je pourrais en fait utiliser tout de suite, si mes collègues et moi-même étions équipés de manière adéquate. Hiroshi Ishii me montra fièrement sa « station personnelle de travail d'équipe », qui le connectait à ses quelques collègues disposant de la même installation. Tous les chercheurs équipés de ce prototype se consacraient au « travail coopératif assisté par ordinateur », et Ishii me confia qu'ils avaient dans l'idée de pouvoir un jour combiner téléprésence et travail coopératif afin de créer les groupes de travail virtuels du cyberespace. À mon retour, cela me fit énormément plaisir de pouvoir présenter M. Ishii à Douglas Engelbart par messagerie électronique. Les caméras vidéo, les communications vocales, les images de synthèse, et leurs diverses combinaisons, ajoutées au clavier, à la souris, au photostyle, et à un écran beaucoup plus grand que ceux que nous propose la génération actuelle des micro-ordinateurs, avaient permis à Ishii de développer une version beaucoup plus élaborée du système coopératif créé par l'ARC dans les années soixante. Je ne serais pas du tout étonné de voir ce genre de dispositif sur mon bureau dans quelques années. En 1983, j'avais pu voir par hasard un Alto, et sept ans plus tard, j'ai effectivement un Macintosh beaucoup plus puissant sur mon bureau.

J'ai reçu ce matin un message de M. Ishii, et la vidéo de l'un des entretiens que j'avais eu avec lui quelques mois plus tôt, prise par M. Tonomura. Ma visite du laboratoire des Interfaces Homme-Machine de NTT à Yokosuka n'arrête pas de se rappeler à mon bon souvenir, toujours par l'intermédiaire d'un media électronique quelconque, ce qui n'a rien d'étonnant vu les circonstances qui m'ont entraîné au Japon.

Je suis arrivé dans ce pays avec une très vague idée de ce qui s'y faisait en matière de virtuel. Il est difficile de se rendre compte de ce qui s'y passe quand on ne lit pas le japonais. Les rapports annuels de la *Society for Information Display* ainsi que d'autres parutions spécialisées avaient publié les traductions anglaises d'articles écrits par des chercheurs de NTT et d'ATR. Les titres de ces articles laissaient à penser que la recherche en RV allait bon train au Japon : « Technique de prise de vue et d'affichage vidéo stéréoscopique en trois dimensions sans lunettes intégrales », « Affichage d'Image TV en relief avec poursuite des mouvements de la tête », « Un espace virtuel commun sur RNIS large bande ». Lors de la conférence de Santa Barbara, j'avais entendu le Dr Susumu Tachi dire que sa recherche en télérobotique faisait partie d'un effort national, planifié à long terme. Le sponsor de Tashi, le ministère du Commerce extérieur et de l'Industrie, n'était pas quantité négligeable. J'avais noté d'autres indices, notamment par Jaron Lanier qui avait mentionné dans une conversation que la clientèle japonaise intéressée par les produits de RV de VPL se multipliait. Il ne me restait plus qu'à me transporter dans une culture supposée très éloignée de la nôtre et que je ne connaissais pas, bénéficiant d'un niveau de vie très élevé, pour essayer, à partir de mes pistes, de dénicher les bons interlocuteurs et de les convaincre de me laisser fouiner dans leurs réalités, tout ceci avec un vocabulaire japonais limité à une douzaine de mots.

Le synchronisme de RV fut encore une fois au rendez-vous : alors que je ne m'y attendais pas du tout, on m'invita à aller prononcer au Japon le discours inaugural d'une conférence destinée à l'élite du pays en matière de système d'informations. Une Américaine que j'avais connue dans les cercles télématiques m'avait appelé pour me dire qu'elle allait participer à une conférence portant sur l'avenir des télécommunications au Japon. Le sponsor, Izumi Aizu, de l'Institut pour les Architectures Réseaux, avait voulu inviter Douglas Englebart, mais ce dernier n'était pas disponible. J'arrivais en second sur la liste, apparemment parce que c'était moi qui avait attiré leur attention sur les travaux de Douglas Englebart.

« Eh bien , oui, ça peut m'intéresser » lui répondis-je.

L'intermédiaire américaine me rappela le lendemain matin, et me demanda quelles étaient mes exigences en retour. Je lui dis que je voulais voir tout ce que les grosses têtes de la Recherche et du Développement de Japon S.A. avaient à me montrer en matière de virtualités.

Après quelques conversations téléphoniques m'ayant pratiquement convaincu d'accepter cette invitation, j'eus directement mon hôte japonais au bout du fil. Izumi Aizu organisait la conférence et c'était lui qui avait sollicité mon intervention pour son discours d'ouverture. Il me dit dans un anglais parfait qu'il serait mon interprète, et il ajouta qu'il connaissait LA personne à Tokyo capable de m'introduire dans les plus hautes sphères de la recherche en RV. En fait, il s'agissait de la même personne qui avait parlé de moi à Izumi Aizu. Tout fonctionna comme prévu. Je fis mon discours, puis je parcourus le Japon au rythme infernal de Tokyo, selon un itinéraire qui m'était plus ou moins suggéré, presque toujours par des intermédiaires. Tout ceci s'éclaircit un peu lorsque je pus rencontrer les personnes qui avaient guidé mes errances exploratoires ; ils sont devenus des amis, et je me rends compte maintenant que leur comportement social s'explique davantage par une appartenance à un code social que par une intention délibérée de tout entourer de mystère. La communication au Japon, et avec les Japonais partout dans le monde, n'est pas une simple affaire de signification des mots et des phrases.

M. Tonomura, l'un des plus anciens chercheurs du Laboratoire des Médias Visuels de NTT, avait entendu mon discours inaugural portant sur « Les outils d'aide à la pensée et les communautés d'esprit » du futur « hyperréseau ». C'est Izumi Aizu qui suggéra le terme *hypernetwork* pour qualifier la convergence attendue entre les technologies multimédias et celles des télécommunications qui semble tant passionner l'avant-garde japonaise. La mise en place globale de ce supercanal de communication était en bonne voie et, par conséquent, le complexe info-technologique, des constructeurs de circuits imprimés aux chercheurs en RV, commençait à se tourner très sérieusement vers les nouveaux débouchés offerts par cette technologie. Quand les réseaux industriels des secteurs horizontaux et verticaux se mettent à penser à la même chose, cela peut avoir des répercussions sur la vie de millions de gens à Détroit comme à la Silicon Valley. Qu'ils arrivent ou non à atteindre leurs objectifs, les planificateurs japonais sont très forts pour découvrir et multiplier les concepts. Le fait qu'ils aient ou non inventé eux-mêmes le slogan n'a pas vraiment d'importance ; ce qui importe en revanche, c'est que ce nouveau concept ou slogan catalyse un ensemble de décisions et de valeurs propres à définir un projet à long terme. Même si certaines opérations comme « La fibre chez vous » résonnent un peu pompeusement, ou recèlent le caractère mystérieux et aventureux de « La cinquième génération », elles témoignent d'une volonté commune dans la réalisation d'un projet de la part de gens qui ont assez de pouvoir pour passer à l'acte.

Contrairement à la situation américaine pour le moins contrastée (voire chaotique), il semblerait que les plus grosses entreprises de télévision, de télécommunications, d'informatique et d'électronique aient défini ensemble une stratégie de communication au plan national. Les planificateurs japonais ont la certitude que leur nation sera connectée presqu'en totalité à une infrastructure de communication d'une puissance sans commune mesure avec tout ce qui existe à l'heure actuelle, via des canaux de communications à bande très large. Aujourd'hui, aux États-Unis, tandis que l'incompatibilité entre standards des plus gros systèmes de communication soulève des guerres techno-religieuses, les politiciens perdent leur temps en conjectures sur la pornographie que pourrait entraîner ces nouveaux réseaux ; la presse essaie de se préserver de la concurrence mortelle des chaînes de télévision en louant du temps d'antenne sur les réseaux câblés ; les opérateurs de télécommunications et les sociétés de divertissement hésitent entre le mariage et la guerre ; la recherche de la Défense des États-Unis détourne les fonds destinés à des innovations à fort potentiel au profit de choix politiques technologiquement inintéressants. Les innovateurs américains qui essaient de faire bouger les choses se retrouvent coincés dans un imbroglio de réglementations techniques et bureaucratiques, tandis que les décideurs japonais ont tous souscrit au même objectif commun qu'ils appellent le « RNIS large bande ». Ils savent exactement quels types de circuits imprimés ils doivent fabriquer, le réseau câblé en fibre optique qu'ils doivent installer, l'architecture informatique qu'ils doivent créer, et la direction dans laquelle doit aller la recherche en matière de RV.

Même si sa réalisation pose divers problèmes complexes tant au niveau matériel que logiciel, l'idée fondamentale du Réseau Numérique à Intégration de Services (RNIS) est simple : n'importe quel type de signaux — que ce soient les ouvrages d'une bibliothèque, des concerts ou des feuilletons de télévision, peuvent être maintenant numérisés et envoyés via des réseaux à très grande vitesse sur des terminaux multiusages qui les décoderont et les afficheront. Les puces à l'intérieur des postes de télévision qui seront commercialisés vers la fin des années quatre-vingt-dix dépasseront en puissance les ordinateurs des années quatre-vingt. Toutes sortes d'entreprises américaines s'intéressent pour diverses raisons au RNIS ; des organismes de normalisation internationaux essaient de réguler la concurrence en matière de standards et de rendre possible une communication mondiale ; les plus gros constructeurs japonais de télécommunication ont mis au point une architecture matérielle et logicielle spécifique capable d'envoyer 600 millions de bits de données par seconde à chacun des millions de maillons du réseau (c'est-à-dire une encyclopédie entière en moins de quatre secondes et une vidéo compactée d'une demi-heure dans le même intervalle). Si l'on place des moteurs de réalité à certains maillons stratégiques du réseau, et à condition de posséder les « accessoires vestimentaires » adéquats, on pourra bientôt extirper de nouvelles réalités des entrailles du RNIS. C'est cela, la contribution de NTT à la réalité virtuelle.

NTT, qui met tout en œuvre pour créer cette autoroute de la communication à grande vitesse, m'avait fait savoir par un intermédiaire que certains de leurs chercheurs confirmés seraient très honorés si je voulais bien leur communiquer des informations sur la recherche en RV au plan mondial et accepter de répondre à leurs questions, et qu'en retour ils seraient heureux de me montrer leurs meilleures réussites en la matière.

NTT filma cet entretien et m'en envoya une copie ; je peux ainsi me contempler à loisir, dans la salle de réunion d'un laboratoire de recherche de la banlieue de Yokohama, vêtu d'un costume rayé gris anthracite, d'une chemise pêche et d'une cravate jaune, en train d'expliquer à une douzaine de chercheurs les changements inattendus que pourraient provoquer les produits et les services qu'ils étaient en train de développer.

J'ai été assez choqué de constater que je faisais des tas de gestes tout à fait inconsciemment ; je ne m'étais jamais rendu compte auparavant que je ponctuais chaque phrase parlant de systèmes interactifs, de transactions, de réactions en boucle en moulinant l'air de mes bras. Le paysage que l'on apercevait par les fenêtres du huitième étage du bâtiment de la R&D de NTT était tour à tour brouillé et dégagé en fonction des caprices d'une fine pluie matinale. Me voir debout au milieu de cette pièce, devant ce paysage bourgeonnant qui apparaissait par intermittence à la fenêtre, suffit à me faire revivre la scène.

Cet échange conférence contre démonstration me paraissait être on ne peut plus équitable, en même temps qu'un véritable défi intellectuel. Par toute une série de circonstances indépendantes de ma volonté, je me retrouvai à animer une discussion de deux heures sur l'avenir de la RV avec les décideurs et les ingénieurs qui avaient mené l'offensive japonaise sur le front des télécommunications du futur. Comment tirer parti au mieux d'une pareille occasion ? Que savais-je qui puisse leur profiter ? Comment poser la vraie problématique de la RV et des télécommunications face à eux ? Heureusement, je reçus de l'aide juste à temps.

Je me rendis chez NTT dans une limousine mise à ma disposition par *Ashahi Shimbun*, l'un des principaux quotidiens japonais. Katsura Hattori, le rédacteur de la rubrique science, et Akihiko Okada, un photographe qui travaillait souvent avec lui, m'accompagnaient. En mettant bout à bout mes propres indices avec les paroles d'Hattori, je me rendis compte que c'était bien grâce à lui que j'étais là. J'avais dit aux intermédiaires ce que je recherchais au Japon, et le lendemain, avant même d'avoir parlé à Izumi, je reçus un message d'Hattori dans ma boite aux lettres électronique. Il se présentait en tant que fidèle lecteur de mes livres traduits en japonais et me dit qu'il écrivait un article sur la RV pour son journal. Autrement dit, nous avions déjà échangé pas mal de messages quand je le rencontrai à Tokyo. Par un heureux hasard, les visites que je me proposais de faire collaient avec son emploi du temps, et nous nous rendîment sur plusieurs sites ensemble. Vu la circulation intense des environs de Tokyo, nous sommes toujours partis en avance et avons donc eu tout loisir pour parler de mon livre *What It All Means ?*, confortablement installés dans cette limousine.

Hattori avait passé deux ans dans le Media Lab, au MIT. Il s'intéressait aux nouvelles technologies de l'information et la télématique le passionnait. Plus qu'un simple journaliste, c'est lui l'expert en la matière au sein de son entreprise, et comme l'atteste son passage au Media Lab, il est le faire-valoir dans le monde des technologies de l'information. Je me souviens qu'il avait participé à une discussion qui s'était déroulée sur mon réseau télématique local avec des gens du monde entier. Lorsque mon livre *Tools for Thought* parut au Japon, Hattori sauta dessus. Il apprit ainsi qu'il y avait un grand nombre de chercheurs dans le secteur informatique au sens large qui étaient prêts à mettre en œuvre les idées présentées dans le livre. Les héros de l'histoire étaient également des visionnaires de la technologie et ce qu'ils disaient apportaient aux chercheurs japonais et à un public plus large des éléments de réponses clairs et précis aux questions qu'ils se posaient face à l'expansion des industries de pointe.

Le Japon s'intéresse à la problématique de l'accroissement personnel ; cela fait déjà pas mal de temps qu'il se demande sérieusement comment décupler l'efficacité humaine grâce à ces nouvelles technologies, et cette idée se marie harmonieusement avec sa culture. Le concept du « Travail coopératif » — ultime évolution des groupes de travail dont le concepteur n'est autre qu'Engelbart — déchaîne les passions dans une société qui privilégie justement des valeurs de ce genre. Les micro-ordinateurs sont par définition des machines isolées — jusqu'au jour où on les connecte à des systèmes de communication et à des groupes de travail.

Je n'étais pas à proprement parler en voyage d'affaires au Japon, mais je voulais des informations et les Japonais la même chose. C'était une rencontre de la science avec le journalisme. Bien que je n'appartienne à proprement parler à aucun de ces deux domaines, j'étais devenu au cours de mes voyages une sorte de messager, de colporteur des idées collectées au Texas ou à Kyushi, trouvées dans des publications confidentielles ou récoltées sur mon agenda télématique, venant de personnes engagées dans les mêmes recherches sur la RV aux quatre coins du monde. Les décideurs japonais avaient là l'occasion de transmettre un message ; et moi aussi. Ils n'avaient certainement pas besoin de moi pour savoir ce qui se passait à l'UNC ou à Santa Barbara : ils savent se tenir au courant et n'ont pas peur de voyager. Je m'apprêtai à leur donner ce qu'aucun communiqué scientifique n'aurait pu leur livrer — une réflexion approfondie sur les bouleversements sociaux que peut entraîner la télévirtualité, et des suggestions explicites permettant d'anticiper au plus juste cet avenir.

Les gens que j'ai rencontrés à NTT et à l'ATR ont l'esprit braqué sur le vingt-et-unième siècle. En effet, au début des années quatre-vingt-dix, ils donnaient déjà corps à une infrastructure de communication qui leur permettrait de poursuivre leurs recherches dans les dix années à venir. Je n'arrivais pas à saisir exactement pourquoi je me retrouvais en face d'une bonne partie de l'élite de la R&D japonaise à discourir de la problématique humaine inhérente aux technologies ; mais ce n'était pas la première fois que la RV m'entraînait dans des situations cocasses que je n'aurais jamais pensé vivre auparavant.

Je passais donc la première heure à expliquer aux chercheurs de NTT tout ce que je savais sur l'état de l'art en matière de recherche en RV à travers le monde ; je leur parlai ce que j'avais ressenti en jouant avec les molécules à Chapel Hill, du minuscule écran à tube cathodique que j'avais vu dans le bureau de Tom Furness à Seattle, de l'expérience de communication transculturelle du Port de Seattle, sans oublier les histoires incontournables de Jaron Lanier. Ayant planté le décor, je m'appuyai sur certains de ces exemples pour affirmer que la communication télévirtuelle ne pouvait être l'affaire d'une entreprise, d'une industrie ni d'un pays seulement, qu'elle était beaucoup plus puissante, et que le moment était venu de créer de nouveaux canaux de communication globaux assortis de mécanismes coopératifs qui franchiraient ces barrières obsolètes, avant que le phénomène par son ampleur même ne devienne incontrôlable. Je parlais des origines scientifiques et techniques des disciplines de la RV en commençant par Engelbart, Licklider et McLuhan, pour embrayer sur Fred Brooks, Myron Krueger et Scott Fisher. Il y avait environ une douzaine d'ingénieurs et de chercheurs dans la pièce, un ou deux ingénieurs en chef qui dirigeaient les divers départements de la recherche, et M. Hiroshi Yasuda, directeur général du Laboratoire des Médias Visuels. Ils parlaient pratiquement tous l'anglais couramment.

Lorsque je commençais à aborder le problème des mécanismes sociaux et de la coopération globale, le visage de M. Ishii s'éclaira. Les expressions du visage sont très révélatrices, au Japon, si tant est que l'on veuille bien les laisser transparaître. Le problème est que les Japonais préfèrent garder un masque impénétrable, surtout dans des situations comme celles-ci. Je pus juger de l'intérêt de M. Ishii, par ses yeux écarquillés. Plus tard, quand il me fit visiter son laboratoire, nous avons discuté du concept de groupe dans la RV et des communications interculturelles. À mon retour, nous avons continué à communiquer par messagerie, et je l'ai encouragé à écrire un article sur le travail coopératif assisté par ordinateur pour *Whole Earth Review*, le magazine qui a publié mes premières chroniques sur le cyberespace.

« J'ai une petite fille de cinq ans », dis-je pour conclure mon intervention. « Je parie que certains parmi vous ont des enfants ou des petits-enfants qui atteindront la majorité au moment où les technologies virtuelles arriveront à maturité. L'histoire des technologies des communications, comme celle du téléphone ou de la télévision, nous ont enseigné que ces révolutions ont profondément modifié le mode de vie, les mentalités et les croyances des gens. Nous parlons maintenant d'un outil capable de modifier ce que nous entendons par réalité. Quelle sorte de réalité voulons-nous laisser à nos enfants ? Est-il plus important que l'on se batte pour en revendiquer l'origine, qu'elle soit japonaise ou américaine, ou bien que l'on fasse en sorte qu'elle soit humaine et bénéfique à nos enfants ? » Personne ne sut répondre à mes questions de rhétorique. Et ce n'est pas du tout dans la mentalité japonaise de répondre à chaud à ce genre de chose. L'intérêt soutenu de personnes comme M. Ishii et M. Tonomura donnent à croire, à ma grande satisfaction, qu'ils ont envie de trouver des réponses aux problèmes sociologiques soulevés par ces technologies.

Puis ils me montrèrent les réseaux de communications qu'ils étaient en train de planifier et de mettre en place. Ce qui en soi était plus qu'une réponse unilatérale à mes questions.

VIZTHINK : LE LABORATOIRE DES MÉDIAS VISUELS DE NTT

Toute activité humaine, qu'elle soit abstraite et théorique ou concrète et quotidienne, fait appel à une réflexion visuelle. Un astronome médite sur un événement cosmique mystérieux ; un entraîneur de football réfléchit à une nouvelle stratégie ; un automobiliste conduit son véhicule sur une route qu'il ne connaît pas : toutes ces activités font appel à une réflexion visuelle. Vous êtes au milieu d'un rêve ; vous réfléchissez à ce que vous allez mettre aujourd'hui ; vous faites de l'ordre sur votre bureau qui en a grand besoin : votre réflexion est visuelle.

Les chirurgiens réfléchissent visuellement lorsqu'ils opèrent un patient ; les chimistes pour élaborer des modèles de molécules ; les mathématiciens pour comprendre la relation espace-temps ; les ingénieurs pour concevoir des circuits imprimés, des structures et des mécanismes ; les administrateurs pour coordonner et gérer le travail ; les architectes pour concilier les côtés fonctionnels et esthétiques de leurs travaux ; les charpentiers et les mécaniciens pour traduire les plans en objets.

ROBERT H. MCKIM,
Thinking Visually, 1980

[...] La recherche de nouveaux services d'information permettant aux utilisateurs d'accéder rapidement et facilement à des données multimédia provenant de sources diverses, est devenu un objectif important [...] L'environnement de la « Pensée Visuelle » permettant de développer la créativité à l'aide d'outils visuels, pour la prise de décision en entreprise ou dans les laboratoires par exemple, ou encore pour la conception visuelle commerciale et artistique de divers secteurs, ne pourra se faire sans une interface de pointe entre les utilisateurs et les bases de données.

NTT VISUAL MEDIA LABORATORY,
Rapport annuel, 1989

Après mon intervention d'environ deux heures, ce fut pour moi un soulagement d'aller voir ce qui se passait dans un laboratoire. Tout comme pour mon intronisation dans le cyberespace à la NASA, plus d'un an auparavant, je fus immédiatement convaincu par la première démonstration au Laboratoire des Médias Visuels de NTT. Je m'assis à un bureau, et devant moi, sur un écran couleur de 7 pouces une jeune femme me tendit la main dans l'espace à travers l'écran. Il s'agissait d'un écran à cristaux liquides, du type de ceux que les fabricants japonais s'évertuent à miniaturiser pour leurs télévisions de poche. Je n'avais pas eu besoin de porter de lunettes spéciales. À la NASA, engoncé dans un visiocasque, j'avais pu voir l'ébauche d'un monde virtuel et imaginer ce qu'il pourrait devenir après dix ans de recherches acharnées. Chez NTT, j'ai constaté que la RV sans fil était au coeur de leurs préoccupations, et je me suis rendu compte que même les visiocasques les plus légers et les moins encombrants ne représentaient qu'une étape transitoire de la réalité virtuelle actuelle, comme Myron Krueger l'avait prédit dans les années soixante-dix. De la même manière que les générations futures des caméras de reconnaissance gestuelles que j'ai vu chez ATR, ou le Videodesk de Krueger réussiront peut-être un jour à éliminer gants et combinaisons, les systèmes d'affichage visuels que l'on va continuer à développer à NTT rendront les visiocasques superflus.

Le système stéréoscopique en relief de NTT combine une technologie optique éprouvée (le système lenticulaire autostéréoscopique) aux plus récents procédés à base d'écrans à cristaux liquides et de dispositifs de poursuite des mouvements de la tête. Ce sont les lentilles lenticulaires qui donnent l'impression du relief. Le terme autostéréoscopique signifie que l'effet stéréo est rendu sans que les spectateurs aient à porter de lunettes spéciales. La console d'affichage comportait également une caméra stéréo CCD (l'un des fleurons de la technologie japonaise) braquée sur moi, et je pouvais donc faire alterner leurs démonstrations préenregistrées avec mon image en relief en train de me fixer. Je tendis la main et touchai quelqu'un — moi-même en l'occurence. Ma main passa au travers d'une représentation fantôme miniature d'elle-même, laquelle avait soudain jailli de l'écran et flottait dans l'atmosphère. En tournant la tête horizontalement, je voyais des bandes noires traverser l'image qui restait en trois dimensions. Je n'avais pas du tout l'impression d'être complètement enveloppé dans cet espace. C'était tout simplement comme si je regardais par une petite fenêtre ouvrant sur un nouveau type de monde en trois dimensions.

Cela peut surprendre de voir une entreprise spécialisée dans la téléphonie aussi déterminée à mener à terme ce type de recherche. NTT brandit une autre bannière qui résume en quelque sorte la philosophie maison en la matière, « la pensée virtuelle », et qui peut expliquer son empressement dans ce domaine. La communication visuelle est universelle, on la retrouve dans la calligraphie comme dans les gestes, dans les images comme dans les expressions du visage, dans les modèles visuels comme dans les langages gestuels, et depuis qu'il dispose de médias électroniques, l'homme est envahi par les images. En ce moment même, des milliards d'hommes sont en train d'absorber photos, vidéo, films, symboles, pixels, signes, logos et images diffusés par les panneaux d'affichage, les magazines, les journaux, les écrans de cinémas, les télévisions, les graffiti et les terminaux d'ordinateurs. Malgré cet assaut continuel de symboles visuels, je connais peu d'Américains parmi cette élite culturelle qui se considèrent capables de s'exprimer visuellement ou de communiquer par images.

On s'adresse pour cela à des professionnels. Quand on sait que si l'homme a survécu pendant des millions d'années, c'est en grande partie grâce à sa vision binoculaire, on peut se demander pourquoi seules les agences de publicité et les écoles d'art parlent le langage de la communication visuelle ? C'est par les orbites, après tout, que nos cerveaux prennent connaissance du monde. Ce qui signifie que le fait — récent — d'inverser le sens des données en entrée doit provoquer un bouleversement sans précédent dans le cerveau. Certains chercheurs japonais pensent qu'il y a là un levier fantastique pour la technologie japonaise. La lecture courante du japonais fait appel à des facultés de réflexion visuelle tout à fait particulières, qu'il s'agirait de coupler aux technologies virtuelles.

L'écriture japonaise, basée sur les pictogrammes kanji d'origine chinoise, et dont le contenu est à la fois idéographique et sémantique, est par définition un langage visuellement riche. Certains caractères kanji vous font immédiatement penser à des gens, des arbres, des bœufs, des rivières, des forces naturelles et des activités humaines. Pour apprendre à s'exprimer en kanji, il faut d'abord s'exercer à penser de manière visuelle. Les enfants américains apprennent à écrire au crayon les 26 lettres de l'alphabet. Les enfants japonais apprennent à peindre des centaines d'idéogrammes. Un chercheur japonais reconnu a avancé la théorie suivante : grâce à la stimulation des facultés visuelles développées pour l'apprentissage du kanji, la lecture du kanji ne fait pas travailler la même partie du cerveau que celle des langues alphabétiques.

En Amérique comme dans le reste du monde non kanji, les plus récentes technologies de communication et les dernières découvertes sur le fonctionnement du cerveau sont en train de remettre en question le lieu commun selon lequel l'expression visuelle est réservée à ceux qui ont du « talent ». Les bouleversements semblent s'accélérer au même rythme que les nouvelles générations de micro-ordinateurs graphiques. Ce n'est pas le fait de disposer de nouveaux outils qui est le plus important. C'est plutôt la façon de les utiliser. Il s'agit ici d'une nouvelle façon de voir, et l'on retrouve ce phénomène dans toutes les révolutions. Rudoph Arnheim, un expert américain, a mis en évidence dans son ouvrage sur la pensée visuelle l'importance de la vision dans la pensée et dans la communication, tout en soulignant les lacunes persistantes du système éducatif :

> On néglige les arts parce qu'ils sont basés sur la perception, qui est elle-même dédaignée parce qu'on ne pense pas qu'elle participe du domaine de la réflexion.
>
> En fait, les éducateurs et les administrateurs n'arriveront pas à donner aux arts toute l'importance qu'ils méritent tant qu'ils ne comprendront pas que l'art est le meilleur moyen d'affermir les facultés perceptives indispensables au bon apprentissage des autres matières.

Ce n'est pas la peine de publier de nouveaux manuels plus esthétiques ou plus ésotériques sur l'art de l'éducation, il faut expliquer d'une manière plus convaincante et plus pragmatique ce à quoi sert la pensée visuelle en général. Une fois la théorie admise, on peut essayer de guérir par la pratique cette dichotomie malsaine qui diminue les facultés de raisonnement.

Certains chercheurs japonais ont dû lire Arnheim. Quand M. Tonomura m'envoya la cassette vidéo de mon entretien avec M. Ishii et d'autres ingénieurs, il m'écrivit en même temps ceci : « Notre entreprise, NTT, vient d'annoncer sa stratégie en matière de technologies pour le XXIe siècle. Elle se résume en trois mots : VI&P (Visuel, Intelligent et Personnel). Notre département s'occupe essentiellement de la partie visuelle ».

Le laboratoire de perception visuelle chez NTT

Puisque nous sommes capables de combiner textes et illustrations verbales ou animées pour présenter un projet aujourd'hui, qu'est-ce qui nous oblige donc, pour communiquer, à passer par cette même typographie en noir et blanc qui a véhiculé nos réflexions depuis Gutenberg ? Il semble évident que notre vieil alphabet risque de ne plus être à la hauteur pour longtemps. Peut-être que nous arriverons à représenter des idées par de nouveaux systèmes symboliques utilisant la couleur, la position et le mouvement en trois dimensions. Au lieu de lire un livre de gauche à droite et de haut en bas, nous pourrons peut-être entrer et nous promener à l'intérieur de son espace de connaissances. Cette représentation sophistiquée des problèmes et de leurs solutions potentielles va introduire des problématiques tellement complexes que ceux qui en sont chargés ne pourront les résoudre que par une totale immersion physique et intellectuelle dans cette représentation du monde dans laquelle ils devront effectivement vivre. Chaque jour serait consacré à l'exploration du problème dans son environnement spatial, à sa compréhension, et à la recherche d'une solution par des moyens à la fois physiques et intellectuels.

MYRON KRUEGER,
Artificial Reality, 1983

Les services de télécommunication de réalité virtuelle représentent d'intéressantes et séduisantes applications pour les technologies de banques d'images en trois dimensions.

NTT VISUAL MEDIA LABORATORY,
Rapport annuel, 1988

Imaginons que vous soyiez convaincu que la technologie virtuelle sans fil promet de faire avancer à grands pas la pensée visuelle et la communication humaine. Sur quoi vous baseriez-vous pour construire un prototype ? Presque tous les chercheurs clefs d'ATR ont été envoyés en mission par NTT qui possédait sa propre unité de recherche fondamentale sur la perception. Et s'ils ont prêté une oreille attentive aux propos de Don Norman, à mes déclarations emphatiques et à mes divagations personnelles, ils élargiront sûrement leurs recherches dans les secteurs de la psychologie, de la sociologie et de l'anthropologie. Le rôle du Laboratoire des Perceptions Visuelles, qui occupe presque tout un étage du site de Yukosuka, est de développer des techniques informatiques visuelles et graphiques destinées à répondre aux quatre objectifs suivants : identification des utilisateurs à distance et reconnaissance de leurs intentions en fonction de l'expression de leur visage ; interprétation de la situation par reconnaissance informatique des objets et compréhension de leur aménagement spatial ; synthèse en temps réel de l'image de l'utilisateur et de son environnement ; invention de nouveaux procédés de traitement de l'image en fonction des plus récentes découvertes en matière de perception visuelle humaine.

Les caméras CCD peuvent enregistrer des images stéréoscopiques détaillées et les envoyer sous forme numérisée à des processeurs spécifiques et à des logiciels d'extraction de formes et de détection de modèles. Celles que j'avais vues à l'ATR en faisaient partie. Les chercheurs de NTT travaillaient sur un système de reconnaissance de modèles qui permettrait aux nouvelles générations d'ordinateurs de reconnaître les modifications des traits du visage, surtout des yeux et des lèvres, et de les transmettre en temps réel pour qu'elles soient décodées sous forme d'images de synthèse dont les mouvements seraient synchronisés avec ceux de l'utilisateur à distance. L'un des projets parallèles consiste à reconstituer les paroles de l'interlocuteur par un système de lecture automatique du mouvement des lèvres, à mi-chemin entre la communication inter-humaine et les interfaces homme-machine. Le prototype du « lecteur de tête » était connecté à une puissante station de travail. Dans la démonstration que l'on m'en fit, je vis le programmeur bouger la tête et parler et une image animée de son visage à l'écran restituer à l'identique les gestes de sa tête et de ses lèvres. L'image animée est réalisée à partir d'images stockées dans des bases de données et des données filmées par la caméra. Celle-ci envoie les informations visuelles à un processeur qui crée un modèle du visage standard auquel il applique des algorithmes correspondant à toutes les situations, que ce soit les mouvements de la chevelure synthétique ou bien les phonèmes qui pourraient correspondre aux mouvements des lèvres. On arrive à créer des ordinateurs capables de reconnaître leurs utilisateurs autorisés grâce à des systèmes de réseaux neuronaux qui « apprennent » à reconnaître un modèle qui a été spécifié. Tout ceci fait partie du VI&P.

Les réseaux de communication à grande vitesse et les puissants moteurs de réalité ne suffiront pas à supporter l'infrastructure du cyberespace. Il faudra bien que l'on puisse stocker puis récupérer d'une manière ou d'une autre les objets des mondes virtuels, qu'ils soient à l'origine des modèles graphiques répertoriés dans d'énormes bases de données ou le résultat des images filmées par la caméra. En fait, l'une des premières applications de RV développée au NTT est une méthode de navigation dans les bases de données graphiques en trois dimensions à l'aide de commandes vocales et de navigation. Le Système de Gestion de Données Spatiales développé à l'origine au MIT a été utilisée par la Marine américaine et on n'en entend plus parler depuis dix ans. On dirait que NTT est prêt à reprendre à son compte cette problématique mise en évidence par les démonstrations du MIT et trop longtemps négligée. Un utilisateur extrait des informations d'une base de données traditionnelle en entrant des demandes sous forme de lignes de commandes qui disent à peu près ceci : « affiche tous les Dupond » ou bien « calcule le total des dernières dépenses du fichier Tartampion ». Ces recherches « symboliques » obéissent souvent à des conventions logiques spécifiques, même si la mode est de plus en plus aux « interrogations en langage naturel ». Il faut toutefois mettre en place de nouvelles méthodes de stockage, d'interrogation et de navigation pour les banques d'images. Il est indispensable de pouvoir parcourir rapidement des images 3D quand celles-ci participent à la pensée créative ; les ingénieurs en sont convaincus, comme en témoigne le rapport annuel du laboratoire en 1989 :

> « Nous avons proposé une nouvelle architecture de déplacement à travers les images. On peut parcourir la banque d'images grâce à une structure permettant de voir et d'examiner une foule d'objets visuels. Au cours de cette navigation, on peut localiser des objets qui leur sont visuellement associés, sans faire appel aux procédures symboliques d'interrogation, et on peut ainsi trouver des informations de grande valeur de façon inattendue. Cette organisation automatique d'objets virtuels, si elle est indispensable, pose pas mal de problèmes. Dans notre application, l'ordinateur extrait les images des objets correspondant aux mots clés saisis.»

La phrase « examiner une foule d'objets visuels » n'arrêtait pas de me revenir à l'esprit. Elle me faisait penser à ce que j'avais vécu lors de la première Conférence annuelle du Cyberespace, à Austin, où la foule rassemblée là retint soudain son souffle quand un enseignant de médecine leur montra comment il pouvait entrer dans une base de données épistémologique de blessures traumatiques pour en manipuler les divers cas. Des informations très pointues sur les relations statistiques entre les chances de survie aux blessures et d'autres variables peuvent servir à sauver des vies humaines si on arrive à isoler ces données précises. On peut en fait représenter ces données en 3D, puis les manipuler jusqu'à ce que se détache, clairement alignés au milieu d'un nuage de points désordonnés, les éléments statistiques recherchés. Cette navigation dans des banques d'images, tout comme la RV, sont des outils qui permettent une meilleure exploitation du flot d'informations qui nous submergent quotidiennement. L'utilisation de modèles de RV pour visualiser des architectures informatiques — le langage de programmation visuel dont rêve Jaron Lanier, mais réservé aux experts — commence à retenir l'attention de ceux qui cherchent des solutions logicielles qui puissent être à la hauteur des performances matérielles.

NTT est en train de mettre les bouchées doubles en matière de réalité virtuelle. Pour améliorer la sensation de présence, il faut développer la technologie des écrans à cristaux liquides. Ceci, ils l'ont bien compris ; ils mettent en ce moment au point un projecteur et un écran à cristaux liquides haute définition qui va recouvrir toute la surface d'un mur. Il est évident que sous la poussée des fonds énormes que draine l'électronique ludique, la gamme des écrans à cristaux liquides va considérablement s'agrandir. Il va néanmoins encore falloir des années de travaux assidus et méthodiques avant d'arriver à mettre au point les outils logiciels propres à accomplir les objectifs fixés par le concept du VI&P. Il me semble que Yokosuka a mis au point une stratégie audacieuse et bien planifiée dans le but de résoudre des problèmes bien précis. Il faudra attendre quelques années avant d'en connaître les résultats. L'efficacité du logiciel de reconnaissance des mouvements du visage et des lèvres est actuellement de 70 %. Les images de synthèse qui n'ont aujourd'hui guère dépassé la définition du dessin animé devront restituer plus précisément la réalité avant de prétendre avoir une quelconque utilité pour transmettre les intentions. Les caméras d'acquisition de formes et leurs logiciels devront également être améliorés. On ne peut pas affirmer que ces objectifs seront un jour tous atteints, et les prévisions sont plus hasardeuses que l'évaluation du rapport qualité/prix des composants électroniques dans les années à venir. On n'est pas sûr que les problèmes qui doivent encore être résolus puissent l'être un jour, car ce n'est pas une question de moyens financiers ni de ressources humaines. Les exemples du passé prouvent que le système perceptif et cognitif humain s'est jusqu'à présent toujours montré plus malin que ceux qui ont cherché à en simuler les fonctions par ordinateur.

Faisons l'hypothèse que, dans les vingt années à venir, les technologies catalyses vont raisonnablement progresser ; laissons de côté tout ce qui est du domaine de l'innovation ; et misons également sur le fait que les départements de recherche cognitive, d'ingénierie de matériels et de développement de logiciels spécialisés de NTT et des autres laboratoires réussiront à maintenir entre eux une étroite collaboration. Les « Reality Phones » que commercialisera NTT dans une vingtaine d'années comporteront alors peut-être ces nouveaux langages dont Myron Krueger a rêvé.

La téléprésence comme moyen de communication est un domaine hautement spéculatif, mais qui ne doit pas réduire la RV à la simple fonction de terminal frontal d'un système de communication. L'attention toute particulière que porte ATR à la « Communication avec sensations réalistes » est basée sur l'hypothèse que le cyberespace est un lieu où les gens communiquent entre eux. Et les stations de travail « Visuel, Intelligent et Personnel » du futur élargiront les possibilités de communication entre utilisateurs et assistants cybernétiques à l'aide de programmes de recherche de données personnalisés. Tous les cas de figure n'ont pas été envisagés. Marvin Minsky l'a prévu il y a une dizaine d'années, et cela fait bien plus longtemps que les écrivains de science-fiction se délectent de ce phénomène : la téléprésence élargit considérablement l'horizon de la communication homme-robot. Aux États-Unis, les chercheurs appellent « téléopérateur » les interfaces homme-robot. Au Japon, on utilise le terme « téléexistence ». Dans les deux cas, cette technologie repose sur le fait que l'opérateur voit à travers les yeux de la machine, et qu'il utilise ses gestes naturels pour manipuler l'environnement physique. Voici un moyen de distinguer la recherche télérobotique de la RV : dans la réalité virtuelle, vous pouvez démolir le bâtiment dans lequel vous vous trouvez sans conséquences néfastes. Si vous êtes aux commandes d'un téléopérateur et que vous faites la même chose, vous avez toutes les chances de ne plus retrouver votre bâtiment lorsque vous aurez enlevé vos lunettes.

CHAPITRE 12

HORS DU CORPS

L'opérateur porte un gilet confortable doublé de capteurs et de moteurs jouant le rôle des muscles. Chaque mouvement du bras, de la main et des doigts est reproduit ailleurs par des mains mécaniques et mobiles. Légères, agiles et puissantes, ces mains possèdent leurs propres capteurs, grâce auxquels l'opérateur voit et ressent ce qui s'y passe. Avec ce type d'appareillage, on peut « travailler » dans une autre pièce, une autre ville ou un autre pays. La « présence » à distance peut avoir la force d'un géant ou la délicatesse d'un chirurgien. La chaleur et la souffrance sont « traduites » par des sensations qui répercutent ces informations sans douleur. Les travaux dangereux s'effectuent confortablement et en toute sécurité.

Aujourd'hui, nous pouvons réaliser une petite partie de ces opérations, à l'aide des machines destinées au maniement des matériaux radioactifs. Il suffira d'améliorer ces instruments rudimentaires – et c'est l'objet de cette proposition – pour progresser considérablement dans divers domaines.

MARVIN MINSKY,
« Toward a Remotely-Manned Energy and Production Economy », 1979

Soudain, pour la première fois de ma vie, ma conscience s'est déplacée à une distance d'environ cinq mètres de l'intérieur de ma tête et de mon corps où je la situe habituellement. Le monde que je voyais comportait profondeur, ombres, éclairages et relief, mais tout était en noir et blanc. Quelques légers mouvements de tête me confirmèrent qu'il obéissait toujours aux lois de la parallaxe binoculaire. Il me fallait néanmoins réajuster la coordination sensori-motrice main-œil. Après quelques tâtonnements et un peu d'entraînement, je fus capable, par des gestes quelque peu inhabituels, de saisir un crayon et de le passer à travers une boucle située quelques mètres plus loin. Je tournai le cou et les épaules. À environ six mètres de mon corps, la perspective que j'avais sur le monde se déplaça en fonction de mes mouvements. Je commençais à m'habituer à l'étrange sensation que mon point de vue était déporté à l'endroit d'une espèce de machine jusqu'à ce que je tourne la tête de façon à me voir, je me rendis alors compte à quel point c'était bizarre d'être présent en deux endroits en même temps. J'avais jusqu'ici pensé qu'il devait être amusant de contrôler un robot équipé de caméras, de micros et de manipulateurs mécaniques, à l'aide de ses mains, de ses yeux et de ses oreilles, sans imaginer le choc que cela provoque. Ce que l'on ne réalise pas du tout avant d'en faire soi-même l'expérience, c'est que la téléprésence est une forme d'expérience extracorporelle, une sorte d'avant-goût de cette symbiose avec le silicium. La téléprésence est le nom donné à un concept, à un outil, à une expérience. C'est peut-être aussi une des façons de qualifier la manière dont la RV modifie profondément la conscience de l'homme.

C'est encore une fois au MIT, véritable centre historique en matière d'innovations informatiques, que l'on trouve l'origine de la téléprésence. Le laboratoire d'Intelligence artificielle, dirigé depuis trente ans par Marvin Minsky, traite aussi bien de psychologie et de sciences cognitives que d'informatique. Marvin Minsky voit les choses en grand. C'est lui et John McCarthy, aujourd'hui à Stanford, qui ont inventé le terme « intelligence artificielle » et créé dans les années cinquante cette spécialité que l'on appelle communément l'IA. Minsky ne s'est jamais laissé impressionner par les obstacles, seules les réalisations potentielles comptent pour lui. Il décida que les ordinateurs devaient imiter l'intelligence humaine, et cela fait trente ans qu'il poursuit avec Engelbart cette tâche avec la même ténacité.

Minsky a été le premier à voir comment on pourrait utiliser visiocasques et images de synthèse pour contrôler des robots d'une façon naturelle pour l'homme. Il a tout de suite compris le double avantage que cela pouvait apporter. Non seulement le robot pourrait être contrôlé directement par les facultés perceptives et cognitives de l'homme, mais l'utilisateur ferait l'expérience d'un état de conscience d'un genre tout à fait particulier, il vivrait la sensation d'être présent en dehors de son corps. Bien que cette technologie eût ses fondations dans la science-fiction, il a su reconnaître les implications pragmatiques considérables pour la vie quotidienne et l'économie mondiale dont elle était porteuse.

Minsky inventa le terme « téléprésence » en 1979 dans une proposition audacieuse destinée à trouver des financements :

> Les techniques de télécommande peuvent résoudre de nombreux problèmes en matière d'énergie, de santé, de productivité et d'environnement. Elles renforceront la sécurité dans le nucléaire, feront évoluer l'industrie minière, amélioreront la productivité, réduiront les frais de transport, apporteront de nouvelles industries et susciteront de nouveaux marchés. En créant des « mains mécaniques » suffisamment souples et en même temps économiques, nous pourrons modeler un monde sain, énergique et sécurisé…

> Pour cela nous devons améliorer nos instruments de « téléprésence » — c'est ainsi que j'ai décidé de les appeler — capables de restituer les sensations et le travail de nos propres mains ! Il faudra peut-être y consacrer vingt ans et un milliard de dollars mais le retour sur investissement sera centuplé. Three Mile Island a prouvé l'absurde manque de flexibilité des technologies nucléaires actuelles. En cas de problème, on envoie des hommes inspecter des réacteurs et en quelques minutes, ils absorbent des doses de radiation considérables. C'est ridicule ! Avec les outils de téléprésence adéquats, inspections et réparations se feraient beaucoup plus rapidement et pourraient réduire considérablement les pertes.

Minsky a eu l'honnêteté intellectuelle de préciser que cet objectif de l'IA, le pilotage intelligent des robots en temps réel et dans des situations à haut risque, prendrait beaucoup de temps. Nous ne possédons pas encore la puissance informatique, les théories cognitives ni les algorithmes nécessaires à la télécommande de robots en temps réel. Il existe néanmoins des manipulateurs à distance capables d'accomplir des tâches humaines dans des environnements hostiles à l'homme, comme les incendies ou les réacteurs nucléaires, et qui peuvent être actionnés de façon rudimentaire par des gestes humains. Selon Minsky, il fallait intégrer les perceptions et les réactions humaines aux opérations que pouvaient effectuer des robots semi-autonomes contrôlés à distance.

Il possédait le bagage technique lui permettant d'évaluer le potentiel des robots téléguidés dans des tâches concrètes qu'individuellement ni les hommes ni les robots ordinaires ne pouvaient accomplir en toute sécurité ni pour un coût raisonnable. Même si c'est lui qui a inventé le nom de téléprésence, Minsky ne revendique pas la paternité de l'idée, que tous les experts en science-fiction s'accordent à attribuer à Robert Heinlein dans son roman *Waldo* paru en 1940. Il y narre les aventures d'une créature du futur plutôt flasque qui a le pouvoir de mettre les mains dans des instruments télécommandés et de contrôler les mouvements de puissantes marionnettes mécaniques qu'il appelle des « waldoes ». Dans sa proposition sur la téléprésence, Minsky rendit hommage à Robert Heinlein en ces termes : « Je dédie cette proposition à deux amis. Le regretté Ray Goertz a créé en 1954 le premier téléopérateur à résistance d'effort. C'est Robert A. Heinlein qui, le premier, m'a donné l'idée d'un robot télécommandé dans son roman *Waldo* publié en 1940. En 1947 furent construits les premiers engins de ce type. Quarante ans après sa parution, *Waldo* m'a permis d'affiner cette proposition ».

Un écrivain de science-fiction pourrait aujourd'hui s'amuser à imaginer le monde tel qu'il aurait pu être si le gouvernement avait pris au sérieux le projet à plusieurs milliards de dollars de Minsky. Le domaine des téléopérations et des interfaces homme-machine pour leurs opérateurs — les aspects externes et internes de la téléprésence — n'a que récemment convergé avec les affichages par visiocasques stéréoscopiques. Les premiers téléopérateurs ont été des mains mécaniques fort coûteuses servant à manipuler des matériaux radioactifs ; chercheurs et techniciens du nucléaire enfonçaient les mains dans un exosquelette contrôleur qui transmettait les mouvements de leurs mains au bras d'un robot situé dans une salle protégée. L'un de ces instruments, le télémanipulateur Argonne (l'ARM, bien sûr), se retrouva bien plus tard dans le laboratoire UNC de Chapel Hill, en Caroline du nord, lorsque l'informatique permit de mettre au point les forces de résistance. Aujourd'hui, les chimistes en pharmacie se servent de l'ARM pour mettre en place des modèles de molécules en 3D, une combinaison de simulation (le comportement attendu de molécules lorsqu'elles sont rassemblées) et de téléprésence (la traduction des forces moléculaires en résistance physique via l'ARM).

En 1954, Ralph Mosher de General Electric développa le « Hardiman », un exosquelette complexe que l'on fixe au bras de l'utilisateur et qui lui permet, avec des gestes naturels, de contrôler à distance le bras d'un robot. En 1958, la société Philco Corporation a mis au point un système de téléprésence visuel composé d'un écran à tube cathodique fixé devant les yeux de l'utilisateur et qui commande le point de vue d'une caméra située à distance à partir des mouvements de la tête. Le domaine fort intéressant mais néanmoins ésotérique de la téléopération évolua au ralenti pendant des années de recherche sur les facteurs humains aussi ardues que vitales et de longues années consacrées à la construction des éléments mécaniques d'un tel système, pendant lesquelles les technologies catalyses des systèmes de commande de téléprésence mûrissaient. D'après les applications que j'ai pu en voir récemment, l'attentisme n'est plus de mise. En témoignent le prototype de pompier télécommandé que j'ai vu en Angleterre cette année, le modèle grandeur nature avec munitions réelles d'un véhicule mitrailleur que j'avais vu à Hawaii quelques mois plus tôt, les installations de télérobotique destinées aux handicapés développés à Tsukuba et à Londres, la recherche en microtéléprésence d'IBM permettant aux utilisateurs de sentir la surface des molécules du bout des doigts et bien d'autres projets un peu partout dans le monde.

UNE EXPÉRIENCE DE TÉLÉ-EXISTENCE

Cela fait très longtemps que les hommes rêvent de se projeter dans un cadre éloigné d'eux, c'est-à-dire de vivre la sensation d'exister simultanément là où ils sont et ailleurs.

S. TACHI *et al.*,
« Development of an Anthropomorphic
Tele-existence Slave Robot », 1989

Quand j'ai commencé à entendre parler des « cités des sciences » japonaises de Tsukuba et de Kansai, je m'étais fait une idée de ce que j'allais voir. Je dois admettre que je m'imaginais d'immenses laboratoires postmodernes, installés au milieu de jardins rocheux zen, grouillant de techniciens affairés en combinaisons assorties et de directeurs de recherche en blouse blanche. En arrivant à la cité de Tsukuba, ce sont plutôt les zones industrielles semi-désertiques des environs de Phoenix, Arizona, dans les années cinquante, qui me vinrent à l'esprit. On y retrouve quelque peu l'architecture moderne des laboratoires du PARC, mais là les bâtiments sont disséminés au milieu d'immenses terrains vagues. L'atmosphère est quelque peu malsaine, comme si ce lieu était à l'affût de quelque chose qui n'était pas encore là, ou bien hanté par son passé, ou encore, comme presque partout au Japon, tiraillé entre le passé et le futur.

En 1990, Tsukuba ressemblait plus à une accumulation d'enclaves à demi achevées qu'à la cité technologique grouillante de laboratoires impeccables et efficaces que j'avais imaginée. Les résidences de briques pastel et de ciment, de cinq à dix étages, construites le long de l'« avenue des sciences », séparées par des terrains vagues et des bretelles d'autoroutes, font plus ou moins penser aux dortoirs des cités universitaires modernes. Lorsque je suis arrivé, par une matinée printanière, des futons d'un blanc éclatant s'aéraient à presque tous les balcons.

J'étais venu avec l'équipe du *Asaha Shimbum*. Je leur fis part de mes impressions, et Hattori me répondit que les Japonais connaissaient bien ce sentiment de malaise diffus que j'avais perçu, à telle enseigne qu'ils l'ont baptisé « le syndrome de Tsukuba ». Pour des raisons encore inconnues, cette cité possède en effet le taux de suicide le plus élevé du Japon. Pendant le déjeuner, il m'expliqua qu'à l'origine, trois anciens villages occupaient ce site. Nous déjeunions dans le restaurant d'un hôtel moderne de type Sheraton, réservé aux scientifiques en visite. L'hôtel et les laboratoires environnants étaient construits sur le site de l'ancien village de « Sakuramora », qui signifie « cité des cerisiers en fleurs ». Je n'ai vu qu'un seul cerisier, en fleurs, dans le jardin soigneusement entretenu du laboratoire d'ingénierie mécanique du MITI.

Le MITI est un monde à part entière. Qu'on le déplore ou non, ce type d'administration ne pourrait pas exister aux États-Unis. Le ministère du Commerce international et de l'Industrie a le pouvoir de réunir l'industrie, la recherche et l'exécutif, afin de planifier, dans un objectif national commun, le développement d'une nouvelle technologie et d'en trouver les financements. En réalité, ça se passe un peu différemment. Leurs accords sont cimentés par tout un ensemble de valeurs que partagent ces différentes instances. Les Américains auront sans doute tendance à considérer le MITI comme une sorte « d'aristocratie technologique » ; c'est faire peu de cas de la culture japonaise. Le MITI est une institution prestigieuse et assez puissante pour mettre au pas des forces autonomes et concurrentes dans un objectif commun. Même si l'on arrivait à convaincre les industries américaines de coopérer en vue d'un bénéfice économique national, quiconque s'attellerait à cette immense tâche, et le gouvernement tout particulièrement, violerait les lois antitrust régissant la nation.

Quelquefois le marché chaotique des empires hyper-compétitifs livrés à eux-mêmes dans le monde de la libre concurrence — le modèle américain par excellence — produit des résultats inattendus. Il est aujourd'hui clair pour tout le monde qu'aucune instance dirigeante ne peut imposer de coopération. Les économies centralisées comme celles de l'Union Soviétique et des pays de l'Est n'ont pas non plus réussi à renforcer la coopération entre leurs industries de pointe. Le MITI ne force pas les principaux acteurs du secteur à travailler ensemble ; en revanche, il leur montre comme ce serait sympathique, lucratif et rationnel de marcher ensemble. Cette stratégie s'est déjà révélée plus que profitable dans l'électronique, la micro-informatique et l'automobile. La stratégie n'a pas aussi bien marché pour les projets d'intelligence artificielle de « cinquième génération » supposés apporter au Japon une suprématie mondiale en matière de reconnaissance vocale des ordinateurs. Basés sur des postes de travail « à traitement intelligent », ces projets d'IA mis en route au début des années quatre-vingt étaient censés être opérationnels vers 1995. Les objectifs n'ont pas été atteints dans ce laps de temps, les problèmes scientifiques concernant le matériel n'ayant en effet pas encore été résolus en dépit des progrès des technologies catalyses. Il ne faut pas s'arrêter à ces échecs, mais plutôt rester attentifs au développement accéléré des technologies catalyses pouvant déboucher sur des innovations importantes.

Le MITI finance la recherche fondamentale en robotique. Encore une fois, je m'imaginais des légions disciplinées de chercheurs, établissant de façon méthodique la base des technologies futures. Cela fait plus de quinze ans que le Dr Susumu Tachi s'intéresse à la télérobotique, et même si beaucoup de ses collègues cherchent sans aucun doute à créer les fondations des industries japonaises de demain, son intérêt principal reste de développer l'aide aux handicapés. À la charnière des années soixante-dix et quatre-vingt, il a mis au point des robots de petite taille, les « chiens d'aveugles artificiels » destinés aux non-voyants. Frederick Brooks les considèrerait certainement comme un excellent « problème pilote » pour la télérobotique et la théorie des commandes. N'oublions pas que le téléopérateur de Tachi n'est pas un robot autonome mais une prothèse intelligente commandée et surveillée par un être humain. Ce robot n'a pas besoin de toute la puissance matérielle et logicielle qui lui serait nécessaire pour exécuter toutes ces opérations perceptives et cognitives que l'homme effectue sans y penser — tels que la reconnaissance de formes, le déplacement spatial en évitant les obstacles, la possibilité de faire des évaluations, etc. À partir de là, il était logique que Tachi et ses collègues s'intéressent à la « télé-existence », c'est-à-dire à la création d'une sensation de présence à distance comme moyen de télécommande de robots.

La relation étroite établie entre hommes et robots mobiles possédant un certain degré d'intelligence peut être considérée comme un exemple de symbiose homme-ordinateur telle que l'avait imaginé Licklider en 1960, bien que divergeant de la problématique inaugurée par l'ARPA. Les recherches entreprises par Licklider et les chercheurs de l'ARPA ne furent pas vraiment prises au sérieux à l'époque où l'intelligence artificielle ralliait tous les suffrages et bénéficiait d'investissements massifs. Les chercheurs en IA voulaient dépasser les capacités humaines et construire des machines douées de pensée. Une partie de ces recherches déboucha rapidement sur la robotique. (Ce qui différencie principalement la robotique de l'IA pure, c'est la discipline de « la théorie des commandes », c'est-à-dire la construction physique de systèmes qui s'appuient sur les informations que leur communiquent d'autres systèmes pour effectuer leurs opérations. Les théories des commandes rejoignent aujourd'hui les hypothèses sur les mondes virtuels, émises par la RV, ce foyer interdisciplinaire.)

Le concept de téléprésence, qui relie l'intelligence humaine à des robots, moins intelligents mais extrêmement sensibles, se situe entre l'accroissement intellectuel et l'IA. On ne l'a pas négligé à l'époque, même si cela ne pouvait être autre chose qu'une spéculation sur un futur hypothétique. Licklider avait contribué à la création d'ordinateurs susceptibles d'amplifier la puissance de l'esprit, et son collègue Marvin Minsky, qui travaillait au laboratoire d'IA, sollicita du gouvernement les fonds nécessaires à un projet sur dix ans de R&D concernant la téléprésence. Dix ans plus tard, alors que la proposition de Minsky est presque enterrée aux États-Unis, excepté pour quelques applications militaires très spécifiques, le MITI est en train de réunir les chercheurs clés et les constructeurs dans un projet interdisciplinaire de téléprésence.

La formule consistant à rassembler les éléments moteurs d'une technologie, à financer un grand nombre de chercheurs et à promouvoir des projets grandioses peut s'avérer fructueuse, mais la réussite n'est pas forcément assurée. Il est beaucoup plus facile d'imaginer comment un bras artificiel doit réagir à de légères impulsions communiquées du bout des doigts, ou de concevoir l'utilisation de télérobots dans des réacteurs nucléaires que de construire des machines que vous allez accepter de vous river au crâne ou aux bras. Nos lacunes en ce qui concerne les aspects psychologiques de la téléprésence sont, avec les problèmes d'ingénierie liés à l'élaboration de canaux de communication entre hommes et machines, les principaux obstacles à son développement. Dans ce partenariat, l'homme apporte sa compétence cognitive et perceptuelle. La machine fournit une sensation de présence à l'opérateur renseigné par des capteurs capables d'explorations et de manipulations dans des environnements hostiles à l'homme. La difficulté est de réussir à façonner une interface qui puisse rapprocher les systèmes mécaniques et humains. Côté humain, on évalue la qualité de l'interface en fonction de l'expérience qu'elle évoque, une interface de téléprésence étant sensée engendrer une sensation de présence assez réaliste pour que l'utilisateur puisse guider efficacement le robot dans ses tâches en environnement réel, sans qu'il puisse la confondre avec d'autres stimuli sensoriels et provoquer une nausée. Cette sensation de présence, condition *sine qua non* de la réalité virtuelle, est également un élément fondamental de la recherche en matière de téléprésence.

J'avais rencontré le Dr Tachi à Santa Barbara, environ quinze jours avant mon voyage au Japon. C'est un homme calme, poli et quelque peu réservé. Nous participions tous les deux à un séminaire d'une semaine sur « les interfaces homme-machine des environnements virtuels et de la téléprésence ». Lorsque je le revis plusieurs semaines après dans son laboratoire de Tsukuba, il me donna une reproduction de la photo d'un groupe de chercheurs américains, canadiens, japonais, anglais et allemands qu'il avait prise à Santa Barbara sur le parking de l'hôtel Sheraton aux États-Unis. Tachi avait montré des diapositives de son laboratoire au cours de son intervention à Santa Barbara. Vu de près, le robot était plus petit et la pièce plus vaste que je ne les avais imaginés d'après ses diapositives. Avec ses rails fixées dans le sol en ciment et ses énormes anneaux accrochés au plafond haut de six mètres, la pièce étant conçue pour la manipulation de machines très volumineuses. À un angle de la pièce il y avait une voiture-robot à trois roues et un assortiment de lentilles binoculaires à la place du conducteur. Décidément, la réalité virtuelle m'avait conduit dans des lieux étranges..., comme cette chaise métallique surélevée que mon regard venait de rencontrer et qui me donna à penser que j'allais devoir m'attacher dessus et obéir à ses ordres avant de quitter le laboratoire.

Alors que la base du robot, un cylindre rouge d'une vingtaine de centimètres de diamètre ne pouvait ressembler qu'à une bouche d'incendie, la partie supérieure dotée d'un bras, d'une main à deux doigts, d'un cou articulé et de caméras vidéo faisant office de système visuel avait quelque chose de profondément humain dans ses mouvements, et pourtant ce n'était qu'une machine. Cet assemblage d'articulations d'acier lubrifié, de moteurs et de câbles électriques en mouvement n'en était que plus étrange.

L'opérateur est assis à un poste de commande qui est peu rassurant lorsqu'on l'observe et encore moins lorsqu'on le fait fonctionner. Je m'assis dans ce qui avait l'air de n'être pas plus confortable qu'un froid fauteuil de dentiste. Le dispositif comportait un visiocasque, véritable « épée de Damoclès » qui suivait les mouvements de la tête à l'aide d'un appareillage mécanique appelé *goniomètre* correspondant aux capteurs magnétiques du Polhemus. Il y avait également un long bras comportant un contre-poids, fixé au visiocasque. Le visiocasque était très solidement fixé sur ma tête et il faisait un bruit de tintement ; les lunettes étaient maintenues par une courroie qui me passait sous le menton. Une fois installé, le casque solidement amarré sur la tête, on me fixa une télécommande autour du poignet et de l'avant-bras, un peu comme des menottes. J'étais visuellement coupé du monde, je pouvais simplement remuer la tête et le bras. Dès que je bougeais la main, le bras ou les doigts, le robot reproduisait mes gestes. Bien que mon bras fût limité à sept degrés de liberté et mon cou à trois, ces contraintes pesaient peu par rapport à la performance en cours. Le simple fait de pouvoir ramasser une baguette et de la passer à travers un anneau à quelques mètres de moi était très impressionnant en dépit de la simplicité du geste.

Une fois l'appareil branché, je pus voir à travers les yeux du robot, selon une perspective déportée de plus de trois mètres cinquante de moi. Je tendis le bras et ramassai une baguette. Je compris en quelques secondes comment la passer au travers des anneaux qui se présentaient à ma vue, et bientôt, je sus le télécommander parfaitement. Le bruit était beaucoup plus gênant et me donnais des visions de cauchemar. J'ai appuyé sur le frein, et le robot a lâché la baguette. Pour la ramasser et ne plus la faire tomber, j'ai dû me persuader de faire exactement l'inverse des gestes auxquels je suis habitué depuis toujours : en télécommande, il faut appuyer une fois pour ouvrir, et deux pour fermer. Dès qu'il m'ont détaché, j'ai noté dans mon carnet : « C'est fou comme un homme bien disposé s'adapte facilement aux machines. »

Plus étrange encore fut le moment où le Dr Tachi me demanda de regarder à droite, et je vis un type en costume bleu marine, chaussures bleu clair aux pieds, assis dans un fauteuil de dentiste. Il regardait à droite, et je voyais donc sa calvitie naissante à l'arrière du crâne. Il me ressemblait, et, intellectuellement, je savais que c'était moi. Mais au plan sensitif, je ne l'acceptais pas : moi était *ici,* alors que lui était *là-bas*. Grâce au goniomètre et à l'ordinateur pilote, mes mouvements et ceux du robot étaient étroitement couplés, et cela comptait plus que la qualité de l'affichage vidéo ou de l'audio pour donner cette sensation de téléprésence. J'avais vraiment l'impression d'une expérience extracorporelle.

LA TÉLÉ-EXISTENCE À TSUKUBA

Il y a aujourd'hui plus de 67 500 paraplégiques aux États-Unis, et on estime entre 2 400 et 4 000 le nombre de nouveaux blessés chaque année... Grâce aux progrès des traitements médicaux (antibiotiques, soins de la peau), ces personnes ont maintenant une espérance de vie relativement normale. Leur vie serait peut-être plus enrichissante s'ils pouvaient contrôler directement leur environnement par des outils télérobotiques leur garantissant une certaine indépendance. Les environnements télérobotiques virtuels conçus pour les personnes non handicapées leur apporteraient un certain sens de la réalité.

LARRY LEIFER *et al.*,
« Telerobotics in Rehabilitation », 1990

La version définitive du système de télé-existence sera composée de robots mobiles intelligents, et de ses sous-systèmes : de contrôle du robot, de téléprésence et d'amplification des sensations, permettant à l'opérateur d'ajouter les informations sensorielles ultrasoniques et par infrarouge du robot à la sensation de présence artificielle donnée par les images de synthèse. Un tel sous-système de présence à distance doit présenter des informations visuelles, tactiles, auditives, kinesthésiques et vibratoires réalistes.

SUSUMU TACHI *et al.*,
« Tele-existence (I) », 1984

Des mitraillettes télécommandées aux systèmes pour libérer de leur corps les paraplégiques, la technologie de la téléopération fait ressortir le pire comme le meilleur de l'âme humaine dans les applications potentielles de la RV. Le travail du Dr Tachi est un des exemples des nombreuses convergences de besoins et de technologies qui sont à l'œuvre dans les cyberespaces actuels. Dans les années soixante-dix, c'est lui qui a mis en place le projet « Robot chien d'aveugle », destiné à améliorer la mobilité des non-voyants. Comme beaucoup d'autres projets en robotique, le robot chien d'aveugle, ou MELDOG, fit progresser la recherche mais il révéla surtout très clairement l'ampleur des obstacles à surmonter avant de pouvoir prétendre aider les aveugles à se déplacer dans le monde réel, désordonné et semé d'embûches. Les deux plus gros problèmes à résoudre, à savoir la création d'interfaces capables de faire passer à l'homme la sensation d'une présence qui a été enregistrée par la machine et le contrôle efficace du robot à distance — conduisirent Tachi à s'intéresser à la problématique de la *télé-existence,* qui selon lui englobe à la fois l'aspect interface et l'aspect contrôle des opérations à distance.

Après avoir visité le laboratoire réservé à la robotique, nous nous rendîmes dans son bureau. L'une des étudiantes « post doc » et la seule femme travaillant dans le laboratoire, quitta son poste de travail et nous fit du thé, sans qu'un mot eût été prononcé. Tout d'abord, Hattori interviewa Tachi en japonais. Puis, ce dernier et moi-même conversèrent en anglais, Hattori servant d'interprète seulement quand il le fallait. Je lui demandai comment il était passé des robots-chiens d'aveugles aux robots télécommandés. Quel était le lien entre les prothèses et les mondes virtuels ?

Tachi me répondit ceci : « En concevant des aides réellement efficaces pour le déplacement des aveugles, nous avons découvert qu'il était indispensable de déterminer quels types d'informations étaient nécessaires et/ou suffisantes pour la mobilité des êtres humains. » En d'autres termes, pour mettre au point une machine qui puisse aider des hommes à circuler, il fallait rassembler le plus d'informations possible sur la façon dont les êtres humains naviguent. Ce problème d'ordre général conduit à s'intéresser aux éléments perceptifs entrant en jeu dans le déplacement d'un corps articulé dans l'espace, une piste qui conduit tout droit à la réalité virtuelle : des gants de données aux caméras d'acquisition de formes en passant par les environnements réactifs, l'un des courants de la RV a été de concevoir des machines capables de détecter et de transmettre les mouvements, les gestes et les expressions humaines. La première étape dans la transmission du langage corporel consiste à apprendre comment nous pilotons nos modèles de corps dans le cyberespace, et de cette façon à pouvoir en élaborer d'autres, plus humains et qui réagissent mieux. Faire bouger des marionnettes virtuelles est essentiel pour y trouver du plaisir aussi bien que pour progresser, mais l'enjeu est véritablement primordial quand cette mobilité est la seule que connaitront jamais certaines personnes. Dans la réalité, leurs corps sont confinés dans des lits ou dans des chaises roulantes ; dans un monde virtuel, ils peuvent s'affranchir de leur corps paralysé et lui donner vie et mouvement.

Ceci, seule la téléopération le permet. Le premier travail consistait par conséquent à élaborer des chiens d'aveugle mécaniques.

Tachi s'intéressa tout d'abord aux informations fournies par les capteurs, aux programmes informatiques qui comparent les données en entrée avec les modèles de cartes enregistrées dans les bases de données de l'ordinateur, et aux systèmes d'affichage permettant à un robot semi-autonome de communiquer une sensation de l'endroit où il se trouve à l'opérateur humain, afin que celui-ci connaisse sa position. Ces mêmes problématiques de traitement d'informations et de théorie des commandes du projet MELDOG purent ensuite être appliquées à d'autres secteurs de la RV. Et c'est bien ainsi que la convergence peut accélérer les développements technologiques ; les outils élaborés dans des secteurs très divers peuvent être bénéfiques à de nombreuses disciplines convergentes. On a pu par exemple le constater avec le développement du calcul, des presses à imprimer ou de la micro-informatique, et, de façon vertigineuse, en matière de virtualité.

Les convergences technologiques sont souvent suivies par un phénomène d'hybridation. Après avoir bénéficié au même secteur de recherche, ces convergences se propagent à des secteurs interdisciplinaires hybrides. Les ingénieurs en stéréoscopie et les programmeurs graphiques ont développé les premiers cyberespaces en joignant leurs efforts à ceux des roboticiens et des psychologues. Il en est de même aujourd'hui avec les téléroboticiens et les concepteurs de mondes virtuels qui recherchent une interaction entre opérateurs humains et cosmos artificiel. Ces spécialistes de la téléopération et ces fabricants d'images de synthèse pour les mondes virtuels se trouvent confrontés aux mêmes problèmes que les programmeurs de systèmes qui se sont mis à étudier la psychologie cognitive pour pouvoir construire les interfaces de la nouvelle génération d'ordinateurs. La conférence de Santa Barbara fut symptomatique de ce phénomène de convergence multiple, mais elle n'en fut pas la cause, même si les décisions prises aux cours des conférences et les relations personnelles qu'elle a favorisées sont appelées certainement à l'avenir de ces convergences.

Selon le Dr Tachi, le passage du robot guide au téléopérateur, s'explique également par les besoins en matière d'interface graphique de meilleure qualité. MELDOG naviguait dans un environnement rigidement contrôlé par un modèle enregistré dans son ordinateur et une reconnaissance de sa situation exacte établie par ultrasons. Il est évident que les interfaces graphiques ne sont d'aucune utilité pour les aveugles, et que les informations vocales ne sont pas toujours efficaces, notamment dans des lieux publics animés. C'est pourquoi le Dr Tachi mit au point une méthode « électrocutanée » établissant une communication tactile avec l'opérateur sous forme d'impulsions électriques de faible intensité reçues par l'intermédiaire d'électrodes placées sur le corps de l'opérateur. Celui-ci ressent une sensation de bourdonnement sur le bras ou sur la jambe. Il apprend à différencier tout un éventail d'intensités et de bourdonnements. Cette dimension tactile de la RV s'est répandue dans des applications extrêmement diverses : appareillages d'aides aux malvoyants, gants robotisés qui offrent une appréhension uniquement au niveau des mains et destinés aux pilotes de combat, outils de visualisation scientifique permettant d'éprouver avec les doigts les réactions moléculaires, prototypes de machines de télésexe du futur.

Le Dr Tachi me rappela que la télé-existence fait partie d'un projet à grande échelle dans le cadre d'une coopération internationale décidée après les sommets de Versailles et de Williamsburg en 1983, et mis en route par le Japon en collaboration avec des chercheurs internationaux. Il me parla des travaux effectués en Allemagne et au laboratoire américain des systèmes océaniques navals (NOSC). Il me dit qu'il entretenait d'excellentes relations avec les chercheurs du NOSC, précisant : « Nos recherches au MITI ont un but à cent pour cent pacifique, nous ne nous intéressons absolument pas aux problèmes d'armement ». Deux semaines plus tard, les mains sur une mitraillette télécommandée dans un quartier de haute sécurité du NOSC, l'expression que Tachi avait eue en me parlant de ce laboratoire me revint en mémoire. Je sais qu'il voulait insister sur le fait que, quel que soit le respect qu'il avait pour les travaux de ses collègues de la recherche militaire, ses recherches à lui avaient toujours aidé et continueraient à aider les gens, et non pas à les tuer.

Sous l'égide de ce projet JUPITER (*JUvenescent PIoneering TEchnology for Robot*), les objectifs initiaux de Tachi se sont élargis : ses systèmes destinés à accroître les capacités des handicapés s'appliquent désormais au contrôle de pools de robots, à les manœuvrer dans des environnements hostiles à l'homme, et à l'extension des perceptions humaines dans des régions actuellement invisibles. Les recherches de Tachi répondent à la question suivante : « Si un financier avait pris au sérieux les théories de Minsky, dans quel type de recherche investirait-il, sur quelles théories s'appuieraient les chercheurs, et pour développer quels types de matériels ? ». Les prototypes de Tachi font avancer la recherche sur des voies particulièrement intéressantes : d'une part, ils servent de preuve et de base à l'élaboration d'outils qui interviendront ensuite dans tout type d'environnement physique, et d'autre part ils apportent des mesures psychophysiologiques qui permettent de mieux prendre en compte l'élément humain de la télé-existence. Le système que j'ai expérimenté était en même temps un prototype et un banc d'essai pour des fonctionnalités qui seraient intégrées plus tard à d'autres prototypes ; le capteur Polhemus fonctionne avec une fréquence d'échantillonnage de position limitée à 60 hertz maximum, tandis que celui-ci peut mesurer la position et la rapidité selon une échelle de réponses allant de 500 à 1 000 hertz.

Le développement du robot semi-autonome que j'avais essayé constituait la première étape d'un projet destiné à la construction de systèmes de contrôle spécifiques effectués dans d'autres laboratoires du MITI. Ces prototypes étaient par conséquent des instruments de laboratoire, servant en partie à étudier de manière systématique les caractéristiques des affichages stéréoscopiques en liaison avec les réactions des systèmes perceptifs humains, de manière à augmenter la vraisemblance de la sensation de téléprésence, notamment par un calibrage des affichages. Le fait que la convergence binoculaire soit l'un des éléments clés de la perception humaine du relief fut l'un des principaux enseignements de cette première étape. Les futurs systèmes développés à Tsukuba comporteront des systèmes optiques permettant d'améliorer cette sensation de convergence binoculaire, phénomène qui se produit lorsque les deux yeux fixent le même objet selon une perspective légèrement décalée.

Tachi veut ensuite mettre au point un système téléopérateur maître-esclave qui puisse se déplacer. « Notre prochain objectif est de construire une version grandeur nature et mobile d'un télérobot anthropomorphique. Nos objectifs à long terme sont d'élaborer des microrobots et des robots géants qui puissent fournir aux opérateurs des informations à base d'infrarouges et de micro-ondes » précisa Tachi. En cela, ses travaux se rapprochent de ceux de psychologues tels que Nathaniel Durlach du MIT, lequel s'appuie sur des équipements de RV pour reconstituer la façon dont les stimuli sensoriels humains modèlent le monde de l'observateur. Durlach, qui a commencé par étudier les chauve-souris à Cambridge, Massachusetts, se trouve aujourd'hui confronté aux mêmes problèmes que Tachi. Tous deux, par exemple, s'intéressent aux causes de la nausée provoquée par les simulateurs — cette sensation de nausée et de vertige qui peut être la conséquence de l'utilisation prolongée d'un simulateur offrant une sensation de présence de trop bonne ou alors de trop médiocre qualité. Tachi en a conclu que l'on pouvait supprimer cette nausée si l'on conservait les caractéristiques qu'auraient les objets dans la réalité. « Reproduire les paramètres de taille et de distance qu'auraient ces objets dans le monde réel permet aux utilisateurs de rester deux ou trois heures aux commandes de ces simulateurs sans ressentir de nausée », m'affirma-t-il.

Il est logique de passer de systèmes destinés aux handicapés à des systèmes pour non handicapés. Le corps humain impose des limites : peu de gens peuvent soulever leur propre poids, nous sommes sensibles à la chaleur, au froid, aux radiations, nous n'avançons pas très rapidement et nous ne voyons pas suffisamment bien pour effectuer des opérations de microchirurgie sans verres grossissants. Tachi veut construire des systèmes qui permettront à un opérateur, revêtu d'une combinaison légère, de piloter un robot à distance dans un réacteur nucléaire, de soulever un objet pesant deux tonnes et de le remplacer par un autre. Le prochain prototype qui naîtra à Tsukuba servira de banc de test des mécanismes permettant d'augmenter la force physique. Cette idée d'utiliser des combinaisons spéciales reliées par câbles à des robots puissants et quasi indestructibles est un vieux rêve ravivé par de nouvelles technologies. Tachi reconnaît qu'il a été influencé par l'exosquelette Hardiman élaboré dans les années soixante par General Electric ; il me rappela les dangers que présentaient le port d'un exosquelette il y a vingt ans ; ce type d'appareillage, qui devait intégrer ordinateurs, contrôleurs, câbles et sources d'énergie à l'intérieur même de la structure mobile, pouvait en effet facilement blesser celui qui l'utilisait. La miniaturisation a permis d'augmenter le nombres de composants que l'on peut installer dans l'articulation d'un coude artificiel, par exemple. Stephen Jacobson, chef du projet qui mit au point le bras Utah à l'université de l'Utah, a été pendant de nombreuses années le fer de lance de la recherche en matière de prothèses.

Avant de rentrer à Tokyo, nous fîmes un détour par l'université de Tsukuba, pour rencontrer l'un des jeunes collègues de Tachi, Hiroo Iwata, qui étudiait les technologies virtuelles à l'institut d'Ingénierie mécanique. Le temps s'était considérablement refroidi, et j'ai regretté de ne pas avoir pris de vêtement plus chaud, les couloirs de l'Université étant glacials. Iwata me demanda de lui dédicacer son exemplaire de *Tools for Thought*, ce qui eut le don de me le rendre immédiatement sympathique. Il ne bénéficiait pas d'un gros budget, mais il avait quand même dans son petit laboratoire un poste de travail graphique en couleurs, un mini-ordinateur Kubota et quelques appareils assez étonnants. Il cherche à générer des sensations tactiles correspondant à des modèles visuels d'objets virtuels — un sujet qui devait m'entraîner à Cambridge, Massachusetts, à Londres et dans le sud-est de la France. Contrairement aux autres projets de recherche de ce type que j'ai pu voir ailleurs, le budget restreint dont disposait Iwata lui imposait de développer des instruments relativement bon marché.

Contrairement au Dr Tachi, plutôt guindé dans son costume trois pièces, Iwata était en manches de chemise et me fit l'impression d'être plus « timide » que « réservé ». Il m'expliqua qu'il avait commencé à s'intéresser aux travaux effectués sur les interfaces homme-machine à l'Architecture Machine Group et au Media lab pendant ses études de licence en informatique. Ce qui le passionnait au premier chef, c'était de développer de nouveaux moyens de chorégraphier les mouvements des objets virtuels en synchronie avec les gestes des mains et d'accentuer le degré de réactions tactiles et cinétiques des systèmes virtuels.

Son poste de travail était connecté à un mini-ordinateur TITAN capable d'exécuter 32 millions d'instructions par seconde — une puissance suffisante pour afficher des graphiques haute définition colorés et ombrés. Son équipement était beaucoup plus performant que celui de VPL, sans atteindre la puissance du traitement parallèle de l'UNC. Le manipulateur mis au point par Iwata et ses collègues est un instrument de saisie des données dans l'ordinateur, offrant neuf degrés de liberté, léger, très articulé, bardé de câbles, de joints métalliques, de la taille d'une boîte à chaussures et d'environ 30 cm de haut. Je m'assis et plaçai la main sur l'engin. Je manipulai divers leviers en serrant plus ou moins fort avec le pouce, l'index et la paume de la main, et je pouvais tourner le poignet sur environ trente centimètres. De ma position assise, je suivais ce qui se passait sur l'écran dans un miroir en angle, qui remplissait une grande partie de mon champ visuel, sans toutefois m'immerger complètement dans le monde virtuel.

L'écran affichait une sphère rouge reposant sur une table bleue. Une main articulée, la représentation désormais familière de l'opérateur dans le cyberespace, flottait au-dessus de la sphère. Je bougeais ma main à l'intérieur de l'instrument de métal, et en même temps je vis ma pseudo-main approcher la sphère. Lorsque mes doigts virtuels en touchèrent la surface, les moteurs et les capteurs du manipulateur leur opposèrent une résistance, exactement comme si j'avais essayé de saisir un ballon dans la réalité. La sensation n'était pas très marquée, mais elle était palpable. Si Iwata ou d'autres réussissent à optimiser cette légère sensation de résistance, nous verrons très certainement bientôt les concepteurs CAO non seulement mettre le nez dans leurs propres dessins, mais également y passer la main pour en toucher les objets. L'une des applications immédiates d'un tel système intéresse au premier chef les fabricants d'appareils photo et de caméras — la possibilité de simuler la sensation qu'on a en main un appareil comme une caméra serait un progrès extraordinaire pour les concepteurs qui sont aujourd'hui obligés de travailler sur des maquettes qu'ils mettent des heures, voire des jours, à créer et à modifier. Iwata pense que l'aboutissement de son prototype pourrait prendre la forme d'un gant à technologie micro-mécanique.

Sur le chemin du retour, nous avons discuté, Hattori et moi, des avantages et des dangers que recèlent ces interfaces puissantes, qui peuvent tout aussi bien servir à des fins humanitaires que guerrières. Il ne faudrait surtout pas qu'on emploie leur puissance au service de tâches nuisibles pour l'environnement et le monde. Pour le corps médical, et la chirurgie en particulier, qui peuvent visualiser les organes internes par caméras et opérer par microscalpels, les robots télécommandés représentent une avancée miraculeuse pour alléger la souffrance humaine et sauver des vies. Pour les industriels qui transforment les forêts en contreplaqué, les bulldozers semi-autonomes représentent l'instrument idéal pour transformer de manière systématique la biosphère en dollars. Les spécialistes du nucléaire et les pompiers qui risquent leur vie quotidiennement seront enfin protégés. Et tous ceux qui n'ont aucune envie de risquer leur propre vie mais que cela ne dérange pas de massacrer d'autres hommes, n'auront qu'à utiliser des hélicoptères de combats téléopérés. Ce sont les hommes qui feront de la réalité virtuelle un véhicule de vie ou de mort.

CHAPITRE 13

L'ORIGINE DU THÉÂTRE ET L'AVENIR DU DIVERTISSEMENT

Le film montre au public une certaine réalité, tandis que le cyberespace offre un corps virtuel et un rôle à chaque spectateur. Les documents écrits et la radio racontent ; le théâtre et les films montrent ; le cyberespace incarne... Alors que l'auteur dramatique et le réalisateur de film essaient tous deux de communiquer l'idée d'une expérience, c'est cette expérience en elle-même que le concepteur de cyberespace essaie de communiquer. Le spectateur peut pénétrer directement dans le monde virtuel afin de l'expérimenter par lui-même, et ne pas se contenter d'imaginer qu'il le fait... Ainsi, le concepteur de cyberespace ne communique jamais de réalité particulière, il pose les jalons de certains types de réalité. Là où le réalisateur dit : « Regardez, je vais vous montrer », le concepteur de cyberespace dit : « Voilà, je vais vous aider à découvrir ».

RANDALL WALSER,
« Elements of a Cyberespace Playhouse », 1990

Les ordinateurs sont un théâtre. Les technologies interactives, tout comme le théâtre, offrent une plate-forme de représentation de réalités cohérentes dont les agents effectuent des actions à teneur cognitive, émotionnelle et productive... Pendant deux mille ans, on a développé et mis en pratique des théories théâtrales qui s'apparentent de très près à la conception des interfaces homme-machine, où, pour être plus précis, à la création de réalités artificielles dans lesquelles on cherche à développer les aspects cognitif, émotionnel et esthétique de l'action.

BRENDA LAUREL,
Computers as Theatre, 1991

Un jeune homme, un EyePhone sur la tête, arpente son salon. Il a les bras tendus en avant, comme s'il tenait quelque chose. Au pays de la RV où il se trouve – le phylactère dessiné au-dessus de sa tête nous le révèle –, il est clair que c'est une épée magique qu'il brandit. Dans le fond, les volcans fument. À mi-distance, Godzilla est à l'affût. Cette scène, très minutieusement illustrée, était exposée sur un chevalet dans une salle de conférence au dernier étage de l'énorme laboratoire de R&D de Fujitsu à Kawasaki. Je me trouvais là, invité par l'ingénieur en chef qui m'expliqua que cette illustration représentait la première offensive de Fujitsu dans le monde des loisirs. Je n'eus droit à aucune démonstration concrète, mais en revanche, ils m'inondèrent de schémas et de discours inspirés sur leurs projets, illustrés par des diapositives. Tout cela ne laissait planer aucun doute quant au sérieux de la démarche en RV de Fujitsu. Il ne s'agissait pas de l'initiative confidentielle d'une poignée de passionnés travaillant dans cette immense entreprise. Les plus puissants directeurs de recherche de la seule entreprise capable de battre IBM sur le terrain du gros système en étaient les maîtres d'œuvre ; c'était tout dire de l'importance du projet.

Dans un groupe aussi diversifié que Fujitsu, on peut fabriquer à peu près tout ce que l'on veut grâce à la technologie maison. Ainsi, les divers éléments des systèmes virtuels, visiocasques, logiciels de modélisation en 3D ou autres composants graphiques, sont fabriqués dans divers laboratoires, en vue de mettre à exécution le plan du laboratoire de RV. En attendant que la plate-forme de test soit terminée, le directeur du projet définit avec son équipe la niche en RV qu'ils veulent investir. Leur projet rappelle la stratégie mise au point par John Walker en 1988 pour Autodesk, même si leur chiffre d'affaires de dizaines de milliards de dollars n'est pas comparable aux quelques 100 millions de dollars d'Autodesk. Même si je n'ai rien vu de concret en matière de loisirs virtuels domestiques à Kawasaki, ces chercheurs ont le pouvoir et les capacités de leur donner forme.

Fujitsu se démarque complètement des autres projets que j'ai pu approcher : ATR s'intéressait aux communications télévirtuelles, NTT aux interfaces homme-machine intelligentes, tandis qu'à Tsukuba, à Manchester et au Centre des systèmes océanographiques de la Marine Américaine, on se concentrait sur la téléopération. Fujitsu cherche à se positionner sur le marché des loisirs, de la CAO et de l'éducation.

Si le monde est une scène de théâtre, comme l'a dit Shakespeare, si, comme l'a prophétisé McLuhan, il est en train d'être interconnecté par un média électronique global, et si, comme le pensent certains chercheurs en RV, les réseaux de réalité grand public permettront un jour à n'importe qui, n'importe où dans le monde, de jouer n'importe quel rôle dans le cyberespace de ses rêves, alors de quoi seront faits ces environnements de loisirs ? Et de quelle manière l'industrie des loisirs va-t-elle influencer la structure globale de la société de RV de demain ? Les utilisateurs cibles de ces réseaux de communication se répartiront entre industries de la finance et des loisirs – sur lesquelles repose l'économie mondiale des années quatre-vingt-dix. C'est dire l'importance de ces secteurs. La connexion électronique globale de toutes les places financières et toutes les transactions électroniques qui en découlent, ainsi que les feuilletons, les films, les C.D., les jouets parlants, les réseaux d'actualités, les jeux vidéo et les parcs de loisirs, qui constituent l'industrie du divertissement actuelle, sont les forces motrices qui vont façonner les technologies de l'information du futur.

Si déjà l'idée du « RealityPhone de NTT » vous semble étrange, comment allez-vous alors réagir aux « Mondes de l'imaginaire de Fujitsu » ? Ou aux « Cyberespaces de Disney » ? Seriez-vous surpris d'apprendre que le MIT... et Nintendo ont fomenté ensemble une révolution dans l'industrie de l'éducation ? Or, les exemples que je viens de citer n'existent pas en dehors de mon imagination, et aucune alliance n'a été annoncée entre ces deux sociétés : néanmoins, ce type de partenariat entre groupes industriels et organismes de recherche est de plus en plus fréquent ; et c'est le domaine de « l'éduloisirs », cousin germain des jeux vidéo, que Nintendo et le Media Lab pourraient conjointement investir.

On fait difficilement plus japonais que Fujitsu ni plus américain que Disney. Ont-ils conscience de leur démarche parallèle ? En tous cas, ces deux groupes apparemment positionnés sur des secteurs différents sont en train de coloniser massivement les nouveaux territoires ouverts par les jeux du cyberespace. Le premier est spécialisé dans les jeux domestiques, le second dans les parcs de loisirs. Aujourd'hui, la croissance exponentielle et l'énorme marché mondial de cette industrie a tendance à faire oublier ses origines. On n'a cependant pas attendu les miracles de la technologie pour produire des espaces virtuels destinées à l'amusement du public. C'est dans les cirques, les carnavals et autres Luna Park qu'ils ont vu le jour. Mais P.T. Barnum ou Samuel Goldwyn ne feraient plus le poids aujourd'hui. Il faut des magnats de la stature de Michael Eisner, président de Disney, pour brasser les milliards de dollars de cette industrie.

J'avais assisté le 7 juin 1989 à la présentation du « Jour de la réalité virtuelle » d'Autodesk au parc des conventions d'Anaheim. C'est au cours de cette même convention que Timothy Leary proclama en personne l'ouverture d'un tout nouveau territoire psychoanarchique virtuel, devant une assemblée de spécialistes de CAO médusés mais rapidement enthousiastes. Une fois la présentation terminée, je décidai, accompagné d'une autre cybernaute, d'aller rendre hommage au premier bâtisseur de mondes virtuels ludiques — Disneyland — à quelques pas de là.

Brenda Laurel et moi-même nous étions rendus de San Francisco à Anaheim par le même avion. Elle suivait toujours de très près les développements de la RV. Comme pour toute la nouvelle génération des infonautes — devenus, comme Scott Fisher, Jaron Lanier ou Michael Naimark, les figures emblématiques de la virtualité —, j'ai rencontré Brenda Laurel à l'époque faste de l'Atari Lab, au début des années quatre-vingt. Nous nous sommes retrouvés sur différents projets et nous avons sympathisé.

Totalement impliquée dans ce qu'elle appelle les « expériences à la première personne » (expériences directes, non médiatisées par un héros que je ne dirige pas), elle semble connaître parfaitement les tenants et aboutissants de cette industrie des loisirs. Nous décidâmes donc d'abandonner pendant quelques heures la convention pour aller nous plonger dans la RV à la première personne par excellence.

Cette scène parfaitement surréelle avait tout d'un rituel parfait – nous avions abandonné les prototypes des réalités virtuelles par visiocasque pour nous aventurer dans le monde entièrement synthétique de Disneyland, incontestablement le grand-père des environnements artificiels grand public. En fait, ce voyage marqua la première étape de mon odyssée dans les mondes virtuels. À côté du motel Atomic Age, des ouvriers étaient en train de façonner à la tronçonneuse des Mickeys et des Minnies. Le soleil de juin à son zénith faisait regretter le manque de climatisation.

L'attraction « Star Tours » est une simulation en deux dimensions d'un voyage fantastique dans l'espace, parmi des architectures mythiques du futur à la Lucas. Après une attente interminable, on s'installe dans un véhicule ressemblant à une rame de métro ultra moderne. On ne voit pas les voyageurs ressortir, ce qui accroît d'autant la curiosité et l'impatience : on les voit pénétrer dans cette chambre initiatique, on les entend pousser des cris exactement deux minutes plus tard, puis ils disparaissent. L'intérieur du véhicule est recouvert d'un écran haute résolution et comporte quelques douzaines de sièges confortables équipés de ceintures de sécurité – simulation à la Disney des vaisseaux de la Guerre des Étoiles. Le système sonore est stupéfiant, assourdissant, et résonne de toute part. L'astuce de RV est invisible et parfaitement silencieuse – il s'agit d'une plate-forme dynamique qui secoue le véhicule dans tous les sens de quelques dizaines de centimètres – l'effet est tellement efficace que l'on peut anticiper, à la seconde près, les cris des passagers en fonction des sauts dans l'espace interstellaire projetés sur l'écran.

Il est tout à fait inutile d'avoir recours à des images de synthèse en relief pour réussir à réellement effrayer les gens par une simulation. Cette simple astuce suffit à provoquer un état second, semblable aux poussées d'adrénaline que l'on peut expérimenter en faisant du surf, du rafting, de la course automobile ou du ski. Le « Star Tours » ressemble à une montagne russe, si ce n'est qu'elle gomme tout risque d'accident – cette arrière-pensée qu'un problème mécanique peut propulser le manège dans le décor. Bien que Brenda et moi-même ayions été tout à fait conscients de la supercherie, nous ne pûmes nous empêcher de pousser des cris ni de ressentir des poussées d'adrénaline involontaires. Toute interactivité était absente de cette attraction, nous étions de simples spectateurs. Mon cœur n'aurait peut-être pas tenu le coup si j'avais dû piloter la soucoupe dans les espaces interstellaires qui surgissaient sous nos yeux ; je me suis ensuite rendu compte qu'il s'agissait d'une illustration grandeur nature de l'hypothèse favorite de Brenda. Selon elle, la *mimesis,* le terme qu'utilisa Aristote pour qualifier la résonance psychologique qui affecte toute audience face à une représentation théâtrale, explique le haut-le-cœur que nous avons ressenti lorsque le vaisseau spatial a été « éjecté » de la station orbitale. Là où Jaron Lanier trouve une explication dans les systèmes cognitifs, jouant le rôle de palliatif entre simulation et réalité, c'est dans le cœur, les hormones, les systèmes vitaux que Brenda Laurel pense qu'il faut aller chercher une explication à ce phénomène.

Après cette expérience étourdissante, nous eûmes du mal à franchir les quelques pas nous séparant de l'attraction suivante « Captain Eo ». Chaque séance accueille plusieurs centaines de spectateurs. Seuls les parcs d'attraction de Disney diffusent ce célèbre film à gros budget de quinze minutes. Lucas Film, Francis Coppola, les créatifs de Disney et Michael Jackson ont unis leurs efforts pour créer l'état de l'art en matière de vidéo en relief qui vous donne l'illusion de pouvoir saisir les jolies petites créatures bizarres qui surgissent sous vos yeux. Sont distribuées à l'entrée des lunettes jetables en carton — similaires aux lunettes aux verres rouge et vert que l'on trouvait lors des premières projections en relief.

Juste avant notre arrivée à Disneyland, nous avions passé quelques heures dans la « salle de démo » à demi-secrète d'Autodesk, qui offraient des baptêmes du cyberespace aux participants à la conférence. Les gens entraient dans la salle, revêtaient DataGlove et masque, pilotaient leur vol virtuel par des gestes de la main et des mouvements du cou, et ressortaient, une expression d'extase sur le visage. Timothy Leary était dans un coin, accueillant chaque ingénieur, architecte ou directeur commercial à la sortie de son vol initiatique d'un grand sourire amusé.

Laurel et moi avions donc hâte de comparer ces expériences de conversion à la RV avec celles que pourraient produire les cyberespaces de Disney. En transformant des attractions telles que « Star Tours » et « Captain Eo » en un vaste jeu du cyberespace en relief, Disney nous offre là une réalité virtuelle de son cru. La problématique de la réalité virtuelle n'est pas du tout la même dans l'industrie des loisirs, où il s'agit de proposer au plus grand nombre de spectateurs et aussi rapidement que possible une série d'expériences simulées. Seuls les très gros budgets de cette industrie peuvent fournir des architectures virtuelles à base d'énormes écrans haute résolution, de systèmes audio extrêmement performants et de plates-formes dynamiques. La recherche en matière de télévision, de jeux vidéo et de réseaux téléphoniques virtuels est fondamentalement différente. Ce sont les espaces de réalités publics et personnels qui, selon Myron Krueger et Randall Walser notamment, permettront à l'avenir de distinguer deux approches dans la technologie RV.

L'IMAGINAIRE DE SYNTHÈSE SELON FUJITSU

Les laboratoires Fujitsu disposent de deux centres de recherche près de Tokyo. À Kawasaki, la recherche porte sur les télécommunications, l'espace, le traitement des données et les systèmes personnels. À Atsugi, sont développés les périphériques et les systèmes électroniques. Ces deux laboratoires sont le fer de lance de la R&D de Fujitsu, et travaillent dans des domaines allant des systèmes aux nanotechnologies.

Ces deux unités travaillent en étroite collaboration avec les autres départements de Fujitsu tout en développant indépendamment leurs produits du futur. Le slogan : « Ce à quoi l'homme rêve, la technologie peut le réaliser », résume les ambitions de Fujitsu.

FUJITSU LABORATORIES,
Research and Development, 1989

La domination des sociétés japonaises sur le marché de l'électronique grand public, des jeux vidéo aux magnétoscopes, des baladeurs aux caméscopes, est incontestable. Lorsque j'appris que Fujitsu finançait un département de recherche en RV, j'appelai le Dr Yasunori Kanda, directeur du département R&D de Fujitsu, que j'avais rencontré lors d'une conférence quelques jours plus tôt, pour visiter leurs installations.

Bien qu'habitué à l'accueil japonais réservé aux « visiteurs de marque », je fus néanmoins très impressionné par le cérémonial déployé par Fujitsu. Katsura Hattori n'était pas libre ce matin-là. J'eus donc pour guide Yo Miyawaki, un jeune journaliste travaillant au *Asahi Pasocon*, le plus fort tirage de la presse micro-informatique japonaise. Blasé malgré son jeune âge, il trouva normal qu'on vienne nous chercher en limousine. À notre arrivée, il fut quand même étonné de voir que Fujitsu n'avait pas mobilisé moins de quatre directeurs de recherche pour nous accueillir et nous escorter jusqu'à la salle de réunion aux boiseries de chêne. Je n'en étais pas moins surpris que lui. J'ai découvert que les auteurs, les artistes et les professeurs bénéficient au Japon d'un statut social nettement plus élevé qu'aux États-Unis.

Du composant simple au satellite de communication, les activités de Fujitsu couvrent le marché vertical de l'électronique. En 1988, leur chiffre d'affaires s'est élevé à 15,2 milliards de dollars. C'est dire leur poids. Le directeur de la R&D me rappela que le Japon est le seul pays au monde où IBM n'est pas leader du marché. C'est le laboratoire de Kawasaki, une banlieue de Tokyo et Yokohama que j'ai visité. Contrairement à ATR ou ATT, ils n'ont pas choisi un pôle technologique ni la campagne pour s'implanter, mais une banlieue à caractère résidentiel.

La technique de miniaturisation des composants Fujitsu se retrouve dans leurs gros systèmes, leurs réseaux de communications, leurs ordinateurs multimédia. En comparaison, il faudrait associer les compétences d'entreprises américaines telles qu'Intel (microprocesseurs), de DEC (ordinateurs) et de Bell (télécommunications), et y rajouter Hugues Aerospace.

Le laboratoire de Kawasaki, bâtiment moderne et immaculé de six étages, fait à peu près une fois et demi celui du PARC. Une unité de fabrication produisant les composants expérimentaux nécessaire à la R&D jouxte ce bâtiment. Les sites de production sont ailleurs. L'ingénieur en chef du laboratoire, le Docteur Kanda, est une figure quasi mythique au Japon : c'est lui qui a inventé le traitement de texte permettant de créer des caractères Kanji — l'écriture pictographique adaptée à partir des caractères chinois — sans devoir utiliser un clavier de 4 000 touches. Le fait de pouvoir utiliser l'écriture traditionnelle sur des ordinateurs modernes a ouvert l'écriture japonaise à la communication informatique internationale.

Le Docteur Kanda m'expliqua que l'écriture Kanji, dérivée des pictogrammes chinois, propose une signification à deux niveaux : idéographique au départ, elle a peu à peu évoluée vers des niveaux d'abstraction complémentaires. Un caractère peut représenter un certain phonème que l'ordinateur interprète comme une partie de mot, mais dont la représentation visuelle fait référence à sa signification d'origine. L'alphabet romain, lui, n'a aucune signification graphique. Ce qui veut dire que les lecteurs japonais et occidentaux ne font pas appel aux mêmes fonctions cérébrales pour lire. La lecture des caractères japonais nécessite une réflexion plus visuelle que l'alphabet romain qui ne comporte aucune signification autre que symbolique. Ceci explique en partie l'importance de la place occupée par la communication visuelle dans les objectifs d'ATR et de NTT.

Je déjeunai dans la salle à manger des cadres avec le Docteur Kanda, M. Miyawaki et Koichi Murakami, responsable des projets « Réalité Artificielle » de Fujitsu. Pour la première fois depuis quinze jours, les couverts à l'occidentale avaient remplacé les baguettes au cours d'un fastueux repas copieusement arrosé de vin. Il ne serait sans doute jamais venu à l'idée de leurs homologues américains — les directeurs de recherches d'Apple, d'IBM, de Disney ou du Media Lab — de réserver pareil accueil à un écrivain d'ouvrages de vulgarisation sur les technologies du futur. Ceux-ci ne s'intéressent pas de la même manière aux échéances du futur et les décideurs ont tendance à fermer leurs portes aux universitaires et autres essayistes.

Je ne tardai pas à comprendre la chaleur de leur accueil : bientôt le personnel de Fujitsu défila devant moi, une copie de *Tools for Thought* à la main, pour une dédicace. Non seulement les directeurs de recherche avaient lu le livre, mais ils s'étaient appuyés sur certains chapitres pour définir leur planning de recherche. Contrairement aux États-Unis, les ouvrages traitant de technologie sont très populaires parmi la communauté scientifique japonaise. Je leurs avais servi de bibliographe involontaire au début de leur réflexion stratégique sur les technologies du futur ; plus que mes idées propres, ce sont les travaux des pionniers américains de l'informatique, jusqu'alors confidentiels, que j'avais relaté dans cet ouvrage qui ont permis aux scientifiques japonais d'élargir le champ de leurs investigations. Le seul fait d'avoir parlé de Licklider, d'Engelbart, de l'ARC, du PARC et d'Atari Research m'avait conféré à leurs yeux un statut d'autorité en la matière ; je leurs fis un résumé de mon sentiment sur la RV que j'avais affiné au cours de mes recherches antérieures, à savoir que la RV était trop lourde à supporter en terme d'investissements tant humains que matériels pour une seule entreprise ou même un seul pays. Même s'ils n'avaient encore aucune technologie en RV à me présenter, ils avaient cependant élaboré des plans détaillés, et notamment une technologie catalyse fort intéressante — un « modèle du monde » et un « modèle utilisateur » basés sur un réseau neuronal présentant des informations aux utilisateurs par « apprentissage ».

À cette époque, c'est-à-dire en mars 1990, en aucun cas la recherche en RV de Fujitsu ne pouvait rivaliser avec les prototypes que j'avais testés dans d'autres laboratoires japonais ou américains. Tout l'intérêt de leurs projets, faute de résultats probants, résidait dans les objectifs planifiés et la stratégie mise en oeuvre pour les réaliser. À ma connaissance, les projets de RV d'ATT, d'IBM et de DEC en sont encore à un stade confidentiel, portés par un petit groupe de passionnés ; le projet de DEC semble prendre d'avantage d'ampleur en ce moment. À l'UNC et à la NASA, des expériences fantastiques sont actuellement en cours de développement ; malheureusement, elles n'intéressent pas outre mesure le gouvernement américain. En revanche, la recherche en RV menée chez ATR, NTT, au MITI et chez Fujitsu est intégrée à une planification industrielle au niveau national portant sur les interfaces informatiques, les moyens de communication et les produits ludiques. La distinction-clé entre la recherche japonaise et américaine, telle que je la vois, est que la première est intégrée à la politique industrielle du pays tandis que les États-Unis n'ont aucune politique en la matière.

DES NEURO-BATTEURS À L'IMAGINAIRE PERSONNEL

La musique fait appel à des théories complexes d'harmonie et d'arrangement des accords... De nombreux chercheurs essaient de traiter les données musicales à partir de systèmes basés sur ces théories. La musique est toutefois fortement influencée par la sensibilité humaine. Ce facteur est difficilement surmontable. Les goûts musicaux varient d'un individu à l'autre et aucune théorie ne peut expliquer ces variations. On a pu, grâce aux réseaux neuronaux, faire des tentatives de simulation de l'intuition et de la sensibilité, notamment en matière de batterie. Nous pensons que le rythme dépend étroitement de la sensibilité humaine et qu'il est plus facile à traiter que l'harmonie. Dans notre projet, l'ordinateur entretient un dialogue musical avec un batteur. Celui-ci joue de la batterie, et l'ordinateur répond à son rythme. La réponse de l'ordinateur n'est pas aléatoire, elle doit répondre à un schéma rythmique harmonieux. Juger du résultat varie selon l'auditeur. L'ordinateur doit par conséquent intégrer les goûts d'un individu en particulier pour répondre par des schémas rythmiques qui le satisfassent.

MASAKO NISHIJIMA et YUKI KIJIMA,
« The Neuro-Drummer », 1989

Masako Nijishima fit la première présentation d'un produit n'ayant au premier abord qu'un lointain rapport avec la RV, le « batteur neuronal » qui créait un partenaire artificiel à un batteur humain à l'aide d'une technologie de réseau neuronal. Au cours des présentations ultérieures, je vis plus clairement le rapport existant entre le « neuro-batteur » et les systèmes virtuels ludiques envisagés par Fujitsu. Un réseau neuronal est un programme informatique qui devient performant dans l'accomplissement d'une tâche par une série de tests en rapport avec des critères fournis par son interlocuteur humain, et, par conséquent, d'une façon limitée mais néanmoins assez efficace, le programme « apprenant » comment accomplir cette tâche par la méthode dite « du tâtonnement ».

Comme beaucoup d'autres technologies, les systèmes de réseaux neuronaux découlent de la recherche en intelligence artificielle et semblent avoir de nombreuses applications très utiles en matière de RV personnelle. Ces programmes n'obéissent pas aux mêmes règles qu'appliquent les systèmes d'IA classiques pour simuler le raisonnement humain. Ils sont conçus comme des réseaux de communication auto-modifiables copiés sur les réseaux neuronaux humains. Les réseaux neuronaux, du cerveau ou de l'ordinateur, n'ont à l'origine aucun groupe de règles prédéterminé, mais un réseau de relations qui comparent les variables en entrée et en sortie. Après avoir testé une série de données entrantes, ces relations sont ensuite affinées et par conséquent, le système peut commencer à apprendre à imiter une voix humaine et à résoudre un problème mathématique. On forme ces réseaux à l'accomplissement de tâches de calculs qui sont souvent hors de portée des programmes traditionnels — notamment la reconnaissance de formes et les divers éléments de la perception humaine.

Ce n'est pas pour rien que Fujitsu, en réponse à mon intérêt pour la RV, me montrait un réseau neuronal. Les « environnements réactifs » que Myron Kruger avait été le premier à mettre en évidence, il y a vingt ans, les mondes imaginaires multisensoriels prophétisés par Aldous Huxley et brevetés par Morton Heilig, les « agents de la connaissance » sur lesquels les collègues de Negroponte travaillent depuis dix ans au Media Lab du MIT et les interfaces « visuelles, intelligentes et personnelles » développées actuellement chez NTT, toutes ces expériences ont en commun le développement de systèmes d'informations personnels qui soient étroitement connectés aux caractéristiques physiques, perceptives et cognitives de chaque utilisateur. Le cyberespace sera peut-être plus intelligent qu'il n'y paraît. Car on peut lui enseigner ce que l'on en attend selon le mode de communication que l'on a choisi. Certains programmeurs dotent les systèmes informatiques de bribes de « personnalité » qui leurs permettent de répondre aux préférences et habitudes de l'utilisateur dans des domaines qui, s'ils sont encore limités, n'en sont pas moins stratégiques. La problématique générale des environnements réactifs se retrouve dans les personnalités artificielles que les concepteurs d'interfaces définissent soit comme « agents de connaissance », soit comme « cyberimaginaire ».

Plutôt que de créer une interface utilisateur universelle — objectif quasi irréalisable — pourquoi ne pas construire des interfaces homme-machine qui sauraient s'adapter à la personnalité de chacun ? Les technologies catalyses semblent le permettre aujourd'hui. Les « expériences à la première personne » que Brenda Laurel et ses collègues d'Atari ont explorées au début des années quatre-vingt étaient conçues comme des mondes synthétiques en relief dans lesquelles des personnalités artificielles réagissaient en fonction de l'utilisateur ; ces recherches, comparables aux exercices d'improvisation d'un comédien, s'appuyaient sur les théories d'Aristote en matière de théâtre, l'objectif étant de définir des schémas de représentation répondant aux rêves de l'utilisateur. Actuellement, les réseaux neuronaux permettent de doter les systèmes à implication personnelle d'aptitudes au raisonnement intuitif basé sur la méthode des « tâtonnements ». La musique est un hybride de relations mathématiques et esthétiques, de prédiction et d'intuition et, par conséquent, elle offre un instrument d'exploration particulièrement modulable du duo homme-machine. Si la synthèse sonore est actuellement aisément maîtrisée et si l'enregistrement d'échantillons sonores est extrêmement précise, la difficulté se situe maintenant au niveau de l'évaluation de l'harmonie et des rythmes. Les chercheurs de Fujitsu explorent les capacités esthétiques des interfaces — est-ce qu'un musicien peut improviser un duo harmonieux avec un ordinateur ? Sur la base des travaux des prophètes d'hier, Fujitsu, grâce aux technologies du futur, essaie de matérialiser leurs visions. Les travaux de Myron Krueger, malgré leur pertinence, était bridés par les capacités matérielles de l'époque. D'autres centres de recherches, comme le Media Lab, s'intéressent également à cette problématique musicale.

Le neuro-batteur de Fujitsu est un partenaire synthétique qui exploite les instructions d'un musicien via un réseau neuronal. Les données en entrée sont les schémas rythmiques joués par le batteur ; les données en sortie sont les schémas rythmiques joués par le neuro-batteur. Le batteur peut influencer le jeu du neuro-batteur. Le batteur improvise. L'ordinateur lui répond par une improvisation. Le batteur rejoue en la modifiant la partition du neuro-batteur. Ensuite, le batteur procède à une nouvelle improvisation à laquelle le neuro-batteur répond en fonction de ce qu'il a « appris » lors de la première session.

Les neuro-batteurs apprennent très rapidement. Dans le même ordre d'idée, un enfant apprendrait à parler en dix minutes. Les goûts rythmiques d'un ou des musiciens constituent le langage de base que cet « apprenti synthétique » a appris. Un dialogue s'établit entre l'homme et la machine à partir duquel celle-ci intègre le mode de raisonnement de celui-là. Pour changer de partenaire, un nouvel apprentissage avec le nouvel interprète est nécessaire.

En commercialisant « fmTOWNS », produit de grande consommation qui intègre le concept neuro-batteur, Fujitsu a créé l'événement au sein du milieu multimédia américain et japonais. Il s'agit d'un micro-ordinateur qui utilise des processeurs très puissants, des circuits audio et vidéo et qui dispose d'un lecteur de CD intégré. fmTOWNS est la première version des systèmes interactifs à imaginaire de synthèse sur lesquels travaille Fujitsu — le « frontal » d'un système plus sophistiqué et puissant encore à venir.

Quand ce fut le tour de M. Murakami de prendre la parole, mon intérêt se réveilla soudain. Il présenta sur un rétroprojecteur un transparent portant deux citations que je connaissais, étonnantes dans leur juxtaposition :

> Illusion - Comment Voir des Mondes Invisibles
>
> L'écran est une fenêtre à travers laquelle on peut voir un monde virtuel. Le défi à relever est de donner à ce monde l'illusion du réel sous toutes ses formes, qu'elles soient tactiles, visuelles ou sonores. [Sutherland, 1965]
>
> See me, feel me, touch me, heal me. [The Who, 1969]

Ce premier écran me sortit de ma torpeur. M. Murakami semble avoir la même approche que moi de la RV. Mais je suis un écrivain et il est l'un des chercheurs les plus expérimentés de Fujitsu. M. Murakami déclara qu'il était maintenant possible de commencer à créer les fenêtres magiques décrites par Ivan Sutherland ainsi que le média ludique grand public imaginé par les Who. Bien qu'il ne fît pas directement référence à Aldous Huxley, il était évident que l'ère des « feelies » approchait. J'étais d'accord avec lui sur le fait qu'il était temps de mettre au point des technologies catalyses qui permettraient de donner naissance à des expériences sensori-virtuelles complètes d'ici vingt ans. Atari est une société champignon que le fondateur avait vendu à la Warner, un autre géant du loisir, dont les dirigeants avaient été attirés par les énormes profits générés par les jeux vidéo (lors de sa sortie, PacMan fit plus d'argent qu'Hollywood et Las Vegas réunis). Mais contrairement à Fujitsu qui était capable de financer des travaux sur cinq, dix ou vingt ans, leur stratégie en matière de recherche manquait de rigueur. Demandez aux décideurs d'IBM ce qu'ils pensent de la stratégie gros système de Fujitsu...

Ma visite chez Fujitsu fut une parfaite illustration de ce que les Japonais ont toujours su faire, c'est-à-dire s'emparer des innovations américaines que leurs industries ont boudées. Mais là j'avais joué un rôle dans l'affaire : Dans *Tools for Thought,* il y a un chapitre intitulé « Brenda Laurel et l'Escadron du futur » qui décrit les éléments constitutifs du produit ludique interactif sur lequel avaient travaillé Brenda et ses collègues d'Atari Research. Sept ans se sont écoulés depuis, pendant lesquels Brenda Laurel a continué ses recherches qu'elle avait amorcé pendant ses études universitaires. Sa thèse, qu'elle publia ensuite, s'intitulait *Les ordinateurs en tant que théâtres.* Le titre est explicite quant aux hypothèses de sa recherche : elles pense que l'art des anciens tout comme les philosophies théâtrales sont une source d'inspiration pour les futures interactions homme-machine et les interventions humaines contrôlées par ordinateur. Selon elle, l'interaction avec une interface réellement intelligente relève de l'art dramatique et ne se confine pas à une dimension perceptuelle ou logique. Sa thèse de doctorat, participant à la fois de l'informatique et du théâtre, mettait en évidence l'évolution des médias interactifs tels que les jeux vidéo et les jeux d'aventures informatiques vers une interaction de type théâtrale selon les principes décrits par Aristote dans son ouvrage *La Poétique.*

C'est Laurel qui m'a incité à rechercher dans le passé, et notamment dans les origines du théâtre, la structure permettant d'appuyer mes réflexions quant à l'avenir de la RV. Les produits des concepteurs d'Anaheim et de Kawasaki ne sont peut-être que les plus récents avatars technologiques d'une très ancienne tradition culturelle. Les jeux sont peut-être plus sérieux qu'on ne l'a pensé, et le lien entre extase et cyberespace plus ancien que quiconque ne l'a soupçonné. L'avenir du cyberespace est peut-être réservé à ceux qui comprennent le passé.

Les cyberespaces dionysiaques et la naissance du théâtre

Au cours de cette initiation, on présentait une coupe en métal à un jeune homme et on lui demandait d'en regarder la paroi interne. Au lieu du reflet de son visage, c'était celui d'un vieil homme qui apparaissait. Le choc provoqué par cette soudaine prise de conscience de la mort et de la vieillesse permet d'accéder à la dimension logique de sa propre existence. Dégagé de sa condition existentielle présente, l'initié peut envisager sa vie dans sa globalité et, par conséquent, en restructurer le sens. Ce genre de choc ne pouvait se produire que par une expérience personnelle, le raconter n'aurait servi à rien. C'est pourquoi trahir cette initiation était considéré comme un crime. Si de telles initiations étaient accompagnées de substances hallucinogènes, on imagine aisément le genre d'illumination qu'elles pouvaient provoquer.

Joseph Campbell,
« Day of the Dead », 1988

Le Festival de Dionysos était un événement annuel qui célébrait la mort symbolique et la renaissance du dieu, et par extension celles de la nature. Plusieurs pièces de théâtre étaient présentées à chaque festival et la meilleure remportait un prix. Les personnes impliquées dans la production des pièces (comédiens, musiciens et costumiers) se réclamaient tous de la religion dionysiaque, dans une confrérie dont le maître à penser était souvent un prêtre célébrant Dionysos.

Tout le théâtre grec était un mélange de philosophie, de religion et d'art. L'événement avait un caractère ouvertement religieux, et tout porte à croire que la représentation était pour certains comédiens un acte de « possession par le dieu » qu'ils étaient venus honorer. Les thèmes choisis par les auteurs dramatiques, s'appuyant sur les mythes et les contes reconnus – tels que les tragédies d'Agamemnon, d'Oreste et d'Œdipe –, montraient l'évolution de la philosophie grecque. Ils faisaient passer leurs messages philosophiques et religieux tout en offrant l'occasion d'une célébration collective fortement émotionnelle. Par le théâtre, la culture grecque exprimait publiquement ses réflexions et ses sentiments sur les questions les plus fondamentales que l'humanité se pose, comme l'éthique, la morale, le gouvernement et la religion. Dans ce contexte, réduire le théâtre à son aspect « loisirs », c'est passer à coté de toute sa dimension philosophique. Pour les Grecs, le théâtre était des outils d'aide à la pensée *(Tools for Thoughts), très similaires à ceux que nous allons bientôt pouvoir utiliser.*

BRENDA LAUREL,
Computers as Theatre, 1991

On donnait aux jeunes gens, secrètement choisis, la potion initiatique peu avant l'aube. Lorsque les ingrédients commençaient à faire effet, on les prenait sous les bras et on les accompagnait dans l'escalier menant à des dioramas ésotériques installés dans de petites chambres sombres. Les rites d'initiation de ces sociétés occultes de la Méditerranée orientale comportaient un *son et lumière* souterrain. On y célébrait le culte de Dionysos, un ancien dieu de la nature, de la danse, du chant et de l'ivresse, dont l'influence diminua lorsque les forêts se dépeuplèrent peu à peu. L'universitaire français Alain Danielou, dans son ouvrage intitulé *Shiva et Dionysos*, montre les similitudes entre les cultes méditerranéens de Dionysos et asiatiques de Shiva. Ces rites étaient pratiqués dans les anciens villages ruraux isolés de la Méditerranée et de l'Inde du Nord, jusqu'à l'arrivée des hordes à cheval d'envahisseurs caucasiens qui imposèrent aux peuples vaincus leurs cultures hellénique et védique. Le rituel des cultes de Dionysos et de Shiva était identique : au cœur de la nuit, hommes et femmes quittaient leurs villages pour se rassembler dans une clairière, partageaient vin ou cannabis, puis dansaient, chantaient, et procédaient à leur cérémonie. Cela finissait souvent en orgie. Des rituels cannibales étaient quelquefois effectués. Sur les collines grecques, ces rassemblements avaient souvent lieu dans des amphithéâtres naturels.

Le théâtre grec, très proche de la civilisation occidentale actuelle, s'est directement inspiré de ces cultes dionysiaques. Les tragédies d'Eschyle et les comédies d'Aristophane prirent le relai du festival de Dionysos, jouant la mort symbolique et la renaissance du dieu, célébrant la terre, l'esprit et le cosmos. Les théâtres grecs dans lesquels étaient jouées les pièces d'Euripide étaient des hommages à Dionysos, répondant aux mêmes objectifs que les fêtes à la gloire de Shiva et de Dionysos : simuler la libération des énergies spirituelles pour arriver à l'illumination mystique. Avec l'apparition de cités urbanisées, le rôle des participants habitant des villages de montagne s'éteignit peu à peu, mais l'on préserva symboliquement l'essence du rituel. Puis l'on évolua vers une autre forme de théâtre, la tragédie.

Pour Aristote, la tragédie avait pour fonction d'induire un état émotionnel et spirituel de *catharsis*, c'est-à-dire la libération des affects refoulés, possédant à l'origine une forte connotation de purification du corps et de l'âme. Selon Aristote, les sentiments de pitié et de terreur sont stimulés par la tragédie, et ces émotions qui jouent un rôle crucial dans toute expérience spirituelle déclenchent l'état désiré. La méthode permettant d'invoquer ces émotions, la *mimesis*, est une combinaison de participation indirecte et de suspension de l'incrédulité. Nous en reparlerons plus loin, en la replaçant dans le contexte de la réalité virtuelle. La *mimesis*, comme la maîtrise de la lecture et de l'écriture, est une abstraction, une méthode permettant de codifier une expérience forte et dense. En imitant d'autres situations, le rituel et le théâtre servent à provoquer des états émotionnels et mentaux particuliers par un processus d'association que les hommes maîtrisent parfaitement.

À une certaine époque de l'antiquité, on remplaça les anciennes drogues psychologiques qu'étaient les infusions de plantes, les chants, la danse et les transes sexuelles par de nouvelles abstractions — le dialogue et l'intrigue, le décor, les masques et les chœurs — qui simulaient les premières extases dionysiaques et provoquaient les mêmes sensations chez les spectateurs. On sait maintenant que les célèbres masques du théâtre grec étaient des instruments servant à amplifier la voix des comédiens dans les amphithéâtres en plein air dont on soignait les propriétés acoustiques. Et les échafaudages auxquels on suspendait les effigies des dieux créaient des effets spéciaux de relief.

Les anciens rituels et la dramaturgie grecque qui en découla posent ces mêmes questions que seul un état de conscience altéré peut suggérer. Quelle sorte de créature sommes-nous, nous qui descendons des animaux mais rêvons de dieux ? Quelle est l'essence de la nature humaine et comment est-elle en train d'évoluer ? Dans *La Poétique*, Aristote énonce que le théâtre procure du plaisir parce qu'il imite nos besoins, nos sentiments et nos idées les plus profonds et nous aide à comprendre le monde. Pour lui, le plaisir et la connaissance sont indissociables. Mais les rituels théâtraux qu'il a analysés avaient subi une influence apollinienne ; ils s'adressaient alors à un public docile. Certaines cérémonies primitives restèrent néanmoins secrètes, se déroulant dans des souterrains et réservées à de petits groupes d'initiés. Encore très récemment, nous ne savions presque rien de ces rituels célébrés pendant des milliers d'années dans des sites comme celui d'Eleusis. Ce dont on était sûr, c'était que les initiés avaient l'interdiction absolue de révéler quoi que ce soit, sous peine de mort. On retrouva néanmoins quelques objets rituels qui nous permirent finalement de déchiffrer le symbolisme rituel.

En 1988, j'assistai à une conférence donnée par Joseph Campbell, spécialiste de mythologie. Il aborda la problématique de ces initiations occultes selon les principes complémentaires du rationnel et de l'extase, que l'on retrouve dans de nombreuses expériences culturelles. Voici un extrait de sa conférence qu'il publia ensuite dans un essai :

> Dans *La naissance de la tragédie,* Nietzsche avance que les deux principes fondamentaux régissant l'art sont d'essence dionysiaque et apollinienne. Dionysos représente le dynamisme qui donne forme aux choses pour ensuite les mettre en pièces. Apollon représente l'esprit illuminé qui donne naissance à ce processus.
>
> Selon le principe apollinien, la réflexion et les sentiments s'attachent à la forme, et la jouissance est provoquée par l'expérience unique vécue par rapport à un moment, une personne ou une chose précise. En revanche, selon le principe dionysiaque, l'extase est provoquée par l'éclatement de cette forme. Selon ces deux points de vue, l'expression sublime de la puissance et de la force participe soit d'un phénomène d'éclatement soit d'un phénomène de communion. L'un est dynamique et l'autre formel. Mais dans toute œuvre d'art, ces deux principes doivent coexister. En ce concentrant uniquement sur les aspects formels et les réflexions qu'inspirent une expérience vécue, on la condamne à mort. L'aspect destructif doit également être présent. Il n'y aurait pas de vie sans ces déchirures. Vivre sa mort est une façon d'exprimer ce phénomène, elle demande un équilibre fantastique. Nietzsche a dit que ce qui fait toute la perfection et la beauté des grandes tragédies, c'est l'équilibre parfait atteint entre les principes apollinien et dionisyaque. Ensemble, ils permettent aux hommes de mettre en jeu et de projeter leur propre vie.
>
> Contrairement au principe apollinien, l'extase dionysiaque participe de la jouissance et de l'ivresse. Grâce à la nature, on peut se libérer des contraintes et des obligations pour jouir de l'instant. Dionysos est le dieu de la vigne et du vin. Il représente la jeunesse dans toute sa puissance et sa beauté, célébrée par des poètes chantant les louanges des jeunes athlètes.

Campbell expliqua une série de photographies en gros plan d'un plateau en métal martelé illustrant une séquence de scènes énigmatiques. En comparant les symboles de ce plateau avec d'autres objets plus connus, les spécialistes purent reconstruire le scénario des initiations éleusiennes. Selon Campbell, le rituel avait pour objet de réveiller chez l'initié la conscience de l'équilibre entre la vie et la mort, entre les forces dionysiaques et apolliniennes, présentées sous une forme édulcorée dans les tragédies données en public. Au début du rituel, l'initié passe devant une prêtresse tenant un bol de sang, rappelant l'allégorie dionysiaque du sacrifice et de la transformation selon laquelle la mort du corps doit précéder la renaissance de l'âme. À coté de la prêtresse se trouve l'effigie d'Orphée. À l'entrée d'un temple se tient une silhouette tenant un panier, dans lequel l'initié prend une pomme de pin, dont les graines sont là pour rappeler que l'apparence du corps n'est pas aussi importante que la vie qu'il recèle et dont il est le simple véhicule mortel. L'initié, pomme de pin à la main, continue, un corbeau, symbole de mort, perché sur l'épaule. Dans les séquences suivantes, on voit les deux déesses Déméter et Perséphone, maîtresses de la renaissance et de la descente aux enfers. C'est cette descente dans le royaume de Pluton, dieu de la mort et de la transformation, qui entraîne l'initié dans l'antichambre souterraine où il va vivre une expérience de réalité virtuelle.

La coupe en métal décrite par Campbell dans la citation du début de ce chapitre était un outil permettant de créer une illusion visuelle de réalité. En voyant le visage d'un vieil homme à la place du sien, l'initié prend soudain conscience de sa vraie nature, il est le véhicule mortel d'une âme immortelle. C'est par une astuce de réalité virtuelle que l'initié entrevoit la profondeur de la réalité sous sa simple apparence terrestre – une réalité qui diffère non pas dans la manifestation de sa forme, de sa matière ou de son énergie, mais dans la façon dont l'initié en prend conscience. William James écrivit dans *Les variétés de l'expérience religieuse* : « Notre conscience normale en état de veille n'est qu'une partie de diverses formes potentielles de conscience qui existent mais qui se cachent derrière des écrans. On peut vivre une vie entière sans en suspecter l'existence, mais il suffit de savoir les stimuler pour qu'elles apparaissent dans toute leur plénitude ». D'autres spécialistes ont pu prouver que ce choc, le « stimulus adéquat » des shamans paléolithiques et des mystiques éleusiens, était amplifié par l'utilisation de substances hallucinogènes, probablement des lysergamides dérivés de l'ergot de seigle, matériau de base entrant dans la composition de l'hallucinogène moderne qu'est le L.S.D.

C'est peut-être à ces initiations que fait référence Platon dans l'Allégorie de la caverne de *La République*, quand il propose de mettre en scène ses théories concernant la nature de la réalité dans une caverne-théâtre.

« Figure-toi des hommes dans une demeure souterraine... imagine que le long de cette route est construit un petit mur, pareil aux cloisons que les montreurs de marionnettes dressent devant eux... Figure-toi, maintenant, le long de ce petit mur des hommes portant des objets de toute sorte, qui dépassent le mur, et des statuettes d'hommes et d'animaux, en pierre, en bois, et en toute espèce de matière ». Les objets et les êtres que nous voyons dans ce monde, affirme Platon, sont comme les ombres projetées par les objets et les êtres « idéaux » dont ils sont seulement des représentations éphémères. Il existe un monde réel dans le cosmos de Platon, mais on ne le voit jamais directement. On voit une illusion de la réalité, un monde virtuel.

On ne peut que spéculer sur la signification des chambres de réalité virtuelle (et la question de leur origine prendra encore plus d'importance dans le dernier chapitre où l'on abordera les questions sur l'avenir). On sait en revanche plus de choses sur la signification profonde des religions occultes — connaissances acquises lorsqu'arriva l'homme post-tribal, à la fois dionysiaque, apollinien et précurseur du « citoyen » occidental. On peut considérer l'« encyclopédie post-tribale » transmise au cours de ces cérémonies comme une sorte de carte des origines et du devenir de l'homme et comme l'idée qu'il est un être spirituel qui a évolué à partir d'une forme animale dans laquelle il est encore incarné. Les rituels, quelle que soit la forme culturelle qu'ils revêtent, transmettent tous le même message : nous sommes des créatures en pleine mutation, et ces facultés d'adaptation, de changement, d'apprentissage et d'évolution sont inhérentes à la nature humaine.

Le théâtre est un processus psychologique qui, grâce au langage, au rythme, à la voix, aux mythes et aux techniques d'altération de la perception, provoque un certain état d'esprit dans le public. Aristote a dit que la *catharsis* permettait aux gens d'aborder sainement les grands thèmes de la vie et de la mort, auxquels ils se devaient d'être confrontés. Cette *catharsis* est induite par la *mimesis*, cette aptitude à la simulation émotionnelle qui permet au spectateur de partager les mêmes sentiments que ceux des comédiens sur scène et d'intérioriser ce qu'ils ont vu et entendu une fois le rideau tombé. La compréhension du phénomène de *mimesis* sera peut-être primordiale dans le secteur de la RV qui s'intéresse aux facteurs humains. En élucidant son fonctionnement, on arrivera ensuite à l'intégrer dans une machine. Trouver des réponses à des questions aussi épineuses fait avancer de façon significative la recherche en informatique ; cela permet de débusquer les « problèmes pilotes » qui, selon Frederick Brooks, sont inhérents au progrès scientifique. Arriver à construire des personnalités autonomes dans les cyberespaces est peut-être l'un de ces fameux problèmes pilotes. Les innovations technologiques et scientifiques du futur seront certainement stimulées par les découvertes de la R&D de l'industrie du divertissement. Ainsi, on pourra coder sous forme d'algorithmes et appliquer dans des mondes artificiels les théories théâtrales pour arriver à créer les « personnages artificiels » des futures applications ludiques.

Au début des années quatre-vingt, les technologies d'IA révélèrent le passionnant domaine des « systèmes experts » qui intègrent une partie de l'expérience humaine dans un ensemble de règles défini par un processus de questions-réponses mis au point par des experts. En utilisant ce type de systèmes pour augmenter les connaissances limitées dans des domaines aussi complexes et variés que le diagnostic médical, la prospection géologique, la mise à plat des diverses couches de l'architecture de micro-circuits ou la configuration de réseaux de communication (dans tous ces domaines, les systèmes experts ont eu énormément de succès), beaucoup de gens, confrontés à des problèmes particuliers, ont ainsi pu améliorer leur jugement. MYCIN, l'un des premiers systèmes experts à avoir été un best-seller, comportait une base de données portant sur certaines catégories de maladies et un ensemble de règles définies à partir d'entretiens avec des médecins, et permettait ainsi d'établir un diagnostic en fonction de certains types de symptômes. Tout autre médecin n'étant pas spécialisé dans ce type de maladies pouvait interroger le système en fonction des symptômes d'une maladie particulière et établir un diagnostic grâce à cette « base de connaissances ».

Brenda Laurel et les autres « Ataristes » voulaient construire un monde dans lequel on puisse pénétrer, rencontrer des obstacles difficiles à surmonter, un monde peuplé de héros, de méchants et de tout autre personnage que l'on a envie de croiser dans ce type d'espace imaginaire. Même si les techniques de contrôle d'images de synthèse sont l'affaire de spécialistes et nécessitent beaucoup de travail, on sait aujourd'hui comment procéder. David Zeltzer et ses étudiants de la « Fosse aux serpents » du Media Lab mettent au point des personnages de synthèse en relief autonomes, concentrant tous leurs efforts sur leur apparence et leurs mouvements, sans se préoccuper de ce qu'ils pourraient dire ni comment ils pourraient communiquer avec les utilisateurs. Leur tâche est ardue, mais les difficultés ne sont pas insurmontables. En revanche, l'état actuel de la technologie ne permet pas de créer des personnages qui ne soient pas figés dans un script, qui puissent au contraire improviser comme au théâtre, dans un monde où ils puissent être mis en scène. Comment, alors, développer ce type d'intelligence artificielle nécessaire à ce théâtre synthétique ? Dans sa thèse, Laurel proposa de résoudre ce problème à l'aide d'un système expert. On s'inspirerait de *La Poétique* d'Aristote pour définir les règles de l'expertise, tandis que la base de connaissances contiendrait des informations sur le monde artificiel et les réactions de l'utilisateur-joueur.

Mais les systèmes experts n'apportèrent que des réponses partielles au problème. Plusieurs innovations scientifiques récentes permettent d'intégrer de nouveaux modules de programmation afin de surmonter les déficiences des systèmes régulés. La théorie du chaos et l'étude des systèmes complexes ont révélé qu'en appliquant de façon répétitive le même ensemble de règles très simples aux mêmes données, on peut générer un comportement extrêmement complexe. Et les réseaux neuronaux ont montré qu'il est possible de construire des systèmes d'apprentissage sophistiqués à partir de systèmes ignorants au départ. Peut-être pourra-t-on élaborer des solutions en mélangeant règles et réseaux. Ou peut-être ce type de solution hybride se révélera-t-il être un nouvel obstacle à surmonter à l'aide d'un nouvel outil informatique. Brenda Laurel, dans l'article qu'elle écrivit en 1986 sur les interfaces par rapport au concept de *mimesis*, expliqua pourquoi il était selon elle évident que l'on allait continuer à développer des amplificateurs de l'imaginaire dès que la technologie le permettrait :

Il ne suffit pas d'imiter la vie. Le théâtre offre une méthodologie propre à concevoir des mondes offrant beaucoup d'actions intéressantes et fort significatives, dans lesquels les personnages font des choix amenant à des issues que l'on connaît forcément, dans un environnement où des concepts plus généraux tels que l'éthique, le destin ou les heureuses coïncidences apparaissent dans des constellations que l'on rencontre rarement dans la réalité. Les mondes construits selon une optique théâtrale sont des expériences contrôlées, dans lesquelles on évacue tout ce qui n'est pas significatif pour ne laisser place qu'à la situation et au choix des personnages, révélés par leurs actions. Ce sont les traits de caractères des personnages et le contexte dans lequel se placent leurs actions qui définissent ce type de mondes. En les rendant interactifs, c'est-à-dire en projetant les choix et les actions de l'utilisateur sur ce prisme théâtral, nous mettrons à jour une nouvelle forme d'imagination intellectuelle et spirituelle.

Cette longue digression sur Brenda Laurel s'explique par le fait que M. Murakami avait fait référence à ses travaux au tout début de sa présentation, lorsqu'il avait abordé la problématique du « plus haut niveau » de « réalité artificielle » que Fujitsu avait l'intention de créer. Il mentionna également Myron Krueger, mais Murakami s'intéressait plus aux systèmes personnels qu'aux environnements réactifs, du moins à court terme. Fujitsu décompose la réalité artificielle selon trois niveaux : périphérique, système, art et application. Le DataGlove, l'EyePhone, le DataSuit et tout autre dispositif d'entrée se situent au niveau périphérique. Les technologies de poursuite oculaire et de sensations tactiles sans gants seront également intégrées à ce niveau lorsqu'elles seront réellement opérationnelles. Les systèmes matériels qui connectent l'utilisateur à la machine sont contrôlés et médiatisés par le système applicatif, qui, selon le modèle Fujitsu, comportera images de synthèse, reconnaissance gestuelle et vocale et fonctionnalités de modélisation pour l'utilisateur. Ce niveau plus élevé se scinde en deux parties, la première réunissant les applicatifs permettant le télécontrôle des outils, les systèmes de communication, et la formation des utilisateurs ; la deuxième, le niveau « artistique », les théâtres artificiels et ceux « à la première personne » — les feuilletons et les films d'aventure dans lesquels l'utilisateur peut entrer et auxquels il peut participer — est apparemment celle qui mobilise le plus la recherche en RV de Fujitsu.

Les trois domaines d'application qu'ils envisagent sont les loisirs, la CAO et l'éducation. Chacun d'eux est sous-tendu par un élément humain clé sur lesquels ils concentrent leurs efforts dans leurs laboratoires, à l'Université de Carnegie-Mellon de Pittsburgh et dans les autres centres de recherche qu'ils financent. Leur système virtuel est conçu comme un ensemble d'éléments évolutifs élaborés dans divers laboratoires et intégrables. Le système comporte actuellement en « frontal » un EyePhone, un DataGlove et une machine fmTOWNS. La partie « dorsale », constituée des puissants ordinateurs et des logiciels qui maintiennent à l'arrière-plan le niveau de réalité des mondes virtuels, comporte une « Pixel Machine », un ordinateur graphique aux fonctionnalités de traitements optimisées pour les modèles en relief, une station de travail SUN, un système de réseau neuronal relié au DataGlove, un processeur graphique en temps réel et un système de modélisation du monde. L'utilisateur enfile le gant et répète les mêmes gestes-clés jusqu'à ce que l'interface du système neuronal les ait intégrés à des commandes particulières. Si vous préférez vous pincer le nez plutôt que de pointer le doigt pour vous envoler, l'interface apprendra votre nouveau geste.

La machine fmTOWNS semble être la vitrine de la gamme de systèmes virtuels que Fujitsu a l'intention de mettre au point dans les années à venir. Le système dorsal est particulièrement significatif à cet égard. La « Pixel Machine » se chargera de l'affichage en temps réel tandis que le système de modélisation, connecté à l'utilisateur par un « neurosimulateur », donnera forme aux mondes virtuels interactifs ; on y ajoutera bientôt des objets inanimés. Les modèles des personnages artificiels qui peupleront ce monde virtuel seront élaborés à partir de systèmes experts et de réseaux neuronaux. On y trouvera également un « contrôle de scénario ». Pour résumer, Fujitsu veut mettre au point un monde dans lequel on puisse se promener, qui puisse réagir à vos demandes et qui vous propose une structure narrative.

Nous avons vu au début de ce chapitre une illustration des produits que Fujitsu avait l'intention de commercialiser pour les adolescents du vingt-et-unième siècle. Ce consommateur de RV ludique est représenté par un adolescent d'environ douze ans, portant visiocasque et gants futuristes connectés à un écran de télévision posé sur deux boîtes noires. Dans une bulle, au dessus de sa tête, ce même jeune homme se retrouvait au milieu d'un paysage sauvage et hostile. Face à ce héros ceint d'une armure, s'approchait Godzilla, proférant des sons et faisant des gestes menaçants. L'utilisateur-joueur-héros de la scène tenait une épée scintillante à la main. Le modèle de Godzilla savait sans aucun doute saigner et mourir lorsqu'on avait touché son point vulnérable, et cracher du feu lorsque l'attention du joueur se relâchait. Et le module était certainement capable de comprendre si l'utilisateur préférait se battre contre des dizaines de Godzillas plutôt que de sauver des jeunes vierges, explorer l'espace ou poursuivre des créatures vidéo mythiques. Peut-être pourra-t-on par la suite rajouter un module éducatif Nintendo, qui apportera une dimension éducative à ces explorations historiques ou géographiques.

À l'Université Carnegie-Mellon (CMU), l'un des plus anciens bastions de la recherche en IA et en robotique, Joseph Bates essaie de donner une « personnalité » aux personnages artificiels du cyberespace. Il s'appuie pour cela sur ses travaux antérieurs en IA et sur les idées de Brenda Laurel, qui participe au projet. Bates sait construire des structures de représentation des connaissances en LISP, tandis que Laurel connaît les règles de l'interaction théâtrale. Le « projet OZ »* — c'est ainsi qu'ils l'ont baptisé — est financé en grande partie par la R&D de Fujitsu. J'ai communiqué par messagerie électronique avec Bates. Contrairement à des chercheurs comme Zeltzer au MIT, qui se concentrent sur la représentation visuelle de leurs personnages virtuels et ne se préoccupent pas des questions de contenu, ce sont ces dernières qui intéressent au premier chef Bates, même s'il est entendu que son prototype, exclusivement textuel pour le moment, sera dans sa version définitive connecté à des personnages animés en relief. On peut aisément modeler et tester sous forme textuelle les actions et réactions de ces personnages. Et quiconque s'est déjà penché sur un jeu d'aventure sous forme textuelle peut en témoigner, il suffit d'une structure narrative suffisamment élaborée, même sans images, pour créer une interaction mimétique.

En fait, ce phénomène de cyberespace textuel semble avoir envahi le réseau Internet. Tous les maillons de ce réseau sont interconnectés par des canaux de communication à très haute vitesse et, par conséquent, les heureux détenteurs de mots de passe peuvent se connecter à des milliers d'autres ordinateurs dans le monde entier. Imaginons que je puisse accéder à un ordinateur d'Oslo pour y créer un petit modèle de monde. Ici, en Californie, j'envoie mon mot de passe incantatoire sur mon clavier, et j'ai un petit frisson dans le dos en pensant que quelque part en Suède, une petite lumière clignote, symbolisant mon accès à une opération sur un disque dur local. Certaines parties de la mémoire d'un ordinateur, sortes de puzzles en 3D, peuvent être réservées à des usages particuliers. On y trouve ainsi des chambres cachées dans lesquels les utilisateurs ont construit des jeux d'aventures peuplés de gremlins et d'épées magiques. On appelle ce type d'interaction très à la mode le « MUD », ou dimension multi-utilisateur. Un joueur se connecte sur un ordinateur à distance par un réseau réservé à la communication informatique, et, de là, accède à un MUD grâce à son mot de passe.

La première chose à faire en accédant à un MUD est de créer le personnage que l'on veut incarner. Habituellement, un message de bienvenue vous explique comment procéder. Des personnages « invités » sont mis à la disposition de ceux qui veulent simplement faire le tour des MUD pour en humer l'atmosphère. Certains MUD sont ouverts à tous, il suffit d'un modem et d'un mot de passe pour y accéder. D'autres sont en revanche très privés, le « sorcier » de service détenant les pleins pouvoirs quant à sa liste d'invités. Une documentation très complète sur les tenants et aboutissants et sur les modes de fonctionnement des MUD est

---

* *N.d.t.* : Encore une référence au film-culte américain *The Wizard of Oz*.

éditée. De nombreux MUD évoluent et grandissent au fur et à mesure que les nouveaux venus acquièrent de l'expérience. Les « sorciers », quelquefois appelés « gitans » sont les administrateurs du système du programme sur lequel réside le MUD. Les « robots » ou « bots » sont les programmes subsidiaires qui effectuent des tâches bien particulières. Les MUD font l'objet de discussions passionnées dans le microcosme informatique. Quand on pourra créer des MUD graphiques avec gants, lunettes et protocoles de transmission de présence, des milliers de démiurges/joueurs seront déjà prêts à les investir. Fujitsu se retrouve à la croisée des résultats issus d'une part de la base, grâce aux volontaires qui créent des cyberespaces sur Internet, et d'autre part de la recherche du CMU et du Media Lab.

Fujitsu a créé Habitat, une sorte de MUD dans lequel les participants contrôlent des représentations animées d'eux-mêmes et communiquent par des messages textuels en temps réel. Il semble évident qu'ils ont dans l'idée de faire converger leurs technologies de télécommunication, de jeux et d'immersion. Actuellement, c'est à Kawasaki que les différents éléments matériels et logiciels de ces cyberespaces ludiques sont développés et testés. Lorsqu'ils seront en état de marche, on pourra intégrer le résultat du travail sur les théories théâtrales effectué par Bates et Laurel. On pourra les tester en construisant ses propres mondes imaginaires informatiques. Au CMU, les premières versions sont déjà opérationnelles et l'on est en train d'en développer de nouvelles, de plus en plus intelligentes. Il faudra des mois pour mettre au point des prototypes, des années pour les faire marcher et de nombreuses années supplémentaires pour les intégrer aux technologies d'entrée et de sortie des données. Si l'on se réfère au temps qu'il a fallu pour mettre au point un cinéma en relief digne de ce nom, ce n'est pas du jour au lendemain que l'on réussira à le transposer dans un monde interactif en temps réel. Peut-être que dans sept ans, dans dix-sept ans ou dans vingt-sept ans, on pourra se retrouver dans le cyber-OZ. On saura alors si le maître d'œuvre en sera Fujitsu, Disney ou un nouveau venu. Et cela n'aura d'ailleurs plus d'importance, puisque nous serons tous ailleurs, flottant entre *mimesis* et mimétisme.

Nous devrions peut-être penser maintenant à l'avenir que nous réservent ces technologies, avant que nous ne soyons emportés dans une tourmente d'impératifs commerciaux, comme cela s'est passé avec les réseaux de télévision.

J'ai entendu parler de la recherche en RV au Japon pour la dernière fois six mois après mon retour de ce pays. Izumi Aizu m'avait envoyé le message électronique suivant :

> Dans le numéro du 10 septembre du *Japan Economic Journal*, il y avait un article portant sur la commission d'études sur la réalité virtuelle mise en place

par le ministère de l'Industrie et du commerce extérieur (MITI). C'est le Dr Tachi, l'un des directeurs de section responsable de la télérobotique et professeur assistant à l'Université de Tokyo, qui présidera cette nouvelle commission. Le comité de direction de la commission des études sera composé de deux personnes, l'une travaillant à l'ATR et l'autre au laboratoire des interfaces humaines de NTT, et de professeurs des principales universités japonaises. L'un des chefs de section du MITI et le professeur Takemochi Ishi de l'Université de Tokyo siègeront au conseil consultatif.

Le groupe d'étude se réunira tous les mois afin de partager les informations recueillies dans divers projets de réalité virtuelle internationaux en cours et de maintenir une communication active avec les chercheurs étrangers. La participation annuelle à ce groupe est de 300 000 yen, et c'est la seule condition à remplir pour en faire partie. Bien qu'à ce stade, il n'existe aucune planification de conception et de développement en matière d'équipement matériel et logiciel de RV, la formation de ce groupe d'étude affilié au MITI montre clairement l'intérêt grandissant du Japon pour la réalité virtuelle.

La première réunion du groupe d'étude se réunira le 19 octobre 1990. Le professeur Ishi prononcera le discours d'ouverture, intitulé « L'impact social de la réalité virtuelle ». Seront ensuite présentées les réalisations actuelles et les projets futurs en matière de réalité virtuelle. M. Tachi ainsi que divers membres du comité de direction animeront ensuite une tribune. La réunion sera clôturée par un cocktail. Gratuite pour les membres du groupe, l'entrée est de 50 000 yens pour les autres ».

De la télémicrorobotique à Aristote résumé sur une plaque de silicium, l'avenir de la RV au Japon aura certainement de profondes répercussions sur la croissance de cette industrie à l'échelon mondial. En démocratisant l'installation de réseaux et de périphériques de RV, le cyberespace pourrait devenir autre chose que le nouveau joujou de ceux qui ont les moyens d'acquérir les plus onéreux gadgets technologiques. Mais le reste du monde devrait poser aux fabricants de produits de RV grand public la même question que je leur ai posée : est-ce que la technologie de la RV sera ce que dans le jargon de l'industrie de la communication on appelle un système ouvert ? Est-ce qu'on donnera aux citoyens et aux sociétés concurrentes les moyens d'échanger leurs réalités sur le réseau, d'acheter et de troquer produits, mondes et points de vue ? En d'autres termes, y aura-t-il un marché de la réalité ? Ou bien se retrouvera-t-on devant un monopole de fait et devra-t-on obligatoirement être soumis aux réalités virtuelles de Sony ou de Fujitsu ?

J'ai découvert que l'on ne peut circonscrire la réalité virtuelle aux seules merveilleuses illusions que j'ai vues et entendues à Mountain View, à Tsukuba ou à Chapel Hill. L'on ne croit que ce que l'on voit ; et c'est encore mieux quand cette vision est accompagnée d'un son synchronisé ; le fait de pouvoir toucher des objets de sa main procure un sentiment de *connaissance* profond et viscéral que seule une réalité palpable est sensée évoquer. J'ai goûté aux forces réactives dans le laboratoire du Dr Iwata à

Tsukuba. À Cambridge, Massachusetts, j'ai été emporté par les illusions puissantes des textures. À Cranfield, en Angleterre, j'ai caressé l'ébauche d'un instrument capable de transmettre la sensation de préhension d'un objet. À Grenoble, en France, j'ai joué du violon virtuel avec un archet virtuel. Quelques-unes des sensations que l'avenir nous réserve…

CHAPITRE 14

TOUCHER L'INTANGIBLE

Le toucher est le plus ancien de nos sens, celui qui occasionne nos réactions les plus rapides. Si un machairodus pose sa patte sur votre épaule, il vaut mieux que vous en soyez informé au plus tôt. Tout attouchement soudain, tout changement dans l'attouchement (du doux au piquant, par exemple) entraîne une brusque poussée d'activité de notre cerveau... Lorsque nous touchons quelque chose volontairement – notre partenaire amoureux, la carrosserie d'une nouvelle voiture, la langue d'un pingouin –, nous mettons en branle le réseau complexe de nos récepteurs du toucher, qui envoient des impulsions lorsqu'ils sont exposés à une sensation, lorsque cette dernière change, lorsqu'une autre la remplace. Le cerveau lit ces impulsions comme un code Morse et enregistre les sensations* lisse, granuleux, froid.

... Les recherches ont montré que si l'on pouvait dénombrer quatre types principaux de récepteurs, il en existait beaucoup d'autres, adaptés à toutes sortes de stimulations. De fait, la palette de nos sensations relevant du toucher n'est pas limitée à la chaleur et au froid, à la douleur et à la pression. Ce sont par exemple plusieurs récepteurs distincts qui se combinent pour nous donner la sensation du pincement. Pensez à tous les types de douleur, d'irritation, d'abrasion ; à toutes les textures correspondant aux actions de lécher, de caresser, d'essuyer, de masser, de pétrir ; au picotement, au fourmillement, aux brûlures, au froissement, au grattement, aux tapes, aux baisers. À la craie que l'on se met sur les mains avant d'attraper une barre fixe. À un plongeon dans un lac par un beau jour d'été où la température de l'air est égale à la température de votre corps. À la sensation causée par une mouche suçant délicatement une goutte d'eau sur votre cheville. Au rite d'initiation de tel ou tel groupe qui vous voit, les yeux bandés, plonger la main dans un saladier de confiture. À la sensation de succion que vous éprouvez lorsque vous tirez votre pied d'un trou boueux. Au crissement du sable mouillé entre vos doigts de pied. À l'effet produit quand vous enfoncez un doigt dans un quatre-quarts. Au mélange quasi orgasmique de plaisir, de frissonnement, de douleur et de soulagement éprouvé lorsqu'on vous gratte le dos.

DIANE ACKERMAN,
A Natural History of the Senses, 1990

* *N.d.t.* : Tigre préhistorique.

« À quoi cela vous fait-il penser ? » Margaret Minsky était assise devant sa station de travail dans la « Fosse aux serpents ». J'étais assis à côté d'elle, la main posée sur une petite manette de commande qui ressemblait à celle d'un jeu vidéo. Une espèce de baguette en métal surmontée d'une balle de ping-pong, comme un levier de changement de vitesse. La partie inférieure de la baguette émerge d'une boîte rectangulaire en métal, elle-même reliée à l'ordinateur. Comme le bras ARM, cet appareil est capable de communiquer des forces en retour. Je remuai le manche dans toutes les directions ; vers l'avant, vers l'arrière, sur les côtés. Il passait facilement dans certaines directions, résistait fortement dans d'autres, et ces résistances cessaient parfois brusquement, comme si un obstacle venait d'être dégagé.

« À des morceaux de quelque chose de dur mais d'assez léger, plutôt glissants et mélangés sans ordre apparent », répondis-je.

« Il s'agit de glaçons virtuels dans un seau à glace virtuel. » Elle modifia la position d'un curseur à l'écran : « Et maintenant, un mélange de glaçons et de mélasse. » Instantanément, je sentis la mélasse. Je garderai à jamais, je crois, le souvenir de ce moment particulièrement étrange.

Je touillai du manche dans ce milieu virtuel qui avait soudain gagné en viscosité, tout en conservant sa multitude de corps durs et irréguliers. Il fallait faire un effort pour se convaincre qu'il n'y avait pas réellement de la mélasse et des glaçons dans ce boîtier. Mais à peine me faisais-je ce type de réflexion qu'une pensée encore plus étrange me venait : *où* se trouvait le bout du manche ? Si je portais mon attention sur le boîtier, j'avais en effet l'impression que le seau à glace se trouvait directement sous le manche de commande. Lorsque j'essayais de déplacer le manche, il résistait et glissait avec juste ce qu'il fallait de force, en relation exacte avec mes mouvements, ce qui me donnait l'impression de manier un objet physique au sein d'une substance physique.

« Voilà maintenant du papier de verre », annonça Minsky, en appelant à l'écran un motif en noir et blanc qui ressemblait effectivement à une vue grossie d'un morceau de papier de verre. J'approchai ma chaise de son moniteur vidéo ; elle remis le manche devant moi. Lorsque je le poussai, un curseur se déplaça au-dessus du motif affiché à l'écran. Dans le même temps, une succession de microforces légèrement vibratoires, ressenties au niveau du bout de mes doigts et de mes poignets par l'intermédiaire du manche, me donnaient l'impression que celui-ci était bien une espèce de stylo et que son extrémité courait sur un bout de papier de verre. La sensation était strictement identique à celle que j'aurais éprouvée si la situation avait été réellement celle-là.

« À quel endroit un objet virtuel est-il localisé dans l'espace physique ? », c'est une question quasi philosophique qui prend un tour concret et presque irritant lorsqu'on saisit pour de bon un tel objet. Cette question était très présente à mon esprit à ce moment-là. Je pouvais faire porter mon regard vers l'écran et observer le curseur se déplacer au-dessus de la simulation en noir et blanc et en 2D du papier de verre. Ce faisant, j'avais l'impression que le papier de verre était localisé à l'écran. Si je reportais mon attention visuelle sur le boîtier, je pouvais me convaincre à nouveau que l'extrémité du manche se trouvait bien là, et non à l'écran, au niveau du curseur. Mais si je faisais courir une fois de plus mon stylo virtuel sur le motif affiché, l'origine apparente du stimulus revenait à l'écran. Dans le cyberespace, la sensation de localisation est assez volatile. D'une certaine manière, les illusions de type haptique comme celles auxquelles m'exposait Margaret Minsky ébranlaient ma notion de ce qu'est la réalité bien plus que ne l'avaient fait mes explorations visuelles de mondes de dessin animé. Cette sensation de contact avec quelque chose de solide et doté d'une texture reconnaissable, combinée à un affichage rudimentaire en noir et blanc et en 2D, remettait en question une croyance fondamentale que j'avais eu jusqu'ici : ce que je touchais physiquement du doigt ne pouvait être que réel.

Minsky me montra comment faire varier différents paramètres de la simulation de texture pilotée par l'ordinateur, ce qui entraînait à la fois une modification du motif affiché à l'écran et un changement dans la manière dont le manche réagissait à mes actions. On pouvait définir différents grains de papier de verre. À un autre moment, je vis s'afficher des représentations de rangées de cylindres à l'aspect métallisé. Le manche donnait l'impression de parcourir avec un stylo une suite de tubes de métal poli, comme des tuyaux d'orgue. Il y avait même une option permettant d'exploiter des fractales : grâce à elles je pouvais ajuster les paramètres pour amener à l'écran un motif irrégulier qui faisait penser à un agrandissement de morceau de granit. Cette modélisation mathématique d'irrégularités naturelles communiquait à travers le manche une telle impression de réalité que ça en faisait presque peur ; j'aurais juré que j'étais en train d'essayer de graver mon nom sur de la roche. Minsky sourit. Elle savait ce qu'elle faisait en faisant débuter ma visite de son laboratoire par cette démonstration. Une fois que l'on a remué des glaçons et de la mélasse virtuels et que l'on a écrit sur de la pierre virtuelle, on est prêt à absorber la partie théorique de la présentation de manière moins académique et plus dramatique.

La « Fosse aux serpents » est le surnom donné au laboratoire d'informatique graphique situé au sous-sol du Media Lab du MIT, à Cambridge, Massachussetts, lieu qui a fait du slogan « Démontrer ou mourir » un classique de la recherche en informatique. Des serpents de tissu vert de trois mètres de long — symboles modernes de ce laboratoire — s'entrelaçaient autour des faisceaux de câbles de communications inesthétiquement accrochés d'un bout à l'autre du plafond. Je gardai la main sur le manche tout en discutant, et de l'autre, commandai à l'ordinateur de passer du papier de verre à la mélasse puis de revenir au papier de verre, et ainsi de suite, en une espèce de griffonnage tactile. Je comprenais ce que Margaret Minsky me disait sur la simulation de textures de manière profonde, quasi hypnotique, pendant que j'essayais de graver mon nom sur une plaque de verre virtuelle.

Je l'avais manquée de quelques semaines lorsque je m'étais rendu à Chapel Hill car elle était retournée à Cambridge terminer sa thèse de doctorat basée sur ses recherches à l'UNC. Jaron Lanier m'avait assuré, des années plus tôt, qu'elle avait été l'une des premières à le soutenir lorsqu'il avait voulu développer un gant de saisie pour compléter son langage de programmation visuel. Et j'avais pu assister à sa présentation du SIGGRAPH 89, qu'accompagnait la vidéo de cette visite virtuelle très réaliste de Sitterson Hall que j'avais ensuite pu faire moi-même lors de mon passage à l'UNC. J'avais donc envoyé un message électronique à Minsky avant d'entamer mon enquête, et elle m'avait répondu que je pouvais passer la voir pour faire l'essai de son « papier de verre virtuel ». Après cette courte démonstration, je ne doutai pas qu'elle travaillait là sur quelque chose d'important. L'adaptation de la technique du manche de commande à l'appréhension du toucher dans les mondes virtuels est un problème d'ingénierie plutôt ardu. Mais, au moins, l'ingénierie relève-t-elle de bases scientifiques solides, et les scientifiques poussent-ils ainsi des ingénieurs à résoudre tel ou tel problème ardu et les amènent-ils à élaborer des instruments d'investigation scientifique nouveaux. De fait, Minsky faisait appel à un appareillage intelligemment conçu pour avancer dans la simulation du toucher.

C'est en suivant plusieurs chemins, tous intéressants, que Margaret Minsky a accédé au monde de la RV et au royaume de l'interaction haptique. Elle a grandi entourée d'ordinateurs et de programmeurs, en quelque sorte au centre du monde de l'informatique, puisque son père, Marvin Minsky, fut l'un des pionniers de l'« intelligence artificielle » (IA). Ses directeurs de thèse sont Nicholas Negroponte et Frederick Brooks, deux des pontes de l'informatique actuelle. Margaret est une informaticienne, mais de la génération Atari plutôt que de la génération « ordinateur central », et ce sont les jeux plutôt que des applications militaires ou commerciales qui ont constitué ses premiers terrains d'entraînement. Ses premiers collaborateurs au royaume du manche de commande étaient, au début des années quatre-vingt, de jeunes inventeurs et de jeunes programmeurs du laboratoire de recherches d'Atari, à Cambridge. Et le manche de simulation de textures que je tenais en main n'avait pas pour ancêtre les leviers de télémanipulation de substances radioactives de l'UNC, mais le volant à retour d'effort de *Hard Drivin'*, jeu (de salle) de simulation de conduite de voiture d'Atari.

« Vous voulez jouer à *Hard Drivin'* ? » me demanda Minsky après m'avoir fait les premières démonstrations. « Ce jeu et mes recherches ont un certain nombre de points communs » ajouta-t-elle, alors que nous quittions le Media Lab. Atari avait offert une de ces cabines de jeu au *Boston Computer Museum*, et sur un coup de téléphone de Minsky, le responsable du musée avait accepté d'ouvrir la partie — fermée ce jour-là — de l'établissement dans laquelle le jeu se trouvait. Nous poursuivîmes notre conversation sur l'origine des manches de commande en nous rendant au musée. On était aux premiers jours de l'automne ; il faisait encore doux, mais les arbres prenaient déjà une teinte rouge et or. Le *Boston Computer Museum* est situé tout près de l'endroit où eut lieu la fameuse « Boston Tea Party »*.

Comme premier problème pilote lié au toucher virtuel, Minsky avait sélectionné la reproduction des sensations de texture. « Il me semblait qu'il valait mieux ne pas commencer par la sensation des formes », expliqua-t-elle. « On a affaire à une conjugaison d'aspects en rapport avec le volume et avec la surface — texture, élasticité, viscosité, etc. — qui sont difficiles à distinguer les uns des autres. »

Minsky fit sa première expérience des manches à retour d'effort au début des années quatre-vingt. En même temps que son laboratoire de Californie, Atari avait ouvert un laboratoire de recherches plus petit à Cambridge, Massachussetts. Max Behensky, que Minsky connaissait du MIT, travaillait avec un consultant du nom de Doug Milliken à réaliser un manche à deux degrés de liberté muni de moteurs de retour d'effort. Minsky était avec eux lorsqu'ils connectèrent leur premier modèle de manche à une puissante station de travail graphique. « Grâce à ce premier modèle, nous nous rendîmes compte qu'il était excitant de ressentir des forces comme l'inertie ou la viscosité en continu. » Ce sentiment d'excitation était précisément le but de Behensky et Milliken. Le laboratoire Atari cherchait en effet à développer un jeu de salle à même de faire sortir un maximum de pièces de monnaie de la poche des gens, en leur proposant un simulateur de conduite viscéralement excitant, doté d'un volant qui répondrait de la même manière qu'un vrai volant de voiture. L'entreprise prit des années, mais elle aboutit à *Hard Drivin'*, qui connut un très gros succès.

Nous fîmes un bref parcours à travers le musée en continuant à discuter au milieu d'ordinateurs Altair et Altos, monuments « préhistoriques », avant de prendre place au volant de la machine en question. Le siège du conducteur dans lequel je m'assis faisait face à ce fameux volant, et la cabine était également équipée d'un levier de changement de vitesses et de pédales. L'écran large et le son haute fidélité donnaient l'illusion de

---

* *N.d.t.* : Épisode de la guerre d'indépendance américaine au cours duquel les Américains saisirent plusieurs vaisseaux anglais ancrés dans le port de Boston et chargés de cargaisons de thé (qu'ils jetèrent à la mer), d'où le nom donné par la suite à l'affrontement.

voir à travers le pare-brise d'un véhicule roulant dans un paysage de dessin animé. On n'avait pas l'impression de relief et d'immersion que j'avais éprouvée avec le Sensorama, mais c'est le volant lui-même qui fournissait la meilleure illusion dans ce jeu-ci. La manière étonnante dont on éprouvait la sensation du macadam en tournant le volant expliquait à elle seule l'engouement dont ce jeu bénéficia. La façon dont une vraie voiture réagit aux différents types de revêtement à différentes vitesses, dûment modélisée, était transmise de manière très réaliste par l'intermédiaire du volant à retour d'effort.

Lorsqu'elle arriva, jeune diplômée, au Media Lab, Margaret Minsky avait collaboré au « Vivarium » d'Alan Kay, un projet de recherche à long terme qui visait à développer des créatures artificielles avec lesquelles des enfants pourraient faire des expériences. Minsky voulait réaliser un manche grâce auquel les enfants pourraient, d'une certaine manière, adopter le point de vue d'une de ces créatures. Elle demanda donc à ses anciens amis d'Atari de lui construire un outil analogue à leur premier manche à retour d'effort. « Une étudiante, Megan Smith, conçut un manche faisant appel à la fois à des moteurs et à des systèmes de freinage » me dit Minsky. Elle et Smith furent rejoints par un autre ingénieur en mécanique fraîchement diplômé, Massimo Russo, et à eux trois, ils réalisèrent un prototype à trois degrés de liberté. On était alors à la fin des années quatre-vingt ; on commençait à entendre parler des travaux de Ming Ouh-Young à l'UNC. « Frederick Brooks a toujours été à l'avant-garde de la recherche haptique », dit Minsky. « Batter et Brooks firent appel à leur manche à deux degrés de liberté en 1972 pour voir si leurs étudiants en physique pourraient s'en servir pour ressentir des champs de force simples et ce fut un épisode marquant de la recherche dans ce secteur. » Puis vint le bras télémanipulateur ARM. Minsky alla alors à Chapel Hill et fit équipe quelque temps avec Oliver Steele, étudiant de l'UNC, pour concevoir du logiciel de simulation de textures pour le manche à trois degrés de liberté.

Comment simuler la dureté ou la régularité d'une surface de manière suffisamment précise pour qu'on puisse l'éprouver avec les doigts ? Le secret de l'affichage tridimensionnel, par exemple, réside dans un certain nombre de trucs qui ont été découverts au fil des années de recherche – l'utilisation d'ombres pour simuler les sources de lumière, les images stéréographiques pour simuler la vision binoculaire, la poursuite des mouvements de la tête pour simuler la parallaxe dynamique – mais Minsky et ses collègues ne disposaient pas des mêmes antécédents dans leur champ de recherche propre. C'est pourquoi un des objectifs de sa thèse de doctorat fut non seulement de mettre au point une méthode de simulation de textures, mais aussi de créer un banc d'essai sur micro-ordinateur pour permettre aux psychologues spécialisés d'étudier le b. a. ba de la perception haptique.

La simulation développée par cette équipe s'appuie sur une illusion haptique que vous pouvez reproduire vous-même. Pour cela, il vous faut un crayon ou un stylo et une surface striée, comme un morceau de carton ondulé ou la tranche d'un jeu de cartes. Faites passer le stylo sur les stries et concentrez-vous sur la sensation éprouvée au bout des doigts. Représentez-vous maintenant un agrandissement à grande échelle de cette surface striée, avec ses « collines » et ses « vallées ». Pensez ensuite à la manière dont le stylo résiste à vos efforts pour lui faire monter la pente de chaque strie — de chaque colline, pour reprendre l'image de votre agrandissement mental. Lorsque le stylo arrive en haut d'une des stries/collines, il y a un moment d'équilibre, puis la résistance que vous rencontriez semble disparaître rapidement au moment où la pointe du stylo glisse vers la « vallée » avant d'atterrir entre la strie qu'elle vient de passer et la suivante.

Une approche de la simulation de texture allait donc consister à simuler la façon dont la pointe d'une sonde animée par des doigts se voit opposer une résistance plus ou moins forte lorsqu'elle parcourt une surface composée — simplifions — de bosses et de creux de tailles et de pentes variables. Les bosses et les creux peuvent être reproduits graphiquement. Prenez une onde sinusoïdale normale — toujours pour simplifier — ondulant de gauche à droite dans votre paysage mental. Tirez ensuite une ligne horizontale au-dessus des bosses de la sinusoïde. Si vous traciez alors des lignes verticales descendant de différents points de la ligne horizontale et s'arrêtant au niveau de l'onde, vous pourriez dire que chacune de ces lignes représente la force exercée par des ressorts virtuels, résistant fortement à la montée du stylo ou faiblement lorsque celui-ci redescend une bosse. Si le mouvement de ce stylo peut être modélisé dans l'ordinateur et si une coupe de la texture peut l'être également, la synthèse de ce modèle peut servir à déterminer la puissance à appliquer à de petits moteurs qui résisteraient à la poussée sur le manche.

La possibilité d'utiliser des moteurs pour simuler des forces exercées par des ressorts vient du fait que les réactions d'un ressort peuvent être décrites mathématiquement. En principe, les propriétés de tout système physique en mouvement peuvent être simulées en combinant de manière adéquate trois types d'objets génériques : des ressorts, des amortisseurs et des masses. C'est pourquoi l'information de position locale du manche, combinée à l'information de sa position au sein du monde virtuel, peut être intégrée dans une équation qui permettra de créer des ressorts virtuels.

En revenant au laboratoire, Minsky me fit mettre en pratique ce qu'elle venait de m'expliquer. Cette fois-ci, la simulation me donna l'impression que je déplaçais un levier disposant à son extrémité d'un ressort auquel était attaché une masse. J'avais vraiment l'impression d'un poids virtuel en mouvement. Je découvris ensuite que je pouvais modifier la masse de ce corps ou la nature du milieu dans lequel il se déplaçait, l'air pouvant être remplacé par de l'eau ou par quelque chose d'encore plus épais. En agissant sur les « tirettes » virtuelles à l'écran, je pus tester les différents ressorts, amortisseurs et masses, et mieux comprendre comment des textures peuvent être fidèlement imitées par un mélange judicieux de ses composantes génériques. Lorsque j'augmentais la composante « amortisseur », je sentais l'extrémité de ma sonde se mouvoir dans un milieu de plus en plus visqueux. Ainsi, la différence entre de la mélasse et des glaçons, entre des briques en pente douce et des briques en pente forte réside-t-elle dans la « recette » choisie.

L'utilisation de ressorts, d'amortisseurs et de masses virtuels — une méthode qu'a également développée en parallèle une équipe de Grenoble — n'est peut-être qu'une fausse piste dans la poursuite d'une simulation haptique réaliste ; ou, au contraire, c'est peut-être la Pierre de Rosette des illusions haptiques. En-dehors de cette relation entre utilisation de forces génériques et simulation de textures, Minsky et ses collègues se sont rendu compte d'autre chose : comme des chercheurs en perception tactile l'avaient annoncé, nous reconnaissons les objets par l'intermédiaire du bout des doigts en nous livrant à une série d'actions stéréotypées. De même qu'inconsciemment, nous évaluons la distance et la profondeur d'un stimulus visuel en déplaçant la tête et les yeux pour le voir sous différents angles, nous déterminons la nature de la surface d'un objet en le frottant avec la main en plusieurs allers et retours. Dans un contexte légèrement différent, la manipulation du stylo sur la surface striée de tout à l'heure obéit à la même logique. Ainsi la perception haptique, tout comme la vision, n'est-elle pas un processus purement passif mais comprend-elle une part d'exploration active.

La composante tactile de la perception haptique — c'est-à-dire la perception des surfaces au niveau du bout des doigts — est l'objet d'une autre convergence d'intérêts. Je me doutais qu'à côté des recherches en perception tactile humaine, il devait y avoir des ingénieurs en robotique qui s'intéressaient à la même chose mais du point de vue de la machine. Je pus le vérifier en rencontrant l'un d'eux, quelques mois après que Margaret Minsky m'eut amené à réfléchir à l'avenir du toucher virtuel. Je passai en effet cinq jours en compagnie de M. A. Srinivasan au cours d'un colloque scientifique tenu à Santa Barbara, en Californie, où des dizaines d'autres chercheurs venus d'horizons les plus divers découvraient que la réalité virtuelle était le carrefour de l'optique et de la robotique, des sciences cognitives et de l'ingénierie biomédicale, des programmeurs d'applications graphiques et des théoriciens de la logique de commande, des Laboratoires Bell et de Disney ou autres Lucasfilms. Srinivasan, qui travaillait au Laboratoire Neuman de Biomécanique et de Réadaptation des Handicapés du MIT, fit un exposé sur les bases de la perception tactile. Je me procurai plus tard certains de ses écrits, et m'aperçus qu'un de ses rapports, « La sensation tactile chez les hommes et chez les robots », offrait une description dense, peu technique et quasi poétique du flux d'informations propre au toucher de surfaces :

> La perception tactile de l'homme est l'aboutissement d'une série d'événements. Lorsque la peau malléable entre en contact avec un objet, la surface de celle-ci se conforme à la surface que présente l'objet dans la région du contact. Les modifications entraînées au niveau de la peau et de ses substrats amènent les terminaisons nerveuses mécanosensitives implantées à ces endroits-là à réagir en envoyant des impulsions électriques. Si toutes les impulsions ont à peu près les mêmes caractéristiques (une magnitude de 50 à 100 mV et une durée d'environ 1 ms), la fréquence à laquelle elles sont émises par chaque mécanorécepteur (qui peut aller jusqu'à 500 Hz) dépend au premier chef de l'intensité de la pression subie par celui-ci localement. Étant donné que ce champ de pression sous-cutané est directement proportionnel au stimulus mécanique éprouvé à la surface de la peau, la réaction de l'ensemble des récepteurs représente un codage spatio-temporel fidèle du stimulus. Ce code est acheminé par l'intermédiaire de fibres nerveuses périphériques au réseau de neurones du système nerveux central, au niveau duquel un traitement adéquat nous permet de déduire les caractéristiques de surface des objets aux points de contact et le type de contact. Ceci uniquement par le toucher.

En d'autres termes, la fréquence des impulsions envoyées par les capteurs de pression implantés sous notre peau est élevée lorsque le contact est très appuyé, et plus faible lorsqu'il est plus doux. (Il peut y avoir accoutumance, le capteur cessant d'émettre lorsque le stimulus reste constant pendant un temps donné — c'est d'ailleurs pour cela, par exemple, qu'on ne sent pas ses chaussures, sauf si elles sont trop serrées ou si l'on porte son attention sur elles.) Des processeurs de niveau plus élevé dans la hiérarchie s'occupent de comparer les différences de stimulation entre zones adjacentes de la peau et en déduisent des informations sur le mouvement effectué par les stimuli. Une des seules informations strictement techniques livrées par Srinivasan dans son texte est d'une grande importance pour la recherche haptique. Un chercheur en robotique que je connais et que j'estime m'a fait remarquer, lorsque je lui ai parlé de RV tactile, qu'un système de reproduction de sensations tactiles devrait pouvoir travailler à la fréquence de 500 Hz pour pouvoir atteindre l'acuité tactile humaine. Les ingénieurs en robotique seraient ravis de disposer de mains mécaniques capables de reconnaître les surfaces de différents matériaux. Mais même si l'on était capable d'implanter des centaines de microvibreurs par centimètre de peau, chacun d'eux vibrant à des fréquences allant jusqu'à 500 Hz, la quantité d'informations que cela représenterait ajouterait une charge énorme à l'ordinateur faisant office de moteur de réalité. Lorsque je mentionnai à mon ami les possibilités les plus fines de la sensibilité tactile de l'homme — celle, par exemple, de distinguer un type de papier en en tenant un morceau entre le pouce et l'index –, il ajouta que nous pouvions détecter des aspérités étonnamment petites sur des surfaces lisses. En fait, lorsque nous touchons une surface que nous trouvons au premier abord « lisse », c'est comme si un filtre biologique entrait en fonction pour ne mettre en œuvre que les récepteurs les plus sensibles.

Au fur et à mesure que nous assimilons le monde qui nous entoure, nous nous créons une sorte de base de données interne qui sert de grille de lecture des trains d'impulsions que nous recevons de nos capteurs périphériques. Les codes envoyés par nos mécanorécepteurs, lorsque nous touchons par exemple une vitre savonnée ou un morceau d'écorce, sont reconnus parce que nous savons en retrouver la trace dans cette base de données. Comme me l'a expliqué Srinivasan, la manière dont nos mécanorécepteurs et notre système nerveux collaborent pour détecter le caractère « glissant » d'une surface offre des indices sur la façon dont d'autres « microcaractéristiques » de certaines surfaces sont associées à des codes neuronaux que nous avons stockés. Une fois de plus, on constate qu'en réfléchissant aux mécanismes de mise en œuvre de la RV, on est forcé de réfléchir sur la manière dont nous fonctionnons nous-mêmes : un système évolué de comparaison entre connaissances du monde et échantillons de la réalité du moment me permet de fermer les yeux, de tendre la main et de savoir si la carrosserie d'une voiture est propre ou poussiéreuse. Une partie de cet acte perceptif relève du moment présent, il s'agit de l'analyse précise de ce que les récepteurs de mes doigts communiquent. L'autre partie est abstraite, c'est la mémoire d'expériences antérieures des textures de ce monde.

La perception haptique – ce qui nous fait toucher du doigt la réalité, c'est le cas de le dire – est un sujet quasi ésotérique de recherche et de métaphysique qui peut en venir à monopoliser l'intérêt pour peu que l'on s'écarte légèrement de la voie centrale de la RV. Il est clair que les neuroscientifiques tout comme les spécialistes en robotique ou les chercheurs en RV travaillent tous sur les questions touchant la manière dont nous transmettons et traitons les informations tactiles. Avant que les appareillages de Minsky et de ses collègues aboutissent à des dispositifs de simulation haptique crédible, ou qu'un autre groupe de chercheurs développe une approche entièrement différente du problème, tout un ensemble de connaissances sur la manière dont nous fonctionnons doit être acquis et validé par d'innombrables expériences. Minsky me recommanda d'aller voir K. O. Johnson, du département de neuroscience de la division d'ingénierie biomédicale de la Johns Hopkins University. Celui-ci me rappela tout d'abord qu'il y avait loin de la compréhension détaillée des mécanismes sensitifs de l'homme à une connaissance suffisante pour tromper ces mécanismes. De même que les « images » constituent un codage visuel destiné à créer une illusion de profondeur et d'éclairage, des outils comme ce manche à retour d'effort permettent de créer ce que

Johnson appelle des « images tactiles ». Les illusions tactiles ne peuvent être obtenues qu'en sachant comment tromper nos mécanorécepteurs.

« Pour recréer une réalité virtuelle tactile de haute fidélité », me dit-il au cours d'une conversation téléphonique, « le tout n'est pas tellement de comprendre comment fonctionne le cerveau mais plutôt de savoir comment fabriquer une représentation crédible. Si tout était techniquement possible, et s'il existait une façon de faire vibrer et de marquer la peau de manière très précise, nos représentations tactiles pourraient être de grande qualité. » Comme me l'avait glissé mon ami roboticien, c'est le cahier des charges qui rend la tâche de l'ingénieur plus cruciale que celle du scientifique. Les récepteurs du bout des doigts, me rappela Johnson, peuvent détecter des bosses d'un millimètre et des vibrations allant jusqu'à 500 Hz. La composante dynamique des micro-empreintes faites sur la peau — c'est-à-dire la façon dont nous ressentons un objet lorsque nous faisons aller et venir nos doigts sur sa surface — nous fournit des informations plus détaillées sur la surface de l'objet. « De la même manière qu'un tournevis vous donne une idée de ce qui se trouve à l'autre bout », comme dit Johnson.

« Le problème, c'est qu'il n'existe actuellement aucun périphérique de sortie qui réponde de près ou de loin à ce cahier des charges » expliqua-t-il. Les périphériques d'entrée posent moins de problèmes : même les gants rudimentaires d'aujourd'hui fournissent des informations assez précises sur la position et le mouvement des doigts. Mais créer un gant, une poignée ou un manche qui renverrait à l'opérateur des données haptiques dynamiques, voilà une tâche, de l'avis de Johnson, équivalente à l'invention du téléphone. Et comme Alexander Graham Bell avait eu besoin de comprendre au moins sommairement le fonctionnement de l'ouïe humaine pour réaliser un appareil qui transmettrait le codage spatio-temporel d'ondes sonores, nos futurs ingénieurs devront réaliser un codeur-décodeur perceptif pour le sens tactile. Ce mécanisme pourrait être intégré à un gant. On pourrait faire appel à des microjets d'air, à de petits ballons gonflables, ou à des batteries de cellules piézoélectriques miniatures et flexibles. En Californie, j'ai rencontré quelqu'un qui est en train de réaliser des batteries de vibreurs ayant chacun la taille de la bille d'un stylo à bille, dans un alliage spécial qui les fait changer de forme lorsqu'ils sont stimulés électriquement. Peut-être une de ces voies aboutira-t-elle... Ou peut-être faudra-t-il attendre un matériau ou une technologie qui n'existent pas encore...

La perception haptique présente le plus grand intérêt, mais il est encore trop tôt pour estimer si nous pourrons bientôt exploiter pleinement ce potentiel. Nous serons peut-être entre-temps limités à une sensation tactile relayée par un manche ou tout autre dispositif médiateur. Il se peut encore que la représentation tactile soit étendue à notre corps entier. L'une des implications les plus folles de la simulation tactile intégrale, le télésexe, est abordée dans un chapitre ultérieur. Il n'en demeure pas moins que l'ajout d'une représentation haptique en temps réel, même limitée, et quel que soit son mode de mise en œuvre (manche, gant, etc.), à un affichage tridimensionnel des images augmentera la sensation de réalité, et ce d'autant plus qu'une représentation auditive y sera couplée. En voyant ces molécules s'emboîter, en ressentant leurs forces atomiques dans mes doigts, en entendant le bruit de leurs collisions, j'avais eu l'impression de quelque chose de bien réel. Et de ce quelque chose, j'étais sûr ; c'est plutôt ma conviction de ce qu'était le « réel » qui était en train de changer.

MARIONNETTES, PROTHÈSES, ETC.

Et de fait, des suites de petits coups ou d'autres stimulations mécaniques de la surface de la peau peuvent, par convention, prendre toute signification qu'on voudra leur prêter, la seule limite étant l'imagination de celui qui proposera tel ou tel type de codage. C'est un ensemble quasi illimité de « motifs » cutanés, composé pratiquement d'une infinité de variations sur le lieu, l'intensité et le temps, qui s'offre à la multitude de symboles sensoriels à coder. Les Esquimaux Copper souhaitent la bienvenue aux étrangers en leur donnant un coup de poing à l'épaule. En Polynésie, certaines peuplades se frottent le dos de la main pour se saluer, tandis que les habitants de l'île Andaman, dans le Golfe du Bengale, soufflent sur ces mêmes mains pour signifier « le doux chagrin qu'il y a à se séparer... ». Des variations sur la taille, la forme, le lieu, l'intensité ou la durée de la stimulation cutanée peuvent être utilisées pour exprimer tout cela, pour informer du temps qu'il fera demain, pour rapporter l'activité boursière du jour ou pour communiquer des informations essentielles à la prospection d'uranium.

FRANK GELDARD,
« Adventures in Tactile Literacy », 1957

Il y a un an, j'avais plus ou moins le sentiment qu'il faudrait vingt ou trente ans pour créer des cyberespaces dans lesquels on pourrait avoir la sensation de soulever une grosse pierre ou de presser un citron. Ce que j'ai vu et dont j'ai fait l'expérience il y a peu m'a fait changer d'avis. Quand j'ai essayé le premier prototype d'un gant tactile pneumatique dans le garage de Jim Hennequin à Cranford, à une heure de route au sud-ouest de Londres, j'ai commencé à penser que la représentation tactile haute fidélité n'était peut-être pas aussi éloignée dans le futur.

Ayant survécu aux exosquelettes dans lesquels j'avais emprisonné mes mains à Tsukuba, au manche tactile manipulé au Media Lab et au bras à retour d'effort de Chapel Hill, l'élégance de l'invention d'Hennequin me parut d'emblée évidente. Il suffisait d'enfiler un gant. En sandwich entre deux couches du matériau dont était fait le gant se trouvaient de petits ballons stratégiquement placés qui étaient gonflés et dégonflés à un rythme rapide. L'inventeur indique que la taille, l'emplacement et la quantité de pression de chaque petit ballon sont des variables critiques pour créer l'illusion tactile. En gonflant la bonne série de ballons à la bonne pression, Hennequin espère pouvoir reproduire la sensation que l'on a lorsqu'on attrape un objet, et permettre la reconnaissance de forme de ces objets virtuels.

Notez bien qu'il ne s'agit pas là du même type de gant informatisé que celui dont nous avons parlé jusqu'ici, même si l'objectif final est bien de combiner les propriétés du gant tactile et celles du gant de détection de gestes. Le DataGlove et le PowerGlove sont des périphériques d'*entrée* (ou de *saisie*) d'ordinateur, qui informent celui-ci de ce que fait l'opérateur humain. Le gant sur lequel travaille Hennequin et d'autres équipes dans le monde est un périphérique de sortie qui permet de faire passer des informations de l'ordinateur vers l'opérateur humain par le sens du toucher.

« Je veux enregistrer dans l'ordinateur la sensation de tenir une tasse de thé, et je veux qu'on puisse reconnaître qu'il s'agit d'une tasse lorsqu'on met le gant et que je fais passer cet enregistrement. » expliqua Hennequin. C'est lors de notre seconde rencontre, l'après-midi même où l'ensemble de leur système était testé pour la première fois, que j'essayai le gant. Je suppose qu'ils avaient fini par faire fonctionner l'ensemble à une heure avancée de la nuit précédente et que j'étais le premier à en faire l'essai après que l'inventeur lui-même se fut assuré qu'il n'allait pas se couvrir de ridicule lors de sa première démonstration. J'étais là en contact direct avec une technologie « brute de fonderie ». Hennequin gonfla et dégonfla certaines parties du gant, ce qui me faisait éprouver différents types de pression, dont je me disais qu'ils pouvaient très bien, au dosage adéquat, donner l'impression d'arêtes ou de surfaces. Peut-être les premiers affichages graphiques sur ordinateur ont-ils paru à la fois aussi primitifs et aussi prometteurs que c'était le cas ici. Certains stimuli me donnaient l'impression que quelque chose de mou appuyait sur le bout de mes doigts. D'autres véhiculaient une impression de dureté contre la paume de ma main. Certains étaient agréables, et me donnaient l'impression que j'étais en train de me gratter ou d'être massé.

Nul ne peut prédire si les promesses de cette recherche seront à l'épreuve de la réalité. On verra si Hennequin et son équipe réussiront à exploiter leur gant *Air Muscle* pour reproduire effectivement la sensation tactile d'une réalité physique. De même que le « photoréalisme » est le but poursuivi par une branche de l'informatique graphique, le « réalisme tactile » peut devenir un objectif majeur des concepteurs de vêtements cybernétiques. Hennequin et son groupe venaient d'achever leur premier prototype lorsque je le rencontrai, au cours de l'été 1990, et des mois de mise au point les attendaient encore. Mais à en juger par les autres réalisations abouties que j'ai pu voir dans son atelier, je dirais que Hennequin a de bonnes chances d'atteindre son objectif.

Jusqu'à ce que je lui montre des photocopies de comptes-rendus de recherche émanant de laboratoires en Californie ou au Japon, Hennequin n'était que moyennement conscient que son invention, si elle fonctionne aussi bien qu'il l'espère, pourrait être la solution à des obstacles techniques que les chercheurs en RV du monde entier ont cherché à surmonter depuis des années et la source potentielle de toute une catégorie de problèmes nouveaux d'ordre social. Cette même technologie, qui pourrait contribuer à libérer les tétraplégiques pourrait également être exploitée de manière décadente pour le télésexe, ou carrément malfaisante dans le cadre d'applications de « lavage de cerveau ». Comme le dit l'un des personnages de William Gibson dans *Neuromancien*, « La rue invente ses propres usages de chaque technologie nouvelle. » Les sensations tactiles simulées pourraient avoir des conséquentes radicales sur la perception que nous avons de notre corps, sur nos valeurs morales, sur notre culture. Des questions scientifiques importantes attendent des réponses qui doivent être tirées de recherches prudentes et longues, avant que nous ne sachions exactement qu'attendre des illusions tactiles. De toute façon, intégrer des possibilités de perception tactile à un appareillage poids plume n'est déjà pas en soi un problème d'ingénierie anodin.

Hennequin est peut-être en train de créer une pièce importante de ce puzzle. Ses engins à air comprimé peuvent très bien faire la différence ou ouvrir de nouveaux horizons. Dans le domaine des périphériques, la RV permet à une espèce en voie de disparition, celle des inventeurs en chambre, de peser à nouveau sur le futur de cette technologie. Les efforts d'Hennequin pour réaliser son gant à perception tactile avant même qu'existe une théorie scientifique avancée sur ce type de perception montre bien qu'il n'est pas impossible de bricoler ce genre de mécanisme avant que des spécialistes, tels que les neurologues axés sur ce genre de problèmes, soient à même d'en comprendre le fonctionnement.

Au moment de repartir pour Londres, j'avais depuis longtemps pris l'habitude d'emporter avec moi un dossier rempli de photocopies d'articles divers. Je commençai à me sentir abeille butineuse de l'âge de l'information, portant des pollens sélectionnés de connaissance dans ma sacoche au cours de mes pèlerinages d'un laboratoire de RV à un autre. Les Japonais s'étaient montrés intéressés par ce que je savais sur la recherche américaine, et les Anglais également. Les chercheurs hollandais voulaient en savoir plus sur les Japonais, et une partie de ce sur quoi les Britanniques travaillaient convergeait avec les efforts que faisaient depuis douze ans des gens que j'avais rencontrés à Grenoble. Rien de tout cela n'était confidentiel. Mais ces gens-là ne se connaissaient pas encore. J'emportais articles et brochures de chaque laboratoire que je visitais, et je laissais ceux du laboratoire suivant en faire des photocopies. Et à chaque fois, je leur disais comment avoir accès au forum électronique « Sci.virtual-worlds » sur *Usenet*. Je crois qu'il s'est agi là de la relation la plus originale entre un auteur non spécialiste et le domaine scientifique sur lequel il enquêtait.

Tout comme les théoriciens de la logique de commande des machines, les programmeurs d'ordinateurs graphiques et les cinéastes 3D mirent des années à comprendre qu'ils travaillaient pour le même objectif final, nombreux sont les spécialistes de la RV dans le monde qui n'étaient pas encore au courant en 1990 de leurs travaux respectifs. Ils avaient commencé des années auparavant à construire des marionnettes, des prothèses ou des instruments de musique, à concevoir des robots ou des œuvres d'art, à faire progresser le champ des télécommunications ou à comprendre la nature des perceptions humaines ; et ils commençaient seulement à se rendre compte que d'autres, à des milliers de kilomètres et dans une discipline qui n'était pas jusque là liée à la leur, pouvaient avoir produit précisément l'outil qu'il leur fallait dans leur propre recherche. Dans le cas d'Hennequin, il avait mis au point sa technologie pour d'autres raisons avant de se rendre compte des possibilités qu'elle présentait pour la RV.

Lorsqu'il m'arrive maintenant de réfléchir à la difficulté de mise au point de ces techniques de représentation tactile, je me demande combien il peut bien y avoir de Jim Hennequin dans la nature, occupés à créer les éléments des systèmes de RV de demain.

Réalité artificielle* et instrument de musique virtuel

Les moyens dont l'homme dispose pour se manifester à son environnement sont le verbe et le geste ; le verbe essentiellement lorsqu'il s'agit de ses semblables, le geste exclusivement lorsqu'il agit sur les objets, dans l'espace, avec ou sur ses outils. Ainsi dans les communications naturelles le geste est-il multiforme, vigoureux et moteur, silencieux mais visible, infime mais audible, en tout cas omniprésent.

Alors que l'ordinateur occupe une partie de plus en plus significative de notre environnement, se pose naturellement la question des conditions de la communication *entre celui-ci et celui-là… Il existe donc, en soi, parmi les autres, une question « du geste et de l'ordinateur »…*

Nos médias actuels sont essentiellement « audiovisuels ». Mais voilà que, dans des disciplines moins « médiatiques », se sont développées déjà depuis longtemps des techniques relatives au traitement du geste. Parlons par exemple de télémanipulation. *Grâce à des organes appropriés, le phénomène du geste à son tour peut être capturé, télétransmis, restitué, traité, mémorisé.*

Il est bien évident qu'il s'agit déjà de cela lorsque l'on capte le geste de frappe grâce à un clavier alphanumérique. Il s'agissait déjà de cela, mais sous une forme extrêmement réduite, avec le manipulateur de Morse. Mais justement, ce que l'on avait alors peut-être pas vu (et que l'on ne voit pas toujours, encore aujourd'hui), c'est que le geste est un phénomène très subtil et très riche…

* *N.d.t.* : En français dans le texte.

Moyennant, donc, des organes appropriés non seulement par leur nature mais pas leurs performances, le geste instrumental peut à son tour devenir, comme le son et l'image, un objet d'étude.

CLAUDE CADOZ et CHRISTOPHE RAMSTEIN,
« Capture, représentation, traitement du geste instrumental », 1990

Les lumières étaient tamisées dans la *salle de manip**. Le clavier brillait. Je mis mes doigts dans les anneaux comme cela m'était indiqué, tentai un premier mouvement et sursautai presque — je m'attendais pourtant au résultat — lorsque le son d'une corde de violon sortit d'une impressionnante batterie de haut-parleurs. Plus surprenant que le son, cette sensation dans les mains, dans les doigts, dans les os de mon bras. J'avais entrepris un voyage de plusieurs jours uniquement pour essayer cet appareil, le « Clavier Rétroactif Modulaire », qui permettait de rendre le violon virtuel et d'autres instruments de musique virtuels suffisamment réels pour qu'on en ressente l'effet physique. Quand j'entendis parler pour la première fois de cet appareil, et alors que je me demandais si son essai justifiait quinze heures de voyage en train supplémentaires, il ne me semblait pas qu'il y aurait beaucoup de choses en commun entre la RV type gant-lunettes et cet archet de violon qui ressemblait à un clavier. Mais je décidai de faire confiance à mon informateur, Margaret Minsky, et entrepris donc le voyage. Au moment où j'éprouvai dans les doigts la vibration inattendue de cet archet, je compris que les gens d'ici avaient travaillé sur le sens du toucher de manière tout à fait différente. Les chercheurs de l'ACROE s'étaient tournés vers les arts pour trouver des problèmes pilotes et ils avaient une approche d'ingénieurs pragmatiques au sein d'un institut de recherche largement spécialisé dans l'IA.

Il faisait agréablement frais et sombre dans la *salle de manip*, et délicieusement froid à côté, dans la *salle des machines**. Lorsqu'on réunit suffisamment de puissance informatique en un seul lieu, les électrons circulant dans les machines ont tendance à engendrer une chaleur importante. Conclusion : si l'on veut être sûr de trouver dans un bâtiment une salle climatisée à même d'apporter un peu de fraîcheur, il suffit de chercher où sont gardés les gros ordinateurs. Au LIFIA, le « Laboratoire d'Informatique Fondamentale et d'Intelligence Artificielle », comme sans doute ailleurs en France, on appelle cet endroit la *salle des machines*. La présence de cet air frais était pour moi une bénédiction après mon séjour en Angleterre. Une vague de chaleur s'était abattue sur Londres et ne s'était pas relâchée un seul instant au cours des deux semaines que je

* *N.d.t.* : En français dans le texte.

passai en Europe. J'ai commencé à me faner à Amsterdam, j'ai laissé l'essentiel de ma garde-robe à Paris chez un ami, et quand j'arrivai à Grenoble, berceau de la recherche civile en RV en France, j'avais adopté comme tenue principale une paire de bermudas en tissu imprimé, un tee-shirt tout aussi coloré et la casquette de base-ball noire sur laquelle j'avais peint des motifs mystiques à la peinture dorée la veille de mon départ de Californie. C'était pourtant une tenue que je réservais au départ pour mon jour « libre » à Paris.

Je lavais le bermuda et le tee-shirt tous les soirs, tout en me trempant les pieds dans une bassine, puis étendais ce linge au balcon de ma chambre d'hôtel, où l'attendait le soleil du petit matin ; lorsque ma chambre devenait trop chaude, les vêtements étaient secs. Ce sont les pieds qui souffrent le plus de la chaleur, surtout en voyage, et je m'étais dit que, quitte à m'habiller décontracté, autant ne pas faire les choses à moitié. J'avais donc décidé de compléter ma tenue par des sandales en plastique vert fluorescent que je réserve en général aux chambres d'hôtel et aux longs voyages en train. Je me souviens ainsi avoir fait une conférence de deux heures à une dizaine de chercheurs de l'IMAG, l'« Institut Informatique et de Mathématiques Appliquées de Grenoble », le deuxième jour de mon séjour, dans cette tenue (mais sans la casquette). Ils doivent avoir conservé un curieux souvenir de ce journaliste qui venait de loin, apportait des nouvelles de la recherche en RV, présentait des diapositives d'appareils fascinants situés à Chapel Hill ou à Tsukuba : l'Américain allumé en bermudas. Le choix de la tenue appropriée pour chacune de mes apparitions, qui comprennent de plus en plus de présentations, de conférences et d'interviews était d'ailleurs devenu en soi un thème de réflexion dans ma quête de la RV ; je me suis ensuite rendu compte que partout, les gens étaient intéressés par les informations que j'apportais, et que je n'avais donc pas besoin d'observer un très grand conformisme vestimentaire. J'avais l'avantage, dans la plupart des cas, d'avoir été précédé par Jaron Lanier, et des idiosyncrasies vestimentaires mineures comme les miennes ne constituaient pas pour mes interlocuteurs un choc de même ampleur. Les gens de NTT se rappellent probablement le reporter en complet gris, cravate bon chic bon genre et chaussures peintes à la main façon Van Gogh. Thomas Furness m'avait demandé où il pouvait se procurer un tee-shirt *tie-dyed**, après m'avoir vu en porter un au cours d'une conférence donnée à Seattle.

---

* *N.d.t.* : Littéralement « teint attaché ». Technique de teinture des tee-shirts des années soixante, revenant à la mode aujourd'hui, et consistant à faire des nœuds dans le tissus avec de la ficelle avant de plonger le tee-shirt dans la teinture.

Mais au moment où je descendais du train à Grenoble, la chaleur avait pris le pas sur les bonnes manières vestimentaires, et l'équipe de RV française, Claude Cadoz, Annie Luciani et Jean-Loup Florens, paraissait suffisamment intéressée par les photocopies d'articles que j'apportais, aussi bien que par les vidéos, les diapositives, les informations orales sur les travaux de James Hennequin et de Margaret Minsky, les dernières nouvelles sur le Super Cockpit et sur VPL, pour ne pas se formaliser du côté informel de mon accoutrement. Les haut-parleurs et écrans couleur tapissaient les murs de la *salle de manip*, où se font les démonstrations. Des blocs de mousse répartis en différents coins de la pièce témoignaient du désir de ménager à la salle une bonne acoustique. Une station de travail Evans & Sutherland dotée d'un énorme moniteur couleur occupait la majeure partie d'une table. Mais le centre d'attraction visuelle était le « clavier », un superbe appareillage électromécanique fait de cuivre et d'aluminium brossé, ses entrailles visibles à travers une caisse de plastique translucide, résultat de plus de douze ans de recherche en « commande gestuelle ».

À l'exception de sa caisse en plastique, le Clavier Rétroactif Modulaire faisait penser au genre d'instrument que les hommes de science distingués d'un autre temps, tels Newton ou Lavoisier, eussent pu demander à des artisans émérites de réaliser à partir de bois nobles et d'alliages. Les touches étaient de la même taille que celles d'un piano et un peu plus tard, lorsqu'ils retirèrent le périphérique qui m'avait permis de jouer du violon, et eurent tapé les incantations appropriées au clavier de l'ordinateur, je pus me rendre compte que ces touches pouvaient également sonner et se comporter comme leurs homologues pianistiques. Un pianiste de niveau mondial faisait d'ailleurs partie de leur équipe de collaborateurs artistiques. Lorsque j'avais vu l'appareil pour la première fois, un module supplémentaire comportant des anneaux de métal pour les doigts était fixé à deux des touches en métal à l'aide de petites pinces ; on aurait dit un instrument chirurgical. Je plaçai le pouce et l'index dans les anneaux et les fit bouger. Les anneaux se déplacèrent en tandem. Une note de violon plutôt mal jouée retentit des haut-parleurs et ma main m'apprit que je venais de conduire un archet sur une corde de violon. Cela provoqua en moi une sensation que les meilleures illusions visuelles n'avaient pas réussi à engendrer.

Il s'agissait du même type de réaction viscérale que celle qui m'avait déjà surpris à Chapel Hill et à Cambridge, lorsque je m'étais battu avec des molécules rétives dans le cyberespace ou lorsque j'avais remué de la mélasse virtuelle. Je voyais bien que c'étaient des anneaux de métal que je tenais, je savais bien que le son entendu était synthétisé en temps réel par un des ordinateurs de la *salle des machines*, mais j'avais *l'impression* vivace d'avoir joué du violon. Je m'exerçais ensuite à varier la pression sur les anneaux, ce qui modifiait la note émise par le violon. Il m'était également possible d'en jouer d'un coup bref ou au contraire de promener lentement l'archet sur la corde, le résultat sonore souvent peu harmonieux qui en résultait témoignant de mon ignorance totale de l'univers des cordes. Il s'agissait vraiment de l'illusion proprioceptive la plus dérangeante que j'eusse éprouvée depuis ma visite à Margaret Minsky, une année auparavant. Je compris pourquoi elle m'avait dirigé vers ces gens-là. Il y a quelque chose de fondamentalement important dans la relation d'un musicien à son instrument de musique, qui n'existe pas vraiment, ou pas à ce niveau, dans la relation homme-ordinateur, en dépit des progrès qui ont été faits en matière d'interface.

D'autres démonstrations allaient suivre ultérieurement. Dès après ma première expérience sur cet appareil, nous étions tous impatients d'échanger nos informations respectives avant de replonger la main, sinon la tête, dans le monde des « transducteurs gestuels » et autres « gestes instrumentaux ». J'en avais vu et éprouvé suffisamment pour comprendre qu'ils étaient sur une piste fort intéressante. La compréhension et la transmission d'informations de perception tactile et proprioceptive sont d'un autre ordre que la réalisation d'un visiocasque. Ces trois chercheurs pensaient eux aussi qu'ils occupaient là une voie de recherche importante. Nous quittâmes donc à regret la fraîcheur de la *salle de manip* et gagnâmes les bureaux de l'ACROE, où l'on pouvait disposer d'un tableau blanc et de feutres de couleurs — instruments précieux entre tous pour les scientifiques du monde entier. Des collaborateurs s'affairaient autour de nous, comme cela avait été le cas à Tokyo ou à Londres, pour amener les documents papiers à la photocopieuse, les vidéos au banc de reproduction, et les diapositives au photographe le plus proche. J'avais quant à moi ajouté plusieurs documents et diapositives émanant de l'ACROE à ma médiathèque de RV portative. Il y avait là trois directeurs de projets, plusieurs jeunes diplômés, quelques assistants et un ensemble respectable d'ordinateurs dévolus à l'ACROE, alvéole dans la ruche des organismes interdépendants désignés tous par leur sigle et abrités dans un bâtiment moderne de la vieille ville donnant sur l'Isère. ACROE est le sigle de l'Association pour la Création et la Recherche sur les Outils d'Expression. Les trois membres principaux de l'équipe sont payés par le ministère de la Culture, mais l'ACROE dépend administrativement de l'IMAG, par l'intermédiaire du LIFIA.

Lorsque j'entendis parler d'eux pour la première fois, de la bouche de Margaret Minsky, j'eus le réflexe d'utiliser le réseau mondial de messagerie électronique pour en savoir plus. Je commençai par leur télécopier un mot sur ce que je faisais en précisant mon adresse électronique. Lorsque je me connectai au WELL le lendemain, je trouvai un message d'O. Roualt, un des jeunes diplômés travaillant à l'ACROE. Il mentionnait une sorte de piano qui pouvait aussi être un violon. Il me disait que si mon projet était d'écrire sur l'état de la RV à travers le monde, ils avaient quelque chose d'intéressant à me montrer dans le sud-est de la France, à trois heures de Paris en TGV, et que cela valait vraiment le déplacement. Je lui répondis que je viendrai à telle date. Le lendemain, nouveau message. O. Roualt me demandait si je pourrais rester à Grenoble un jour supplémentaire, pour faire le point sur ce que j'avais vu dans les autres laboratoires ; c'est ainsi que j'en vins à donner une conférence à un aréopage de chercheurs français en informatique sur l'état de la recherche en RV dans le monde. À ce moment-là, je commençais à m'habituer à faire de telles présentations, ce qui les rendaient plus faciles, mais elles étaient aussi à chaque fois plus longues : je répétai à mes interlocuteurs français ce que j'avais dit aux Japonais sur la recherche aux États-Unis, et j'y ajoutai des informations sur ce que j'avais vu au Japon, en Grande-Bretagne et en Hollande, et sur ce que j'avais entendu dire de la recherche en Allemagne.

Le LIFIA me faisait penser à l'ATR, à une échelle plus petite, car c'était le théâtre d'une intégration de divers champs de recherche se recoupant en partie : IA, architectures parallèles et réseaux neuronaux, mathématiques et théorie du logiciel, nouveaux langages de programmation, modélisation informatique de systèmes physiques, vision informatisée, robotique, et branche de la RV qui cherchait à synthétiser non seulement des sons mais *des instruments de musique*. C'est un vrai foyer de recherche en RV que l'on trouve dans cette vieille ville agréable de la vallée de l'Isère, dominée par les Alpes françaises à l'est, et tendant à devenir une métropole de plus en plus cosmopolite mais aussi, malheureusement, de plus en plus polluée par le *smog*. Le programme de recherche français en RV n'est pas de grande ampleur, mais il est étroitement lié à bien d'autres programmes de recherche qui le nourrissent d'informations et de techniques décisives pour la RV. Le programme entrepris à l'ACROE est également focalisé sur une spécialité bien précise. De même que l'UNC se spécialise dans les outils de visualisation, que l'ARC se concentre sur les véhicules télécommandés, et que l'ATR se consacre à la RV en tant que moyen de communication, l'effort français semble porter sur *la transmission du geste*, plus particulièrement comme moyen de coordonner la vision, l'audition et l'imagination humaine avec des outils de rendu informatisés. Dans cet ordre d'idées, un orchestre virtuel ou un robot microchirurgical télécommandé posent le même type de problèmes de recherche fondamentale.

Comme ceux de l'ATR, les chercheurs du LIFIA veulent découvrir les aspects fondamentaux de la perception et du traitement par l'homme des images et, de cette façon, aboutir à des résultats applicables à l'ingénierie, comme la reconnaissance automatique de scènes (« La RV sans gant »). Environ soixante-dix personnes font partie intégrante du corps de chercheurs du LIFIA, dix d'entre eux ayant à la fois des fonctions techniques et administratives. La panoplie d'ordinateurs dernier cri, les crédits à long terme, l'atmosphère de ce lieu de réflexion situé dans un bâtiment moderne d'une rue pavée du vieux Grenoble, tout cela dénotait un financement d'assez haut niveau qui devait bien venir de quelque part. En fait, de la Communauté Européenne.

Une partie du financement du LIFIA émane de divers ministères français, mais 70 % de celui-ci est assuré par des contrats de recherche dont la moitié relève des principaux programmes de coopération européenne. Cette envergure continentale et l'étendue des disciplines concernées par les programmes de recherche du LIFIA me rappelait ce que Jens Blauert avait dit, à Santa Barbara, du consortium naissant de *telepresänz* en Allemagne, composé de trente-sept scientifiques allemands venus d'horizons divers « qui consacrent la majeure partie de leurs activités de recherche à fonder une technologie de téléprésence. » Blauert, qui est basé à Bochum, fit remarquer qu'il était plus aisé d'obtenir un financement européen qu'un financement national pour ce genre d'effort interdisciplinaire. L'été 1990, le consortium allemand dont avait parlé Blauert en était encore au stade de la mise en œuvre : les chercheurs poursuivaient leurs activités propres et le projet de *telepresänz* ne s'était pas encore vu attribuer de locaux et un laboratoire équipé et consacré entièrement à la RV. La situation a maintenant dû évoluer depuis 1990.

L'effort de recherche en RV que représentait l'ACROE était modeste, mais il avait été entrepris depuis la fin des années soixante-dix, ce qui faisait de ses membres des anciens de la RV au même titre que Krueger, Brooks, Negroponte et Furness. De même que l'on semble fortement incliné, au Japon, à utiliser la RV comme interface homme-machine et comme moyen de communication, j'ai cru noter dans le programme de recherche français un intérêt majeur pour l'association entre gestuelle et arts visuels et acoustiques. Comme Krueger, ils semblent sentir que l'interaction est le moyen d'expression le mieux adapté aux ordinateurs, et que des artistes pourraient créer des œuvres d'art qui seraient aussi des expériences de recherche sur la nature de l'interaction homme-machine. Krueger se consacrait aux aspects de comportement primaire de cette interaction — position et mouvement des bras, des mains, des jambes. À Grenoble, on s'appliquait à comprendre de quelle manière un pianiste, un violoniste, un peintre se servent de leurs mains, de leurs yeux, de leurs oreilles et de leur cerveau pour créer. De cette manière, ils entendaient à la fois étendre les possibilités créatives de l'artiste et mieux comprendre la relation homme-machine.

Voici ce que dit la brochure du LIFIA sur le rôle des artistes et de la réalité artificielle dans leur programme de recherche :

> Modèles physiques, contrôle gestuel et temps réel sont les trois clefs qui traduisent la spécificité des travaux du LIFIA sur la confrontation la plus avancée entre l'informatique et la création artistique, musicale et visuelle. Il y a nécessité d'une recherche fondamentale sur ces questions. D'abord, une

recherche sur les modèles physiques car, pour le son et l'image, c'est la seule façon de relever le défi du naturel et de l'expressivité, alors que tout repose sur l'organe totalement artificiel qu'est l'ordinateur. Mais les modèles d'objets physiques, qui sont déformables, mobiles, vibrants, engendrent une simulation coûteuse, et les recherches sur l'optimisation des algorithmes de simulation sont cruciales. Ensuite une recherche sur le contrôle gestuel et sur les transducteurs gestuels rétroactifs, qui établissent la relation physique entre le geste de l'opérateur et la réaction des objets simulés, relation essentielle dans l'acte de création, qui passe par le geste. Ceci conduit à la réalisation de dispositifs adaptés à l'exercice du geste moteur, qui ouvrent un terrain nouveau au dialogue entre l'homme et la machine. Ces dispositifs permettent en effet de capter le geste, d'en construire une représentation, et de produire, par extraction de formes signifiantes, des interprétations intelligentes des gestes effectifs. Enfin, une recherche sur le temps réel, car le geste n'a de sens que simultané au son qu'il produit, à l'image de l'objet qu'il déforme, à la réaction mécanique, saisie par la main, de l'objet virtuel auquel il s'applique. Ces travaux originaux du LIFIA nécessitent la mise en œuvre de machines de synthèse en temps réel pour le son, l'image et la réaction mécanique et conduisent à la réalisation d'un ensemble matériel et logiciel complexe, aux limites de la technologie actuelle, dans lequel ces machines coopèrent pour rendre présente une réalité artificielle.

Quand nous nous retrouvâmes face au tableau blanc, c'est à la version longue de leur présentation que j'eus droit, Annie Luciani et Claude Cadoz la conduisant en binôme, debout, se partageant le feutre, effaçant chacun ce que l'autre venait d'écrire au tableau avant que j'aie eu le temps de tout noter. De manière occasionnelle, Jean-Loup Florens, qui était assis à mes côtés, fournissait une explication plus complète à l'invitation des deux autres. Luciani est rousse, très vivante, amicale, et dotée d'un solide bon sens. Cadoz était habillé de noir, même par cette chaude après-midi d'été. Il a un bouc soigneusement taillé, le front haut et des tempes légèrement dégarnies, ce qui lui donne un peu l'air taciturne. Luciani et Cadoz étaient vifs et leur anglais bien meilleur que mon français, même si je m'aperçus que mes questions étaient mieux comprises lorsque je glissais les quelques mots de français qui me venaient à l'esprit en les posant. L'anglais de Florens n'était que modérément meilleur que mon français, et il lui fallait donc un peu plus de temps pour répondre. La discussion dura finalement plus de deux heures. Ils avaient réfléchi à leur branche de RV depuis des années, et il n'est pas si facile d'expliquer presque deux décennies de travail intellectuel en quelques minutes.

L'ACROE a commencé à réaliser des appareils à retour d'effort pour la synthèse du son en 1978, en partant d'un principe très similaire à celui adopté par Myron Krueger à la même époque : les ordinateurs et autres circuits électroniques avaient été utilisés avec succès pour la synthèse de sons, c'est-à-dire tant pour reproduire les sonorités des instruments existants que pour créer de nouvelles sortes de sons, et il en était de même pour la synthèse d'images, mais très peu de gens s'étaient appliqués à essayer de synthétiser les instruments eux-mêmes, à reproduire les sensations qu'on éprouve lorsqu'on joue du violon ou du piano. Le Media Lab travaille sur l'aspect interactif du jeu d'un instrument, mais l'ACROE semble y avoir consacré le programme le plus ambitieux.

Le geste, comme l'a également noté Krueger, joue un rôle important dans la communication entre les hommes et pourrait bien s'avérer un facteur clé dans la communication homme-machine. Consciente de cette possibilité, l'ACROE a fondé d'emblée ses recherches sur le sentiment que la création de nouveaux instruments artistiques constituait un « problème pilote » majeur et utile pour étudier les éléments de la communication gestuelle. « Nous ne visions pas seulement à améliorer l'ergonomie de la commande gestuelle en synthèse de son, mais surtout à acquérir une nouvelle compréhension de la synthèse musicale elle-même. Ce qui nous amena à proposer non seulement une synthèse des sons, mais également des *instruments* », expliqua Cadoz.

Pour Brooks et son équipe à Chapel Hill, un des objectifs consistait à créer une molécule qu'on pourrait ressentir avec la main ; pour Furness et l'USAF, le but ultime était d'assurer la survie du pilote et de l'avion placés dans des conditions déroutantes ; Margaret Minsky voulait créer du papier de verre virtuel et étudier la perception tactile. L'ACROE a cherché à réaliser des violons virtuels depuis plus de dix ans. En 1978, Cadoz et Florens créèrent un appareil travaillant sur une seule dimension, dans lequel des moteurs exerçaient une résistance à une masse que l'opérateur pouvait faire coulisser le long d'une barre ; celui-ci ressentait cette résistance comme un objet virtuel à élasticité variable. En étudiant la manière dont se comportaient les forces d'amortissement, les masses et les ressorts sur une dimension, ils purent commencer à décrire ce dont ils auraient besoin pour réaliser un appareil qui ferait office de convertisseur gestuel (pour transformer les gestes de l'opérateur en données d'ordinateur) et de transmetteur de sensations tactiles (pour fournir à l'opérateur la représentation tactile d'un objet virtuel). Ils voulaient simuler ce qu'ils appelaient le *geste instrumental*. Ils savaient qu'ils devaient pour cela concevoir des moteurs spéciaux, très miniaturisés, doté de réactions rapides et précises et d'une puissance importante ; les moteurs « à tranches » qu'ils créèrent et brevetèrent furent le résultat de cette partie de leurs recherches. Un moteur gérait chaque touche, une touche étant nécessaire par degré de liberté recherché. Au début des années quatre-vingt, ils créèrent un convertisseur gestuel de deuxième génération. À mes yeux, il avait l'air du croisement entre un sextant et un compas de navigation, avec des roues dentées, des contrepoids et de minuscules moteurs.

« Il nous était indispensable de réaliser un convertisseur à hautes performances comme celui-ci, » glissa Luciani en prenant le feutre bleu de la main de Cadoz et en s'approchant du tableau, « mais nous avons également créé des langages de liaison du geste avec le son et l'image. » Leurs travaux étaient clairement centrés sur le geste instrumental, les mouvements habiles des mains, des doigts et des bras de l'homme dans l'exercice de son art. Mais le geste mène à tout. CORDIS était le résultat de dix ans d'efforts pour créer une architecture logicielle autour de ce périphérique de détection et de reproduction de forces, à même de lier gestes, sons et images. Nous rejoignîmes la *salle de manip* pour retrouver un peu d'air frais et une démo des plus chaudes. Ils me montrèrent quelques aspects d'ANIMA, le langage de manipulation graphique qu'ils ont développé il y a presque aussi longtemps. Ils étaient bien entendu captivés par mes descriptions du gant de VPL. Leur intérêt pour les gestes des doigts les plus subtils appelait naturellement des périphériques de saisie d'une finesse d'analyse bien meilleure.

De retour dans la pénombre fraîche, je m'assis dans le siège de l'opérateur, d'où j'étais à même de voir, d'entendre et de ressentir au mieux ce qui allait suivre. J'utilisai le même périphérique quasi chirurgical qui avait tout à l'heure servi d'archet pour manipuler cette fois-ci une soupe complexe de motifs kaléidoscopiques affichés par l'ordinateur en temps réel. Il y a un certain plaisir, quasi enfantin, à maîtriser progressivement des opérations abstraites mais fascinantes de ce genre, lié peut-être à celui que ressentent les fans de jeux vidéo. Lorsqu'on arrive à coordonner la dextérité de ses doigts avec une tâche visuelle complexe, on éprouve un peu le même sentiment, très atténué bien sûr, que celui que doivent avoir les pilotes d'avion de chasse lorsque les poussées d'hormones stimulent leur intelligence pour leur permettre de combattre ou simplement de voler dans des conditions difficiles. Ce type de tâches — distinguer les informations importantes du « bruit », traiter ses propres perceptions de façon intelligente, prendre rapidement des décisions à partir de données changeantes et incertaines — font partie de celles pour lesquelles les hommes sont le plus doués.

Cet objectif — donner un violon et un archet virtuel à un grand maître de l'instrument — a inspiré plus de douze ans de développements de matériel et de logiciel, à l'écart des grands centres de technologie du monde. En tirant les enseignements du premier appareil à retour d'effort sur une seule touche qu'ils avaient réalisé en 1978, l'équipe de l'ACROE construisit l'instrument qui représentait l'aboutissement de leurs dix ans de recherche : un clavier, dans lequel chaque touche pouvait correspondre à un degré de liberté et grâce auquel les perceptions extrêmement fines des doigts d'un musicien pourraient être la base d'un échange d'informations entre l'homme et l'ordinateur.

« Le geste instrumental doit être authentique » glissa Florens à un moment donné. Le son de qualité médiocre de mon coup d'archet me revint en mémoire. On avait affaire ici à l'équivalent proprioceptif du réalisme photographique, but de l'imagerie de synthèse. Les moteurs spéciaux et les engrenages délicats du convertisseur, alliés aux logiciels de synthèse sonore et visuelle qu'ils avaient développés ne représentaient pas seulement la réalisation par l'ACROE d'« instruments virtuels » ; ils constituaient également le banc de test idéal pour étudier la nature des gestes instrumentaux et les possibilités fines de l'interaction gestuelle homme-machine. Luciani et Cadoz m'expliquèrent de manière assez détaillée comment les abstractions génériques qu'ils avaient créées pour convertir les gestes en images et en sons correspondaient parfaitement au problème de la télécommande de robots ou à celui de l'exploration tactile d'un monde virtuel. Le Clavier Rétroactif Modulaire a été présenté pour la première fois au public en 1989, et les recherches sur l'aspect humain du projet — les capacités sensorielles et motrices qui font la différence entre un maestro et un joueur du dimanche — ont à peine commencé.

Les efforts de recherche et de développement de cette fin de vingtième siècle relèvent d'un mélange de capitalisme, de science et de technologie. Les diverses découvertes et technologies débouchent sur des produits ; la demande relative à ces produits et l'argent qu'ils rapportent permettent de faire avancer la recherche sur de nouvelles technologies et des produits améliorés. Il arrive que les activités de R&D (recherche et développement) prennent place dans des laboratoires de grande envergure bien équipés. Dans d'autres cas, — tout spécialement lorsqu'il s'agit d'une science ou d'une technologie nouvelles et que les produits correspondants n'existent pas encore — les vrais pionniers travaillent dans des structures de très petites dimensions. À Silicon Valley, les nouveaux entrepreneurs des différents secteurs technologiques qui ont commencé leur carrière en passionnés bricolant des produits « faits maison » se sont acquis une considération toute particulière, et ce depuis l'époque de Hewlett et Packard, ou de Wozniak et Jobs.

CHAPITRE 15

LES BIDOUILLEURS DE LA RV

Sur tous les panneaux d'affichage bien placés du secteur – à PCC, à Lawrence Hall, et dans des écoles et entreprises de haute technologie, Fred Moore fit placarder l'annonce suivante :

« GROUPE MICRO AMATEUR - CLUB INFORMATIQUE HOMEBREW » ... réservé aux bidouilleurs et aux autres. Êtes-vous en train de fabriquer votre micro-ordinateur ? Votre terminal ? Votre machine à écrire avec écran ? Vos périphériques d'entrée/sortie ? Ou n'importe quelle autre boîte magique ? Si c'est le cas, vous aimeriez peut-être rencontrer des gens qui partagent vos intérêts. Pour échanger des informations, des idées, des conseils, participer à un projet, etc. »*

Le petit club créé par Fred Moore et Gordon French a pris des proportions qu'aucun d'eux n'aurait pu soupçonner. Ils formèrent l'avant-garde des rois de la bidouille informatique et inventèrent une nouvelle industrie qui, ils le savaient, ne ressemblerait à aucune autre.

L'atmosphère fertile de « Homebrew » inspira Steve Wozniak tout au long de la période de maturation de son Apple II. Les échanges d'informations, l'accès à des astuces techniques ésotériques, la bouillonnante énergie créative et l'envie d'impressionner tous les petits camarades par un programme bien ficelé ou une idée géniale... tout cela servit à éperonner le désir intense qu'avait déjà Steve Wozniak : créer l'ordinateur avec lequel il avait envie de s'amuser.

STEVEN LEVY,
Hackers, 1984

Plus on est gros, plus on a du mal à se mettre en branle. VLP, Autodesk, et la division commerciale de HITL sont incontestablement les actuels fers de lance de l'industrie de la RV. Il n'empêche que de toutes petites sociétés émergent un peu partout, et certaines ont des chances de

* *N.d.t.* : Homebrew, c'est l'alcool fabriqué maison par des bouilleurs de cru. L'analogie porte donc sur ces amateurs qui voulaient fabriquer eux-mêmes leurs ordinateurs.

pouvoir un jour se démarquer et sortir du rang, en suivant l'exemple de leurs aînées : DEC, Apple ou Autodesk. Avec la recherche en RV, petits inventeurs de garage et techno-entrepreneurs sortent à nouveau de l'ombre. Cela faisait bien quelques années que l'on avait enterré le mythe de l'inventeur de génie qui fonde son empire industriel en bidouillant dans son garage. L'élite restreinte des scientifiques de l'informatique de l'ARPA, de l'ARC et du PARC a fomenté la révolution informatique ; mais c'est le « Homebrew Computer Club », au départ une association d'amateurs, transformée par la suite en industrie, qui fut l'artisan de sa popularité. Depuis le début de mon travail d'investigation pour ce livre, j'ai pu observer deux ou trois inventeurs sans moyens se démarquer peu à peu, créer leurs premiers prototypes, trouver leurs premiers clients, et bientôt emménager dans leur première entreprise. J'ai suivi également une demi-douzaine d'entreprises qui développent des produits pour une industrie de RV encore balbutiante. Celui qui réussira à élever la RV au rang de véritable industrie n'aura peut-être pas le génie d'un Edison ni d'un Alexander Graham Bell, il aura plutôt la personnalité d'un Henry Ford ou d'un Steve Jobs.

Il ne faut jamais sous-estimer le pouvoir des gens passionnés, et surtout pas celui des Américains passionnés par la technique. L'un des aspects les plus attachants de cette mentalité multi-facette des Américains, est celui du bidouilleur, de l'inventeur bricolant dans son garage ses propres ordinateurs, tout simplement parce que ça lui plaît. Les Edison, Tesla et Wozniak semblent émerger à intervalle régulier de leurs ateliers confidentiels, d'un bout à l'autre du continent. Cette R&D sauvage a besoin, pour exister, d'outils et de matériels à la portée d'amateurs désargentés. Et ce n'est certes pas le cas des composants des technologies de pointe ! Si vous pouviez construire vos postes de radio à galène, il n'est pas question de fabriquer vos propres puces électroniques. La recherche en physique fondamentale était au dix-neuvième siècle accessible aux amateurs et ce sont d'ailleurs eux qui l'ont développée ; mais aujourd'hui, l'exploration des limites de la physique nucléaire ne peut se faire qu'au sein d'un consortium ou d'un gouvernement. Toutefois, quand, grâce à la révolution de la miniaturisation, on put mettre tous les composants de base d'un ordinateur sur une même puce, les amateurs éclairés purent soudain bidouiller ce qui était resté, jusque là, confiné au ministère de la Défense ou à des entreprises de la taille d'IBM, à savoir les ordinateurs. Au début des années soixante-dix, la société Intel commença à vendre des microprocesseurs et quelques années plus tard MITS d'Albuquerque des kits de construction de micro-ordinateurs : la révolution de la bidouille était née , dans la légendaire Silicon Valley.

Les bidouilleurs s'engouffrèrent dans une voie que les géants de l'industrie informatique trouvait trop insignifiante. Les amateurs qui se réunissaient dans l'auditorium du « Stanford Linear Accelerator » de

Palo Alto pour échanger des informations, devinrent plus tard les fondateurs et les cadres supérieurs d'Apple Computer, d'Osborne et d'une douzaine d'autres entreprises qui accélérèrent l'avènement de l'industrie informatique. Grâce à cette riche infrastructure de petites entreprises qui ont exploré les besoins de cette industrie en plein essor et qui ont créé des produits qui allaient profiter à d'autres secteurs technologiques, cette tradition de la bidouille se propagea hors du cercle initial. Lorsque les premiers ordinateurs Apple permirent aux utilisateurs non programmeurs de jouer avec des jeux de toute sorte sur leurs micro-ordinateurs en changeant tout simplement de logiciel, des vocations de « développeurs-tiers » s'exprimèrent un peu partout ; ce sont eux qui créèrent les logiciels qui ont incité les gens à s'équiper d'ordinateurs Apple. La croissance d'Apple et l'arrivée d'IBM sur le marché de la micro-informatique balayèrent la plupart des entrepreneurs-amateurs qui redevinrent de simples utilisateurs éclairés. La technologie micro-informatique se sophistiqua davantage, les entreprises perdirent le goût de l'innovation, et les bidouilleurs se retirèrent dans leurs garages.

Dans quelques années, on pourra certainement consacrer tout un livre à la légende des industries en RV amateur qui sont aujourd'hui en train de prendre de l'ampleur. Je n'ai, bien sûr, pas pu suivre de manière exhaustive tout ce qui existe, mais tout ce qu'il m'a été permis de voir et de flairer me donne à penser que cette révolution entre dans sa phase finale d'incubation. Il existe tout un ensemble d'amateurs fort compétents en technologies logicielles et matérielles, et ils bénéficient d'un superbe moyen pour échanger des informations, le réseau Usenet. Mais pourront-ils commercialiser cette technologie à des coûts raisonnables ? Autodesk, avec son tout nouveau système de RV à moins de 20 000 dollars semble apporter un premier élément de réponse positive. Lorsque ce prix aura suffisamment baissé, cela signifiera que la révolution de la RV sera en marche. Nous allons peut-être assister à l'émergence d'une nouvelle force motrice du complexe industriel de réalité virtuelle. Pour cela, diverses conditions doivent être remplies : la chute des prix du matériel, la création de nouveaux logiciels adaptés au traitement intensif et onéreux des données virtuelles, la distribution du système d'exploitation de la RV grand public promise par HITL, et un échange continu d'informations sur les diverses composantes de cette nouvelle industrie.

J'ai suivi avec attention le travail de petites sociétés, de Vancouver à San Francisco, via Austin, au Texas. J'ai eu la chance d'en rencontrer une à quelques tours de roues de bicyclette de mon domicile. Je l'ai vue démarrer dans une salle de séjour, se transformer en petite entreprise avec produits, clients, bureau et atelier. Il s'agit de Sense8 Corporation, dont j'ai rencontré les fondateurs par l'intermédiaire d'Autodesk. Eric Gullichsen, avec les cheveux tombant sur les épaules et son pantalon qui ne lui couvre pas les mollets, passe difficilement inaperçu. Son associée, Patrice

Gelband, est beaucoup plus discrète, mais quelques minutes de conversation suffirent pour que je me rende compte qu'elle saisissait et enregistrait parfaitement tout. Dans leur salle de démonstration d'Anaheim, j'engageai une discussion avec eux deux et Timothy Leary sur les horizons infinis du potentiel de l'industrie de la RV dont ils s'étaient fait les porte-parole depuis 1989. Du côté de la programmation, il y a encore beaucoup à faire avant d'arriver à fabriquer des produits commercialisables à partir des prototypes produits par la première vague de cette industrie. Gullichsen et Gelband sont des programmeurs purs et durs, quoique Gelband soit une mathématicienne que son intérêt pour la simulation et ses débouchés potentiels ont fait bifurquer vers la programmation. Selon la tradition en vigueur à Silicon Valley, ils ont quitté Autodesk pour créer leur propre entreprise.

Le système Autodesk était composé d'un micro-ordinateur de type IBM aux capacités décuplées par un module à processeur graphique de 80 000 dollars, servant de moteur de modélisation de réalité et une poignée de micro-ordinateurs Amiga comme terminaux d'affichage. Quand Gullichsen et Gelband repartirent de zéro — ce qui est normal quand on quitte une entreprise pour en créer une autre — ils pensèrent avoir trouvé le moyen de construire un système de meilleure qualité à moindre prix, fidèles en cela à la quête éternelle des génies bidouilleurs. Quand Gullichsen m'appela pour me dire que je serais le premier à expérimenter le système qu'ils avaient créé, je me précipitai chez eux pour contempler une scène sortie tout droit du paradis des bidouilleurs : la pièce de séjour était jonchée d'un amas de terminaux, de cartes-mères éventrées, de câbles enchevêtrés et multicolores, de mystérieuses boîtes métalliques bardées de prises et de commutateurs. Ils venaient d'acheter un détecteur de position Polhemus. Leur visiocasque comportait les mêmes composants standard que ceux de la NASA. Ils s'étaient procuré leurs systèmes optiques auprès d'un vrai pionnier de la bidouille virtuelle, Eric Howlett, tout à fait l'image du professeur dingue à la chevelure ébouriffée. Je l'avais entendu une fois lors d'un congrès sur l'ingénierie stéréographique, ponctuant son discours par des transparents qu'il écrivait au feutre d'une manière presqu'illisible. Il dirigeait une petite entreprise, PopOptix à Waltham, dans le Massachusetts. Scott Fisher l'avait connu par l'intermédiaire de McGreevy et d'Humphries qui utilisaient son système optique ; VPL fit de même. En 1990, Howlett commercialisait ses propres visiocasques.

En attendant que VPL leur livre un DataGlove, les gens de Sense8 utilisaient le même type de périphérique d'entrée que j'avais vu à l'UNC — un « globe » à six degrés de liberté. Il s'agit d'une petite sphère de la taille d'une boule de billard, reposant sur une base, un peu comme une manette de jeu que l'on peut pousser, tirer et faire tourner. Sur certains points, c'est un outil de contrôle plus performant que le gant. Le gant est indispensable pour établir une sensation de présence ou pour donner une prise réelle sur le monde virtuel mais le globe facilite grandement la navigation dans le cyberespace.

Je suis passé deux ou trois fois chez Gullichsen et Gelband pendant qu'ils mettaient au point leur démonstration. Gelband faisait des calculs au crayon sur un bloc-notes tandis que Gullichsen programmait comme un fou dans le salon. Quand elle comprit que les programmeurs avaient du mal à concilier la complexité des mondes virtuels avec les contraintes imposées par le temps réel, Gerlband développa, grâce à ses compétences de mathématicienne, des algorithmes plus performants. Exactement comme pour la physique nucléaire, qui a soudain permis de mettre en pratique les théories de la mathématique « pure » inventée il y a des siècles, l'intelligence logicielle en RV incita cette analyste-mathématicienne à fouiller dans sa boîte à outils conceptuelle pour résoudre des problèmes de système.

Leur prototype fut prêt à la mi-février 1990. Comme ils étaient en train de l'emballer pour lui faire prendre l'avion, je n'ai eu que quelques minutes pour l'essayer. J'enfilai leur visiocasque ostensiblement moins sophistiqué que celui de VPL, mais beaucoup moins cher. Ils mirent l'appareil en marche. Le monde qui apparut autour de moi était très granuleux, formé de pixels multicolores en forme de diamant. Leur premier monde virtuel, on s'y attendait, était assez rudimentaire, était habité par un avion vert — formé de trente polygones — et par trois pyramides. On pouvait se servir du globe pour piloter l'avion. Quelques mois plus tard, je revins faire un deuxième essai. Cette fois-là, un gant avait remplacé le globe et je pus voir flotter au-dessus d'une nappe à carreaux ma main désincarnée — signe de reconnaissance des tout premiers systèmes de RV qui se respectent. Ce type d'expérience avait perdu l'attrait de la nouveauté pour moi. Mais elle me sert de référence. Les travaux de Sensor8 me laissent à penser que les systèmes de réalité virtuelle bas de gamme investiront les micro-ordinateurs vers le milieu des années quatre-vingt-dix.

Il est évident que le système à plusieurs centaines de milliers de dollars de VPL est plus sophistiqué, et que les mondes artificiels de l'UNC sont encore plus performants, mais dans les deux cas, on manque de réalisme. Néanmoins, les versions des bidouilleurs sont mille fois plus passionnantes que celles des hautes sphères. Les gens ont aujourd'hui la possibilité de construire des systèmes et d'échanger leurs mondes, de diffuser des innovations, de suivre les traces de leurs aînés dans la micro-informatique. On ne sait pas encore combien arriveront à construire des cyberespaces ou des outils virtuels performants ; peut-être certains vont-ils s'associer. Mais Sense8 prouve que l'on n'a pas besoin d'être la NASA pour construire ce type de système, ni même Autodesk. Il suffit d'avoir une salle de séjour.

À l'automne 1990, le système de Sense8 qui permet à des micro-ordinateurs moins puissants d'accéder à des mondes virtuels en 3D et en temps réel était fin prêt. Ils l'ont baptisé « WorldTool », et pensent le vendre entre 2 500 et 5 000 dollars. Transformer son ordinateur en moteur de réalité n'est pas encore à la portée de tout le monde, mais de nombreux départements d'universités scientifiques et des groupes d'amateurs s'y mettent.

Sense8 n'est pas la seule entreprise de ce genre que j'ai rencontrée au cours de mes pérégrinations. « Fake Space » m'a également impressionné. Et si son fondateur, Mark Bolas, est le génie d'entreprise que l'on soupçonne déjà, les poids lourds de la RV n'ont qu'à bien se tenir. Et de fait, il a, en véritable héros légendaire de Silicon Valley, réellement commencé dans un garage de Menlo Park. En juin 1988, Bolas commença à travailler au laboratoire VIEW dirigé par Scott Fisher, sur le projet « Molly » (ainsi nommé d'après un personnage du roman *Neuromancien* de William Gibson) : une caméra binoculaire à distance asservie. Fisher lui permit même de travailler directement sur son système VIEW.

« J'ai réussi à convaincre les directeurs du programme "conception" de Stanford d'accepter mon projet de maîtrise de création de mondes virtuels » me dit Bolas. Ce programme est à cheval entre le département des Arts et celui de l'Ingénierie mécanique. Le but déclaré de son projet était de : « Considérer le système de la NASA comme un média à part entière ». « Mon idée était d'exploiter ce média pour créer de superbes expériences pour des raisons purement esthétiques. C'était une nouvelle idée qui était à contre-courant à ce moment là — ce fut toute une affaire de convaincre la Faculté que mon projet devait consister en des séries d'expériences et qu'il avait peu de chose à voir avec les ordinateurs en tant que tels. »

Bolas se força à tester les environnements de la NASA, en y consacrant à regret une heure tous les soirs. « Cela n'avait rien de passionnant » se souvient-il. « J'avais peur d'être déçu. Je me suis donc mis à programmer comme un fou jusqu'à ce que j'aie développé des variantes qui me plaisent un peu plus ; j'ai demandé à des amis de les tester, jusqu'à ce que j'arrive à un niveau de qualité satisfaisant. À la fin, j'avais trois sujets artistiques et cinq ou six idées d'interfaces intéressantes. »

L'un des trois sujets artistiques s'appelait « Mondrian ». Il s'agissait d'une expérience de virtualité réalisée dans le domaine esthétique. « Mondrian » était l'interprétation d'un tableau de Mondrian réalisée sur le système VIEW. Il en résultait une explosion de perspective dans le tableau « Composition avec des lignes », peint en 1918. Bolas l'explique ainsi : « Mondrian pensait qu'une toile ne devait jamais chercher à imiter le relief, j'ai alors repris ses motifs pour leur insuffler la profondeur d'une galerie virtuelle. Cela ressemble alors à l'original de Mondrian, mais si on la sort de la galerie virtuelle, on se rend compte qu'en fait ce tableau est une structure de lignes en trois dimensions de la taille d'un terrain de football, et qu'il ne ressemble au Mondrian que dans la perspective bien précise de la galerie virtuelle. »

Bolas a travaillé également avec une équipe qui, plus tard, devait rejoindre sa société, sur un autre projet de Fisher intitulé « The Boom ». Il s'agissait d'un dispositif binoculaire permettant de visualiser des mondes virtuels suspendus par un procédé mécanique au-dessus d'un bureau, comme une lampe de bureau par exemple. Pour entrer dans un monde virtuel, il vous suffit de placer votre visage en face du « Boom » au lieu d'avoir à chausser des lunettes intégrales. Grâce au procédé mécanique qui remplace le détecteur de position, le temps de réponse est considérablement réduit et le « Boom » est beaucoup moins cher à fabriquer que le « EyePhone ». Mais Bolas, tout comme Fisher, s'intéresse autant à l'art qu'aux sciences de la virtualité.

En septembre 1989, Bolas, Ian McDowall, Russel Mead, Tim Parker et Nanci Anderson fondèrent la société « Fake Space Labs », dont l'objectif était de développer « de véritables outils pour les environnements virtuels », selon les termes de Bolas, qui ajoute : « Même si nous fabriquons du matériel et du logiciel pour des entreprises comme la NASA, nous essayons toujours de faire passer une dimension esthétique dans nos mondes artificiels. Je ne comprends pas pourquoi les gens passent si peu de temps à l'intérieur des mondes virtuels alors qu'ils passent tellement de temps à parler de "polygones par seconde". »

Quand je découvris que David Johnson était le fournisseur de la technologie vibro-tactile qu'on a intégrée aux « gants tactiles » du Super Cockpit, et qu'il se trouvait à une heure de route de mon bureau, je lui rendis visite. Son entreprise-laboratoire-usine, TiNi, est installée dans un grand édifice post-moderne, mélange de tôles et d'acier, à Emeryville, Californie, au sud de Berkeley, une zone post-industrielle sinistrée qui semble refaire surface, et en passe de devenir le pôle industriel de la micro-technologie. S'y côtoient sociétés d'édition de logiciels, futuristes, SSII et unités de fabrication. Les cafés du coin sont remplis de travailleurs « du savoir », qui assaisonnent leur menu basses calories de considérations sur les algorithmes ou les bioformes. TiNi explore la possibilité d'utiliser des « alliages à mémoire de forme » dans les périphériques tactiles virtuels. Leurs locaux se répartissent sur plusieurs niveaux, et ils disposent d'une unité de fabrication de puces.

L'alliage que TiNi utilise, baptisé « nitinol », sert à fabriquer des treillis de petites billes. Le Nitinol peut prendre n'importe quelle forme et retrouver ensuite sa forme originelle. En octobre 1990, au cours d'un séminaire consacré à la RV, j'ai pu tester la version à cinq doigts de ce dispositif tactile. En posant la main sur le treillis, je ressentis le petit picotement des billes activées par le programme, comme un frémissement annonciateur de nouvelles sensations tactiles venant compléter la panoplie de la RV.

Les problèmes de matériel ne sont pas encore tous résolus. Il faut au minimum 500 vibrations par seconde pour donner une sensation de toucher réaliste.

Les billes me chatouillaient et me relaxaient, l'expérience était plutôt agréable. Mon copain Flash Gordon possède une chaise qui lui envoie des vibrations dans la colonne vertébrale à intervalles réguliers et ça a vraiment l'air chouette. C'est un peu comme ça que j'imagine les débouchés de la technologie développée actuellement par David Johnson. Ou peut-être se trompe-t-il complètement et ce serait le type de Londres qui aurait le bon choix, avec ses gants pneumatiques et ses plate-formes mobiles construites avec trois fois rien. De toutes manières, l'ingéniosité des bidouilleurs est en passe de constituer un petit pouvoir au sein de la RV. Il leur suffira de quelques succès commerciaux pour en devenir une force motrice.

Il existe à l'heure actuelle assez de forces prêtes à accoucher d'une industrie de la RV dans les années quatre-vingt-dix. Il est plus difficile en revanche, de répondre à certaines questions d'ordre éthique : Vers quels types de mondes la RV nous entraînera-t-elle, par exemple ? et quel type de créature va-t-elle faire de nous ? On peut tout imaginer parce que ce à quoi on s'attaque et qu'on remet en question, c'est tout ce qui est fondamental et intrinsèque chez l'homme, de sa sexualité à son sens de la réalité.

Quatrième partie

La réalité virtuelle et le futur

CHAPITRE 16

TÉLÉSEXE ET AUTRES PERSPECTIVES

Il y avait un jeune homme du nom de Thésée,
qui avait inventé une machine à baiser.
Concave ou convexe, elle convenait aux deux sexes,
et elle était très facile à nettoyer.

CHANSON TRADITIONNELLE
Cette version en est attribuée
à John von Neumann

Le premier système fonctionnel de télésexe sera un appareil de communication, et non une « machine à baiser ». La téléprésence d'aspect érotique ne servira probablement pas à avoir des relations sexuelles avec des *machines*. En revanche, d'ici une trentaine d'années, lorsque les équipements de télésexe se répandront, la plupart des gens les utiliseront pour avoir des rapports sexuels avec d'autres *gens*, à distance, dans des configurations et des combinaisons jamais envisagées jusqu'ici dans les livres spécialisés et autres versions plus ou moins expurgées du *Kàma sùtra*. Grâce au mariage des technologies de réalité virtuelle avec les réseaux de télécommunication, nous pourrons tendre la main à travers l'espace et caresser quelqu'un – ou tout un groupe – de manière inédite jusqu'ici. C'est en tout cas un scénario possible pour l'avenir.

Le mot *dildonics** a été créé en 1974 par ce visionnaire de l'informatique un peu fêlé qu'est Theodor Nelson (inventeur de l'hypertexte et concepteur du plus ancien projet logiciel encore en cours de développement, « Xanadu »), pour décrire une machine (Brevet américain nº 3 875 932) inventée par un bricoleur de San Francisco, How Wachspress, et qui transformait les sons en sensations tactiles. L'effet érogène dépend de l'endroit précis auquel l'utilisateur décide d'interfacer son anatomie avec l'engin. Dans ce domaine, la RV ouvre des perspectives bien plus larges.

Imaginez-vous dans une vingtaine d'années, en train de vous habiller pour aller à une soirée coquine dans votre voisinage virtuel. Avant de vous rendre dans une pièce capitonnée de manière adéquate et de mettre vos lunettes 3D, vous vous glissez dans une combinaison légère (voire diaphane, comme on pourrait l'espérer), analogue aux *body* d'aujourd'hui, mais aussi bien ajustée qu'un préservatif. Sur la face interne de cette combinaison se trouvent des milliers de capteurs-stimuleurs, réalisés grâce à une technologie encore inconnue pour l'instant, et qui constituent un réseau de minuscules détecteurs tactiles combinés à des microvibreurs à force variable (plusieurs dizaines par centimètre carré). Ceux-ci peuvent émettre et recevoir des sensations tactiles très réalistes, de la même manière que nos appareils de reproduction vidéo et audio transmettent des sensations visuelles et auditives réalistes.

Échappé dans votre monde virtuel, la combinaison vous permet par exemple de tendre la main virtuelle, de saisir un cube virtuel, et en promenant vos doigts dessus, d'en sentir les surfaces et les arêtes, grâce aux vibreurs qui exercent des forces sur votre peau. Ces forces correspondent à celles que vous éprouveriez si vous maniiez un objet réel de mêmes caractéristiques. Vous pouvez frotter votre joue contre du satin (virtuel), et sentir la différence au moment où cette joue passe sur de la peau (virtuelle). Il vous est également possible de masser gentiment quelque chose de mou et de le sentir se durcir sous vos doigts.

Imaginez maintenant que vous branchiez votre système émetteur-récepteur de sons-images-toucher sur le réseau téléphonique. Une représentation visuelle réaliste mais totalement artificielle de votre corps et de celui de votre partenaire vous est offerte. Selon le numéro que vous avez composé, les mots de passe que vous connaissez, ce que vous êtes prêt à payer (ou à échanger, ou à faire), vous pouvez trouver un, dix, mille partenaires, dans divers cyberespaces dont vous n'êtes séparé(e) que par un

---

* *N.d.t.* : Le titre original de ce chapitre est *Teledildonics and beyond*. Nous avons déjà expliqué au chapitre 8 que ce néologisme est formé sur *dildo*, qui signifie « godemiché » et le suffixe « -nics », équivalent à notre « -ique » et connotant l'informatique, l'électronisation. Un équivalent littéral de *dildonics* serait donc « godemichique ». Nous nous en tiendrons néanmoins à « télésexe » pour *teledildonics*.

coup de fil. Ce ou ces partenaires peuvent se déplacer indépendamment dans le cyberespace, et vos représentations respectives peuvent se toucher, bien que vos corps physiques puissent être séparés par un continent. Chuchotez dans l'oreille de votre partenaire, sentez son souffle sur votre cou. Caressez son épaule de la main ; à 10 000 kilomètres de là, une batterie de microvibreurs sont sollicités, à la fréquence et dans l'ordre adéquats, pour reproduire exactement votre geste. Si l'expérience ne vous satisfait pas, ou si l'on vous demande du côté du monde réel, vous pouvez tout arrêter en appuyant sur un bouton et en enlevant votre combinaison.

Avant de s'interroger pour savoir s'il est moral de produire de tels appareils de télésexe ou s'il est moral de s'en servir, il est intéressant de se demander si la technologie d'aujourd'hui est encore loin de celle qui permettra une telle application ; la réponse est : encore très loin. Il faudra d'abord disposer de réseaux de communication sur fibre optique, pour être à même d'acheminer les très gros volumes de données correspondant à la téléprésence tactile ; il se trouve que pour d'autres raisons, on s'achemine de toutes façons vers un câblage par fibre optique du monde entier. Le transport de grosses quantités d'information d'une ville à une autre, ou d'un continent à un autre ne devrait donc pas poser de problème. À moins que l'on dépasse la limite théorique de la vitesse de la lumière, la taille même de notre planète empêche d'envisager un cyberespace à réaction vraiment instantanée ; plus un cyberespace s'étendra géographiquement, plus le temps de réponse sera long. La charge de calcul nécessaire pour gérer un tel système pose également un problème ; d'ailleurs, à l'aune des systèmes informatiques actuels, il est tout simplement irréalisable. C'est principalement pour cette raison que le télésexe ne peut être envisagé qu'entre le début et le milieu du XXIe siècle et non pour dans un an ou deux : il faudra des ordinateurs extrêmement puissants pour effectuer les millions de calculs nécessaires pour piloter les centaines de milliers de capteurs et de microvibreurs. Chaque région de notre corps aura besoin de son propre processeur.

Les organes de conversion des sensations tactiles posent également un problème majeur. Il faudra des décennies pour que l'on soit à même de réaliser ces tissus de microcapteurs et de microvibreurs efficaces, à temps de réaction rapide et totalement inoffensifs pour l'utilisateur : les vibreurs d'aujourd'hui s'apparentent aux ordinateurs du temps de l'ENIAC. La réalisation de microsondes permettant de communiquer pincements, grattements, caresses, massages nous apparaît comme une tâche d'une ampleur formidable, mais on y travaille d'ores et déjà sur trois continents. Hennequin avec ses appareils à air comprimé et Johnson avec ses alliages à mémoire de forme ne sont pas les seuls. Les chercheurs d'ATR, au Japon, qui m'ont présenté leurs travaux se sont montrés très intéressés par la transmission du toucher. Des chercheurs italiens ont peut-être fait un grand pas vers la production d'un tissu léger à capteurs-vibreurs intégrés, comme l'indique l'article suivant de Shawna Vogel, paru en 1990 et intitulé « La peau intelligente » :

> L'une des avancées les plus nettes dans cette direction est l'œuvre d'un ingénieur italien, Danilo De Rossi, de l'Université de Pise, qui a réalisé une peau artificielle en s'inspirant largement des couches de la peau humaine, le derme et l'épiderme. Son tissu souple à plusieurs couches possède d'ailleurs la même épaisseur que la peau de l'homme, soit environ celle d'une pièce de 10 cents.
>
> Cette peau artificielle est faite d'un gel hydrophile conducteur placé entre deux couches d'électrodes qui contrôlent le flux électrique passant dans le gel. Comme la peau humaine, ce derme détecte la pression globale exercée par un objet : la déformation du gel due à une telle pression modifie la tension entre les électrodes, de manière proportionnelle à son intensité. En mesurant ces changements de tension, un robot habillé de cette peau pourrait ainsi distinguer une balle en caoutchouc d'une pierre.
>
> Pour traiter les détails plus fins de la structure de surface, De Rossi a créé une couche épidermique de feuilles de plastique portant des capteurs et séparées les unes des autres par de fines feuilles de caoutchouc. Les capteurs sont des disques de la taille d'une tête d'épingle faits de substances piézoélectriques, qui émettent une charge lorsqu'ils sont soumis à une pression. Ces disques peuvent détecter des aspérités aussi petites que les bosses d'un document en braille.

Ces éléments du développement scientifique actuel dessinent les contours de notre fantasme de rapports sexuels par l'intermédiaire de la RV : combinez une version aboutie de la « peau intelligente » avec une puissance de calcul adéquate, un logiciel intelligemment conçu, et un réseau de télécommunication à très haut débit et vous obtenez votre système de télésexe. Pour atténuer un peu la connotation sexuelle, on peut envisager de parler de « Système interactif de téléprésence tactile ».

Le télésexe en soi a toute l'apparence d'une expérience de réflexion ayant échappé à tout contrôle. Les physiciens des particules avaient fait appel à cette technique, consistant à imaginer un ensemble de conditions données comme point de départ d'une *gedankenexperiment*, une « expérience de pensée ». L'idée consiste à placer les gens dans un environnement conceptuel donné pour leur permettre d'apprécier les conséquences d'une découverte nouvelle. Eh bien j'ai fait l'erreur de faire ma *gedankenexperiment* sur mon service de forum électronique de prédilection.

J'écrivis en effet une contribution sur le télésexe, assez proche du contenu de ce chapitre, et la plaçai dans un des forums du WELL ; je me servis de mon modem pour envoyer la version électronique de ce texte de mon micro-ordinateur vers l'ordinateur central qui conserve les messages et contributions électroniques dont l'ensemble constitue The WELL. Il s'agit là d'une façon pratique d'obtenir quasi-immédiatement les réactions à un thème de quelques dizaines de personnes parmi une communauté de quelques milliers. Toute personne dont le micro-ordinateur entre en relation avec The WELL quelques instants après l'envoi de ma contribution, ou le jour suivant, ou six mois plus tard, peut me faire part de son sentiment sur le sujet, de manière publique en répondant directement sur le forum, ou privée en m'adressant un message. Les utilisateurs d'un service comme The WELL ont également d'autres possibilités : ils peuvent par exemple copier des contributions ou des documents et les envoyer ailleurs, sur d'autres serveurs, par télécopie, par courrier, etc. Je pensais que ma contribution lancerait une discussion qui m'aiderait à y voir plus clair sur le sujet du télésexe. Le plus étrange, c'est que je reçus des messages électroniques venant de toutes les régions du pays seulement quelques heures après avoir placé mon texte sur le forum. Je n'avais pas cherché à empêcher sa reproduction et sa libre diffusion. Apparemment, un des milliers d'utilisateurs du WELL avait relayé mon texte par messagerie électronique sur d'autres serveurs du réseau mondial.

Et le sujet semblait avoir touché une corde sensible. Je remarquai qu'un journaliste qui m'interrogeait quelque temps plus tard à Tokyo pour un des magazines japonais d'informatique les plus diffusés en avait une copie sur papier. Je reçus des appels téléphoniques de Londres et d'Amsterdam. Tout le monde semblait avoir ignoré mes précautions oratoires et mes avertissements des impossibilités techniques actuelles et semblait croire qu'un tel système existait déjà et que je l'avais vu ou testé. Autre épisode dû à cette « expérience de pensée » : un diner avec un journaliste allemand, jeune reporter pour *Der Spiegel*, l'un des deux principaux hebdomadaires généralistes allemands. Ce jeune homme enquêtait sur ce que pourrait être la prochaine révolution informatique, ce qui l'avait amené à s'intéresser à la RV. Suite à ce diner, il écrivit un article, qui parut plusieurs mois plus tard, illustré de ma photo et dans lequel mon nom était mentionné. Mon agent m'en envoya une traduction approximative, qui l'était apparemment trop, ou peut-être ne pris-je pas le soin de la lire entièrement. Un mois plus tard, je reçus un appel d'une dame d'Augsbourg, en Allemagne, qui se fit très insistante pour me demander de venir parler, quelques jours plus tard, à un congrès organisé par NCR. Elle me persuada de venir les entretenir, de manière générale, ou plus précise, à mon gré, des « perspectives ouvertes par la RV ». Lorsque j'arrivai à Augsbourg, je fus immédiatement conduit à une réception donnée par le maire dans la splendide mairie restaurée de la ville. Puis nous rejoignîmes la cave municipale pour y goûter bière et saucisses et pour une interminable discussion bilingue sur l'histoire de la cité. C'est à ce moment-là que le directeur du marketing et de la communication de NCR Allemagne me dit que j'étais célèbre dans le pays à cette époque, à cause de ce que rapportait l'article de *Der Spiegel*, ou en tout cas de ce qu'en avaient compris les gens.

« Que voulez-vous dire ? » demandai-je.

« Quand vous dites que vous avez testé des façons d'avoir des rapports sexuels avec les ordinateurs » répondit-il.

Pas étonnant que les dirigeants de la société qui s'étaient présentés à moi aient arboré un grand sourire en me disant qu'ils étaient impatients d'entendre mon discours. Je commençai donc celui-ci en citant le *limerick* de John von Neumann.

Un article sur le télésexe fut également publié dans *Mondo 2000,* un « mutazine » d'avant-garde centré sur la technologie. Il en résulta une autre série de coups de fils bizarres. J'ai toutes les raisons de penser, au vu des réactions suscitées par un article que j'avais écrit en dix minutes en m'amusant que l'intérêt pour de telles possibilités ne se démentira pas. Lorsqu'il y a, de la part du grand public, une telle curiosité pour une technologie donnée, lorsque celui-ci fait, littéralement, preuve de désir pour un nouveau jouet de cet ordre, la force de la demande peut faire avancer les choses de manière significative, surtout lorsqu'on connaît le rythme de progression actuel des technologies catalyses et lorsqu'on imagine la force de persuasion dont seraient capables les hommes de marketing une fois que le sexe à distance serait devenu une réalité. Oui, le télésexe apparaît comme un fantasme, bien éloigné des réalités sérieuses comme l'imagerie médicale ou les mitrailleuses téléguidées. Mais lorsqu'on commence à réfléchir à un tel sujet, le nombre de questions qui viennent à l'esprit, à propos des possibilités futures de la RV et des changements qu'elles pourraient causer dans nos vies, est étonnant. Vu le rythme du développement des technologies de RV, nous ne disposons pas d'un temps énorme pour débattre de questions touchant la moralité, l'intimité, l'identité, voire même un changement profond de la nature humaine. Lorsque la révolution de la RV sera vraiment en marche, nous serons vraisemblablement trop occupés à y participer pour analyser ou débattre de ses conséquences.

Un des effets secondaires de l'accroissement des possibilités technologiques semble être que la culture humaine acquiert un côté de plus en plus mécaniste. Nous nous réveillons, nous mangeons, nous dormons, nous organisons nos journées en fonction des machines qui nous facilitent la vie par rapport à celle de nos grands-parents. Dans le même temps, les désirs ont été progressivement stimulés, désorientés, puis anesthésiés par les tirs concentrés d'images, de sons, de mots qui nous atteignent par le biais des médias électroniques ; McLuhan ne nous a pas dit que l'expérience principale que nous ferions du « village mondial » serait une surdose de publicités magistralement réalisées, s'appuyant principalement sur des sous-entendus sexuels, pour les produits de grosses multinationales. Les médias électroniques ont jusqu'ici été utilisés par quelques-uns pour manipuler les désirs du plus grand nombre dans le but de faire les plus gros bénéfices possibles. Il est possible que la téléprésence, s'appuyant sur un réseau très ramifié comme celui du téléphone, démocratise l'accès à ce pouvoir. Reste à répondre à ces deux questions : un tel scénario est-il réaliste et est-ce même une bonne idée ?

Pour beaucoup, l'idée d'« embrasser la technologie » au sens littéral est répugnante. Un des spécialistes de l'éthique de l'informatique, Joseph Weizenbaum, auteur de *Computing Power and Human Reason* (« Puissance informatique et raison humaine »), estimerait, j'en suis certain, qu'une telle perspective lui ferait perdre sa qualité d'homme. Peut-être a-t-il raison. Les réserves au nom de l'éthique que font ces prophètes peu optimistes doivent être considérées avec la plus grande attention. Mais il est hors de doute que le sujet est à même de fasciner des millions de gens dans le monde. Pourquoi pas ? Les philosophes contemporains ont tiré la sonnette d'alarme sur la mécanisation progressive de la culture humaine et ont prédit que la sexualité, dans le futur, pourrait devenir un formidable lieu d'éclatement de la culture.

Quelques-uns de nos principes les plus fondamentaux pourraient bien changer si le télésexe entrait en pratique. Si tout un chacun peut se donner une apparence de beauté, avoir une voix extrêmement sensuelle, se sentir aussi nubile ou viril que n'importe qui d'autre, quelle sera la nouvelle sémiotique de la séduction ? Qu'est-ce qui sera érotique et qu'est-ce qui ne le sera plus ? Dans le domaine du codage sexo-culturel, la façon dont nous nous servons des moyens de communication d'aujourd'hui pour faire des expériences érotiques artificielles peut être riche d'enseignements. Les numéros de téléphone surtaxés que l'on appelle pour avoir une conversation à contenu sexuel avec une personne du sexe de son choix en est un exemple. C'est ce qu'affirme Rosanne Stone, une spécialiste. Je l'ai rencontrée sur le réseau, et nous en savions déjà beaucoup sur nos opinions respectives en la matière lorsque je la rencontrai ensuite en tête à tête. Stone a interviewé des programmeurs de RV, des opérateurs de services érotiques par téléphone et des amputés, leur point commun étant de tous avoir fait l'expérience d'une certaine désincarnation et d'avoir éprouvé les sensations d'un corps qui n'existait pas vraiment.

Lorsqu'elle eut vent de ma grande enquête sur la RV, elle me contacta par messagerie électronique. Elle m'envoya ensuite un certain nombre d'observations qu'elle avait faites sur l'érotisme par téléphone, dans le cadre d'un ouvrage intitulé *Sex and Death Among the Disembodied* (« Sexe et mort chez les désincarnés »), qui confirme l'idée que l'on se sert déjà des infrastructures de télécommunication actuelles pour la satisfaction de besoins érotiques :

> Le sexe par téléphone est un processus d'élaboration du désir par le biais d'un seul mode de communication. Les participants exploitent un répertoire de codes culturels pour bâtir un scénario qui condense de grandes quantités d'information dans un espace exigu. Le locuteur code verbalement le geste, l'apparence, la propension et les exprime à l'aide de signes qui peuvent tenir

en un seul mot. Le destinataire développe les signes et bâtit sa propre image d'une interaction complexe. Dans ce type d'interaction, le désir s'appuie sur la tension qui existe entre une réalité vécue dans son corps et la vacuité du signe ; en d'autres termes, les signes émis dans le cadre de ces expériences sexuelles téléphoniques sont uniquement verbaux, et le destinataire exploite les indices que ces signes véhiculent pour bâtir un objet de désir multimode, possédant des attributs de forme, tactiles, etc. Cet acte même est largement personnel et subjectif ; d'un signe de désir extrêmement condensé, le destinataire tire un sens très dense, propre à son lieu d'existence géographique et social.

Les effets sociaux secondaires du technosexe sont potentiellement révolutionnaires. Si grâce à la technologie, il est possible de faire l'expérience d'une communion physique, sociale, émotionnelle sans risque de grossesse ou de maladie sexuellement transmissible, que deviendront nos critères moraux traditionnels, et les rites sociaux et codes culturels qui n'existent que pour soutenir ceux-ci ? La désincarnation marque-t-elle la révolution sexuelle ultime et/ou la première étape de l'abandon définitif de notre corps ? Lorsque j'essaye d'imaginer les milliards d'êtres humains de demain, la vision d'un futur sombre d'E. M. Forster, dans laquelle chacun reste confiné dans son module de vie, l'attention entièrement captée par les médias électroniques et le souvenir de tout contact physique définitivement perdu, me vient à l'esprit. Et puis je me dis qu'il faut se garder de voir l'avenir avec les œillères morales de notre présent : dans un monde habité par des dizaines de milliards d'hommes et de femmes, peut-être le cyberespace est-il le lieu le plus adapté à une vie relativement heureuse.

Revenons aux conséquences possibles du télésexe. Si je peux lier le mouvement de ma main et les jambes de mon corps virtuel, de manière à « marcher » dans le cyberespace en agitant les doigts de ma main physique, comme cela est déjà possible de manière rudimentaire, il est tout à fait envisageable de lier les capteurs de ma main à mes vibreurs génitaux, par exemple, et de bénéficier ainsi d'une stimulation génitale à chaque fois que je serrerai la main de quelqu'un. Que deviendra le contact social physique lorsque plus personne ne saura où sont situés les zones érogènes de l'autre ?

Les notions de vie privée, d'identité et d'intimité fusionneront en quelque chose que nous ne pouvons encore nommer. Sur les ordinateurs Unix, comme ceux qui sont utilisés pour former le réseau mondial de messagerie électronique, les fichiers (documents divers, bases de données, images, sons, programmes) d'une part, et les catégories d'utilisateurs d'autre part sont répartis selon une thématique de droits d'accès hiérarchisés ; pour utiliser une image, c'est comme si ces informations étaient cachées derrière des portes dont, en tant qu'utilisateur de telle catégorie, vous aurez reçu ou non la clef. Ceux qui utilisent ces systèmes Unix aujourd'hui disposent en général de fichiers à eux dont ils ouvrent l'accès à tous et d'autres fichiers dont la clef d'accès n'est connue que de collaborateurs ou d'amis très proches. Dans le cyberespace, si une structuration de cette ordre est introduite, votre personne publique — la personnalité que vous voulez projeter au monde — sera « lisible » par tous. Si vous décidez ensuite de vous joindre à un groupe de collègues ou de pairs, ou si vous décidez de devenir « informationnellement » intime d'une personne ou d'un petit groupe de personnes, vous partagerez avec eux les codes d'accès à votre identité plus profonde. Il est ainsi fort possible que la stimulation de sensations génitales en vienne à sembler un acte de caractère moins intime que le partage d'informations reflétant votre moi le plus profond.

Les effets psychosociaux potentiels de la RV telle qu'on la connaît aujourd'hui ont été astucieusement prévus il y a trente ans par Marshall McLuhan dans *Understanding Media*, ouvrage qui semble encore plus pertinent dans les années quatre-vingt-dix qu'à l'époque de sa publication. Mais les conséquences probables de la RV dépassent l'horizon McLuhanien. Avec d'éventuels systèmes d'identités virtuelles multiples superposées — comme des poupées russes — et potentiellement très différentes les unes des autres, que deviendra notre moi profond ? Où réside l'identité ? Quelles nouvelles valeurs prendront les notions d'« intimité » et de « moralité » ? Les données des ordinateurs et nos sensations corporelles devenant si profondément liées, considérerons-nous toujours nos appendices mécaniques comme des objets, ou en viendrons-nous à les considérer comme une partie de nous-mêmes ?

Médias en folie et cultes mystérieux pour les années 90

Le LSD est un moyen d'explorer notre territoire électronique invisible ; il libère la personne d'habitudes et de réflexes verbaux et visuels acquis, et offre les conditions d'une implication immédiate et totale, d'un être-tout-là et d'un être-tout-moi, qui sont en réalité les aspirations humaines fondamentales, tirées grâce à des extensions électriques de notre système nerveux central du système de valeurs rationnel et organisé traditionnel. L'attirance pour les drogues hallucinogènes s'explique par le fait qu'elles nous permettent d'arriver à l'empathie avec notre environnement chargé d'électricité, un environnement qui est en soi un voyage intérieur d'où les drogues sont absentes.

Marshall McLuhan,
Interview à *Playboy*, 1969

Une fois leur curiosité pour le télésexe satisfaite, la deuxième question que la plupart des gens et que tous les journalistes posent est la suivante : la réalité virtuelle peut-elle devenir une sorte de « LSD électronique ». Et si l'on essaye, plutôt que d'y répondre, de comprendre pourquoi elle est si souvent soulevée, un fil apparaît. En le suivant, on se trouve confronté aux recoins sombres de l'inconscient collectif de la civilisation industrielle blanche. Suivez-le encore, telle Ariane, et vous vous retrouverez à Lascaux, berceau de la réalité virtuelle et autres moyens d'exprimer la pensée.

« La réalité virtuelle est-elle l'équivalent électronique du LSD ? » Cette question a été posée systématiquement à chaque table ronde et à chaque démonstration de RV auxquelles j'aie assisté en 1989 et en 1990. Je l'ai moi-même posée avant de faire ma première expérience du cyberespace. C'est une bonne question, mais ce n'est pas la *seule* question, et certainement pas la plus importante. Elle touche cependant un point culturel et politique sensible. J'en suis venu à me demander pourquoi ces mêmes sujets, intéressants mais mineurs, revenaient inlassablement sur le tapis alors que d'autres étaient plus cruciaux ou plus intéressants. Sexe et drogue sont certainement des thèmes brûlants, mais sont loin de résumer la RV.

Il ne s'agit pas de remettre en cause ce type de spéculation ; ce qui est étonnant, c'est l'attention disproportionnée qu'il recueille par rapport aux autres conséquences d'une innovation technologique de cette importance, et qui révèle une névrose culturelle sous-jacente. Il est certain que le lien entre l'expérience de la RV et celle des drogues est fait spontanément par beaucoup. Jerry Garcia, guitariste des Grateful Dead, le groupe qui jouait le plus souvent aux « acid tests » des années soixante, a fait un tour dans la réalité virtuelle chez Autodesk en 1989. Il aurait dit ensuite : « Ils ont interdit le LSD. Je me demande ce qu'ils vont faire avec ce truc. » Et de fait, les responsables d'Autodesk, une entreprise plutôt sérieuse et qui se consacre à la CAO bien plus qu'à toute révolution culturelle est allée jusqu'à faire appel à Timothy Leary pour être le narrateur de leur première vidéo de présentation de leurs recherches. J'ai interviewé aussi bien Garcia que Leary, sur le thème de la RV, et tous deux m'ont confirmé que leurs premiers voyages dans le cyberespace leur ont rappelé leurs aventures psychédéliques, et qu'une machine pouvant modifier notre vision du monde est en partie apparentée au LSD, ce qui ne veut pas dire que le parallèle doit être poussé plus loin. Je me suis rendu compte que les deux, Garcia et Leary, avaient quantité d'autres choses intéressantes à dire sur le sujet. J'ai trouvé intéressant que Garcia veuille donner des concerts virtuels dans le cyberespace, où le public pourrait participer à la création en cours, et que Leary voie un rapport entre l'avènement de l'informatique « interpersonnelle »* et l'importance culturelle donnée à la RV.

---

* *N.d.t.* : Moment (actuel) de l'évolution de l'informatique où les micro-ordinateurs, jusqu'ici isolés, sont de plus en plus connectés entre eux et favorisent l'échange d'informations entre leurs utilisateurs.

L'intérêt des médias pour ce thème attira mon attention mais n'en fit pas pour moi un sujet d'investigation jusqu'en janvier 1990, lorsque le *Wall Street Journal* fit paraître un article sur la RV en première page, avec comme sous-titre : « Du LSD électronique ? »

Le journaliste du *Wall Street Journal* avait monté en épingle la possibilité d'extases virtuelles futures (sans dire que la réalité virtuelle était d'ores et déjà utilisée pour programmer les séances de rayons faites aux malades du cancer). Quelques jours plus tard, je reçus un premier coup de téléphone d'un des nombreux journalistes dans le monde qui suivaient tout ce qui se disait sur « la réalité virtuelle et autres machines qui permettent de planer ». Entre ceux qui veulent absolument se brancher et ceux qui veulent lui barrer le chemin, le niveau d'intérêt pour la RV comme paradis artificiel supposé est presque aussi élevé que pour le télésexe. De manière ironique, tant le sexe que le psychédélique sont des applications nettement plus lointaines que d'autres, moins « médiatiques » mais tout aussi majeures, telles que l'amplification des capacités des tétraplégiques, des pompiers face au feu, des médecins qui ont à faire des diagnostics, ou des gens chargés de programmer des séances de rayons.

Il est hors de doute que l'extase, la transe, la dépendance, l'endoctrinement sont les conséquences possibles de toute technologie qui affecte de manière importante nos perceptions. Ce qui ne veut pas dire qu'il serait aisé de créer une Eleusis électronique ou un système de lavage de cerveaux par le biais de la RV. Peut-être le télésexe, pour des raisons techniques, précédera-t-il le voyage psychédélique cybernétique. Mais quoiqu'il en soit, j'ai le sentiment que ces aspects les plus controversés de la RV continueront à attirer irrésistiblement l'attention de la presse. Timothy Leary et le LSD, en 1990, n'évoquent plus tellement un homme et une drogue en tant que tels, mais sont des symboles chargés de tout ce dont l'inconscient national a peur.

Curieusement, peu nombreux sont ceux qui font état d'un danger bien plus crédible : que la RV entraîne une dépendance, une anesthésie des consciences aussi grandes que la *télévision*, dont l'Américain moyen consomme plus de sept heures par jour, pour le plus grand profit de ceux qui ont pris le contrôle des différentes chaînes. Cela dit, il est impossible pour les journalistes et commentateurs — catégories dans lesquelles je m'inclus — d'éviter l'expression « LSD électronique », qui a un pouvoir de séduction irrésistible.

C'est vrai, il y aura certainement du sexe, de la drogue, et même peut-être du rock and roll dans la RV du futur. On aurait pu dire la même chose de l'imprimerie. Il est important de ne pas ignorer les changements induits par une nouvelle technologie sous prétexte qu'ils ont partie liée avec certains tabous du moment ; il est également important de ne pas se laisser obséder par ces changements. Après avoir examiné de près un scénario légèrement sulfureux mais assez éloigné dans le temps, il faut s'appliquer à élargir son champ de vision.

C'est d'extase qu'il s'agit, et de la manière de la traiter.

L'Amérique des années quatre-vingt-dix ne connaît plus l'extase au sens originel, *ex-stasis* : s'échapper un moment de son état quotidien, transcender les particularités de la condition de mortel, délaisser l'état d'éveil ordinaire pour avoir accès au divin. À la différence des Jivaros d'Amazonie ou des Grecs de l'antique Éleusis, les travailleurs urbains de l'ère post-industrielle que nous sommes ne disposent pas d'un rite social consacré permettant d'abandonner temporairement notre conscience de tous les jours pour étancher notre soif d'une expérience directe du *mysterium tremendum et fascinans*. À la différence de la plupart des adultes qui ont vécu au cours de ces 100 000 dernières années, nous n'avons jamais été initiés à la peur, à l'effroi, à la joie. Nous ne nous sommes jamais familiarisés avec notre naissance, ni n'avons appris ce qui nous lie à la mort. L'illusion de notre moi n'a jamais été mise en scène dans des mythes, des chants, des danses ou une confrontation directe. Dans les moments d'émerveillement et de terreur, on ne nous a jamais confié les enseignements des Anciens. Nous sommes poussés en avant par une hyperréalité numérique que nous n'avons pas faite et souffrons aujourd'hui sans bien comprendre pourquoi.

Il n'y a rien de très nouveau à cette opposition entre religion du ciel et religion de la terre, entre civilisations apollinienne et dionysiaque, entre guerriers, forgerons et guérisseurs, herboristes. Mais l'Amérique des années quatre-vingt-dix l'a réactualisée avec encore plus d'excès dans le double langage, la désinformation, la confusion, la répression et surtout la dénégation. Nous passons notre temps à nier tant de choses avec tant de force que beaucoup d'entre nous sont prêts à oublier notre réalité plutôt qu'à y faire face.

Ce mal à gérer l'extase se double d'un déni du problème lui-même. Comme les toxicomanes qui ne se voient pas et qui persistent à nier ce que tout le monde sait ou voit, nos institutions officielles mènent sans relâche une « Guerre à la drogue » sans s'interroger un instant sur les raisons qui conduisent les gens à planer. Nous nous inquiétons de l'attrait croissant des jeux électroniques pour notre jeunesse alors que notre système d'enseignement s'écroule ; et à l'exception de quelques « missionnaires », rares sont ceux qui se demandent si d'autres connaissances que le savoir scolaire ne pourraient pas être enseignés dans le plaisir d'apprendre. L'usage – par ingestion ou inhalation – des plantes par les indigènes de ce continent a été pratiquement éradiqué. Et pendant ce temps, l'alcool tue un demi-million de personnes chaque année. Les églises voient leurs fidèles les quitter l'un après l'autre, tandis que les groupes de fondamentalistes et d'adeptes du *New age* qui partagent une expérience directe de la foi dépouillée de son dogme connaissent un succès sans précédent.

L'expérience de la RV brise le cadre de la réalité quotidienne sans pour autant, pour l'instant tout au moins, propulser l'utilisateur dans un état analogue à ceux induits par les substances psychotropes. Mais cette simple évasion du quotidien permise par la RV rudimentaire d'aujourd'hui, et ce qu'elle réserve d'expériences symboliques et post-symboliques (comme le dit Jaron Lanier), marque la possibilité qu'un jour prochain, on utilise le cyberespace pour s'échapper de son état mental habituel aussi bien que de son corps.

Serait-ce là une mauvaise chose ? Peut-être le problème posé par les substances toxiques dans notre civilisation industrielle occidentale d'aujourd'hui n'est-il pas tant celui du désir de les consommer que celui de ces substances elles-mêmes et du contexte dans lequel elles sont prises. Changer diamétralement de point de vue sur la question de l'extase électronique peut être encore une de ces « expériences de pensée » instructives : si des gens inspirés et talentueux sont saisis du désir d'y parvenir, la réalité virtuelle peut très bien s'avérer la première forme d'extase cohérente, complète et non pathologique, capable de libérer sans dommage les énergies dionysiaques si longtemps réprimées dans nos civilisations largement apolliniennes. Une façon de répondre à la sempiternelle question du « LSD électronique » est donc la suivante : « Oui, la RV peut être la clef des portes de la perception, à condition qu'il se trouve une ou plusieurs personnes douées de suffisamment de grâce et de bon sens pour la concevoir comme il faut. »

Que deviendront les flux économiques liés aux substituts licites et illicites de l'extase lorsqu'un équivalent électronique crédible vous en sera livré par fibre optique en même temps que les programmes vidéo de votre soirée ? Cela peut poser un certain nombre de problèmes dans un monde où l'offre, la demande et le profit sont primordiaux. Il est intéressant de se servir du sexe et de l'extase, deux sujets porteurs de passion, pour apprécier les effets possibles de la RV sur nos manières de vivre et de penser. Mais ce ne sont pas là les conséquences potentielles les plus inquiétantes de la RV. Notamment pas lorsqu'on sait que le développement militaire d'armes commandées à distance avance à plein régime. L'application des recherches en télérobotique à l'armement intéresse au plus haut point plusieurs secteurs militaires. Et pour obscurcir encore un peu les choses, ceux qui tentent de faire appel à la téléprésence pour sauver des vies bénéficient directement des connaissances acquises par les chercheurs en téléapplications militaires.

Guerre virtuelle, télénanorobotique et téléopérateurs

Les systèmes de téléopération anthropomorphes présentent des avantages qui leur sont propres et sont particulièrement bien adaptés à certains types de tâches, telles que les réparations sous-marines, pour lesquelles la nature exacte du travail à effectuer ne peut être prévue. La sensation de présence malgré la distance que l'on éprouve lorsqu'on se trouve au poste de l'opérateur de « l'homme vert » est très forte, et l'opérateur n'a pratiquement jamais besoin de faire un effort conscient pour assimiler ses gestes à ceux du robot distant.

WILLIAM R. UTTAL,
« Teleoperators », 1989

Je décidai de faire escale à Honolulu à mon retour du Japon, pour essayer de voir cet homme vert. On dit qu'il réside sur la côte au vent d'Oahu, à une portée de grenade d'un lagon dans lequel des dauphins s'entraînent à des missions de destruction sous-marines. Le télérobot anthropomorphe de la Marine militaire américaine – qu'on appelle « l'homme vert » bien qu'il arbore la couleur argentée de l'aluminium poli et de l'acier – n'était malheureusement pas chez lui ; il participait à une conférence dans l'Utah, mais je pus tout de même examiner une jeep équipée de caméras de télévision binoculaires et de bras de robot à la place du conducteur. Derrière ce robot conducteur du *Teleoperated Land Vehicle* (« Véhicule terrestre téléopéré »), et connecté à lui se trouvait un très gros dévidoir de fibre optique conçu pour laisser filer du câble sur plus de 300 km. À l'autre extrémité du câble, dans un fourgon de commande, se trouve l'opérateur, qui a en face de lui une version stéréoscopique de tout ce que voit le robot, peut déplacer les caméras du robot en tournant simplement la tête, et qui, on le suppose, est celui qui commande la gâchette de la mitrailleuse de 50 mm montée devant le dévidoir de fibre optique sur la jeep.

Je savais que l'Armée de l'Air avait joué un rôle dans le développement de visiocasques pour les pilotes de chasse, et que l'intérêt de la Marine pour les véhicules téléguidés remonte à l'époque où on leur avait demandé de récupérer des têtes thermonucléaires tombées accidentellement d'un bombardier B-52. À Seattle, j'avais visité l'un des sites d'implantation de SIMNET, le simulateur de guerre nucléaire totale. Mais on fait difficilement mieux qu'une mitrailleuse de 50 accompagnant un conducteur robot pour faire toucher du doigt l'utilisation militaire des techniques de téléguidage.

Comme dans bien d'autres domaines de l'informatique, les besoins des militaires et leurs capacités de développement, financées par le ministère de la Défense, étaient les moteurs les plus puissants de l'avancement des techniques de téléopération. Durlach, au MIT, cherche à cerner les limites des capacités de l'homme. Tachi, à Tsukuba, Leifer à Stanford, Hennequin à Londres s'efforcent de concevoir des systèmes de téléopération pour handicapés. Mais le premier effort financier de développement de cette discipline eut lieu lorsque deux missiles équipés de têtes thermonucléaires s'abîmèrent dans une profonde faille sous-marine. Les chercheurs de la Marine américaine commencèrent immédiatement à travailler, dans le cadre d'un programme express, largement financé et doté en personnel, pour tenter d'envoyer un sous-marin robotisé accrocher un câble à ces missiles. Si l'on essaye de faire appel à un bras de robot téléguidé pour se servir d'une clef à molette et démonter le détonateur d'une arme thermonucléaire perdue au fond de l'océan, il vaut mieux savoir exactement ce que l'on est en train de faire. D'où cette réputation internationale du *Naval Ocean Systems Center* (NOSC) d'Hawaii comme l'un des avant-postes de la recherche en systèmes téléguidés.

À la conférence de Santa Barbara sur les interfaces homme-machine, à l'intention des téléopérateurs, le docteur Walter Aviles avait présenté une vidéo assez désopilante du véhicule du NOSC. La mitrailleuse n'était pas montée, mais le robot et ses caméras binoculaires étaient bien à la place du conducteur. Apparemment, l'opérateur, qui se trouvait dans le laboratoire du NOSC et utilisait un visiocasque à hautes performances, avait amené le véhicule à l'extrême limite du terrain réservé au NOSC. Une dame qui faisait du jogging le long d'une route adjacente au centre d'essais et qui, visiblement, ne savait rien de ces recherches confidentielles, eut un mouvement de surprise à la vue du robot-conducteur. L'opérateur, qui parlait dans un micro situé à près d'un kilomètre de là, pria cette dame de s'approcher ; elle s'arrêta de courir et s'approcha précautionneusement. L'opérateur lui expliqua qu'il se trouvait dans un bâtiment éloigné de quelques centaines de mètres. La femme fixa le robot pendant un moment, secoua la tête de manière dubitative, puis repartit comme elle était arrivée.

Lorsque je me trouvais au Japon, Susumu Tachi m'avait dit le plus grand bien du NOSC, et c'est pourquoi j'ai modifié légèrement mes plans et prévu de faire escale pour passer vingt-quatre heures à Oahu en rentrant. Un échange de télécopies me permit d'obtenir un rendez-vous avec le docteur Hugh Spain, qui me signala qu'il s'agissait d'un « centre de recherche militaire haute sécurité ». Mon arrivée eut lieu de nuit. Le lendemain, je pris ma voiture de location et me dirigeai vers des montagnes qui ressemblaient exactement à l'idée qu'on peut se faire de Hawaii : verdoyantes et primitives. Le lagon situé en bordure des bâtiments du NOSC ferait les délices de tout plongeur sous-marin s'il n'était pas interdit d'accès. Et à cette petite distance de Pearl Harbor, croyez-moi, la sécurité militaire est particulièrement renforcée. Les applications développées par le laboratoire ne font qu'ajouter à ce souci de protection. Tout visiteur devant garer son véhicule et se faire identifier à la guérite des gardes avant d'entrer dans la base, je dus patienter un moment. Une fois qu'ils eurent contrôlé mon passeport, vérifié que j'étais bien sur la liste des visiteurs attendus, et appelé le Dr. Spain, ils m'indiquèrent ma route. Je me rappelle très clairement de ce bout de chemin, car pour atteindre les bâtiments du NOSC situés près du lagon, je dus m'arrêter à un feu rouge, au bord d'une piste d'envol. Le bruit de deux F-15 décollant de conserve à quelque dix mètres de vous, trois mètres au-dessus de votre tête, est une expérience acoustique rare. Deux minutes après le décollage, mes dents reprirent leur place naturelle et je traversai la piste.

Malheureusement, l'« homme vert » était à ce moment-là à Salt Lake City, où le Dr Aviles tenait une réunion avec l'équipe du Dr Jacobson, de l'Université de l'Utah – celle qui avait conçu le « Bras Utah », le bras artificiel le plus avancé destiné à servir de prothèse. Là encore, on retrouve ce lien étrange entre prothèses et armement : grâce à la téléprésence, en mettant les capacités perceptives et cognitives de l'homme au service d'un robot, les faibles peuvent devenir forts et les forts devenir mortellement puissants. Que le robot pilote une mitrailleuse ou un scalpel dépend de l'intention humaine, et n'est pas une question de capacité mécanique. L'homme vert est aussi anthropomorphe dans ses mouvements – sinon dans son apparence – que les techniques d'ingénierie actuelles le permettent. Les films de démonstration de ses capacités laissent une impression d'étrangeté. L'opérateur porte un visiocasque et un harnais qui maintient ses bras, ses mains et ses doigts dans un exosquelette léger. Comme un cobra qui danse au son de la flûte du charmeur de serpents, l'homme vert reproduit avec une précision troublante, et quasi instantanément, chaque mouvement de l'opérateur. On sait bien que c'est une machine, mais ses mouvements sont ceux d'un homme. J'ai visité le laboratoire, j'ai essayé le visiocasque, mais le robot n'était pas là.

« Évaluation des performances de la téléprésence » fut la réponse de Spain lorsque je lui demandai quelle était sa spécialité. « Nous voulons préparer le terrain pour la conception future de systèmes de téléopération. »

« Quel type de tâches vos systèmes actuels peuvent-ils effectuer ? » demandai-je.

« Ils peuvent placer une clé de 10 sur une tête d'écrou, visser une ampoule électrique, retirer le fromage d'un piège à rat, enfoncer un clou, taper dans une balle de tennis avec une raquette » répondit-il. Un peu plus tard, il me fit voir une vidéo de démonstration, par des téléopérateurs, de ces tâches qui sont aisées pour un homme, difficiles pour des machines, et d'un niveau intermédiaire pour des téléopérateurs.

Agréable et prévenant, vêtu de la tenue civile informelle habituellement portée à Hawaii, Spain ne faisait que peu allusion aux applications militaires, alors qu'elles étaient flagrantes. Nous nous rendîmes dans un autre bâtiment où j'utilisai un visiocasque pour commander un bras robotisé dans un exercice de rangement d'objets dans des cases. C'est un exercice classique de calibrage pour les téléopérateurs, dont j'avais pu voir une version quasi identique dans les locaux de la Commission à l'Energie Britannique à Didcot. En sortant du bâtiment, je vis le véhicule téléguidé garé dans une baraque préfabriquée. On envisage la possibilité d'engins de guerre en RV de façon plus précise lorsqu'on voit de près cette mitrailleuse installée à la place du passager. Spain vit la direction où portait mon regard.

« Les armes semi-autonomes sont une question sensible au plan politique » dit-il. Même gratifié du préfixe « semi », le concept d'arme autonome — des robots guerriers — pourrait effectivement entraîner d'orageux débats politiques si la chose était connue d'un plus grand nombre. Le Dr Spain me parut aussi sincèrement dévoué au progrès des techniques de téléopération que Tachi et d'autres, et ses articles constituent des contributions intéressantes à cette discipline. C'est un homme charmant et je connais les arguments des autres spécialistes de l'armement, qui disent que si les Russes ont accepté des réductions d'armement importantes, c'est parce qu'ils avaient été convaincus par notre supériorité technologique, écrasante dans ce domaine. Il n'empêche, cette mitrailleuse téléguidée me faisait froid dans le dos.

Elle me fit aussi penser à quelque chose que j'avais vu plusieurs mois auparavant : SIMNET. Lorsque j'étais à Seattle pour visiter le « HIT Lab », un programmeur spécialisé en images de synthèse de l'agence de Seattle de la société BB&N avait appelé Furness pour savoir si son laboratoire en cours d'installation avait des perspectives d'embauche. Il travaillait sur un projet appelé « SIMNET » pour les militaires. BB&N avait participé à la mise en œuvre des premiers réseaux informatiques, et cette firme demeure aujourd'hui l'un des principaux sous-traitants de la DARPA* ; je décidai de lui rendre visite pour avoir un aperçu de l'état de l'art en matière de simulation militaire. Ce que je vis m'impressionna à l'époque, mais prit une signification bien plus forte lorsque je vis ce véhicule-robot armé au NOSC et lorsque j'entendis parler de *Ender's Game* et du scénario « jeu vidéo » de pratique guerrière.

SIMNET est un projet financé par la DARPA dont font partie deux cents simulateurs de tanks, ou chars de combat, situés en Allemagne, à Washington, à Fort Knox et ailleurs. Bien qu'ils soient géographiquement dispersés autour de la planète, ces simulateurs reliés par un réseau de télécommunications accèdent à un champ de bataille virtuel commun en temps réel. En exploitant les lignes de communication à haut débit de MILNET, la branche militaire du réseau ARPAnet, ces simulateurs où peuvent prendre place quatre personnes permettent de pratiquer l'intégralité de manœuvres militaires dans le cyberespace. Leur équipement intérieur est modelé sur les vrais chars américains M-1 sauf que ce sont des simulations à très haute définition du champ de bataille qui sont projetées au niveau des fenêtres. La simulation que j'ai vue représentait les

---

* *N.d.t.* : *Defence Advanced Research Projects Agency*, l'Agence de recherche du ministère de la Défense américain.

alentours de Fort Knox, où ont parfois lieu de vraies manœuvres. Il est probable qu'ils aient déjà utilisé d'autres bases de données de terrains, notamment celles qui correspondent aux batailles livrées au Moyen-Orient. Les autres chars qui apparaissent dans la simulation SIMNET sont les simulateurs pilotés par d'autres, et qui peuvent être physiquement situés aussi bien à dix mètres du premier que sur un autre continent. La vue du champ de bataille change en temps réel.

Si un des équipages « ennemis » vise correctement et tire au bon moment et si l'équipage du char visé ne parvient pas à échapper à l'obus envoyé, ce char est décrété hors de combat. D'autres participants potentiels à de tels combats, tels qu'hélicoptères antichars et chasseurs-bombardiers, peuvent également se joindre à la simulation à partir des simulateurs correspondants. Étant donné le coût élevé d'entraînement des soldats dans le cadre de manœuvres réelles et la baisse continue du coût des ordinateurs, SIMNET est une solution économique. Et comme les pilotes d'essai du cyberespace de Furness, les équipages des chars participent à ces expériences de simulation avec enthousiasme. En plus du mode de simulation que l'on vient de voir, il est possible à un équipage de jouer contre des « Forces ennemies semi-automatisées » : un jeu vidéo pour de vrais soldats !

Les manœuvres effectuées dans le cyberespace permettent d'économiser l'essence et d'éviter les accidents mortels, ce qui peut paraître plutôt positif. Ça le semble moins lorsqu'on fait le rapprochement avec *Ender's Game*. C'est sur le réseau que j'en ai entendu parler, par quelqu'un qui me disait qu'il s'agissait d'un roman de science-fiction* dont les implications étaient si sérieuses que l'OTAN avait mis sur pied un groupe de travail destiné à étudier comment éviter le scénario qu'il décrivait. L'*Institute for Simulation and Training* (« Institut de simulation et de formation », ou IST) de l'Université de Floride centrale est le seul site universitaire de SIMNET. J'ai rencontré J. Michael Moschell, de l'IST, à la Première conférence sur le cyberespace d'Austin. Lorsque je lui dis que j'avais vu SIMNET fonctionner, il me raconta l'intrigue du livre d'Orson Scott Card : supposons qu'on forme une équipe de choc, sur un système comme SIMNET, à utiliser les armes virtuelles les plus perfectionnées pour détruire une planète entière. Et supposons que lors d'une des « séances de formation », les armes simulées commandées de main de maître par ces soldats soient secrètement remplacées par des armes réelles...

Les armes de destruction massive sont, malheureusement, souvent techniquement difficiles à distinguer d'outils destinés à sauver des vies : un véhicule piloté à distance pour pénétrer dans un bâtiment et sauver

---

* *N.d.t.* : Roman d'Orson Scott Card traduit en français sous le titre *La stratégie « Ender »*.

ses habitants d'un incendie peut très bien être utilisé pour les tuer. La question n'est pas de demander l'arrêt de ces recherches, mais de savoir si le développement militaire de la téléprésence sera contrôlé, comme par exemple sont contrôlés, au moins dans une certaine mesure, la prolifération des armes nucléaires, le développement et le déploiement d'armes chimiques et biologiques, et autres technologies qui ne doivent pas se retourner contre l'homme. Il est certain que le degré d'automatisation des conflits est un sujet de débat politique sérieux. Et il serait assez ironique que le public en vienne à s'inquiéter des perspectives du télésexe ou du LSD électronique en négligeant un développement de la RV bien plus dangereux et plus probable.

L'utilisation croissante de la robotique dans l'industrie peut pousser la recherche et développement en téléopération vers le secteur commercial, et faire bénéficier des applications civiles des efforts des militaires. La recherche scientifique peut certainement en être la première bénéficiaire, pour tout ce qui concerne l'accès à des environnements hostiles ou inaccessibles à l'homme. Dans le domaine médical, le thème du « voyage fantastique », qu'évoque notamment Thomas Furness, constitue pour l'homme l'une des applications les plus prometteuses de la téléopération. Même si je ne les ai pas rencontrés, j'ai su que deux équipes travaillent en ce moment sur les technologies nécessaires pour construire les microrobots téléguidés capables de voyager dans les vaisseaux sanguins humains et d'effectuer de la microchirurgie interne. Yotaro Hatamura et Hiroshi Miroshita, dans leur rapport « Système de couplage direct entre le monde nanométrique* et le monde de l'homme », évoquent l'utilisation qu'ils font du microscope électronique à balayage pour obtenir des images stéréoscopiques du monde de l'extraordinairement petit, dans lequel ils s'efforcent également de mettre en œuvre des capteurs de force très sensibles.

Les télénanorobots peuvent aussi être utilisés pour la recherche pure. Une équipe du laboratoire d'IBM de Yorktown Heights a réussi à intégrer un microscope à effet tunnel et un palet à retour d'effort qui permet à l'opérateur de « toucher » la surface des atomes avec le bout des doigts. Cette équipe a publié en 1990 un rapport intitulé « Pour un système de manipulation télénanorobotique avec retour d'effort des forces moléculaires et traitement des mouvements ». Les révolutions que pourraient favoriser les nouvelles technologies aux échelles micrométrique et

* *N.d.t.* : « Nano » est le préfixe signalant une grandeur mille fois inférieure à celle représentée par le préfixe « Micro ». On parle en ce moment de « Nanotechnologies » pour tout ce qui concerne l'ingénierie d'outils, de moteurs, de bobines, etc. à l'échelle plus que microscopique...nanoscopique.

nanométrique dépassent le cadre de ce livre. On peut néanmoins penser que lorsque les techniques de microrobotique et de nanorobotique seront au point, la téléopération jouera un rôle important dans leur utilisation. Il y là encore une convergence en cours de développement.

La RV industrielle : téléprésence dans les usines

« Maurice, je crois que le mélange de la cuve 6 refroidit trop tôt. »
« Mets-y la main pour voir où ça en est. »

Superviseurs par téléprésence
d'une future usine de produits chimiques.

Les ordinateurs peuvent être de fantastiques amplificateurs des facultés humaines, et l'informatisation peut être la source de toutes les aliénations. La réalité virtuelle va-t-elle constituer la forme ultime d'aliénation, ou bien peut-elle contribuer à faire diminuer l'aliénation déjà entraînée par les ordinateurs ? Pensons aux cas où la *nature même de l'interface homme-machine,* et non la mise à contribution de l'informatique en soi, a éloigné des gens de la vraie nature de leur travail. On n'empêchera pas l'informatisation progressive de toute la société. Mais nous pouvons influer sur la manière de traiter la « membrane » informatique qui nous entoure. L'avantage économique de l'informatisation garantit l'accroissement du nombre de systèmes commandés par ordinateur sur les lieux de travail. L'effet aliénant de l'interface — là où les gens sont en contact avec leur travail — est une question de nature à la fois humaine et économique que le cyberespace, de manière paradoxale, pourrait aider à traiter en redonnant aux gens un contact plus direct avec leur travail.

L'industrie est un domaine où des applications cyberspatiales appropriées pourrait avoir de grands effets. Et lorsqu'un outil a un effet très positif sur des chaînes de production coûteuses et qui doivent être constamment concurrentielles, on met en général les moyens qu'il faut pour le faire évoluer rapidement. La conception, les bureaux d'études — qu'on peut considérer comme la « devanture » de l'industrie — sont des domaines où l'immersion visuelle en 3D, la téléprésence et la possibilité de manipuler des objets qui n'existent encore qu'à l'état de bases de données représentent un avantage concurrentiel suffisamment net pour qu'on puisse envisager que la RV devienne l'interface standard en CAO. Quant à l'« arrière-boutique » de l'industrie, comme les fonderies, les unités de production de produits chimiques, etc., ils peuvent également bénéficier de ces effets.

La conduite de processus industriels, par exemple, dont on entend peu parler mais qui est économiquement essentielle, a subi des effets secondaires bizarres à la suite de son informatisation, que des interfaces en RV pourraient supprimer.

La conduite de processus est à la fois une science et un art, qui met en scène un ballet délicat, vital et parfois dangereux d'êtres humains et de machines.

Nous ne prêtons pas grande attention à la manière dont elle est réalisée, mais ses résultats sont essentiels pour une grande partie de notre vie quotidienne, de celle des usines de pâte à papier qui nous permettent de lire nos journaux à celle des raffineries pétrolières qui font marcher nos automobiles ou à celle des fonderies qui produisent l'âme des autoroutes sur lesquelles nous roulons, des ponts que nous traversons, et des immeubles que nous utilisons. La conduite de processus industriels était assurée auparavant par des connaisseurs, qui évaluaient, par exemple, la chaleur d'un four en en ressentant la température sur leur visage, ou qui appréciaient la couleur des mélanges de telle cuve, ou encore qui plongeaient la main dans la pâte à papier pour s'assurer de sa texture. Ces vingt dernières années, cependant, pratiquement toutes les usines pour lesquelles la conduite de processus joue un rôle majeur ont adopté des systèmes automatisés commandés par ordinateur. Ainsi les hommes ont-ils été privés du contact sensitif direct avec les produits, dépouillés de l'interactivité qu'ils avaient avec les processus.

Dans son livre *In the Age of the Smart Machine : The Future of Work and Power* (« L'âge de la machine intelligente : Avenir du travail et du pouvoir »), la spécialiste en sciences sociales Shoshana Zuboff, qui travaille à Harvard, indique de quelle manière l'arrivée des ordinateurs a changé le travail dans les usines et dans les bureaux. Dans le cas de la conduite de processus, Zuboff a détecté un type d'aliénation inquiétant. Des travailleurs qualifiés, qui avaient assuré la bonne marche de processus industriels pendant des années, se retrouvaient dans une situation où leur qualification était devenue inutile et où la nature de la nouvelle interface avec le processus les obligeait à se requalifier. Dans un certain nombre de cas, il semble que les sens et l'intuition humaine surveillent mieux les processus complexes que les ordinateurs très sophistiqués qui expulsent ces travailleurs de l'atelier pour les placer dans des cabines de contrôle devant des écrans. Zuboff a interviewé des ouvriers d'une usine de production de papier qui était en train de passer à un système informatisé.

Elle a également enquêté dans le secteur des services, et a distingué l'émergence de nouvelles compétences inattendues mais nécessaires à l'adaptation des travailleurs à ce que Zuboff appelle un « environnement informaté ». Voici ce qu'elle écrit à propos de cette usine de production de papier :

L'un des aspects fondamentaux de cette transformation technologique, éprouvé par les travailleurs et observé par les cadres, c'est une réorientation des moyens grâce auxquels on peut avoir un effet tangible sur le monde. L'interaction physique immédiate doit être remplacée par un processus de réflexion abstrait au cours duquel les différentes options sont considérées, des choix sont faits et traduits dans les termes adaptés au système informatique en place. Pour beaucoup, l'action physique est réduite au jeu des doigts sur le clavier d'un terminal. Comme le dit bien l'un des opérateurs, « On doit convertir sa mobilité physique antérieure en une capacité d'engager un processus de réflexion. » Un cadre de cette usine ayant une longue expérience de la profession souligne les compétences spécifiques nécessaires dans un environnement hautement informatisé :

« En 1953, nous rapprochions autant que faire se pouvait l'opérationnel et le contrôle. Nous faisions ce qu'il fallait pour qu'à toute modification apportée corresponde un changement visible. Avec l'arrivée de l'informatique, la commande et le contrôle sont centralisés et donc éloignés du processus industriel lui-même. Si l'on n'a pas une compréhension claire du fonctionnement du processus, le travail devient plus difficile. On a besoin d'en savoir plus, car quand on commande à partir de l'ordinateur, on ne voit pas ce qui se passe réellement. Ainsi a-t-on besoin de nouvelles compétences mentales et conceptuelles. »

Zuboff releva qu'il y avait une différence importante entre le type de connaissances « de cause-à-effet » que les opérateurs chevronnés possédaient et le type de connaissances requises lorsque l'ordinateur fut installé :

Dans des usines comme celles de Piney Wood et de Tiger Creek, où les opérateurs ont fait appel depuis toujours à des compétences manuelles, l'encadrement doit convaincre ceux-ci de renoncer à un monde dans lequel les choses sont immédiatement sues, complètement perçues, et directement modifiables, pour un autre monde, dominé par les données objectives, éloigné de l'action, et réclamant d'autres qualités de réaction. Dans ce nouveau monde, les interprétations personnelles comptent peu. L'ouvrier qui s'est jusque là appuyé sur une connaissance très poussée, quasi intime, de telle ou telle machine se sent perdu.

Zuboff remarqua qu'un nouveau type d'apprentissage s'est imposé lorsque ces usines passèrent à la commande numérique, un apprentissage dans lequel « Les marteaux et les clefs ont été remplacés par des chiffres et des boutons ». À titre d'exemple de ce phénomène de perte de substance d'un métier donné, Zuboff citait cet extrait de l'interview d'un ouvrier de l'usine de Piney Wood qui avait trente ans de service :

« À chaque fois qu'on appuie sur un bouton, il faut avoir à l'esprit précisément ce qui va se produire. Il faut se représenter à quoi il correspond, son effet, et pourquoi il est nécessaire à ce moment-là. Quand on travaille à l'atelier, on sait les choses simplement par habitude. On les sait sans savoir qu'on les sait. Ici, il faut regarder des chiffres, alors que là-bas, on observe le processus lui-même. »

La phrase « Il faut se représenter à quoi il correspond » est simple mais trompeuse. Pour pouvoir « se représenter » quelque chose, il faut des compétences ou des connaissances bien différentes des compétences « manuelles ».

On ne veut pas dire par là que les compétences manuelles existent indépendamment de toute activité cognitive. On veut dire que les processus d'apprentissage, de mémorisation et d'exercice de compétences manuelles ne réclament pas de conscience explicite des connaissances auxquelles ils correspondent. L'utilisation de repères physiques n'exige pas de capacité d'inférence ; l'apprentissage de tâches de type manuel est en général plus analogique qu'analytique. À l'inverse, les repères abstraits fournis par l'interface homme-machine exige un travail de raisonnement par inférence, notamment aux premiers temps de l'apprentissage. Il est nécessaire de faire un effort pour tirer du sens de ces repères : en quoi sont-ils liés à ce qui se passe « en vrai » ?

Rendre la mobilité et l'usage du corps, des mains, de la peau, des yeux, des oreilles, bref de tous les canaux d'information propres à nos processeurs biologiques pourrait « réhumaniser » le travail des ouvriers « informatés » des usines chimiques et des aciéries du monde entier. Il reste à voir si une modélisation utilisable de processus vraiment complexes, comme le raffinage de pétrole, peut être obtenue et expérimentée dans le cyberespace. Et si de tels systèmes de commande en RV de processus industriels peuvent être réalisés, il reste à voir s'il s'agira effectivement d'une réinjection d'« humain » dans l'industrie ou d'une nouvelle étape dans la robotisation croissante de l'espèce humaine. L'enjeu est cependant suffisamment important pour qu'on puisse penser que certains sont déjà en train d'avancer dans cette voie.

Lorsque j'étais à Londres, je rendis visite à Kees van der Heijden, un spécialiste de la planification stratégique au *Shell Centre*, un immeuble sans charme situé en face du Parlement, de l'autre côté de la Tamise, qui abrite une société qui fait 100 milliards de dollars de chiffre d'affaires par an. Il se montra fort intéressé par l'idée de combiner le concept de visite virtuelle et celui de simulation même grossière de conduite de processus. « Nous dépensons beaucoup d'argent pour réaliser des maquettes de nos raffineries avant d'investir des milliards de dollars dans leur construction. Si nous pouvions réaliser des modèles informatiques qui nous en disent plus sur la manière de procéder, à un coût moindre que nos maquettes actuelles, nous serions certainement intéressés par la chose », dit van der Heijden. Il confirma également une chose que j'avais lue sur le réseau : que Bechtel, l'entreprise qui a réalisé le barrage Hoover, les premiers réacteurs nucléaires, et le port de Doubaï, s'intéressait très sérieusement à la RV. Et d'un point de vue financier, ça se comprend. Les sociétés de cette taille ont déjà investi beaucoup d'argent dans leur infrastructure informatique. Si un système « frontal » relativement coûteux peut leur permettre d'exploiter la puissance informatique très coûteuse dont ils disposent déjà pour en tirer de meilleures décisions, on peut être assuré, au moins dans les applications haut de gamme, du développement régulier de la RV.

L'industrie repose sur la technologie, mais est mue par la finance, ce qui m'a amené à réfléchir à un concept qui peut paraître ésotérique ou futuriste, mais qui changera le monde peut-être plus vite qu'on ne le croit : la *visualisation financière*, c'est-à-dire l'utilisation de la RV, en conjonction avec des modèles économiques et des informations en temps réel sur les transactions financières, pour permettre de mieux appréhender des flux économiques de plus en plus globaux et complexes.

LA RV ET LES FLUX D'INFORMATIONS ÉCONOMIQUES À L'ÉCHELLE MONDIALE

L'opérateur de télétype doit tenir compte d'une multitude de détails physiques et méthodologiques, mais cette tâche prend vite le rang de quasi-réflexe. L'argent circule par à-coups, et coule alternativement goutte à goutte ou comme un torrent selon le rythme des prises de poste et celui des ouvertures des banques du monde entier. Aux heures de pointe, il faut deux opérateurs rôdés pour éviter que le flux de papier imprimé enfouisse la machine elle-même, et pas moins de dix ou douze personnes sont nécessaires pour retransmettre les informations. Le long ruban de papier s'amasse en tas et serpente à même le sol, dans l'attente du traitement et de la retransmission, qui entraîne à son tour la création de rivières de papier chez les correspondants. Les bobines de papier sont changées en un clin d'œil, en une sorte d' « arrêt au stand » dans le cadre d'une course automobile sans fin. Au bout d'un moment, je me sentis pénétré du gigantisme de ces rythmes économiques ; j'avais littéralement l'impression de sentir battre le pouls du commerce mondial.

HOWARD RHEINGOLD,
« The Ultimate Cashflow », 1976

Le sexe, la drogue, les armes, l'industrie, la science, la médecine — et l'argent dans tout ça ? Comme on s'en doute, le cyberespace incube également au sein du monde de la finance internationale, loin de celui des visiocasques et de la représentation en 3D. J'ai rencontré les premiers agents de change, opérateurs et autres conjoncturistes qui espèrent s'y plonger dès que cela sera possible, par l'intermédiaires d'interfaces de RV à données financières en temps réel. Le lien entre RV et gros sous est parfaitement naturel quand on sait combien la communication télématique a modifié fondamentalement la nature des opérations financières, presque sans qu'on y prenne garde. Le concept de flux d'information économique à l'échelle mondiale n'est plus à conjuguer au futur ; la plupart des économistes conviennent que les bases mêmes du gain financier ont changé de manière à la fois subtile, profonde et irrévocable au cours des trente dernières années en raison du mariage progressif des transactions financières, des ordinateurs et des circuits de communication mondiale. Une autre convergence – ou conflit – en cours est celle des systèmes de transaction et des systèmes de représentation.

J'ai senti pour la première fois cette virtualisation électronique de l'argent à son début, au milieu des années soixante-dix. Les vicissitudes du journalisme *freelance* m'avaient conduit à la salle des transmissions de la *Bank of America*, qu'on appelait alors le « Central Télégraph », comme opérateur de télétype*. Le souvenir de cette expérience revint me hanter lorsque j'interviewai plus récemment certains experts pour mieux comprendre la métamorphose actuelle de l'argent. Voici comment je décrivais mon travail d'alors dans un article paru en 1976 dans le *San Francisco Chronicle* :

> J'ai été opérateur de télétype au « Central Télégraph », goulot d'étranglement humain et suranné sur le cours des échanges financiers internationaux. Comme on était en train de remplacer les opérateurs de télétype de la *Bank of America* par des terminaux aux allures futuristes remplis de silicium et de circuits intégrés, mes collègues et moi-même étions donc voués à être les derniers relais humains de ces flux monétaires. Pour un opérateur de télétype de la vieille école, l'argent n'est ni plus ni moins qu'un message envoyé par un banquier à un autre. C'est toujours vrai aujourd'hui, mais c'est la technique de transmission qui a changé.

Ce qui ne m'apparut pas à l'époque, c'est que cette nouvelle technique de transmission allait changer la nature même des choses. Il allait bien être question d'argent, de messages, de télétypes et de systèmes de transactions automatiques lors de mon entretien avec Peter Schwartz sur le rapport entre la RV et l'organisation des flux financiers mondiaux. Nous étions l'un et l'autre impatients de nous rencontrer : ce que je savais de la RV l'intéressait, et j'étais curieux quant à moi de ce qu'il pourrait me dire sur l'avenir de l'économie mondiale. Schwartz a été le directeur du *Strategic Environment Center* au *Standford Research Institute*, connu aujourd'hui sous le nom de SRI International, leader des cabinets de prévisions économiques. Lui et ses collègues apportaient aux patrons d'entreprise une aide à la décision en leur faisant mieux percevoir les éléments primordiaux et les aires d'incertitudes critiques dans leur secteur, grâce à des « scénarios » constituant autant d'expériences de prospective sur leur affaire. En quittant SRI, Schwartz devint grand spécialiste en stratégie pour la Shell, puis par la suite pour le *Stock Exchange* de Londres, qui était alors en cours de « dématérialisation ». C'est en 1986 qu'eut lieu le

* *N.d.t.* : Ancêtre des terminaux d'ordinateurs comportant un clavier et un rouleau de papier sur lequel est imprimé le dialogue avec l'ordinateur.

« Big Bang » : en l'espace d'une nuit, la « corbeille » de la Bourse de Londres fut remplacée par un réseau de dizaines de milliers de terminaux placés chez les agents de change du monde entier. Le *London Stock Exchange* devenait l'*International Stock Exchange* et se spécialisait désormais dans la transmission de l'information.

Schwartz aime bien vous accueillir d'une phrase à la fois juste et surprenante, assortie d'un petit sourire ; on dit de lui qu'il est « un mélange de sorcier et de barman ». Il aime également raconter des histoires sur le futur et dans ce qu'il raconte il vous montre ce qui est en train de changer le monde.

« Les flux d'argent à travers les réseaux de communication mondiaux ont déjà contribué à créer une sorte de cyberespace », fait-il remarquer. De fait, il est à la fois admirateur et ami de William Gibson, dont il trouve la vision du futur « fascinante et détestable ».

« Un chiffre suffit à montrer le point auquel nous en sommes arrivés », dit-il comme pour aiguiser l'attention de son interlocuteur. « Les transactions des marchés monétaires internationaux ont atteint un total de 87 000 milliards de dollars en 1986. Cela représente vingt-trois fois le produit national brut des États-Unis, et plusieurs fois le produit planétaire brut. La valeur des monnaies n'est plus déterminée par l'importance du commerce qui s'y rattache, ni par aucune activité réelle normalement associée aux économies des pays industrialisés. Le commerce ne représente que 10 % de ces 87 000 milliards de dollars. Tout le reste est engendré par ces transactions électroniques. » Peter Schwartz estime que l'argent est devenu aujourd'hui une espèce de message, comme je l'avais subodoré en 1976. Ce dont je ne me doutais pas, en revanche, c'est que l'argent-message écraserait largement les formes d'argent plus traditionnelles et contribuerait à créer un nouveau type de richesses que nous commençons seulement à appréhender. Schwartz poursuivit son exposé en évoquant les origines de ce phénomène.

« Ce nouveau type de richesses — des montants énormes, fluides, à transfert rapide, fondés sur la communication et non plus sur les métaux précieux, les armements ou la production industrielle — est apparu au cours des vingt dernières années en raison de plusieurs facteurs qui sont liés. D'abord, les taux de change entre les diverses monnaies ont perdu leur stabilité lorsque les accords de Bretton Woods ont été abrogés en 1971. Ces accords, qui dataient des années quarante, avaient instauré des mécanismes relativement lents d'ajustement des monnaies entre elles. En 1971, avec leur disparition, il devenait possible de gagner des sommes énormes sans aucun risque en se contenant de convertir des sommes encore plus énormes d'une monnaie en une autre ; ce processus a été encore facilité par l'apparition des communications électroniques. »

Le passage des télétypes aux ordinateurs communicants fut en effet un facteur clef de cette évolution : « L'argent représente une forme d'accord.

Au niveau le plus élémentaire, cet accord est présent à l'esprit de tous ceux qui utilisent une monnaie. Au niveau international, l'accord est un peu plus complexe, puisqu'il ajoute à ce consensus social et psychologique l'influence des règlements nationaux et internationaux, de marchés variés et de la forme que prennent les transactions. Sur ce dernier point, les transactions sont désormais conclues en passant par la technologie de communication, qui elle-même est en perpétuelle évolution. »

Au cours des dix dernières années, les salles de transmission de tous les principaux acteurs du monde de la finance ont vu leurs télétypes remplacés par des systèmes de communication informatisés. Des ordinateurs envoient des impulsions électroniques codées via le réseau téléphonique public, des lignes louées, des fibres optiques, des liaisons hertziennes ou par satellites, et d'autres canaux de l'infrastructure mondiale de télécommunication. Avec ce nouveau système, l'argent-message est acheminé à la vitesse de la lumière, considérablement plus élevée que celle qui dépendait des télétypes et de leur cohorte d'opérateurs chargés de prélever, de plier, d'agrafer des messages papier et de les retransmettre. « Donc, le remplacement des télétypes par les ordinateurs a considérablement accru la vitesse à laquelle les messages financiers peuvent être envoyés et reçus », résume Schwartz.

Cette avancée technologique eut lieu, de surcroît, au moment même où les transactions monétaires internationales à grande échelle étaient libérées : « Cette mutation technologique se conjugua à de nouveaux accords internationaux pour donner un élan décuplé aux échanges financiers. Les différents choix possibles furent instantanément multipliés, tout comme la difficulté d'en assurer ensuite le suivi ; ceci entraîna l'apparition des systèmes informatiques adéquats qui contribuèrent à accroître la complexité de l'ensemble. En conséquence, l'économie mondiale et les économies locales qui adoptent ce système ont changé de manière qualitative et fondamentale. Nous commençons à peine à comprendre le fonctionnement de ce nouveau système, qui n'a pas été créé de volonté délibérée, mais qui est né de la capacité des différents acteurs à tirer parti d'une situation technologique et réglementaire nouvelle. »

Schwartz fait aussi remarquer que Wall Street et Hollywood sont les deux principaux « clients » de ces nouvelles technologies de l'information : « Le monde de la finance est le plus gros utilisateur privé de ces technologies. Juste derrière lui, on trouve l'industrie mondiale du loisir. Près de la moitié de la population du globe a moins de vingt ans, et s'il n'ont pas déjà tous un baladeur à cassettes, cela ne saurait tarder. La demande qui existe pour les œuvres de divertissement enregistrées semble être inépuisable et n'est pas liée aux cycles économiques. Avec l'arrivée des disques laser, de la TV par câble et par satellite, de la TV haute définition et des micro-ordinateurs pleinement graphiques, cette révolution va prendre de l'ampleur. La finance, le loisir et l'enseignement sont des marchés d'importance stratégique pour lesquels la demande est grande et qui seront les marchés à forte croissance de ces nouvelles technologies. »

Selon Schwartz, c'est le niveau de complexité atteint par cette économie de l'information à l'échelle mondiale qui appelle naturellement la RV. Il connaît déjà les théories d'Engelbart, le concept d'outils d'amplification des compétences, et sait pertinemment combien nous avons besoin de nouvelles méthodes d'appréhension de cette complexité. Après avoir contribué à l'informatisation de la Bourse de Londres, Schwartz est tout particulièrement intéressé par les technologies en gestation qui pourraient amener des changements majeurs. « La RV est exactement le genre de technologie nouvelle que je recherche pour le compte de mes clients et pour satisfaire ma propre curiosité » déclare-t-il. « Après en avoir entendu parler, je suis entré en contact avec Jaron Lanier et en ai fait moi-même l'expérience. Je me suis rendu compte qu'il s'agit d'une suite logique à l'évolution de l'informatique qui vient de se produire et à cette nouvelle notion d'économie de l'information à l'échelle mondiale qui s'impose actuellement. Les transactions sur terminal ont été développées largement, notamment par Reuters, et il m'est immédiatement apparu que ce pouvait être simplement une étape vers les transactions en RV. » En d'autres termes, les agents de change et les banquiers, voire même le particulier qui boursicote, pourraient un jour participer à une espèce de jeu vidéo mondial en temps réel dont les conséquences financières seraient bien concrètes, de même que les militaires qui utilisent SIMNET jouent d'un autre jeu vidéo aux conséquences autrement plus graves.

J'ai également rencontré, à la conférence d'Austin sur le cyberespace, un représentant d'American Express qui se disait intéressé par le concept de visualisation financière. Et dans un article paru en octobre 1990 dans le *New York Times* et intitulé *Coming Soon: Data You Can Look Under and Walk Through**, Andrew Pollack mentionnait le professeur Steven Feiner, de l'Université de Columbia, qui travaille sur « des outils similaires destinés à la visualisation de l'information » et fait appel à un gant VPL et à des lunettes à obturateurs électroniques pour « pénétrer le monde de l'ordinateur et manipuler des graphiques en 3D. » Dans le même article, on précise que Citicorp finance des expériences de « représentation de portefeuilles d'options sous la forme de structures en 3D pour aider les négociants en options à visualiser l'influence de certains facteurs sur la valorisation des portefeuilles. »

Schwartz voit déjà les agents de change cybernautes du futur voler à travers des paysages qui seraient les représentations en temps réel et en 3D des transactions boursières du monde entier. La qualité de la

---

* *N.d.t.* : « Se promener à travers les données, les examiner par en dessous : c'est pour bientôt ».

programmation (de l'intégration) des éléments clefs d'un tel paysage économique évolutif, et la compétence avec laquelle les agents de change s'en serviront pour prendre leurs décisions, donneront à telle ou telle firme un avantage compétitif décisif. Ces lanternes magiques – des logiciels de visualisation financière en 3D développés en interne qui permettront de distinguer clairement les options débouchant sur de gros profits ou au contraire sur de gros « bouillons » – seront des secrets jalousement gardés. Un tir dans le mille dans un environnement de visualisation boursière peut marquer le déclenchement d'une grosse transaction en marks ou en pétrodollars. Une expédition en forêt, la capture d'un serpent et son ingestion marqueront peut-être le scénario choisi par les dirigeants de demain pour commander l'absorption d'un concurrent.

Il est un peu tôt pour savoir qui, de Disney ou de Penthouse, du Pentagone ou de Wall Street, de Hollywood ou de Sony, des industriels de l'informatique ou de ceux des télécommunications, voire d'autres, occuperont les positions dominantes de cette industrie naissante de la RV. Mais il est hors de doute que dans tous les domaines, la capacité d'observer, de s'adapter et de réagir de manière souple à des situations de plus en plus complexes et incertaines seront des atouts de plus en plus importants pour la survie. Il est fort possible, comme me l'a suggéré Peter Schwartz, que dans ce contexte, l'enseignement connaisse une croissance importante. « Les individus et les pays qui apprennent à apprendre ont plus de chances de réussite dans le monde "informaté" des décennies à venir », suggère-t-il. De même que le sexe, le travail, la guerre, le loisir, la science et le commerce, l'enseignement pourrait bien être le domaine de changements éminemment positifs.

De l'importance du jeu

L'enfant, comme l'adulte, a besoin de ce que nous appelons en allemand Spielraum. *Il ne s'agit pas vraiment d'une « salle de jeu ». C'est vrai que le mot a aussi ce sens, mais sa signification première est « marge de manœuvre, espace vital », un espace où déployer non seulement ses membres mais aussi son esprit, un espace où faire des expériences à volonté, où mettre en jeu des idées.*

Bruno Bettelheim,
« The Importance of Play », 1987

Si vous étiez pris(e) de l'envie de vous changer la vie pour moins de 100 francs, entrez dans un magasin de jouets et achetez une boîte de jeu de construction simple, de celles qui contiennent une série de petites briques identiques à empiler ou à accrocher les unes aux autres. Cachez-les dans le tiroir de votre bureau, et lorsque vous ressentirez le besoin d'une stimulation créative, sortez-les, asseyez-vous à même le sol, et... jouez. N'oubliez pas, quand même, de fermer la porte de votre bureau à clef, car le « jeu », dans notre culture, est l'objet de certains tabous. Je suis souvent choqué de constater que de nombreux parents ne s'assoient jamais par terre avec leurs enfants pour jouer. Et pourtant, le jeu est peut-être la réponse à l'une des questions majeures soulevées par la réalité virtuelle : quelle est notre finalité d'êtres humains ?

Le jeu est depuis longtemps antonyme de « travail », et c'est sans doute de là qu'il tire sa mauvaise réputation. Depuis l'époque où John Calvin a lié travail et salut, jouer a toute l'apparence du péché. Tout travail créatif, cependant, implique un savant mélange de jeu et d'activité dirigée. Pour autant qu'on n'en ait pas une vision trop productiviste, le jeu constitue notre outil de réflexion le plus important, tout particulièrement lorsqu'il s'agit de renouveler nos modes de pensée.

Le paléontologue John Pfeiffer s'est intéressé aux origines du jeu et à son lien avec l'évolution de la culture. Ses observations sont l'écho de sentiments intuitifs qu'éveille en moi la RV, dont il n'a probablement jamais entendu parler :

> L'art semble être issu du jeu, par un processus de dérivation typiquement humain. L'un et l'autre englobent les mêmes ingrédients : l'imitation, le « faire semblant », un soupçon de rêve, la liberté d'improviser, d'inventer de nouvelles règles, d'en supprimer, de surprendre. Mais cette relation, même si elle apparaît comme plausible et si elle a été notée fréquemment dans le passé, suscite plus de questions qu'elle n'apporte de réponses, notamment parce que le jeu est une activité complexe et mal comprise. Le mot en lui-même est trompeur. Il évoque l'inutile, le futile ; et pourtant, tout ce que nous savons de l'évolution indique qu'il est à prendre tout à fait au sérieux.
>
> Le jeu est une activité relativement neuve. Il est apparu après 4,3 milliards d'années de non-existence, aux temps reculés où la surface de notre planète ne formait qu'un seul grand océan bordant une seule masse de terre commençant à peine à se scinder en continents. Il est apparu il y a quelque 200 millions d'années avec l'arrivée des mammifères...
>
> Son importance a dû être grande au cours de l'évolution plus récente, d'autant plus qu'il comporte un certain nombre de désavantages. Le jeu implique en effet une déperdition d'énergie qui pourrait être mieux employée à rechercher de la nourriture, à se reposer ou à engager des relations sociales moins intenses ; il entraîne souvent des blessures importantes, par chute ou par collision (pierres ou arbres, par exemple). De plus, les jeunes animaux peuvent être absorbés par leurs jeux au point de se montrer imprudents et beaucoup plus vulnérables aux prédateurs. Pour contrebalancer tous ces risques, le jeu doit déboucher sur un profit important en terme de survie : entraîner aux vrais combats et aux tactiques de fuite, promouvoir l'amitié et la coopération entre individus destinés à vivre longtemps ensemble.

Si l'on remonte assez loin dans la bibliographie sur le jeu, on rencontre Johan Huizinga, recteur de l'Université de Leyde, aux Pays-Bas, qui a publié en 1938 le livre *Homo Ludens* (« L'homme, ce joueur »). Huizinga a examiné le jeu sous différents aspects — philologique, mythologique, anthropologique, psychologique — et en est arrivé à peu près aux mêmes conclusions que les spécialistes en sciences cognitives d'aujourd'hui. Le jeu, et plus particulièrement le jeu symbolique, est le lieu de rencontre de la culture et de la cognition. C'est une sorte d'ouvre-boîte mental destiné à libérer de nouvelles idées. C'est également la première activité à laquelle se livrent ceux qui se trouvent immergés dans un monde virtuel.

Huizinga avait essayé de comprendre pourquoi le monde chrétien du Moyen âge avait conservé des aspects culturels archaïques comme les codes de l'honneur, l'héraldique, les ordres de chevalerie, etc. Il découvrit qu'il s'agissait là de vestiges de rites d'initiation primitifs, de jeux sacrés que l'on utilisait pour leur aspect ludique ou pour leur sens profond et parce que, d'après lui, le jeu était un instrument de création culturelle.

Ce n'est que tout récemment que les psychologues se sont intéressés au rôle du jeu dans le développement du jeune enfant. Après que Piaget eut révolutionné la psychologie du développement de l'intelligence en étudiant ses propres enfants et d'autres se livrer à diverses formes de jeu, des psychologues de différents bords apportèrent leur contribution à cette étude du jeu en tant qu'élément majeur du développement cognitif, social et émotionnel de chacun. Pour résumer grossièrement leurs découvertes, ils s'aperçurent que le jeu est un moyen de structurer notre vision du monde et de nous-mêmes, de confronter au réel les hypothèses que nous formulons sur le monde extérieur et sur notre personne, et de discerner de nouvelles relations et des traits récurrents à travers le fouillis de nos perceptions. Le jeu, comme les scénarios de Peter Schwartz sur l'avenir de telle ou telle entreprise, est une manière de prévoir le futur, de pratiquer des simulations mentales.

Voyons les choses sous cet angle : le jeu est une simulation informatique qui s'exécute dans nos têtes. « Et si j'empilais ces briques le plus haut possible ? » « Je me demande ce que ça donnerait si je mélangeais toutes les épices qui se trouvent dans le placard de la cuisine... » « Ce n'est pas une caisse en carton, c'est un château. » Le jour où ma fille, à l'âge de dix-huit mois, porta un hochet à la bouche de son nounours pour lui « donner le biberon », j'ai senti qu'il se passait quelque chose d'important. Elle apprenait à se servir d'un objet pour en symboliser un autre. Elle apprenait à schématiser de l'information sur un mode nouveau : en faisant appel à ses souvenirs d'expériences passées pour représenter une expérience nouvelle. Elle jouait de son esprit.

Jouer avec des idées, « faire semblant de », imaginer l'issue de telle ou telle situation, tout cela n'est pas seulement l'apanage des enfants. Vous travaillez dans la communication, vous êtes un décideur, un ingénieur, un artiste, un homme d'affaires et pour chacune de vos créations, dressez-vous d'abord un plan que vous suivez ensuite à la lettre ? Ou bien, au contraire, commencez-vous d'emblée à manipuler idées ou matériaux jusqu'à ce qu'un certain ordre s'en dégage ? Si vous appartenez à cette seconde catégorie, vous avez probablement eu affaire aux quolibets ou à des allusions critiques de collègues à l'esprit plus analytique ; mais vous savez également qu'en agissant ainsi, vous êtes capable d'inspirations au pied levé que ceux qui planifient soigneusement leurs tâches ne connaîtront peut-être qu'après des années d'effort conscient. L'anthropologue Claude Lévi-Strauss, en parlant de l'élaboration de théories par les cultures « primitives » dans des domaines empiriques, fit appel au mot *bricolage* pour nommer le modèle de construction de théories scientifiques par les sociétés « primitives » ou « civilisées » à partir d'objets naturels en combinaisons diverses. Un *bricoleur*, dans cette acception, est un technicien intuitif qui joue avec les concepts et les objets pour apprendre des choses sur eux.

Cette notion nouvelle replace l'étude et le développement de supports d'enseignement dans un cadre proche de celui de nos lointains ancêtres. Le mot a été repris par l'informaticien et pédagogue Seymour Papert. Dans son livre *Jaillissement de l'esprit*, celui-ci fait remarquer combien le terme peut déboucher sur un système de pensée global :

> Il s'agit bien de quelque chose de l'ordre du bricolage ; apprendre consiste d'abord à se constituer un ensemble de matériaux et d'outils à manipuler. Le cœur du concept est même de « faire avec ce qu'on a ». Nous pratiquons tous consciemment cette méthode lorsque nous nous attaquons à un problème de façon empirique, en appliquant d'abord toutes les solutions dont nous avons pu apprendre l'efficacité sur des problèmes similaires. Je veux suggérer ici que « faire avec ce qu'on a » est symbolique d'un processus d'apprentissage plus profond, quasi inconscient... Je veux suggérer ici qu'au niveau le plus fondamental, et quand nous sommes en situation d'apprendre, nous sommes tous des bricoleurs.

On pourrait faire le même type de proposition aujourd'hui à propos du cyberespace.

Papert, qui est l'un des fondateurs du département de recherche en intelligence artificielle au MIT, utilise le terme de « micromondes », qui recouvre un concept alliant théories de l'enseignement et possibilités de simulation par ordinateur, micro-ordinateurs et même réalité virtuelle. Papert a passé cinq ans en Suisse avec le psychologue du développement Jean Piaget. Ce dernier a provoqué une révolution dans l'étude des mécanismes d'apprentissage en passant plusieurs dizaines d'années à observer la manière dont les enfants apprennent. Il en conclut qu'apprendre, ce n'est pas seulement quelque chose que les parents imposent à leurs enfants à travers l'école et les professeurs, mais qu'il s'agit d'un aspect fondamental de la manière dont les enfants réagissent instinctivement au monde, et que ceux-ci élaborent leur compréhension des choses par étapes structurées, en fonction des éléments qui sont à leur disposition. Les processus mentaux auxquels ils font appel dans cette élaboration intellectuelle vitale sont leurs outils. Ceux-ci, qui comprennent l'expérimentation et une curiosité systématique aussi bien que l'alphabet et la table de multiplication, sont des éléments essentiels de l'apprentissage.

Piaget était particulièrement curieux de savoir comment les enfants acquièrent différents types de connaissances, et il conclut que les enfants sont des chercheurs scientifiques, c'est-à-dire qu'ils font des expériences, formulent des théories, puis confrontent ces théories à de nouvelles expériences. Nous autres adultes appelons cela « jouer », mais pour les enfants, il s'agit d'une forme de recherche vitale.

Papert estima que la réactivité et la capacité de représentation des ordinateurs pourraient permettre aux enfants d'élever leurs recherches à un niveau impossible à atteindre avec un simple tas de sable ou un tableau noir. Mais l'interface homme-machine devait être repensée en une interface enfant-machine pour que les très jeunes enfants puissent tirer parti de ces possibilités.

Par convergence, pensait Papert, l'évolution de ces interfaces et l'apparition de nouvelles théories de l'apprentissage pouvaient déboucher sur un outil d'enseignement entièrement nouveau. Il s'agit là de tout autre chose que de l'« ordinateur à l'école » dont l'échec a marqué les années soixante à quatre-vingt. Dans *Jaillissement de l'esprit*, Papert indiquait :

> Pour simplifier, je suggère que l'ordinateur peut concrétiser (et personnaliser) le formel. Vu sous cet angle, ce n'est pas seulement un outil pédagogique puissant. C'est un moyen unique de résoudre le problème dont parlait Piaget, celui du passage du mode de pensée enfantin au mode de pensée adulte. Je crois qu'il nous permet en effet de déplacer la frontière entre le concret et le formel. Des connaissances qui n'étaient auparavant accessibles que par processus formel peuvent être aujourd'hui approchées de manière concrète. Et le plus beau, c'est que la connaissance ainsi acquise contient en elle-même les éléments qui permettent de développer une pensée formelle.

Apparemment, Nintendo Corporation, qui a déjà diffusé ses simulateurs ressemblant à des jeux vidéos dans un foyer américain sur cinq, trouve un certain mérite aux idées de Papert. En 1990, le président de cette entreprise a pu, en effet, annoncer à Kyoto qu'une bourse de trois millions de dollars lui était attribuée pour poursuivre au Media Lab ses travaux sur les outils d'amplification pédagogique et ses études sur le lien entre apprentissage et jeu.

R. L. Gregory, spécialiste de la perception visuelle, domaine a priori éloigné de la psychopédagogie, a également noté l'importance du jeu pour l'apprentissage mais aussi pour nos mécanismes perceptifs :

> Un projet de type « exploratoire » consiste à amplifier l'expérience directe et à élargir son champ pour enrichir la perception et la compréhension des enfants et des adultes. L'efficacité d'une approche de l'enseignement par les

> travaux pratiques a été mise en doute. Mais quelle que soit l'opinion qu'on peut avoir à ce sujet, il est patent que capturer l'attention et l'intérêt du sujet est un impératif primordial pour l'efficacité d'approches plus formelles. On a du mal à croire que l'enseignement doive absolument être quelque chose de très sérieux ; il est bien plus vraisemblable que le jeu possède une importance vitale pour aider les primates à apprendre à exister dans le monde qu'ils découvrent. L'observation d'enfants ou d'adultes pratiquant cette découverte individuelle par le jeu et l'expérimentation est une chose fascinante. Bien qu'il faille étayer cette impression par des recherches plus poussées, on a le sentiment qu'ils apprennent et développent leur pensée par l'action.

Comme le note Gregory, il faudra faire encore beaucoup de progrès avant de pouvoir affirmer que la RV peut constituer cette aire de jeu magique où enfants et professeurs feraient directement l'expérience de mondes simulés portant sur l'histoire ou les sciences naturelles ; mais Frederick Brooks lui aussi faisait référence au pionnier américain de la pédagogie, John Dewey, en utilisant l'expression : « apprentissage par l'action » pour résumer le potentiel éducatif de la RV. Et si l'on pouvait arriver à concevoir des micromondes pédagogiques qui auraient la forme des salles de jeu virtuelles que suggèrent Jaron Lanier et Randal Walser ?

Pour ceux qui se demandent pourquoi les enfants adorent les jeux vidéo et détestent l'école, et qui se demandent s'il y a un enseignement à en tirer, l'avenir du secteur commercial de l'enseignement par outils électroniques sera instructif. Si les possibilités de représentation de la RV s'accroissent, et si une équipe de talent comme Ann McCormick et Warren Robinett, qui créèrent *Rocky's Boots* et d'autres logiciels éducatifs dans les années quatre-vingt, ou Brenda Laurel et Scott Fisher, qui ont fondé Telepresence Research en 1990, se voient doter des moyens de créer des « mondes éducatifs », le concept de « l'ordinateur pour apprendre » pourrait enfin s'avérer autre chose qu'un échec. Certaines choses sont peut-être en train de s'améliorer en Amérique et dans d'autres pays industrialisés, mais ce n'est certainement pas le cas de l'enseignement*. Peut-être la technologie et le commerce peuvent-ils réussir là où l'enseignement public a échoué. Si les jeux vidéo préparent le terrain d'une technologie future de l'enseignement en RV, c'est peut-être en n'ayant pas accès à ces technologies d'apprentissage par expérience directe que l'on souffrira d'un déficit d'éducation. Celui qui n'aura d'autre ressource que de fréquenter des écoles publiques dégradées et dont les parents ne pourront pas payer les compléments pédagogiques de Nintendo ou autres Fujitsu sera-t-il condamné à rejoindre les rangs des déshérités de l'âge de l'information ?

---

* N.d.t. : Au moins aux États-Unis.

Les effets de la RV se répandent dans tant de domaines différents, disciplines scientifiques, applications commerciales potentielles, conséquences sociales, que son sens global est difficile à saisir. Nous devons en définir, comme dirait Douglas Englebart, le cadre conceptuel. Pour ce faire, un court retour dans le passé peut aider à dégager des lignes directrices pour le futur.

CHAPITRE 17

RÉALITÉ VIRTUELLE ET NATURE HUMAINE

La grande libération, la rupture qui a fait de nous ce que nous sommes est intervenue au cours du Paléolithique supérieur. Cette libération n'est donc pas quelque chose de très ancien, ayant eu lieu à une époque intéressante mais trop reculée pour être pertinente. À l'échelle d'une vie humaine, un événement qui date de quelque 30 000 ans peut paraître bien éloigné, mais à l'échelle de l'évolution, il nous est extrêmement proche. Notre espèce en est encore à son premier âge et commence à peine à réfléchir, à observer, à explorer. Ce processus qui a débuté au temps des hommes de Cro-Magnon continue à s'accélérer aujourd'hui. Les mêmes forces qui nous animent ont poussé nos récents ancêtres à orner leurs cavernes de peintures, de gravures exprimant leur idée sur la façon dont ils se situaient dans le monde…

Le thème majeur de cette évolution, c'est la continuité. Demain on verra à l'œuvre, avec une intensité plus grande encore et à une échelle de plus en plus vaste, les forces qui ont été libérées au Paléolithique supérieur. Nous continuons d'accumuler les informations à un rythme toujours plus élevé. Le traitement et l'analyse de ces informations restent des tâches décisives et formidables, comme l'est aussi la communication de ces informations – création de nouveaux symboles plus denses, d'images plus évoluées, de nouvelles méthodes de segmentation. La survie dépend toujours de notre capacité à utiliser toutes nos ressources, tout notre art, toutes nos cérémonies et nos technologies pour former des sociétés toujours plus stables avec des individus de plus en plus nombreux et imprévisibles.

JOHN PFEIFFER,
The Creative Explosion, 1982

L'homme médiéval n'avait pas conscience de vivre sur une planète gorgée de ressources naturelles comme le pétrole, capable d'alimenter des machines qui contribueraient un jour à créer des machines encore plus complexes et à produire de l'énergie électrique… Aujourd'hui, au terme de l'ère industrielle et à l'aube de l'ère cybernétique, la plupart des ingénieurs et des patrons du secteur informatique ne se doutent pas que nous vivons dans une « cyberculture » environnée d'infinis dépôts d'informations qui peuvent être numérisées et exploitées par l'individu équipé du matériel approprié… La réalité virtuelle n'a pas de limite. C'est entièrement une question d'accès à l'information. L'apparition des vêtements informatiques aura dans l'histoire de l'homme autant de sens que l'apparition des premiers vêtements au temps du Paléolithique.

TIMOTHY LEARY,
cité par David Sheff dans *Upside*, 1990

Il y a trente mille ans, à l'entrée d'une petite grotte située dans ce qui est aujourd'hui le sud de la France, plusieurs adolescents grelottaient dans la nuit, dans l'attente de leur initiation au culte des fabricants d'outils. Les semaines de jeûne et d'abstinence, les épreuves de silence et de douleur, les rites des tambours, des chants et des danses trouvaient là leur conclusion. La première des réalités virtuelles les attendaient sous terre. Nous ne connaîtrons jamais avec certitude le détail de ces pratiques, mais il y a au moins un paléontologue contemporain pour avoir soutenu que les activités qui avaient lieu dans ces grottes étaient étroitement liées à une série de changements en cours chez ces hommes, changements dont l'écho existe encore aujourd'hui.

À une époque que l'on situe entre il y a dix mille et trente mille ans, la vie de la plupart des représentants de notre espèce a changé, non pas en raison d'une mutation ou d'une sélection biologique, mais parce que les hommes ont acquis de nouvelles connaissances. La grotte de Lascaux et d'autres sites similaires sont peut-être les lieux de cette acquisition. Si les théories du paléontologue John Pfeiffer sont justes, ces « réalités virtuelles » primitives mais efficaces ont été à l'origine de notre capacité, aujourd'hui, à bâtir des mondes à l'intérieur de la machine. La réalisation d'outils a marqué le début du long chemin conduisant au cyberespace, et il s'agirait bien, ici, de substituer aux peintures à l'ocre des parois de la grotte des afficheurs vidéo à haute résolution ; la réalisation d'outils serait aussi la finalité de la réalité virtuelle.

Les novices avaient été soigneusement sélectionnés. Une fois par an, les impétrants ayant atteint l'âge requis étaient enlevés par un groupe imprécis de fabricants d'outils, de chamans et d'artistes dont les activités étaient en train de modifier irrévocablement le mode de vie et de travail de l'homme. Les mentors emmenaient un par un les novices dans la grotte. Après avoir rampé dans un passage profond, étroit, totalement obscur, ils atteignaient les lieux de la cérémonie. Après les chants, les prosternations, les mythes et les textes sacrés chuchotés, des torches et des feux placés à intervalles stratégiques trouaient enfin le noir de l'obscurité. Les novices, allongés ou debout, à des positions bien déterminées, voyaient soudain des figures surnaturelles flotter dans l'espace en face d'eux — des bisons, des oiseaux, des symboles, des silhouettes humaines qui sortaient des ténèbres pour emplir leur champ de vision.

À cet instant où la peur et la stupéfaction avaient été instillées grâce à une mise en scène audiovisuelle, c'est alors, pense Pfeiffer, que les premiers secrets de fabrication étaient révélés. Les esprits délibérément sensibilisés des novices étaient préparés par des séquences soigneusement choisies de sons et d'images, et nourris des secrets du fer et du feu. Une forme primitive du concept le plus puissant à la base de toute civilisation technologique – le processus d'observation du monde débouchant sur des connaissances utiles dans la vie quotidienne – était ainsi inscrite dans les cerveaux de nos ancêtres, accompagné d'un son et lumière en trois dimensions.

Ces premières réalités virtuelles avaient été réalisées laborieusement, sous terre, et à la lumière artificielle. Leur finalité est inconnue, mais John Pfeiffer apporte, dans ses articles et dans son ouvrage *The Creative Explosion* (*L'Explosion créatrice*), des éléments à l'appui de sa thèse selon laquelle ces cyberespaces souterrains pourraient avoir été créés pour graver de l'information dans les cerveaux des premiers artisans. Même si les origines de l'espèce humaine prêtent encore à controverse, les méthodes de datation actuelles permettent de faire remonter notre premier ancêtre commun à environ 200 000 ans. Avant une période située à quelques dizaines de milliers d'années, une population mondiale relativement peu nombreuse menait à peu près le même type de vie d'un millénaire à l'autre. Mais vers l'époque où furent réalisées ces premières peintures rupestres, un nouveau mode de vie fut adopté. Révolutionnaires à part entière, les premiers agriculteurs/artisans du Paléolithique ont mis fin à l'ancien mode de vie basé sur la chasse et la cueillette qui avait été celui des tribus pendant les 200 000 ans d'existence de l'espèce.

Qu'est-ce qui poussa soudain des gens à peindre dans les profondeurs des grottes, il y a dix ou vingt mille ans ? Comme le suggère Pfeiffer dans son ouvrage, il fallait une bonne raison pour justifier la difficulté de l'entreprise :

> Qu'est-ce qui a provoqué l'apparition d'une expression artistique après des centaines de millénaires de vie dans des grottes aux murs nus ou au grand air, et pourquoi en Europe de l'Ouest et, semble-t-il, pas aussi tôt dans le reste du monde ? Cette différence, très significative, doit pouvoir s'expliquer. Qu'est-ce qui avait changé dans la société, dans la vie des gens ? Quels nouveaux besoins, quels nouveaux désirs devaient-ils satisfaire ? Étaient-ils devenus plus sensibles, plus conscients d'eux-mêmes, plus artistes ? Et si oui, quel bénéfice pouvaient-ils bien tirer de ces comportements « inutiles » ?
>
> Le problème est d'autant plus complexe qu'il s'agit d'un art des profondeurs : dans l'obscurité totale, loin du lever et du coucher du soleil, loin des lieux de vie, sur de grandes parois ou doublement caché dans d'étroites cavités à l'intérieur des grottes. La finalité de ce type d'art diffère des formes d'art habituelles. Elle devait être de l'ordre du rite, de l'initiation, des explorations souterraines à but mystique. Cette explosion artistique manifestait une explosion ritualiste et là encore, on peut se demander quel profit en était tiré au

> plan de l'évolution... Nous avons toutes les raisons de penser que chaque artiste tirait directement avantage de son talent et que l'art n'aurait pas existé si ce n'avait pas été le cas. Mais dans le même temps, l'art favorisait également le progrès du groupe et de la tribu.
>
> À elle seule, cette émergence de l'art aurait suffi à caractériser le Paléolithique supérieur, mais d'autres événements entrèrent en gestation au cours de la même période. Ainsi est-il apparu un nouveau-venu, qui nous est familier par les fossiles dont nous disposons, constituant une nouvelle espèce, qui a remplaçé l'autre. L'homme de Neanderthal disparaît en effet sans laisser de trace et se voit remplacé par le prototype de l'homme moderne que nous sommes aujourd'hui, soit l'homme de Cro-Magnon et d'autres branches cousines qu'on désigne aujourd'hui collectivement et c'est un peu un euphémisme comme « doublement savant », *Homo sapiens sapiens.*
>
> De nouveaux modes de vie apparurent avec cette nouvelle espèce. Les changements touchaient tous les domaines. Les hommes de Cro-Magnon réalisaient plus d'outils, plus de différentes sortes d'outils que ceux de Néanderthal, faisaient appel à un plus grand nombre de matériaux en les utilisant de manière plus efficace et savaient utiliser un éventail plus large de plantes et d'animaux. Il semble également qu'ils se soient rassemblés en groupes plus nombreux, pour des durées peut-être plus longues — préfigurant ainsi de futures communautés sédentaires —, et qu'ils communiquaient entre eux à des distances plus grandes. On trouve des signes de l'abandon de traditions plurimillénaires. Tout se passait à un rythme plus rapide que jamais auparavant.

Pfeiffer a remarqué que bon nombre des peintures étaient anamorphes, c'est-à-dire distordues pour tenir compte des aspérités et des crevasses naturelles de la roche, de manière à leur donner une apparence de relief sous un éclairage et un angle adéquats. D'autres images étaient incises dans les parois de manière à n'être visibles que lorsqu'une lumière était agitée à la bonne hauteur et selon l'angle approprié. Pfeiffer tire de tous ces éléments des raisons d'estimer que ces jeux d'images souterrains visaient à amener à un état de conscience bien particulier.

À ce moment-là, l'individu devait être capable d'assimiler une somme de connaissances en perpétuelle expansion, qui devait permettre l'avènement d'un nouveau mode de vie. La conservation des semences, la médecine par les plantes, la réalisation d'outils de pierre, l'observation des étoiles, l'élevage et toutes les autres connaissances nécessaires qui allaient mettre fin à des millénaires de nomadisme et permettre l'établissement de communautés sédentaires étaient relativement nouvelles. Ces techniques représentaient un acquis supplémentaire substantiel pour la culture à transmettre de génération en génération. Selon Pfeiffer, il en résulta une crise de la communication :

> Cette crise, aussi grave que la crainte d'une famine, menaçait d'engendrer le chaos. Le corpus de connaissances de cette société nomade était en expansion et exigeait un système de conservation bien plus puissant, alors que

l'écriture n'existait pas encore. L'écrit aurait pu convenir dans une large mesure et les prémisses de ce qui conduirait plus tard aux premiers systèmes de notation utilisant des signes et des symboles complexes, existaient déjà. Mais l'écriture, telle que nous la connaissons aujourd'hui, ne devait apparaître que vingt mille ans plus tard. L'urgence du moment conduisit à des mesures d'un autre type, inventées pour transmettre cette « encyclopédie tribale » de manière intacte et indélébile de génération en génération...

Tous les peuples, modernes ou préhistoriques, ont connu de tout temps une même façon de préparer les individus à l'assimilation de connaissances : il suffit de les placer dans un contexte peu familier, étrange et peu agréable, ce qui équivaut un peu à nos expériences modernes de « lavage de cerveau ». Le contexte de la vie quotidienne de l'individu étant effacé, à tout le moins fragilisé, celui-ci est en meilleure condition pour mémoriser ce qui va lui être présenté...

La grotte de Lascaux a peut-être été parmi les premiers lieux de ce genre de cérémonies, mais cet usage de chambres d'initiation souterraines ornées de symboles picturaux et architecturaux référant à des principes technologiques et spirituels n'est pas limité au bassin méditerranéen. La région d'Amérique du Nord dont le peuplement est le plus ancien se trouve au niveau des plateaux Hopi, près d'Oraibi, dans l'Arizona. On y rencontre des grottes analogues, désignées par les tribus indiennes sous le nom de « kivas ». Ce sont des chambres rondes, carrées ou hexagonales, souterraines en général et qui comportent une ouverture au sol, un rebord le long de la circonférence, et une échelle conduisant à une cheminée aménagée dans le toit. Dans ces « kivas », comme dans les grottes de Lascaux ou les chambres d'initiation d'Eleusis, des jeunes gens amenés à un état de conscience anormal ont reçu un enseignement sur l'usage d'outils essentiels à la création et à la pérennité d'un nouveau mode de vie à la fois technique et spirituel. Dans le passage suivant, Frank Waters décrit l'architecture sacrée des kivas :

> Un peu comme dans la cosmogonie bouddhiste, l'univers des Navajos et des Pueblos comprend quatre mondes souterrains successifs...
>
> Tout cela est symbolisé dans le kiva Pueblo, cette chambre souterraine de cérémonie secrète. Car le kiva lui-même, dans ses nombreuses variantes, récapitule dans sa structure ces quatre mondes communs à tous...
>
> À l'intérieur du kiva, il est rappelé constamment à l'homme qu'il vit dans un univers immense et nu. Tout est fait pour qu'il perçoive l'harmonie psychique universelle qu'il doit perpétuer en se conformant aux rites tout au long de sa vie.
>
> Car le kiva n'est pas seulement le symbole architectural de l'univers physique. L'univers lui-même n'est que le symbole structural de l'âme mystique de toute création. Et l'homme est porteur de ces deux symboliques.

Les cérémonies les plus secrètes qui se tiennent dans le kiva sont encore inconnues aujourd'hui, sauf des clans Pueblo qui ont reçu le dépôt sacré de cette connaissance. Mais l'on en sait assez sur les aspects publics du rite pour comprendre qu'en font partie une « carte » explicite des origines de l'homme et de ses buts, des symboles théâtraux et des informations précises sur les techniques nécessaires pour assurer à leur culture un nouveau mode de vie. Les indiens Hopis, comme les autres descendants des chasseurs de l'hémisphère Nord, qui avaient migré en passant par le détroit de Béring, étaient restés nomades pendant des siècles avant de fonder des sociétés sédentaires. La technologie qui permit cette sédentarisation était la même que partout ailleurs dans l'hémisphère Ouest : la culture du maïs.

On sait maintenant que le maïs n'est pas une plante sauvage, mais une plante artificielle, un croisement délibéré entre une forme de maïs sauvage et une herbe indigène. Au moment où les mystères d'Eleusis prospéraient sur les bords du bassin méditerranéen, de très savants agriculteurs du centre du Mexique se sont relayés sur plusieurs générations pour faire aboutir cette réussite formidable du maïs. Les rites du kiva servaient à inculquer cette science bien précise. Tout d'abord, le maïs doit être planté à une période bien définie, indiquée par les configurations d'étoiles qui guident la cérémonie. Puis des haricots sont plantés à côté du maïs ; ceux-ci aident les racines du maïs à fixer l'azote, et les tiges de la céréale constituent pour eux un support de pousse idéal. On plante ensuite des courges : au plus fort de l'été, leurs larges feuilles permettent de préserver l'humidité du sol et de créer un microclimat défavorable aux insectes nuisibles. Ces instructions précises, d'essence technique et vitales pour la survie, constituaient l'une des composantes « informations externes » qui s'ajoutaient aux composantes spirituelle et psychologique de la cérémonie kiva. Les discours formels, les masques, les objets peints avec effet de relief et de portée symbolique sont parmi les techniques utilisées au cours de ces rites kiva. Étranges similitudes, non ?

J'ai toujours été sensible à l'attrait des grottes et des peintures ou gravures rupestres. À l'âge de dix-sept ou dix-huit ans, dans l'Arizona, j'ai rencontré *Kokopelli* pour la première fois. Je ne savais pas qui il était, ce qu'il représentait, ni qu'il avait un nom, mais lorsque je vis ce joueur de flûte bossu, malhabilement gravé dans la pierre d'une grotte peu profonde surplombant la vallée, j'eus l'impression qu'une main venait de lever le voile d'un pan de mon esprit dont je ne soupçonnais pas l'existence. J'en appris par la suite un peu plus sur lui : associé au maïs, il est porteur à la fois des graines et des connaissances, et c'est aussi un personnage fortement sexué comme Shiva ou Dionysos. Un technicien de l'évolution, un faiseur de rêves, un civilisateur.

Au cours de mes recherches en vue de ce travail, j'échouai dans un colloque scientifique à Santa Barbara, en Californie, l'une de ces manifestations intenses durant lesquelles l'information ne cesse de circuler même dans les couloirs. Je profitai donc de l'un des créneaux de temps libre prévus, pour emmener un autre cybernaute que cela intéressait de visiter la *Painted Cave* (La grotte aux peintures) des collines de Santa Ynez, à une heure de route. Les indiens Chumash, qui avaient vécu dans les environs de Santa Barbara et dans une bonne partie du sud de la Californie, étaient connus pour leurs puissants sorciers et leurs peintures rupestres — ces deux particularités n'étaient pas sans relation. J'avais vu un film sur ces peintures : des spirales, des étoiles, des lignes ondulées, des figures humanoïdes. L'inspiration était bien différente du réalisme fascinant de certaines peintures bien plus anciennes du sud de la France. Dans une petite brochure que je m'étais procurée, il était indiqué que les sorciers qui avaient réalisé ces peintures étaient connus pour utiliser la *datura* (stramoine), plante hallucinogène aux effets puissants, et d'autres plantes.

La *Painted Cave* est située juste en bordure de la route, dans un canyon secondaire qui fait face aux montagnes tout en étant très peu éloigné de l'Océan Pacifique. Une lourde grille en fer barrait l'entrée de la grotte. Il faisait trop sombre pour qu'on pût distinguer quoi que ce soit ; nous avons alors escaladé un rocher et attendu que le soleil monte un peu dans le ciel. La raison de la présence de la grille nous apparut un peu plus tard : au-dessus de dessins de spirales et d'un disque solaire occulté — censé commémorer (ou prédire ?) une éclipse au XIVe siècle — on pouvait lire *John loves Mary* et d'autres graffiti prosaïques et contemporains qui venaient saboter les peintures plus anciennes. À bien des égards, ce voyage s'avérait décevant. Après avoir contemplé les peintures visibles de l'entrée à travers les barreaux, nous avons décidé d'escalader les rochers qui surplombaient la grotte. Nous nous assîmes un moment pour discuter de ce qu'avait pu être la vie ici il y a un millier d'années. Au moment de partir, je me reposais sur le rebord d'une petite corniche, je levai mon regard vers la paroi qui me faisait face et je retins mon souffle. Le soleil était précisément dans la bonne position, je me trouvais juste au bon endroit, et mon regard portait dans la direction appropriée : la silhouette de l'oiseau-tonnerre de la mythologie indienne, d'une envergure de soixante centimètres environ, se découpait clairement sur la pierre. L'attention est vraiment l'instrument suprême.

« Les métaphores de l'existence pénètrent toutes les cultures », me dit Brenda Laurel au téléphone à son retour du Nouveau Mexique, « et cela ne doit pas nous surprendre. C'est bien là la finalité de notre expression corporelle et de nos émotions. » Elle avait visité le *Chaco Canyon*, dans lequel on trouve des tambours à pied enterrés et des kivas suffisamment grandes pour contenir des centaines de personnes.

Quand je lui parlai de l'hypothèse de Pfeiffer, de mes spéculations sur le maïs et les kivas, de l'aspect « transmission d'information » de la geste théâtrale, elle me répondit : « La transmission de valeurs et d'information culturelle est en effet une des faces de la RV. L'autre se situe dans la création d'expériences dionysiaques. Le point commun que je trouve entre ces deux aspects, c'est une sensation de présence vivante. Dans la cérémonie du kiva, cette présence n'est pas seulement celle des gens qui y participent, mais de l'événement lui-même qui prend place en temps réel. Que l'on considère la fonction informationnelle ou la fonction dionysiaque, la présence en un même lieu et en même temps des participants est nécessaire. Ce que la RV a apporté de radicalement nouveau par rapport à cela, c'est de faire tomber la nécessité d'un lieu physique. Le cyberespace, c'est la possibilité de faire des expériences collectives hors de l'espace réel. » Laurel précise bien que nous utiliserons ces nouveaux moyens de communication de la même manière que les précédents, pour nous aider à nous dépasser et à accélérer notre évolution culturelle.

L'utilisation de la réalité virtuelle pour influencer, éduquer et déclencher des états extatiques aura lieu dans le futur comme elle a eu lieu dans le passé. Les fondements sociaux de nos valeurs, les mécanismes par lesquels ces valeurs guident nos actions et l'utilisation que nous ferons des outils que nous créerons sont des questions que la RV nous forcera probablement à examiner. La question de la finalité de l'homme (quelle est notre place dans l'univers ?) n'est pas la même que celle de sa trajectoire (quels événements passés ont conditionné nos aptitudes actuelles). Pour être en mesure d'orienter l'avenir, un nombre suffisant de gens doivent être à même de distinguer clairement le chemin que nous avons suivi jusqu'ici et les voies qui s'offrent maintenant à nous. Une façon de cerner les questions que la RV peut poser à l'avenir consiste à analyser l'usage que nous avons fait des outils intellectuels que nous utilisons déjà depuis quelques années.

Les outils intellectuels de l'homme

Si nous pouvions nous dépouiller de tout orgueil, si, pour définir notre espèce, nous nous en tenions strictement à ce que l'histoire et la préhistoire nous présentent comme la caractéristique constante de l'homme et de l'intelligence, nous ne dirions peut-être pas Homo sapiens, *mais* Homo faber. *En définitive, l'intelligence, envisagée dans ce qui en paraît être la démarche originelle, est la faculté de fabriquer des objets artificiels, en particulier des outils à faire des outils et, d'en varier indéfiniment la fabrication.*

Henri Bergson,
L'Évolution créatrice, 1911

La réalité virtuelle conduit à mettre en question les possibilités industrielles et scientifiques qu'elle révèle. Elle oblige également à s'interroger sur l'usage fait par l'homme de certaines technologies, plus particulièrement de celles qui sont actuellement en gestation. La RV révèle crûment que le contrat social que nous avons avec nos outils en est arrivé à un point où *nous devrons décider rapidement de notre devenir,* dans la mesure où nous sommes tout près d'avoir le pouvoir de créer toute expérience qui nous plaira. Les premiers cybernautes se sont vite rendus compte que ce pouvoir est aussi le pouvoir de redéfinir des concepts aussi fondamentaux que l'identité, la communauté et la réalité. La RV représente un nouveau type de contrat entre l'homme et la machine, un arrangement qui pourrait nous doter d'un grand pouvoir, et qui pourrait aussi, ce faisant, changer irrévocablement notre nature.

Ce marché « faustien » implique un certain nombre de changements dans la relation que nous avons eue jusqu'ici avec nos machines. Nous déciderons peut-être qu'il vaut la peine de mécaniser peu ou prou notre nature elle-même si, en échange, nous découvrons plus de machines qui travaillent pour nous, des outils capables de sauver des vies, des gadgets pratiques et des loisirs bien séduisants. Une telle décision déboucherait sur un changement certes radical, mais pas aussi soudain qu'on pourrait le croire. Nos esprits, nos sens, la vision que nous avons en commun de la réalité ont déjà été préparés depuis un siècle, de sorte que des millions d'entre nous sont aujourd'hui formés et prêts à une étreinte plus poussée avec nos partenaires électroniques. Des milliards d'« heures-hommes » ont déjà été passées dans les mondes virtuels des *Cinq dernières minutes, de Belphégor,** de *Dallas,* du FORTRAN, de la télécopie, des forums électroniques et des téléphones mobiles. Les transformations déclenchées dans nos psychismes par tous ces médias électroniques ne constitue peut-être que la phase préparatoire d'une adaptation de plus grande ampleur. La nature du changement qui nous attend est liée à ces machines que nous avons créées et au type de partenariat que nous développerons avec nos outils d'information.

La RV marque une étape importante dans l'évolution de la symbiose homme-ordinateur. Mais une symbiose, c'est un échange dans les deux sens ; lorsque l'un des deux organismes vit aux dépens de l'autre, sans contribuer d'une manière vitale au partenariat, la relation est d'ordre parasite. L'examen attentif de ce qu'est la RV débouche sur deux questions étroitement liées : de quelle manière les outils et les environnements virtuels affecteront-ils nos modes de vie, de pensée, de travail ? Et par ailleurs, de quelle manière la réalité virtuelle affectera-t-elle notre façon de voir le monde et la façon de nous définir comme des êtres sensibles, pensants et communicants ?

« Les médias électroniques altèrent le rapport entre les différents sens » était une des phrases clefs de Marshall McLuhan : le rapport naturel entre les stimuli auditifs et visuels du monde réel a été modifié avec l'apparition de la radio et du téléphone, et encore une fois avec celle de la

---

* *N.d.t.* : Références françaises rajoutées dans le texte.

télévision. Résultat : nous ne percevons pas le monde de la même manière. Tout cela nous semble normal aujourd'hui, trente ans après la parution de *Understanding Media*. Mais la réalité virtuelle est vouée à nous transformer encore plus, notamment parce qu'elle nous oblige à nous rappeler quelque chose que, dès notre naissance, on nous a appris à ignorer et même à nier : notre état de conscience normal est en soi une simulation hyperréaliste. Nous élaborons des modèles du monde dans notre cerveau, en nous appuyant sur des données fournies par nos organes sensoriels. Nous pensons le monde comme ce qui nous est extérieur et cependant, nous ne voyons que le modèle mental que nous nous en faisons, une simulation perceptuelle conçue par notre cerveau. Cette capacité à simuler est commune au cerveau humain et à l'ordinateur numérique qui partagent donc un potentiel de synergie. Reliez le simulateur hyperréaliste du cerveau avec celui de nos ordinateurs : le résultat pourrait être explosif.

La simulation cognitive et la modélisation mentale font partie des activités pour lesquelles nous sommes particulièrement doués. C'est au point que nous avons tendance à nous retrouver prisonniers des modèles du monde que nous avons créés, pris dans un tissu de croyances inconscientes et de perceptions subtilement sous influence. De l'autre côté, les ordinateurs sont les outils de modélisation par excellence, même s'ils commencent seulement à atteindre le niveau où leurs simulations peuvent être prises pour de la réalité. Tant les capacités de calcul que les possibilités d'affichage sont en train d'évoluer pour tendre à des simulations hyperréalistes. Ce point de convergence est suffisamment important pour qu'on y réfléchisse à l'avance. Le jour où les simulations par ordinateur seront suffisamment réalistes pour que les gens s'y méprennent, des changements majeurs nous attendront.

Dans les années à venir, nous pourrons nous mettre un minicasque sur la tête ou passer dans une chambre multimédia et nous retrouver plongés dans une simulation réactive d'un réalisme frappant. Il en découlera nécessairement une redéfinition de ce que nous appelons la réalité. Comme le dit Jean Baudrillard : « L'abstraction, aujourd'hui, n'est plus celle de la carte, du double, du miroir, du concept. La simulation n'est plus celle d'un territoire, d'un être référentiel ou d'une substance. C'est la création par modélisation d'un réel sans origine, sans réalité : un hyperréel. Le territoire ne précède plus la carte et ne lui survit plus. C'est la carte qui précède le territoire. »

L'avènement d'une hyperréalité engendrée par les machines pourrait bien déboucher sur l'« hallucination collective », le cauchemar que William Gibson décrit dans son roman *Neuromancien*. Ou bien, ce pourrait être un facteur d'accroissement de liberté et de pouvoir individuel, à l'instar de l'apparition de l'imprimerie ou des moyens de communication modernes. La voie empruntée — utopie totalitaire ou acquisition de nouveaux pouvoirs — dépendra en partie de notre réaction face à cette révélation : la réalité n'est qu'un produit élaboré par nos facultés perceptuelles et cognitives. Négation, désaccord, résistance, illumination sont parmi les réactions psychologiques possibles à la vérité révélée par la RV, par ordre de popularité décroissant.

Si nous sommes à l'aube d'une relation symbiotique entre l'homme et la machine, comme l'a prévu J.C.R. Licklider il y a plus de trente ans, ne devons-nous pas prendre le temps d'en discuter avant d'aller plus loin ? Et s'il nous est donné un avant-goût de ce que pourrait être notre futur, que voulons-nous retenir de celui-ci, que voulons-nous *rejeter*, et de quelle manière pouvons-nous avoir une influence dans le sens qui nous paraît souhaitable ? Après un an et demi de réflexion sur les grands points soulevés par l'avènement de la réalité virtuelle, j'en suis encore à me poser des questions qui relèvent de la classe de philosophie.

Au cours de mon enquête, j'ai rencontré un chercheur qui veut utiliser la RV comme une sonde lui permettant de cerner les limites du potentiel humain, de comprendre la vocation ultime de l'homme dans un monde de plus en plus dominé par la machine.

Le psychologue Nathaniel Durlach n'appartient ni à la génération des passionnés de micro-informatique, ni à celle des cadres de l'informatique de la première génération. C'est l'étude des chauves-souris qui l'a amené à la réalité virtuelle. Son intérêt pour la communication tactile lui a donné l'idée de faire correspondre aux cinq sens des convertisseurs mécaniques — son domaine recouvre partiellement celui de Margaret Minsky, dont le laboratoire est tout proche du sien. Comme d'autres gens que j'ai rencontrés, Durlach n'avait pas pensé qu'il allait rencontrer des roboticiens qui empruntaient le même sentier que lui mais en venant d'en face. En tant que psychologue, il s'intéresse non seulement aux aspects « humains » de la RV, mais il veut également s'en servir comme d'une sorte de microscope psychique pour examiner le tréfonds de la nature humaine.

De la nature humaine ?

« Oui », me répondit Durlach quand je lui demandai d'éclaircir le lien entre RV et nature humaine, « lorsqu'on s'interroge sur la manière de lier les perceptions humaines à des mondes virtuels, on explore en fait les limites des facultés de l'homme. Quelles sont les contraintes qui pèsent sur notre capacité à nous adapter à des sens artificiellement étendus ? C'est une question sur la nature humaine. Et l'on peut tenter d'y répondre à l'aide d'instruments appropriés dans le cadre d'une expérimentation bien conçue. »

Durlach est un garçon aimable, qui ne fait pas de cérémonies, dont le visage perpétuellement souriant est surmonté d'une chevelure argentée. Chaque conversation que j'ai eue avec lui a été un étonnant vagabondage verbal où l'on traversait une douzaine de domaines digressifs par rapport au sujet premier, mais toujours avec pertinence. Lors de notre première rencontre, dans son laboratoire de Cambridge, il me parla brièvement de son parcours et de communication tactile. Mathématicien de formation, il a commencé à travailler dans le domaine des radars, ce qui l'amena ensuite au *Lincoln Laboratory*, berceau du Sketchpad de Ivan Sutherland. Lorsqu'on s'intéresse au fonctionnement des radars, et plus particulièrement des sonars, on finit inévitablement par s'intéresser aux chauves-souris. Ses études sur le sonar de ces animaux amenèrent Durlach à s'intéresser plus précisément à l'audition binaurale : comment les créatures dotées de deux oreilles utilisent-elles leur physiologie pour détecter des signaux donnés au milieu du bruit de fond ?

« J'ai commencé à travailler sur l'audition » me dit Durlach, « ce qui m'amena à m'intéresser aux gens qui n'entendent pas bien, puis aux sourds, et enfin aux sourds aveugles. Les gens qui ont perdu le sens de la vue et celui de l'ouïe à l'âge de dix-huit mois appréhendent le monde uniquement par le toucher. » Ces sourds aveugles ont plusieurs méthodes de communication, mais dans celle qui intéressait Durlach, l'« écouteur » met la main sur le visage du locuteur, et en étant attentif à l'expiration, aux vibrations du larynx, à la position des lèvres et à la tension musculaire du locuteur, il comprend son discours. C'est exactement comme s'il « écoutait » avec sa main. Durlach en tira une conclusion intéressante : « Notre capacité d'adaptation est encore plus grande que nous ne le pensons. » Alors peut-être pourrons-nous, par une liaison appropriée entre sens et transducteurs mécaniques, entendre les ultrasons ou les ondes radar, voir l'infrarouge ou l'ultraviolet, et laisser notre capacité adaptative faire le reste.

Donc s'il nous est possible de voir l'invisible et d'entendre avec nos doigts, que faut-il considérer comme étant des « facultés humaines "normales" » ? C'est là que la RV rencontre cette vieille question de nature humaine, et c'est le point de départ de la réflexion de Durlach sur la RV et en particulier, sur la télérobotique.

« Supposons que je dispose d'un robot asservi qui perçoive des longueurs d'onde lumineuses que je ne perçois pas moi-même, et supposons que je puisse recevoir les informations perçues par les capteurs du robot dans un visiocasque. Comment ces informations me sont-elles communiquées ? Sous forme de couleurs ? Sous forme de sons ? Sous forme de sollicitations tactiles ? » Après plusieurs heures passées avec lui pendant quelques jours, j'avais compris que Durlach adore se poser d'étranges questions qui font avancer sa réflexion. « Supposons que je dispose d'un robot asservi, minuscule, qui puisse être injecté dans le corps de quelqu'un. Ou encore, d'un robot d'une force incomparable. Il est indispensable d'opérer une transformation entre mes possibilités normales d'homme et les facultés surhumaines de ces robots. Comment peut-on appeler ça ? Nous parlons d'un monde bien réel que je perçois et sur lequel j'agis. Mais ma manière de le percevoir est virtuelle. Comment appelez-vous ça ? »

Durlach voit dans les systèmes de RV de notre proche avenir des « systèmes excellemment adaptés à la psychologie expérimentale. Toute université dotée d'un département de psychologie expérimentale possédera son système de réalité virtuelle : cette discipline consiste à définir aussi strictement que possible un environnement dans lequel on observe la réaction des gens à des stimuli donnés. Un monde virtuel pourrait être le lieu idéal de telles expériences, et il n'y a pas de raison d'en rester aux réactions motrices que permettent gants et manches de commande. Le rythme du cœur, la taille des pupilles, les modifications de la résistance de la peau peuvent être exploités. De mon point de vue, un bon système de RV peut s'avérer l'instrument de recherche à tout faire. »

« Le cinéma, c'est la vérité à 24 images par seconde » dit Jean-Luc Godard. Cette fréquence de projection est en effet le seuil à partir duquel les images discontinues projetées sur un écran fusionnent pour notre sens visuel en une hallucination collective que nous appelons « cinéma ». La réalité virtuelle marque l'arrivée du « 24 images par seconde » dans le domaine de l'interface homme-machine. La transformation de nombreuses caractéristiques clefs que nous considérons appartenir à l'homme est liée à l'évolution de notre manière de percevoir le monde, à travers les médias successifs que nous avons inventés. Comme le dit Jacob Bronowski, « il est impossible de séparer l'appareil visuel de l'homme de sa capacité unique à imaginer, à faire des projets, bref à exploiter ce que nous appelons son "libre arbitre". En fait, ce libre arbitre recouvre notre capacité à *pré-voir* plusieurs lignes de conduite et à faire un choix en connaissance de cause. À mon sens, la conscience humaine dépend de notre capacité à imaginer. »

Si un nouvel outil de visualisation et de modélisation nous est donné, comment l'exploiterons-nous pour faire des projets, imaginer et plus généralement, exercer une influence consciente sur un environnement de plus en plus complexe ? Pourrons-nous en tirer parti pour résoudre les vrais problèmes du monde ?

Comme l'écrivait Brenda Laurel en 1986 :

> La réalité a toujours été trop étriquée pour l'imagination de l'homme. Le désir de créer une « machine fantasmatique interactive » n'est que la manifestation la plus récente d'un désir immémorial de rendre nos rêves tangibles, de ce besoin insatiable d'exercer notre imagination, notre jugement, dans des mondes, des situations, des incarnations, très éloignés de notre quotidien. La caractéristique la plus importante de l'intelligence humaine est peut-être notre faculté à intérioriser le processus d'expérience. Lorsqu'un homme se demande comment grimper à un arbre, son imagination lui sert de laboratoire d'expériences "virtuelles" de physique, de biomécanique et de physiologie. Et dans les domaines de la justice, de l'art ou de la philosophie, l'imagination est le laboratoire de l'esprit.

Comme pour d'autres technologies, la réalité virtuelle n'offre pas de perspectives intrinsèquement bonnes ou mauvaises, mais apportera probablement son lot des unes et des autres. Certains l'utiliseront pour des activités de loisir, d'évasion, et en deviendront peut-être dépendants. D'autres y feront appel pour naviguer à travers les dangereuses complexités du XXIe siècle. Elle sera peut-être une porte ouverte sur la « Matrice » de William Gibson. Espérons plutôt qu'elle constituera ce nouveau laboratoire de l'esprit et voyons ce que nous pouvons faire pour l'y conduire.

Remerciements

Je tiens à exprimer ma plus profonde gratitude à ma femme, Judy Rheingold, et à ma fille, Mamie Rheingold. Elles ont dû s'accommoder d'un mari et d'un père qui passa le plus clair des années 1989 et 1990 soit en voyage, soit perdu dans ses pensées.

Bob Asahina, mon réviseur, mérite des remerciements tout particuliers pour le calme dont il fit preuve dans l'urgence d'avant publication.

À l'équipe de la *Whole Earth Review*, qui croyait qu'elle disposerait d'un rédacteur en chef à plein temps pendant l'été 1990 : merci de votre patience.

Nombreux sont ceux qui m'ont par ailleurs aidé dans mes recherches, notamment Izumi Aizu, l'ACROE (Claude Cadoz, Annie Luciani, Jean-Loup Florens), Sarah Bayliss, John Brockman, Frederick Brooks, Mary Clemmey, Steve Ditlea, Scott Fisher, Patrice Gelband, Tom Furness, Eric Gullichsen, Katsura Hattori, Bob Jacobson, Kevin Kelly, Myron Krueger, Jaron Lanier, Brenda Laurel, Margaret Minsky, Mike Naimark, Mike Miller, Warren Robinett, Robert Stone, Randal Walser.

Références

Chapitre 1

Heinz Pagels, *Les Rêves de la raison*, Paris : InterÉditions, 1990.

Ivan Sutherland, "The Ultimate Display," *Proceedings of the IFIP Congress*, 1965, pp. 506–508.

Chapitre 2

Morton Heilig, "The Cinema of the Future," *Espacios*, Mexico City, Janvier, 1955.

Morton Heilig, *US Patent #3,050,870*, "Sensorama Simulator," 28 août, 1962.

Chapitre 3

Susan Brennan, "Conversation as Direct Manipulation," *The Art of Human-Computer Interface Design*, Brenda Laurel, ed., Menlo Park, CA: Addison-Wesley, 1990, pp. 394–395.

Vannevar Bush, "As We May Think," *Atlantic*, août, 1945.

Douglas Engelbart, "A Conceptual Framework for Augmenting Man's Intellect," *Vistas in Information-Handling*, vol. 1, Paul W. Howerton and David C. Weeks, eds., Washington, D.C.: Spartan Books, 1963, pp. 1–29.

Alan Kay, "Microelectronics and the Personal Computer," *Scientific American*, vol. 237, no. 3, septembre, 1977, p. 230.

J.C.R. Licklider, "Man-Computer Symbiosis," *IRE Transactions on Human Factors in Electronics*, vol. HFE-1, mars, 1960, pp. 4–11.

Ted Nelson, *The Home Computer Revolution*, auto-publié, 1977, pp. 120–123.

David Canfield Smith, Charles Irby, Ralph Kimball, and Eric Harslem, "The Star User Interface: An Overview," in *Office Systems Technology*, El Segundo, CA: Xerox Corporation, 1982.

Chapitre 4

Scott Fisher, "Viewpoint Dependent Imaging: An Interactive Stereoscopic Display," *Proceedings SPIE* 367, 1982.

Alan Kay, "User Interface: A Personal View," *The Art of Human-Computer Interface Design*, Brenda Laurel, ed., Menlo Park, CA: Addison-Wesley, 1990, p. 192.

Chapitre 5

Myron Krueger, "Responsive Environments," *Proceedings of the National Computer Conference*, 1977, pp. 423–433.

Myron Krueger, *Artificial Reality*, Reading, MA: Addison-Wesley, 1983.

Ivan Sutherland, "A Head-Mounted Three-Dimensional Display," *Proceedings of the Fall Joint Computer Conference*, 1968, pp. 757–764.

Chapitre 6

Scott Fisher, "Virtual Interface Environments," *The Art of Human-Computer Interface Design*, B. Laurel, ed., Menlo Park, CA: Addison-Wesley, 1990.

Chapitre 7

VPL Research, Inc., *Virtual Reality at Texpo '89*, Redwood City, CA: VPL Research, Inc., 1989.

Chapitre 8

John Perry Barlow, "Being in Nothingness," *Mondo 2000*, été, 1990, p. 44.

Eric Gullichsen and Randal Walser, "Cyberspace: Experiential Computing," *Nexus '89 Science Fiction and Science Fact*, 1989.

Theodor Nelson, "Interactive Systems and the Design of Virtuality," *Creative Computing*, novembre-décembre, 1980, pp. 56–62.

John Walker, "Through the Looking Glass," *The Art of Human-Computer Interface Design*, Brenda Laurel, ed. Menlo Park, CA: Addision-Wesley, 1990.

Randal Walser, "Elements of a Cyberspace Playhouse," *Proceedings of National Computer Graphics Association '90*, 1990.

Chapitre 9

Thomas A. Furness, III, "Fantastic Voyage," *Popular Mechanics*, décembre, 1986, pp. 63–65.

Ralph Norman Haber, "Flight Simulation," *Scientific American*, 255(1), juillet, 1986, pp. 96, 103.

Stephen L. Thompson, "The Big Picture," *Air & Space*, avril/mai, 1987, pp. 75–83.

Chapitre 10

Yukio Kobayashi, Introduction, "Artificial Intelligence Department 1988 Special Report," Advanced Telecommunications Research Institute International, Communication Systems Research Laboratories, Kyoto, Japan, 1989.

Myron Krueger, *Artificial Reality*, Reading, MA: Addison-Wesley, 1983, p. 3.

Howard Rheingold, *Tools for Thought*, New York: Simon and Schuster, 1985, pp. 260–261.

Terry Winograd, "Computer Software for Working with Languages," *Scientific American*, septembre, 1984, p. 59.

Hiroyuki Yamaguchi, Akiro Tomono, and Yukio Kobayashi, "Proposal for a Large Visual Field Display Employing Eye Movement Tracking," Kyoto, Japan: ATR Communication Systems Research Laboratories, *Proceedings SPIE*, 1989.

Chapitre 11

Rudolf Arnheim, *Visual Thinking*, Berkeley, CA: University of California Press, 1969.

Takaya Endo and Hiroshi Ishii, "NTT Human Interface Laboratories," NTT publication, Kanagawa, Japan, 1989.

Myron Krueger, *Artificial Reality*, Reading, MA: Addison-Wesley, 1983.

Robert H. McKim, *Thinking Visually*, Belmont, CA: Lifelong Learning Publications, 1980, p. 7.
NTT Visual Media Laboratory, *Rapport annuel*, 1988.
NTT Visual Media Laboratory, *Rapport annuel*, 1989.
Yoshinobu Tonomura: conversation avec l'auteur.

Chapitre 12

Larry Leifer, Machiel Van der Loos, and Stefan Michalowski, "Telerobotics in Rehabilitation: Barriers to a Virtual Existence," communication faite à la Conference on Human-Machine Interfaces for Teleoperators and Virtual Environments, 4–9 mars, 1990, Santa Barbara, CA, sponsorisée par la Engineering Foundation.
Marvin Minsky, "Toward a Remotely-Manned Energy and Production Economy," Massachusetts Institute of Technology Artificial Intelligence Laboratory, A.I. Memo No. 544, septembre, 1979.
Susumu Tachi, Hirohiko Arai, and Taro Maeda, "Development of an Anthropomorphic Tele-existence Slave Robot," *Proceedings of the International Conference on Advanced Mechatronics*, Tsukuba Science City, Mechanical Engineering Laboratory, MITI, mai, 1989, p. 385.
Susumu Tachi, K. Tanie, K. Komoriya, and M. Kanego, "Tele-existence (I): Design and Evaluation of a Visual Display with Sensation of Presence," *Proceedings of RoManSy '84*, The Fifth CISM-IFToMM Symposium, Udine, Italie, juin, 1984, Kogan Page, London: Hermes Publishing, p. 245.

Chapitre 13

Joseph Campbell, "Day of the Dead Lecture," *Magical Blend*, 16, 1988, pp. 58–62.
Fujitsu Laboratories, *Research and Development*, Kawasaki, Japan: Fujitsu Laboratories, Ltd., 1989.
Brenda Laurel, *Computers as Theatre*, Menlo Park, CA: Addison-Wesley, 1991.
Brenda Laurel, "Interface as Mimesis," *User-Centered System Design: New Perspectives on Human-Computer Interaction*, D.A. Norman and S. Draper, eds., Hillsdale, NJ: Lawrence Erlbaum Associates, 1986.
Masako Nishijima and Yuji Kijima, "Learning a Sense of Rhythm with a Neural Network: The Neuro-Drummer," *Proceedings of the First International Conference on Music Perception and Cognition*, Kyoto, Japan, octobre, 1989, pp. 77–80.
Randal Walser, "Elements of a Cyberspace Playhouse," *Proceedings of National Computer Graphics Association '90*, Anaheim, CA, mars, 1990.

Chapitre 14

Diane Ackerman, *A Natural History of the Senses*, New York: Random House, 1990, pp. 80–81.
Claude Cadoz and Christophe Ramstein, "Capture, Representation, and Composition of the Instrumental Gesture," *Proceedings of ICMC 90*, Glasgow, 1990.
Frank Geldard, "Adventures in Tactile Literacy," *American Psychologist*, vol. 12, no. 3, mars, 1957, pp. 117.
Laboratoire d'Informatique Fondamentale et d'Intelligence Artificielle, 1990, brochure publiée par l'Institut d'Informatique et de Mathématiques Appliquées de Grenoble.

M.A. Srinivasan, "Tactile Sensing in Humans and Robots: Computational Theory and Algorithms," *Neuman Laboratory for Biomechanics and Human Rehabilitation, Department of Mechanical Engineering, MIT Technical Report*, octobre, 1988.

Chapitre 15

Steven Levy, *Hackers: Heroes of the Computer Revolution*, New York: Doubleday, 1984, pp. 194, 206, 250.

Chapitre 16

Bruno Bettelheim, "The Importance of Play," *The Atlantic Monthly*, mars, 1987.

Marshall McLuhan, "Interview," *Playboy*, mars, 1969. 1964.

Seymour Papert, *Jaillissement de l'esprit : ordinateurs et apprentissage*, Paris : Flammarion, 1981.

John E. Pfeiffer, *The Creative Explosion: An Inquiry into the Origins of Science and Religion*, Ithaca, NY: Cornell University Press, 1982, p. 250.

Howard Rheingold, "The Ultimate Cashflow," *California Living*, 26 septembre, 1976.

Allucquére Rosanne Stone, "Sex and Death Among the Disembodied," communication faite à la Conference of the International Association for Philosophy and Literature, 1990.

William R. Uttal, "Teleoperators," *Scientific American*, décembre, 1989, pp. 124–129.

Shawna Vogel, "Smart Skin," *Discover*, avril, 1990.

Joseph Weigenbaum, *Computer Power and Human Reason*, San Francisco: Freeman, 1976.

Shoshana Zuboff, *In the Age of the Smart Machine: The Future of Work and Power*, New York: Basic Books, 1988, pp. 71–73.

Chapitre 17

Henri Bergson, *L'Évolution créatrice*, 5e édition, Paris: PUF, 1991.

Brenda Laurel, "Toward the Design of a Computer-Based Interactive Fantasy System," Ph.D. dissertation, Ohio State University, 1986, p. 1.

John E. Pfeiffer, *The Creative Explosion: An Inquiry into the Origins of Art and Religion*, Ithaca, NY: Cornell University Press, 1982, p. 205.

David Sheff, "The Virtual Realities of Timothy Leary," *Upside*, avril, 1990, p. 70.

Frank Waters, *Masked Gods*, New York: Ballantine, 1970, pp. 170–171.

L'édition originale de cet ouvrage comporte une liste plus détaillée d'articles consacrés au sujet. Ils ne sont disponibles qu'en langue anglaise et difficiles à trouver en France.
Si vous désirez vous procurer la liste complète, veuillez vous adresser à Dunod Éditeur, Sciences, 15 rue Gossin, 92543 Montrouge cedex.

INDEX

Imprimé en France. — JOUVE, 18, rue Saint-Denis, 75001 PARIS
N° 216123N. — Dépôt légal : Février 1994